本資料輯録爲國家社科基金重大項目
"東胡系民族歷史文獻整理與研究"（17ZDA211）
成果之一，獲内蒙古大學"民族學學科群重大
成果培育"資助出版

【東胡系民族資料彙編】

張久和　主編

張久和
林　睿　編

柔然資料輯録

中華書局

圖書在版編目（CIP）數據

柔然資料輯録/張久和,林睿編. —北京:中華書局,2024.4
（東胡系民族資料彙編/張久和主編）
ISBN 978-7-101-16548-7

Ⅰ.柔…　Ⅱ.①張…②林…　Ⅲ.柔然–民族歷史–史料
Ⅳ.K289

中國國家版本館 CIP 數據核字（2024）第 030621 號

書　　名	柔然資料輯録
編　　者	張久和　林　睿
叢書名	東胡系民族資料彙編
責任編輯	陳　喬
責任印製	陳麗娜
出版發行	中華書局

（北京市豐臺區太平橋西里 38 號　100073）

http://www.zhbc.com.cn

E-mail:zhbc@zhbc.com.cn

印　　刷	三河市宏達印刷有限公司
版　　次	2024 年 4 月第 1 版
	2024 年 4 月第 1 次印刷
規　　格	開本/920×1250 毫米　1/32
	印張 19⅛　插頁 2　字數 370 千字
國際書號	ISBN 978-7-101-16548-7
定　　價	138.00 元

目　録

凡　例………………………………………………………………… 1

柔然及其重要相關人物專傳專條…………………………………… 1

《魏書》卷一百三《列傳第九十一·蠕蠕傳》………………… 1

《北史》卷九十八《列傳第八十六·蠕蠕傳》………………… 16

《宋書》卷九十五《列傳第五十五·索虜附蠕蠕傳》………… 35

《南齊書》卷五十九《列傳第四十·芮芮虜傳》……………… 36

《梁書》卷五十四《列傳第四十八·諸夷·西北諸戎·

　芮芮國》……………………………………………………… 38

《南史》卷七十九《列傳第六十九·蠕蠕附夷貊傳下》……… 39

《建康實録》卷十六《齊下·蠕蠕國》………………………… 40

《通典》卷第一百九十六《邊防十二·北狄三·蠕蠕》……… 41

《太平寰宇記》卷之一百九十三《四夷二十二·

　北狄五·蠕蠕》……………………………………………… 50

《通志》卷二百《四夷七·蠕蠕》……………………………… 58

《册府元龜》卷第九五六《外臣部·種族·蠕蠕》…………… 68

《册府元龜》卷第九六一《外臣部·土風第三·芮國》……… 68

《文獻通考》卷三百四十二《四裔十九·蠕蠕》……………… 69

《讀史方輿紀要》卷四十五《山西七·柔然》………………… 74

《魏書》卷三十《列傳第十八·閭大肥傳》⋯⋯⋯⋯⋯⋯ 75

《北史》卷二十《列傳第八·閭大肥傳》⋯⋯⋯⋯⋯⋯⋯ 76

《通志》卷一百四十六《列傳五十九·閭大肥傳》⋯⋯⋯⋯ 76

《文獻通考》卷二百七十三《封建十四·閭大肥》⋯⋯⋯⋯ 77

《魏書》卷八十三上《列傳第七一·外戚·閭毗傳》⋯⋯⋯ 77

《北史》卷八十《列傳第六十八·外戚傳·閭毗》⋯⋯⋯⋯ 78

《通志》卷一百六十五《外戚一·後魏·閭毗》⋯⋯⋯⋯⋯ 78

《魏書》卷十三《皇后列傳第一·皇后列傳·景穆恭
　　皇后郁久閭氏》⋯⋯⋯⋯⋯⋯⋯⋯⋯⋯⋯⋯⋯⋯⋯ 79

《北史》卷十三《列傳第一·后妃上·景穆恭
　　皇后郁久閭氏》⋯⋯⋯⋯⋯⋯⋯⋯⋯⋯⋯⋯⋯⋯⋯ 80

《通志》卷二十《后妃傳二·景穆恭皇后郁久閭氏》⋯⋯⋯ 80

《北史》卷十三《列傳第一·后妃上·文帝悼
　　皇后郁久閭氏》⋯⋯⋯⋯⋯⋯⋯⋯⋯⋯⋯⋯⋯⋯⋯ 80

《太平御覽》卷一四〇《皇親部六·郁久閭后》⋯⋯⋯⋯⋯ 81

《通志》卷二十《后妃傳二·郁久閭后》⋯⋯⋯⋯⋯⋯⋯⋯ 82

《文獻通考》卷二百五十四《帝系五·郁久閭后》⋯⋯⋯⋯ 82

《北史》卷十四《列傳第二·后妃下·蠕蠕公主》⋯⋯⋯⋯ 82

《通志》卷二十《列傳第二·后妃下·蠕蠕公主》⋯⋯⋯⋯ 83

《周書》卷十二《列傳第四·齊殤王憲附達步干氏傳》⋯⋯ 83

《北史》卷五十八《列傳第四十六·齊殤王憲
　　附達步干氏傳》⋯⋯⋯⋯⋯⋯⋯⋯⋯⋯⋯⋯⋯⋯⋯ 84

《通志》卷八十五《宗室八·齊殤王憲附達步干氏傳》⋯⋯ 84

《續高僧傳》卷二十六《魏洛京永寧寺天竺僧勒
　　那漫提傳一附蠕蠕客》⋯⋯⋯⋯⋯⋯⋯⋯⋯⋯⋯⋯ 84

《北史》卷八十九《列傳七十七・藝術上・蠕蠕客
　　附纂母懷文》 ………………………………………………… 86

《通志》卷一百八十三《藝術三・蠕蠕客附纂母懷文》 …… 86

元恭墓志 ………………………………………………………… 86

忠武將軍茹公神道碑 …………………………………………… 88

東魏閭伯昇及妻元仲英墓志 …………………………………… 90

郁久閭肱墓志 …………………………………………………… 92

閭詳墓志 ………………………………………………………… 93

吐谷渾暉華公主墓志 …………………………………………… 94

高歡夫人閭氏墓志 ……………………………………………… 95

高湛妻閭叱地連墓志 …………………………………………… 96

閭子璨墓志 ……………………………………………………… 97

閭炫墓志 ………………………………………………………… 99

郁久閭伏仁墓志 ………………………………………………… 100

郁久閭募滿墓志 ………………………………………………… 100

郁久閭可婆頭墓志 ……………………………………………… 102

虞弘墓志 ………………………………………………………… 103

郁久閭浩墓志 …………………………………………………… 105

散見史料繫年録 ………………………………………………… 106

散見未繫年史料 ………………………………………………… 592

參考文獻 ………………………………………………………… 601

後　記 …………………………………………………………… 604

凡　例

　　本輯録包含紀傳體、編年體、典制體史書以及大型類書、地理總志中有關柔然之資料。散見史料繫年録起自晉孝武帝太元十年（385）劉眷于意辛山擊破柔然事，止于西魏恭帝三年（556）柔然政權滅亡次年。其收録範圍包括：凡各類典籍中有"柔然"、"蠕蠕"、"芮芮"、"茹茹"、"蝚蠕"字樣，及雖無"柔然"、"蠕蠕"、"芮芮"、"茹茹"、"蝚蠕"字樣而其内容爲記載柔然事迹者，概予收録。魏晉南北朝時期柔然重要首領諸如"木骨閭"、"社崘"、"大檀"、"阿那瓌"等人相關史料均予以收録。

　　本輯録編排方法：以正史爲主，以本紀爲綱，重出者集中排列，歧異者注明。

　　所收録史料過長時，與柔然關係較小之部分，酌情予以省略。

　　本輯録主體分爲三部分：

　　（一）柔然及其重要相關人物專傳專條

　　（二）散見史料繫年録

　　（三）散見未繫年史料

　　散見史料繫年録每條史料均標注公元紀年，輔以北魏、北燕、北涼等政權年號，以資對照。同年資料，按月編排，記載同一事件之史料按成書年代排序並予以集中。年代可以判斷大致範圍但不能絶對確定者，一般繫於相當年代之以判斷大致範圍但不能絶對確定者，一般繫於相當年代之末並作出注釋。不能或不宜繫年者，則編入散見未繫年史料。

　　所標年月，以正史爲主，正史無可考者，則據《資治通鑑》或其他史料，具有争議者則以注釋説明。

　　所收資料，酌分段落，所用史料爲影印版本者添加標點符號。影印本文字儘量遵循原書，如有明顯謬誤者，根據其他版本參正。

　　本編所收資料，將各史之正文及後人注釋均予以收録，如《通鑑》胡三省注即全部收録。注釋及編者之自注，俱使用小號字體。

柔然及其重要相關人物專傳專條

《魏書》卷一百三《列傳第九十一·蠕蠕傳》[一]

蠕蠕，東胡之苗裔也，姓郁久閭氏。始神元之末，掠騎有得一奴，髮始齊眉，忘本姓名，其主字之曰木骨閭。"木骨閭"者，首禿也。木骨閭與郁久閭聲相近，故後子孫因以爲氏。木骨閭既壯，免奴爲騎卒。穆帝時，坐後期當斬，亡匿廣漠溪谷間，收合逋逃得百餘人，依紇突隣部。[二]木骨閭死，子車鹿會雄健，始有部衆，自號柔然，而役屬於國。後世祖以其無知，狀類於蟲，故改其號爲蠕蠕。[三]

車鹿會既爲部帥，歲貢馬畜、貂豽皮，冬則徙度漠南，夏則還居漠北。車鹿會死，子吐奴傀立。吐奴傀死，子跋提立。跋提死，子地粟袁立。地粟袁死，其部分爲二，地粟袁長子匹候跋繼父居東邊，次子縕紇提別居西邊。及昭成崩，縕紇提附衛辰而貳於我。登國中討之，蠕蠕移部遁走，追之，及於大磧南床山下，大破之，虜其半部。匹候跋及部帥屋擊各收餘落遁走，遣長孫嵩及長孫肥追之，渡磧。嵩至平望川，大破屋擊，禽之，斬以徇。肥至涿邪山，及匹候跋，跋舉落請降。獲縕紇提子曷多汗及曷多汗兄詰歸之、社崙、斛律等并宗黨數百人，分配諸部。縕紇提西遁，將歸衛辰，太祖追之，至跋那山，緼紇提復降，太祖撫慰如舊。

九年，曷多汗與社崙率部衆棄其父西走，長孫肥輕騎追之，至上郡跋那山，斬曷多汗，盡殪其衆。社崙與數百人奔匹候跋，匹候跋處之南鄙，去其庭五百里，令其子四人監之。既而社崙率其私屬執匹候跋四子而叛，襲匹候跋。諸子收餘衆，亡依高車斛律部。社崙兇狡有權變，月餘，乃釋匹候跋，歸其諸子，欲聚而殲之。密舉兵襲匹候跋，殺匹候跋。子啓拔、吳頡等十五人歸于太祖。社崙既殺匹候跋，懼王師討之，乃掠五原以西諸部，北度大漠。太祖以拔、頡爲安遠將軍、平棘侯。〔四〕社崙與姚興和親。太祖遣材官將軍和突襲黜弗、素古延諸部，社崙遣騎救素古延，突逆擊破之。

社崙遠遁漠北，侵高車，深入其地，遂并諸部，凶勢益振。北徙弱洛水，始立軍法：千人爲軍，軍置將一人，百人爲幢，幢置帥一人；先登者賜以虜獲，退懦者以石擊首殺之，或臨時捶撻。無文記，將帥以羊屎粗計兵數，後頗知刻木爲記。其西北有匈奴餘種，國尤富强，部帥曰拔也稽，舉兵擊社崙，社崙逆戰於頞根河，大破之，後盡爲社崙所并。號爲强盛。隨水草畜牧，其西則焉耆之地，東則朝鮮之地，北則渡沙漠，窮瀚海，南則臨大磧。其常所會庭則敦煌、張掖之北。小國皆苦其寇抄，羈縻附之，於是自號丘豆伐可汗。"丘豆伐"猶魏言駕馭開張也，"可汗"猶魏言皇帝也。蠕蠕之俗，君及大臣因其行能即爲稱號，若中國立謚，既死之後，不復追稱。太祖謂尚書崔玄伯曰："蠕蠕之人，昔來號爲頑嚚，每來抄掠，駕牸牛奔遁，驅犍牛隨之，牸牛伏不能前。異部人有教其以犍牛易之者，蠕蠕曰'其母尚不能行，而況其子'，終於不易，遂爲敵所虜。今社崙學中國，立法置戰陳，卒成邊害。道家言聖人生，大盜起，信矣。”

天興五年，社崙聞太祖征姚興，遂犯塞，入參合陂，南至豺山及善無北澤。時遣常山王遵以萬騎追之，不及。天賜中，社崙從弟悦代、大那等謀殺社崙而立大那，發覺，大那等來奔。以大那爲冠軍將軍、西平侯，悦代爲越騎校尉、易陽子。三年夏，社崙寇邊，永興元年冬，又犯塞。二年，太宗討之，社崙遁走，道死。其子度拔年少，未能御衆，部落立社崙弟斛律，號藹苦蓋可汗，魏言姿質美好也。

斛律北并賀術也骨國，東破譬歷辰部落。三年，斛律宗人悦侯咄觚干等數百人來降。斛律畏威自守，不敢南侵，北邊安静。神瑞元年，與馮跋和親，跋聘斛律女爲妻，將爲交婚。斛律長兄子步鹿真謂斛律曰：“女小遠適，憂思生疾，可遣大臣樹黎、勿地延等女爲媵。”斛律不許。步鹿真出，謂樹黎等曰：“斛律欲令汝女爲媵，遠至他國。”黎遂共結謀，令勇士夜就斛律穹廬，候伺其出執之，與女俱嬪于和龍。乃立步鹿真。

步鹿真立，委政樹黎。初，高車叱洛侯者叛其渠帥，導社崙破諸部落，社崙德之，以爲大人。步鹿真與社崙子社拔共至叱洛侯家，淫其少妻。妻告步鹿真，叱洛侯欲舉大檀爲主，遺大檀金馬勒爲信。步鹿真聞之，歸發八千騎往圍叱洛侯，叱洛侯焚其珍寶，自刎而死。步鹿真遂掩大檀，大檀發軍執步鹿真及社拔，絞殺之，乃自立。

大檀者，社崙季父僕渾之子，先統別部，鎮於西界，能得衆心，國人推戴之，號牟汗紇升蓋可汗，魏言制勝也。斛律父子既至和龍,馮跋封爲上谷侯。大檀率衆南徙犯塞,太宗親討之,大檀懼而遁走。遣山陽侯奚斤等追之,遇寒雪,士衆凍死墮指者十二三。及太宗崩,世祖即位,大檀聞而大喜,始光元年秋,乃寇雲中。世祖親討之,三日二夜至雲中。大檀騎圍世祖五十餘重,騎逼馬首,相次如堵焉。士卒大懼,世祖顏色自若,衆情乃安。先是,大檀弟大那與社崙争國,敗而來奔。大檀以大那子於陟斤爲部帥,軍士射於陟斤殺之,大檀恐,乃還。二年,世祖大舉征之,東西五道並進:平陽王長孫翰等從黑漠,汝陰公長孫道生從白黑兩漠間,車駕從中道,東平公娥清次西從栗園,宜城王奚斤、將軍安原等西道從爾寒山。諸軍至漠南,舍輜重,輕騎齎十五日糧,絶漠討之,大檀部落駭驚北走。神䴥元年八月,大檀遣子將騎萬餘人入塞,殺掠邊人而走。附國高車追擊破之。自廣寧還,〔五〕追之不及。

　二年四月,世祖練兵于南郊,將襲大檀。公卿大臣皆不願行,術士張淵、徐辯以天文説止世祖,世祖從崔浩計而行。會江南使還,稱劉義隆欲犯河南,謂行人曰:“汝疾還告魏主,歸我河南地,即當罷兵,不然盡我將士之力。”世祖聞而大笑,告公卿曰:“龜鼈小豎,自救不暇,何能爲也。就使能來,若不先滅蠕蠕,便是坐待寇至,腹背受敵,非上策也。吾行決矣。”於是車駕出東道向黑山,平陽王長孫翰從西道向大娥山,同會賊庭。五月,次于沙漠南,舍輜重輕襲之,至栗水,大檀衆西奔。弟匹黎先典東落,將赴大檀,遇翰軍,翰縱騎擊之,殺其大人數百。大檀聞之震怖,將其族黨,焚燒廬舍,絶迹西走,莫知所至。於是國落四散,竄伏山谷,畜産布野,無人收視。世祖緣栗水西行，過漢將竇憲故壘。六月，車駕次於兔園水，去平城三千七百里。分軍搜討，東至瀚海，西接張掖水，北渡燕然山，東西五千餘里，南北三千里。高車諸部殺大檀種類，前後歸降三十餘萬，俘獲首虜及戎馬百餘萬匹。八月，世祖聞東部高車屯巳尼陂，人畜甚眾，去官軍千餘里。遂遣左僕射安原等往討之。暨巳尼陂，高車諸部望軍降者數十萬。

　　大檀部落衰弱，因發疾而死，子吳提立，號敕連可汗，魏言神聖也。四年，遣使朝獻。先是，北鄙候騎獲吳提南偏邏者二十餘人，世祖賜之衣服，遣歸。吳提上下感德，故朝貢焉。世祖厚賓其使而遣之。延和三年二月，以吳提尚西海公主，又遣使人納吳提妹爲夫人，又進爲左昭儀。吳提遣其兄禿鹿傀及左右數百人來朝，獻馬二千匹，世祖大悦，班賜甚厚。至太延二年，乃絶和犯塞。四年，車駕幸五原，遂征之。樂平王丕、河東公賀多羅督十五將出東道，永昌王健、宜都王穆壽督十五將出西道，車駕出中道。至浚稽山，分中道復爲二道，陳留王崇從大澤向涿邪山，車駕從浚稽北向天山。西登白阜，刻石記行，不見蠕蠕而還。時漠北大旱，無水草，軍馬多死。五年，車駕西伐沮渠牧犍，宜都王穆壽輔景穆居守，長樂王嵇敬、建寧王崇二萬人鎮漠南，以備蠕蠕。吳提果犯塞，壽素不設備，賊至七介山，京邑大駭，爭奔中城。司空長孫道生拒之於吐頹山。吳提之寇也，留其兄乞列歸與北鎮諸軍相守，敬、崇等破乞列歸于陰山之北，獲之。乞列歸歎曰："沮渠陷我也。"獲其伯父他吾無鹿胡及其將帥五百人，斬首萬餘級。吳提聞而遁走，道生追之，至于漠南而還。真君四

年，車駕幸漠南，分四道：樂安王範、建寧王崇各統十五將出
東道，樂平王督十五將出西道，^{〔六〕}車駕出中道，中山王辰領
十五將爲中軍後繼。車駕至鹿渾谷，與賊將遇，吳提遁走，追
至頍根河，擊破之。車駕至石水而還。五年，復幸漠南，欲襲
吳提，吳提遠遁，乃還。

　　吳提死，子吐賀真立，號處可汗，魏言唯也。十年正月，
車駕北伐，高凉王那出東道，^{〔七〕}略陽王羯兒出西道，車駕與
景穆自中道出涿邪山。吐賀真別部帥爾綿他拔等率千餘家
來降。是時，軍行數千里，吐賀真新立，恐懼遠遁。九月，車
駕北伐，高凉王那出東道，略陽王羯兒出中道，與諸軍期會於
地弗池。吐賀真悉國精鋭，軍資甚盛，圍那數十重，那掘長圍
堅守，相持數日。吐賀真數挑戰，輒不利，以那衆少而固，疑
大軍將至，解圍夜遁。那引軍追之，九日九夜，吐賀真益懼，
棄輜重，踰穹隆嶺遠遁。那收其輜重，引軍還，與車駕會於廣
澤。略陽王羯兒盡收其人户畜産百餘萬。自是吐賀真遂單
弱，遠竄，邊疆息警矣。太安四年，車駕北征，騎十萬，車十五
萬兩，旌旗千里，遂渡大漠。吐賀真遠遁，其莫弗烏朱駕頹率
衆數千落來降，乃刊石記功而還。世祖征伐之後，^{〔八〕}意存休
息，蠕蠕亦怖威北竄，不敢復南。

　　和平五年，吐賀真死，子予成立，號受羅部真可汗，魏言
惠也。自稱永康元年，率部侵塞，北鎮遊軍大破其衆。皇興
四年，予成犯塞，車駕北討。京兆王子推、東陽公元丕督諸軍
出西道，任城王雲等督軍出東道，汝陰王賜、濟南公羅烏拔督
軍爲前鋒，隴西王源賀督諸軍爲後繼。諸將會車駕于女水之
濱，顯祖親誓衆，詔諸將曰："用兵在奇不在衆也，卿等爲朕力

戰,方略已在朕心。”乃選精兵五千人挑戰,多設奇兵以惑之。虜衆奔潰,逐北三十餘里,斬首五萬級,降者萬餘人,戎馬器械不可稱計。旬有九日,往返六千餘里,改女水曰武川,遂作北征頌,刊石紀功。

延興五年,予成求通婚娉,有司以予成數犯邊塞,請絕其使,發兵討之。顯祖曰:“蠕蠕譬若禽獸,貪而亡義,朕要當以信誠待物,不可抑絕也。予成知悔前非,遣使請和,求結姻援,安可孤其款意?”乃詔報曰:“所論婚事,今始一反,尋覽事理,未允厥中。夫男而下女,爻象所明,初婚之吉,敦崇禮娉,君子所以重人倫之本。不敬其初,令終難矣。”予成每懷譎詐,終顯祖世,更不求婚。太和元年四月,遣莫何去汾比拔等來獻良馬、貂裘,比拔等稱伏承天朝珍寶華麗甚積,求一觀之。乃敕有司出御府珍玩金玉、文繡器物,御廄文馬、奇禽、異獸,及人間所宜用者列之京肆,令其歷觀焉。比拔見之,自相謂曰:“大國富麗,一生所未見也。”二年二月,又遣比拔等朝貢,尋復請婚焉。高祖志存招納,許之。予成雖歲貢不絕,而款約不著,婚事亦停。

九年,予成死,子豆崙立,號伏古敦可汗,〔九〕魏言恒也。自稱太平元年豆崙性殘暴好殺,其臣侯醫坦、石洛候數以忠言諫之,又勸與國通和,勿侵中國。豆崙怒,誣石洛候謀反,殺之,夷其三族。十六年八月,高祖遣陽平王頤、左僕射陸叡並爲都督,領軍斛律桓等十二將七萬騎討豆崙。部内高車阿伏至羅率衆十餘萬落西走,自立爲主。豆崙與叔父那蓋爲二道追之,豆崙出自浚稽山北而西,那蓋出自金山。豆崙頻爲阿伏至羅所敗,那蓋累有勝捷。國人咸以那蓋爲天所助,欲推那蓋爲主。那蓋不從,衆强之,那蓋曰:"我爲臣不可,焉能爲主!"衆乃殺豆崙母子,以屍示那蓋,那蓋乃襲位。

那蓋號候其伏代庫者可汗,魏言悦樂也。自稱太安元年那蓋死,子伏圖立,號他汗可汗,魏言緒也。自稱始平元年正始三年,伏圖遣使紇奚勿六跋朝獻,請求通和。世宗不報其使,詔有司敕勿六跋曰:"蠕蠕遠祖社崙是大魏叛臣,往者包容,暫時通使。今蠕蠕衰微,有損疇日,大魏之德,方隆周漢,跨據中原,指清八表。正以江南未平,權寬北掠,通和之事,未容相許。若修藩禮,款誠昭著者,當不孤爾也。"永平元年,伏圖又遣勿六跋奉函書一封,并獻貂裘,世宗不納,依前喻遣。

伏圖西征高車,爲高車王彌俄突所殺,子醜奴立,號豆羅伏跋豆伐可汗,魏言彰制也。自稱建昌元年永平四年九月,醜奴遣沙門洪宣奉獻珠像。延昌三年冬,世宗遣驍騎將軍馬義舒使於醜奴,未發而崩,事遂停寢。醜奴壯健,善用兵。四年,遣使俟斤尉比建朝貢。〔一〇〕熙平元年,西征高車大破之,禽其王彌俄突,殺之,盡并叛者,國遂强盛。二年,又遣俟斤尉比建、紇奚勿六跋、鞏顧禮等朝貢。神龜元年二月,肅宗臨顯陽殿,引顧禮等二十人於殿下,遣中書舍人徐紇宣詔,讓以蠕蠕藩禮不備之意。

初,豆崙之死也,那蓋爲主,伏圖納豆崙之妻候吕陵氏,〔一一〕生醜奴、阿那瓌等六人。醜奴立後,忽亡一子,字祖惠,求募不能得。有屋引副升牟妻是豆渾地萬,年二十許,爲醫巫,假託神鬼,先常爲醜奴所信,出入去來,乃言此兒今在天上,我能呼得。醜奴母子欣悦,後歲仲秋,在大澤中施帳屋,齋潔七日,祈請天上。經一宿,祖惠忽在帳中,自云恒在天上。醜奴母子抱之悲喜,大會國人,號地萬爲聖女,納爲可賀敦,授夫副升牟爵位,賜牛馬羊三千頭。地萬既挾左道,亦有姿色,醜奴甚加重愛,信用其言,亂其國政。如是積歲,祖惠年長,其母問之,祖惠言:"我恒在地萬家,不嘗上天,上天者地萬教也。"其母具以狀告醜奴,醜奴言:"地萬懸鑒遠事,不可不信,勿用讒言也。"既而地萬恐懼,譖祖惠於醜奴,醜奴陰殺之。

正光初,醜奴母遣莫何去汾李具列等絞殺地萬,醜奴怒,欲誅具列等。又阿至羅侵醜奴,醜奴擊之,軍敗。還,爲母與其大臣所殺,立醜奴弟阿那瓌。立經十日,其族兄俟力發示發率衆數萬以伐阿那瓌,阿那瓌戰敗,將弟乙居伐輕騎南走歸國。阿那瓌母候吕陵氏及其二弟尋爲示發所殺,而阿那瓌未之知也。

九月,阿那瓌將至,肅宗遣兼侍中陸希道爲使主,兼散騎常侍孟威爲使副,迎勞近畿;使司空公、京兆王繼至北中,侍中崔光、黄門郎元纂在近郊,並申宴勞,引至門闕下。十月,肅宗臨顯陽殿,引從五品以上清官、皇宗、藩國使客等列於殿庭,王公以下及阿那瓌等入,就庭中北面。位定,謁者引王公以下升殿,阿那瓌位於藩王之下,又引將命之官及阿那瓌弟并二叔位於群官之下。遣中書舍人曹道宣詔勞問,阿那瓌啓云:"陛下優隆,命臣弟叔等升殿預會,但臣有從兄,在北之日,官高於二叔,乞命升殿。"詔聽之,乃位於阿那瓌弟之下,二叔之上。宴將罷,阿那瓌執啓立於座後,詔遣舍人常景問所欲言,阿那瓌求詣殿前,詔引之。阿那瓌再拜跽曰："臣先世源由，出於大魏。"詔曰："朕已具之。"阿那瓌起而言曰："臣之先，逐草放牧，遂居漠北。"詔曰："卿言未盡，可具陳之。"阿那瓌又言曰："臣先祖以來，世居北土，雖復隔越山津，而乃心慕化；未能時宣者，正以高車悖逆，臣國擾攘，不暇遣使以宣遠誠。自頃年以前，漸定高車。及臣兄爲主，故遣鞏顧禮等使來大魏，實欲虔修藩禮，是以曹道芝北使之日，〔一二〕臣與主兄即遣大臣五人拜受詔命。臣兄弟本心未及上徹。但高車從而侵暴，中有姦臣，因亂作逆，殺臣兄，立臣爲主。裁過旬日，臣以陛下恩慈如天，是故倉卒輕身投國，歸命陛下。"詔曰："具卿所陳，理猶未盡，可更言之。"阿那瓌再拜受詔，起而言曰："臣以家難，輕來投闕，老母在彼，萬里分張，本國臣民，皆已迸散。陛下隆恩，有過天地，求乞兵馬，還向本國，誅翦叛逆，收集亡散。陛下慈念，賜借兵馬。老母若在，得生相見，以申母子之恩；如其死也，即得報讎，以雪大恥。臣當統臨餘人，奉事陛下，四時之貢，不敢闕絶。陛下聖顔難覩，敢有披陳，但所欲言者口不能盡言，別有辭啓，謹以仰呈，願垂昭覽。"仍以啓付舍人常景，具以奏聞。尋封阿那瓌朔方郡公、蠕蠕王，賜以衣冕，加之軺蓋，禄從、〔一三〕儀衛，同于戚藩。

　　十二月，肅宗以阿那瓌國無定主，思還綏集，啓請切至，詔議之。時朝臣意有同異，或言聽還，或言不可。領軍元叉爲宰相，阿那瓌私以金百斤貨之，遂歸北。二年正月，阿那瓌等五十四人請辭，肅宗臨西堂，引見阿那瓌及其伯叔兄弟五人，升階賜坐，遣中書舍人穆弼宣勞。阿那瓌等拜辭，詔賜阿那瓌細明光人馬鎧二具，鐵人馬鎧六具；露絲銀纏槊二張并白眊，赤漆槊十張并白眊，黑漆槊十張并幡；露絲弓二張并箭，朱漆柘弓六張并箭，黑漆弓十張并箭；赤漆盾六幡并刀，黑漆盾六幡并刀；赤漆鼓角二十具；五色錦被二領，黃紬被褥三十具；私府繡袍一領并帽，內者緋納襖一領；緋袍二十領并帽，內者雜綵千段；緋納小口袴褶一具，內中宛具；紫納大口袴褶一具，內中宛具；百子帳十八具，黃布幕六張；新乾飯一百石，麥麨八石，榛麨五石；銅烏鏑四枚，柔鐵烏鏑二枚，各受二斛；黑漆竹槜四枚，各受二升；婢二口；父草馬五百匹，駝百二十頭，犗牛一百頭，羊五千口；朱畫盤器十合；粟二十萬石。至鎮給之。詔侍中崔光、黃門元纂郭外勞遣。

阿那瓌來奔之後，其從父兄俟力發婆羅門率數萬人入討示發，破之。示發走奔地豆于，爲其所殺。推婆羅門爲主，號彌偶可社句可汗，魏言安靜也。時安北將軍、懷朔鎮將楊鈞表：“傳聞彼人已立主，是阿那瓌同堂兄弟。夷人獸心，已相君長，恐未肯以殺兄之人，郊迎其弟。輕往虛反，徒損國威，自非廣加兵衆，無以送其入北。”二月，肅宗詔舊經蠕蠕使者牒云具仁，往喻婆羅門迎阿那瓌復藩之意。婆羅門殊自驕慢，無逡避之心，責具仁禮敬，具仁執節不屈。婆羅門遣大官莫何去汾、俟斤丘升頭六人將兵二千隨具仁迎阿那瓌。五月，具仁還鎮，論彼事勢。阿那瓌慮不敢入，表求還京。會婆羅門爲高車所逐，率十部落詣涼州歸降，於是蠕蠕數萬相率迎阿那瓌。七月，阿那瓌啓云：“投化蠕蠕元退社、渾河旃等二人以今月二十六日到鎮，云國土大亂，姓姓別住，迭相抄掠，當今北人鵠望待拯。今乞依前恩，賜給精兵一萬，還令督率送臣磧北，撫定荒人，脫蒙所請，事必克濟。”詔付尚書、門下博議。八月，詔兼散騎常侍王遵業馳驛宣旨慰阿那瓌，并申賜賷。

九月，蠕蠕後主俟匿伐來奔懷朔鎮，阿那瓌兄也，列稱規望乞軍，并請阿那瓌。十月，録尚書事高陽王雍、尚書令李崇、侍中侯剛、尚書左僕射元欽、侍中元叉、侍中安豐王延明、吏部尚書元脩義、尚書李彦、給事黃門侍郎元纂、給事黃門侍郎張烈、給事黃門侍郎盧同等奏曰："竊聞漢立南、北單于，晉有東、西之稱，皆所以相維禦難，爲國藩籬。今臣等参議以爲懷朔鎮北土名無結山吐若奚泉，敦煌北西海郡即漢晉舊障，二處寬平，原野彌沃。阿那瓌宜置西吐若奚泉，〔一四〕婆羅門宜置西海郡，各令總率部落，收離聚散。其爵號及資給所須，唯恩裁處。彼臣下之官，任其舊俗。阿那瓌所居，既是境外，宜少優遣，以示威刑。請沃野、懷朔、武川鎮各差二百人，令當鎮軍主監率，給其糧仗，送至前所，仍於彼爲其造構，功就聽還。諸於北來，在婆羅門前投化者，令州鎮上佐準程給糧，送詣懷朔阿那瓌，鎮與使人量給食廩。在京館者任其去留。阿那瓌草創，先無儲積，請給朔州麻子乾飯二千斛，官駞運送。婆羅門居於西海，既是境內，資衛不得同之。阿那瓌等新造藩屏，宜各遣使持節馳驛先詣慰喻，并委經略。"蕭宗從之。十二月，詔安西將軍、廷尉元洪超兼尚書行臺，詣敦煌安置婆羅門。婆羅門尋與部衆謀叛投嚈噠，嚈噠三妻，皆婆羅門姊妹也。仍爲州軍所討，禽之。

三年十二月，阿那瓌上表乞粟以爲田種，詔給萬石。四年，阿那瓌衆大飢，入塞寇抄，蕭宗詔尚書左丞元孚兼行臺尚書持節喻之。孚見阿那瓌，爲其所執，以孚自隨，驅掠良口二千，公私驛馬牛羊數十萬北遁，謝孚放還。詔驃騎大將軍、尚書令李崇等率騎十萬討之，出塞三千餘里，至瀚海，不及而還。俟匿伐至洛陽，肅宗臨西堂，引見之。五年，婆羅門死於洛南之館，詔贈使持節、鎮西將軍、秦州刺史、廣牧公。

是歲，沃野鎮人破六韓拔陵反，諸鎮相應。孝昌元年春，阿那瓌率衆討之，詔遣牒云具仁齎雜物勞賜阿那瓌，阿那瓌拜受詔命，勒衆十萬，從武川鎮西向沃野，頻戰克捷。四月，肅宗又遣兼通直散騎常侍、中書舍人馮儁使阿那瓌，宣勞班賜有差。阿那瓌部落既和，士馬稍盛，乃號敕連頭兵豆伐可汗，魏言把攬也。十月，阿那瓌復遣郁久閭彌娥等朝貢。三年四月，阿那瓌遣使人鞏鳳景等朝貢，及還，肅宗詔之曰：“北鎮群狄，爲逆不息，蠕蠕主爲國立忠，助加誅討，言念誠心，無忘寢食。今知停在朔垂，與尒朱榮隣接，其嚴勒部曲，勿相暴掠。又近得蠕蠕主啓，更欲爲國東討。但蠕蠕主世居北漠，不宜炎夏，今可且停，聽待後敕。”蓋朝廷慮其反覆也。此後頻使朝貢。

建義初，孝莊詔曰：“夫勳高者賞重，德厚者名隆，蠕蠕主阿那瓌鎮衛北藩，禦侮朔表，遂使陰山息警，弱水無塵，刊迹狼山，銘功瀚海，至誠既篤，勳緒莫酬。故宜標以殊禮，何容格以常式。自今以後，讚拜不言名，上書不稱臣。”太昌元年六月，阿那瓌遣烏句蘭樹什伐等朝貢，并爲長子請尚公主。永熙二年四月，出帝詔以范陽王誨之長女琅邪公主許之，未及婚，帝入關。〔一五〕齊獻武王遣使説之，阿那瓌遣使朝貢，求婚。獻武王方招四遠，以常山王妹樂安公主許之，改爲蘭陵公主。瓌遣奉馬千匹爲娉禮，迎公主，詔宗正元壽送公主往北。自是朝貢相尋。瓌以齊獻武王威德日盛，請致愛女於王，静帝詔王納之。自此塞外無塵矣。

【校勘記】

〔一〕魏書卷一百三　諸本目録此卷注“闕”字，百衲本、汲本、局本卷末有宋人校語云：“魏收書列傳第九十一亡。”殿本考證云：“魏收書亡，後人所補。”按此卷以《北史》卷九八補，唯《蠕蠕傳》末删節東、西魏以及齊、周與“蠕蠕”和戰事，遠較《北史》簡略。

〔二〕依紇突隣部　諸本及《北史》卷九八《蠕蠕傳》“紇”作“純”。按本卷《高車傳》末即附有紇突隣部，卷二《太祖紀》登國五年五月及十二月、皇始二年二月見此部，都作“紇突隣”，“純”乃形近而訛，今改正。

〔三〕狀類於蟲故改其號爲蠕蠕　諸本“蟲”作“蠱”，《北史》卷九八作“蟲”，《册府》卷九五六（一一二五一頁）、《通典》卷一九六蠕蠕條作“蟲”。洪氏《考異》卷一〇以爲“蠱”即“蟲”字。按這裏實是字訛，《北史》作“蟲”即俗“蟲”字可證，今據改。又本傳稱此族“自號柔然”，《宋書》《南齊書》稱“芮芮”，《北齊書》《隋書》作“茹茹”，與“柔然”都是一名的異譯，此譯作“蠕蠕”則是拓跋燾有意侮辱。

〔四〕太祖以拔頡爲安遠將軍平棘侯　按“拔、頡”指上文之“啓拔、吴頡”，不可能二人同封“平棘侯”，疑“拔”下脱授拔之官爵。

〔五〕自廣寧還　按卷四上《世祖紀》神䴥元年八月記拓拔燾“東幸廣寧”，又云“蠕蠕大檀遣子將萬餘騎入塞”，則所謂“自廣寧還”乃指拓跋燾，“自”上當有“帝”字。

〔六〕樂平王督十五將出西道　《通鑑》卷一二四（三九〇一頁）"樂平王"下有"丕"字。按前後帶兵諸王都具名，不應獨異，當是脫文。

〔七〕高凉王那出東道　諸本及《北史》卷九八"高凉"作"高昌"，《通鑑》卷一二五（三九三六頁）作"高凉"。按那附見卷一四《高凉王孤傳》，襲高凉王爵。卷七下《世祖紀下》記歷次重要戰役，幾乎都見高凉王那領兵的紀載，"昌"字訛，今改正。

〔八〕世祖征伐之後　按上叙高宗（拓跋濬）太安四年事，與此句不貫，"世祖"上疑脫"承"字。

〔九〕號伏古敦可汗　《册府》卷九九六（一一六九〇頁）"古"作"名"。按《通鑑》卷一三六（四二七〇頁）也作"名"。胡注："魏收曰'伏名敦，魏言恒也'。"似司馬光與胡三省所見《魏書》《北史》此傳作"名"，與册府同。疑"古"字訛。

〔一〇〕遣使俟斤尉比建朝貢　諸本及《北史》卷九八"俟"作"侯"，《通志》卷二〇〇《蠕蠕傳》作"俟"。按《通鑑》卷一四八（四六三三頁）作"俟"，胡注："俟斤，柔然大臣之名。"下文又見"俟斤丘升頭"。"侯"乃"俟"字形訛，今改正。下二年又見同改。

〔一一〕伏圖納豆崙之妻侯吕陵氏　《通志》卷二〇〇"侯"作"俟"。按本卷《高車傳》附此部，作"侯吕隣"。考卷一一三《官氏志》有"叱吕氏，後改爲吕氏"。《元和姓纂》卷六、《通志·氏族略五》《古今姓氏書辨證》卷二二都作"俟吕鄰"，《金石萃編》卷二七《元宏吊比干墓文》碑陰有"俟吕阿倪"。"叱""俟"音近，"侯"或"侯"當是"俟"之訛。

下《高車傳》末“侯吕鄰部”同,不再出校記。

〔一二〕是以曹道芝北使之日　按上見“曹道”,當是雙名單稱,但“曹道”附見卷七五《馮元興傳》,他處屢見,並無“芝”字。

〔一三〕禄從　卷九《肅宗紀》正光元年十一月詔作“禄恤”,《通鑑》卷一四八(四六六一頁)作“禄恤”。按“恤”或“恤”屢見南朝史籍。《南齊書》卷三四《虞玩之傳》稱“將位既衆,舉恤爲禄”。禄恤即强迫人民向貴族官僚納資代役,作爲俸禄的一種形式。這裏本作“恤”或“恤”,後人不解,改“恤”爲“從”。

〔一四〕阿那瓌宜置西吐若奚泉　《通鑑》卷一四九(四六六九頁)無“西”字。按上文只稱“吐若奚泉”,疑“西”字衍。

〔一五〕未及婚帝入關　此下《北史》記東、西魏以至周、齊和“蠕蠕”和戰事,於東魏尤詳,本書大加删節。按《北史》所述不見他書,其東魏事當即出於《魏書》。補此傳者删周、齊時事以就《魏書》斷限,却連《魏書》範圍内應有的紀載也一併删去,殊謬。

頁二二八九至二三〇三,二三一四至二三一五

《北史》卷九十八《列傳第八十六·蠕蠕傳》

蠕蠕姓郁久閭氏。始神元之末,掠騎有得一奴,髪始齊眉,忘本姓名,其主字之曰木骨閭。“木骨閭”者,首秃也。“木骨閭”與“郁久閭”聲相近,故後子孫因以爲氏。木骨閭既壯,免奴爲騎卒。穆帝時,坐後期當斬,亡匿廣漠溪谷間,

收合遺逃，得百餘人，依純突鄰部。〔一〕木骨閭死，子車鹿會雄健，始有部衆，自號柔然。後太武以其無知，狀類於蟲，故改其號爲蠕蠕。車鹿會既爲部帥，歲貢馬畜、貂豽皮。冬則徙度漠南，夏則還居漠北。車鹿會死，子吐奴傀立。吐奴傀死，子跋提立。跋提死，子地粟袁立。

地粟袁死，其部分爲二。地粟袁長子匹候跋繼父，居東邊；次子縕紇提，別居西邊。及昭成崩，縕紇提附衛辰而貳於魏。魏登國中討之，蠕蠕移部遁走。追之及於大磧南床山下，大破之，虜其半部。匹候跋及部帥屋擊，各收餘落遁走。遣長孫嵩及長孫肥追之，度磧。嵩至平望川，大破屋擊，禽之，斬以徇。肥至涿邪山，及匹候跋，舉落請降。獲縕紇提子曷多汗及曷多汗兄諾歸之、社崙、斛律等，并宗黨數百人，分配諸部。縕紇提西遁，將歸衛辰。道武追之至跋那山，縕紇提復降，道武撫慰如舊。

九年，曷多汗與社崙率部衆棄其父西走，長孫肥輕騎追之，至上郡跋那山，斬曷多汗，盡殪其衆。社崙數人奔匹候跋，匹候跋處之南鄙，去其庭五百里，令其子四人監之。既而社崙率其私屬，執匹候跋四子而叛，襲匹候跋。諸子收餘衆，亡依高車斛律部。社崙兇狡有權變，月餘，乃釋匹候跋，歸其諸子，欲聚而殲之。密舉兵襲匹候跋，殺匹候跋。子啓拔、吳頡等十五人，歸于道武。社崙既殺匹候跋，懼王師討之，乃掠五原以西諸部，北度大漠。道武以拔、頡爲安遠將軍、平棘侯。社崙與姚興和親，道武遣材官將軍和突襲黜弗、素古延諸部，社崙遣騎救素古延，突逆擊破之。〔二〕

社崙遠遁漠北，侵高車，深入其地，遂并諸部，凶勢益振。

北徙弱洛水,始立軍法:千人爲軍,軍置將一人;百人爲幢,幢置帥一人。先登者賜以虜獲,退懦者以石擊首殺之,或臨時捶撻。無文記,將帥以羊屎粗計兵數,後頗知刻木爲記。其西北有匈奴餘種,國尤富强,部帥日拔也稽舉兵擊社崘。逆戰於頞根河,大破之。後盡爲社崘所并。號爲强盛,隨水草畜牧。其西則焉耆之地,東則朝鮮之地,北則渡沙漠,窮瀚海,南則臨大磧。其常所會庭,敦煌、張掖之北。小國皆苦其寇抄,羈縻附之。於是自號豆代可汗。豆代,猶魏言駕馭開張也;可汗,猶魏言皇帝也。蠕蠕之俗,君及大臣因其行能,即爲稱號,若中國立謚。既死之後,不復追稱。道武謂尚書崔宏曰:“蠕蠕之人,昔來號爲頑嚚,每來抄掠,駕牸牛奔遁,驅犗牛隨之,牸牛伏不能前。異部人有教其以犗牛易之者,蠕蠕曰:‘其母尚不能行,而况其子!’終於不易,遂爲敵所虜。今社崘學中國,立法,置戰陣,卒成邊害。道家言‘聖人生,大盜起’,信矣。”

天興五年,社崘聞道武征姚興,遂犯塞,入自參合陂,南至豺山及善無北澤。時遣常山王遵以萬騎追之,不及。天賜中,社崘從弟悦代、大那等謀殺社崘而立大那。發覺,大那等來奔,以大那爲冠軍將軍、西平侯,悦代爲越騎校尉、易陽子。三年夏,社崘寇邊。永興元年冬,又犯塞。二年,明元討之,社崘遁走,道死。

其子度拔年少,未能御衆,部落立社崘弟斛律,號藹苦蓋可汗,魏言姿質美好也。斛律北并賀術也骨國,東破譬歷辰部落。三年,斛律宗人悦侯咄觚干等百數十人來降。斛律畏威自守,不敢南侵,北邊安静。神瑞元年,與馮跋和親,跋娉律女爲妻，將爲交婚。斛律長兄子步鹿真謂斛律曰："女小遠適，憂思生疾，可遣大臣樹黎、勿地延等女爲媵。"斛律不許。步鹿真出，謂樹黎等曰："斛律欲令汝女爲媵，遠至他國。"黎遂共結謀，令勇士夜就斛律穹廬後，伺其出執之，與女俱嬪于和龍。乃立步鹿真。步鹿真立，委政樹黎。

初，高車叱洛侯者，叛其渠帥，導社崙破諸部落，社崙德之，以爲大人。步鹿真與社崙子社拔共至叱洛侯家，淫其少妻。少妻告步鹿真，叱洛侯欲舉大檀爲主，遺大檀金馬勒爲信。步鹿真聞之，歸發八千騎往圍，叱洛侯焚其珍寶，自刎而死。步鹿真遂掩大檀。大檀發軍執步鹿真及社拔，絞殺之，乃自立。

大檀者，社崙季父僕渾之子，先統別部鎮於西界，能得眾心，國人推戴之，號牟汗紇升蓋可汗，魏言制勝也。斛律父子既至和龍，馮跋封爲上谷侯。大檀率眾南徙犯塞，明元親討之，大檀懼而遁走。遣山陽侯奚斤等追之，遇寒雪，士眾凍死及墮指者十二三。及明元崩，太武即位，大檀聞而大喜，始光元年秋，乃寇雲中。太武親討之，三日二夜至雲中。大檀騎圍太武五十餘重，騎逼，馬首相次如堵焉。士卒大懼。太武顏色自若，眾情乃安。先是，大檀弟大那與社崙爭國，敗而來奔。大檀以大那子於陟斤爲部帥。軍士射於陟斤殺之，大檀恐，乃還。二年，太武大舉征之，東西五道並進。平陽王長孫翰等從黑漠；汝陰公長孫道生從白黑兩漠間；車駕從中道；東平公娥清次西，從栗園；宜城王奚斤、將軍安原等西道，從爾寒山。諸軍至漠南，舍輜重，輕騎齎十五日糧，絕漠討之。大檀部落駭驚，北走。神䴥元年八月，大檀遣子將騎萬餘入塞，

殺掠邊人而走，附國高車追擊破之。自廣甯還，追之不及。〔三〕

　二年四月，太武練兵于南郊，將襲大檀。公卿大臣皆不願，術士張深、徐辯以天文説止帝，帝從崔浩計而行。會江南使還，稱宋文欲犯河南，謂行人曰：“汝疾還告魏主，歸我河南地，即當罷兵；不然，盡我將士之力。”帝聞而大笑，告公卿曰：“龜鼈小豎，自救不暇，何能爲也？就使能來，若不先滅蠕蠕，便是坐待寇至，腹背受敵，非上策也。吾行決矣！”於是車駕出東道，向黑山；平陽王長孫翰從西道，向大娥山：同會賊庭。五月，次于沙漠南，舍輜重輕襲之。至栗水，大檀衆西奔。弟匹黎先典東落，將赴大檀，遇翰軍，翰縱騎擊之，殺其大人數百。大檀聞之震怖，將其族黨，焚燒廬舍，絶迹西走，莫知所至。於是國落四散，竄伏山谷，畜産布野，〔四〕無人收視。太武緣栗水西行，過漢將竇憲故壘。六月，車駕次於菟園水，去平城三千七百餘里。分軍搜討，東至瀚海，西接張掖水，北度燕然山，東西五千餘里，南北三千里。高車諸部殺大檀種類前後歸降三十餘萬，俘獲首虜及戎馬百餘萬匹。八月，太武聞東部高車屯巳尼陂，人畜甚衆，去官軍千餘里，遂遣左僕射安原等往討之。暨巳尼陂，高車諸部望軍降者數十萬。大檀部落衰弱，因發疾而死。

　子吳提立，號敕連可汗，魏言神聖也。四年，遣使朝獻。先是，北鄙候騎獲吳提南偏邏者二十餘人，太武賜之衣服，遣歸。吳提上下感德，故朝貢焉。帝厚賓其使而遣之。延和三年二月，以吳提尚西海公主，又遣使者納吳提妹爲夫人，又進爲左昭儀。吳提遣其兄禿鹿傀及左右數百人來朝，獻馬二千匹。帝大悦，班賜甚厚。

至太延二年，乃絶和犯塞。四年，車駕幸五原，遂征之。樂平王丕、河東公賀多羅督十五將出東道，永昌王健、宜都王穆壽督十五將出西道，車駕出中道。至浚稽山，分中道復爲二道，陳留王崇從大澤向涿邪山；車駕從浚稽北向天山。西登子阜，[五]刻石記行，不見蠕蠕而還。時漠北大旱，無水草，軍馬多死。

五年，車駕西伐沮渠牧犍，宜都王穆壽輔景穆居守，長樂王嵇敬、建寧王崇二萬人鎮漠南，以備蠕蠕。吳提果犯塞，壽素不設備，賊至七介山，京邑大駭，爭奔中城。司空長孫道生拒之於吐頹山。吳提之寇也，留其兄乞列歸與北鎮諸軍相守，敬、崇等破乞列歸于陰山之北，獲乞列歸。歎曰："沮渠陷我也！"獲其伯父他吾無鹿胡及其將帥五百人，斬首萬餘級。吳提聞而遁走，道生追之，至于漠南而還。

真君四年，車駕幸漠南，分軍爲四道：樂安王範、建寧王崇各統十五將出東道，樂平王丕督十五將出西道，[六]車駕出中道，中山王辰領十五將爲中軍後繼。車駕至鹿渾谷，與賊相遇。吳提遁走，追至頩根河擊破之。車駕至石水而還。五年，復幸漠南，欲襲吳提，吳提遠遁，乃止。

吳提死，子吐賀真立，號處可汗，[七]魏言唯也。十年正月，車駕北伐，高涼王那出東道，[八]略陽王羯兒出西道，車駕與景穆自中道出涿邪山。吐賀真別部帥爾綿他拔等率千餘家來降。是時，軍行數千里，吐賀真新立，恐懼遠遁。九月，車駕北伐，高涼王那出東道，略陽王羯兒出中道，與諸軍期會於地弗池。吐賀真悉國精銳，軍資甚盛，圍那數十重。那掘長圍堅守，相持數日。吐賀真數挑戰輒不利，以那衆少而固，疑大軍將至，解圍夜遁。那引軍追之，九日九夜，吐賀真益懼，棄輜重，踰穿隆嶺遠遁。那收其輜重，引軍還，與車駕會於廣澤。略陽王羯兒盡收其人户、畜産百餘萬。自是，吐賀真遂單弱，遠竄，邊疆息警矣。太安四年，車駕北征，騎十萬，車十五萬兩，旌旗千里，遂渡大漠。吐賀真遠遁，其莫弗烏朱駕頹率衆數千落來降，乃刊石記功而還。太武征伐之後，意存休息；〔九〕蠕蠕亦怖威北竄，不敢復南。

和平五年，吐賀真死，子予成立，號受羅部真可汗，魏言惠也。自稱永康元年率部侵塞，北鎮遊軍大破其衆。皇興四年，予成犯塞，車駕北討，京兆王子推、東陽公元丕督諸軍出西道，任城王雲等督軍出東道，汝陰王賜、濟南公羅烏拔督軍爲前鋒，隴西王源賀督諸軍爲後繼。諸將會車駕于女水之濱，獻文親誓衆，詔諸將曰：“用兵在奇，不在衆也。卿等但爲朕力戰，方略已在朕心。”乃選精兵五千人挑戰，多設奇兵以惑之，虜衆奔潰，逐北三十餘里，斬首五萬級，降者萬餘人，戎馬器械，不可稱計。旬有九日，往返六千餘里。改女水曰武川，遂作北征頌，刊石紀功。

延興五年，予成求通婚聘。有司以予成數犯邊塞，請絶其使，發兵討之。帝曰：“蠕蠕譬若禽獸，貪而亡義，朕要當以信誠待物，不可抑絶也。予成知悔前非，遣使請和，求結姻援，安可孤其款意。”乃詔報曰：“所論婚事，今始一反，尋覽事理，未允厥中。夫男而下女，爻象所明，初婚之吉，敦崇禮聘，君子所以重人倫之本。不敬其初，令終難矣。”予成每懷譎詐，終獻文世，更不求婚。

太和元年四月，遣莫何去汾比拔等來獻良馬、貂裘。比拔等稱："伏承天朝珍寶華麗甚積，求一觀之。"乃敕有司，出御府珍玩、金玉、文繡、器物，御廄文馬、奇禽、異獸及人間所宜用者，列之京肆，令其歷觀焉。比拔見之，自相謂曰："大國富麗，一生所未見也。"二年二月，又遣比拔等朝貢，尋復請婚焉。孝文志在招納，許之。予成雖歲貢不絕，而款約不著，婚事亦停。

九年，予成死，子豆崙立，號伏古敦可汗，魏言恒也。自稱太平元年豆崙性殘暴好殺。其名臣侯醫垔、石洛候數以忠言諫之，又勸與魏通和，勿侵中國。豆崙怒，誣石洛候謀反，殺之，夷其三族。

十六年八月，孝文遣陽平王頤、左僕射陸叡並爲都督，領軍斛律桓等十二將七萬騎討豆崙。〔一〇〕部内高車阿伏至羅率眾十餘萬西走，自立爲主。豆崙與叔父那蓋爲二道追之。豆崙出自浚稽山北而西，那蓋出自金山。豆崙頻爲阿伏至羅所敗，那蓋累有勝捷。國人咸以那蓋爲天所助，欲推那蓋爲主。那蓋不從，眾強之。那蓋曰："我爲臣不可，焉能爲主？"眾乃殺豆崙母子，以尸示那蓋，乃襲位。

那蓋號候其伏代庫者可汗，魏言悦樂也。自稱太安元年。

那蓋死，子伏圖立，號他汗可汗，魏言緒也。自稱始平元年正始三年，伏圖遣使紇奚勿六跋朝獻，請求通和。宣武不報其使，詔有司敕勿六跋曰："蠕蠕遠祖社崙是大魏叛臣，往者包容，暫時通使。今蠕蠕衰微，有損疇日；大魏之德，方隆周、漢，跨據中原，指清八表。正以江南未平，權寬北略。通和之事，未容相許。若修蕃禮，款誠昭著者，當不孤爾也。"永平元年，伏圖又遣勿六跋奉函書一封，并獻貂裘。宣武不納，依前喻遣。

伏圖西征高車，爲高車王彌俄突所殺，子醜奴立，號豆羅伏拔豆伐可汗，魏言彰制也。自稱建昌元年永平四年九月，醜奴遣沙門洪宣奉獻珠像。延昌三年冬，〔一一〕宣武遣驍騎將軍馬義舒使於醜奴，未發而崩，事遂停寢。醜奴壯健，善用兵。四年，遣使俟斤尉比建朝貢。〔一二〕熙平元年，西征高車大破之，禽其主彌俄突，殺之，盡并叛者，國遂强盛。二年，又遣使俟斤尉比建、絋奚勿六跋、鞏顧禮等朝貢。神龜元年二月，明帝臨顯陽殿，引顧禮等二十人於殿下，遣中書舍人徐絋宣詔，讓以蠕蠕蕃禮不備之意。

初，豆崙之死也，那蓋爲主，伏圖納豆崙之妻候吕陵氏，〔一三〕生醜奴、阿那瓖等六人。醜奴立後，忽亡一子，字祖惠，求募不能得。有屋引副升牟妻是豆渾地萬，〔一四〕年二十許，爲醫巫，假託神鬼，先常爲醜奴所信，出入去來。乃言："此兒今在天上，我能呼得。"醜奴母子欣悦。後歲仲秋，在大澤中施帳屋，齋潔七日，祈請天神。經一宿，祖惠忽在帳中，自云恒在天上。醜奴母子抱之悲喜，大會國人，號地萬爲聖女，納爲可賀敦。授夫副升牟爵位，賜牛、馬、羊三千頭。地萬既挾左道，亦是有姿色，醜奴甚加重愛，信用其言，亂其國政。如是積歲，祖惠年長，其母問之。祖惠言："我恒在地萬家，不嘗上天。上天者，地萬教也。"其母具以狀告醜奴。醜奴言地萬懸鑒遠事，不可不信，勿用讒言也。既而地萬恐懼，譖祖惠於醜奴，醜奴陰殺之。

正光初，醜奴母遣莫何去汾李具列等絞殺地萬。醜奴怒，欲誅具列等。又阿至羅侵醜奴，醜奴擊之，軍敗還，爲母與其大臣所殺，立醜奴弟阿那瓌爲主。阿那瓌立經十日，其族兄俟力發示發率衆數萬以伐，阿那瓌戰敗，將弟乙居伐輕騎南走歸魏。阿那瓌母候吕陵氏及其二弟尋爲示發所殺，而阿那瓌未之知也。

九月，阿那瓌將至，明帝遣兼侍中陸希道爲使主，兼散騎常侍孟威爲使副，迎勞近畿。使司空公、京兆王繼至北中，侍中崔光、黄門郎元纂在近郊，並申宴勞，引至闕下。十月，明帝臨顯陽殿，引從五品已上清官、皇宗、藩國使客等，列於殿庭。王公已下及阿那瓌等入就庭中，北面。位定，謁者引王公已下升殿，阿那瓌位於藩王之下，又引特命之官及阿那瓌弟并二叔升，位於群官之下。遣中書舍人曹道宣詔勞問。〔一五〕阿那瓌啓云：“陛下優隆，命臣弟、叔等升殿預會。但臣有從兄，在北之日，官高於二叔，乞命升殿。”詔聽之，乃位於阿那瓌弟之下，二叔之上。〔一六〕

宴將罷，阿那瓌執所啓立於座後。詔遣舍人常景問所欲言。阿那瓌求詣帝前，詔引之。阿那瓌再拜跽曰：“臣先世源由，出於大魏。”詔曰：“朕已具知。”阿那瓌起而言曰：“臣之先，逐草放牧，遂居漠北。”詔曰：“卿言未盡，可具陳之。”阿那瓌又言曰：“臣祖先已來，世居北土，雖復隔越山津，而乃恭心慕化，未能時宣者，正以高車悖逆，臣國擾攘，不暇遣使以宣遠誠。自頃年已前，漸定高車，及臣兄爲主，故遣鞏顧禮等使來大魏，實欲虔修藩禮。是以曹道芝北使之日，臣與主兄，即遣大臣五人，拜受詔命。臣兄弟本心，未及上徹。但高車從而侵暴，中有姦臣，因亂作逆，殺臣兄，立臣爲主。裁過旬日，臣以陛下恩慈如天，是故倉卒輕身投國，歸命陛下。”詔

曰：“具卿所陳，理猶未盡，可更言之。”阿那瓌再拜受詔，起
而言曰：“臣以家難，輕來投闕，老母在彼，萬里分張，本國臣
人，皆已迸散。陛下隆恩，有過天地，求乞兵馬，還向本國，誅
翦叛逆，收集亡散。陛下慈念，賜借兵馬，老母若在，得生相
見，以申母子之恩；如其死也，即得報讎，以雪大耻。臣當統
臨餘人，奉事陛下，四時之貢，不敢闕絶。陛下聖顔難覩，敢
不披陳？但所欲言者，口不能盡言。别有辭啓，謹以仰呈，願
垂昭覽。”仍以啓付舍人常景，具以奏聞。

　　尋封阿那瓌朔方郡公、蠕蠕王，〔一七〕賜以衣冕，加之軺、
蓋，禄從儀衛，同于戚藩。〔一八〕十二月，明帝以阿那瓌國無定
主，思還綏集，啓請切至，詔議之。時朝臣意有同異，或言聽
還，或言不可。領軍元乂爲宰相，阿那瓌私以金百斤貨之，遂
歸北。

　　二年正月，阿那瓌等五十四人請辭，明帝臨西堂，引見
阿那瓌及其叔伯兄弟五人，升階賜坐，遣中書舍人穆弼宣勞。
阿那瓌等拜辭。詔賜阿那瓌細明光人馬鎧一具，鐵人馬鎧六
具，露絲銀纏槊二張并白眊，赤漆槊十張并白眊，黑漆槊十張
并幡，露絲弓二張并箭，朱漆柘弓六張并箭，黑漆弓十張并
箭，赤漆楯六幡并刀，黑漆楯六幡并刀，赤漆鼓角二十具，五
色錦被二領，黄紬被褥三十具，私府繡袍一領并帽，内者緋納
襖一領、緋袍二十領并帽，内者雜綵千段，緋納小口袴褶一具
内中宛具，紫納大口袴褶一具内中宛具，百子帳十八具，黄布
幕六張，新乾飯一百石，麥麪八石，榛麪五石，銅烏鏪四枚、
柔鐵烏鏪二枚各受二斛，黑漆竹檳四枚各受五升，婢二口，父
草馬五百匹，駞百二十頭，牸牛一百頭，羊五千口，朱畫盤器

十合，粟二十萬石，至鎮給之。詔侍中崔光、黃門元纂，郭外勞遣。

阿那瓌來奔之後，其從父兄俟力發婆羅門率數萬人入討示發，[一九]破之。示發走奔地豆干，爲其所殺。推婆羅門爲主，號彌偶可社句可汗，魏言安静也。時安北將軍、懷朔鎮將楊鈞表：“傳聞彼人已立主，是阿那瓌同堂兄弟。夷人獸心，已相君長，恐未肯以殺兄之人，郊迎其弟。輕往虚反，徒損國威。自非廣加兵衆，無以送其入北。”二月，明帝詔舊經蠕蠕使者牒云具仁往，喻婆羅門迎阿那瓌復藩之意。婆羅門殊自驕慢，無遜避之心，責具仁禮敬，具仁執節不屈。婆羅門遣大官莫何去汾、俟斤丘升頭六人，將兵二千隨具仁迎阿那瓌。[二〇]五月，具仁還鎮，論彼事勢。阿那瓌慮不敢入，表求還京。

會婆羅門爲高車所逐，率十部落詣涼州歸降。於是蠕蠕數萬，相率迎阿那瓌。七月，[二一]阿那瓌啓云：“投化阿那瓌蠕蠕元退社、渾河旃等二人，[二二]以今月二十六日到鎮，云國土大亂，姓姓別住，迭相抄掠，當今北人，鵠望待拯。今乞依前恩，賜給精兵一萬，還令督率領，[二三]送臣磧北，撫定荒人。脱蒙所請，事必克濟。”詔付尚書、門下博議。八月，詔兼散騎常侍王遵業馳驛宣旨慰喻阿那瓌，并申賜賚。九月，蠕蠕後主俟匿伐來奔懷朔鎮，阿那瓌兄也，列稱規望乞軍，并請阿那瓌。

十月，録尚書事高陽王雍、尚書令李崇、侍中侯剛、尚書左僕射元欽、侍中元叉、侍中安豐王延明、吏部尚書元脩義、尚書李彦、給事黃門侍郎元纂、給事黃門侍郎張烈、給事黃門侍郎盧同等奏曰:"竊聞漢立南北單于,晉有東西之稱,皆所以相維禦難,爲國藩籬。今臣等參議,以爲懷朔鎮北,土名無結山吐若奚泉,〔二四〕敦煌北西海郡,即漢、晉舊郱,二處寬平,原野彌沃。阿那瓌宜置西吐若奚泉,婆羅門宜置西海郡,各令總率部落,收離聚散。其爵號及資給所須,唯恩裁處。彼臣下之官,任其舊俗。阿那瓌所居既是境外,宜少優遣,以示威刑。計沃野、懷朔、武川鎮各差二百人,令當鎮軍主監率,給其糧仗,送至前所。仍於彼爲其造構,功就聽還。諸於北來在婆羅門前投化者,令州鎮上佐,准程給糧,送詣懷朔阿那瓌,鎮與使人,量給食稟;在京館者,任其去留。阿那瓌草創,先無儲積,請給朔州麻子乾飯二千斛,官駝運送。婆羅門居於西海,既是境內,資衛不得同之。阿那瓌等新造藩屏,宜各遣使持節馳驛,先詣慰喻,并委經略。"明帝從之。

十二月,詔安西將軍、廷尉元洪超兼尚書行臺,詣敦煌安置婆羅門。婆羅門尋與部衆謀叛投嚈噠。嚈噠三妻,皆婆羅門姊妹也。仍爲州軍所討,禽之。

三年十二月,阿那瓌上表,乞粟以爲田種。詔給萬石。四年,阿那瓌衆大饑,入塞寇抄。明帝詔尚書左丞元孚兼行臺尚書,持節喻之。孚見阿那瓌,爲其所執。以孚自隨,驅掠良口二千并公私驛馬、牛羊數十萬北遁,謝孚放還。詔驃騎大將軍、尚書令李崇等率騎十萬討之,出塞三千餘里,至瀚海,不及而還。俟匿伐至洛陽,明帝臨西堂引見之。五年,婆羅門死於洛南之館,詔贈使持節、鎮西將軍、秦州刺史、廣牧公。

是歲,沃野鎮人破六韓拔陵反,諸鎮相應。孝昌元年春,

阿那瓌率衆討之。詔遣牒云具仁齎雜物勞賜。阿那瓌拜受
詔命，勒衆十萬，從武川鎮西向沃野，頻戰克捷。四月，明帝
又遣通直散騎常侍、中書舍人馮僎使阿那瓌，宣勞班賜有差。
阿那瓌部落既和，士馬稍盛，乃號敕連頭兵伐可汗，〔二五〕魏言
把攬也。十月，阿那瓌復遣郁久閭彌娥等朝貢。三年四月，
阿那瓌遣使人鞏鳳景等朝貢。及還，明帝詔之曰："北鎮群
狄，爲逆不息，蠕蠕主爲國立忠，助加誅討，言念誠心，無忘寢
食。今知停在朔垂，與尒朱榮隣接，其嚴勒部曲，勿相暴掠。
又近得蠕蠕主啓，更欲爲國東討。但蠕蠕主世居北漠，不宜
炎夏，今可且停，聽待後敕。"蓋朝廷慮其反覆也。此後頻使
朝貢。

建義初，孝莊詔曰："夫勳高者賞重，德厚者名隆。蠕蠕
主阿那瓌鎮衛北藩，禦侮朔表，遂使陰山息警，弱水無塵，刊
迹狼山，銘功瀚海。至誠既篤，勳緒莫酬，故宜標以殊禮，何
容格以恒式。自今以後，讚拜不言名，上書不稱臣。"

太昌元年六月，阿那瓌遣烏勾蘭樹升伐等朝貢，并爲長
子請尚公主。永熙二年四月，孝武詔以范陽王誨之長女瑯琊
公主許之，未及成婚，帝入關。東、西魏競結阿那瓌爲婚好。
西魏文帝乃以孝武時舍人元翌女稱爲化政公主，妻阿那瓌兄
弟塔寒，又自納阿那瓌女爲后，加以金帛誘之。阿那瓌遂留
東魏使元整，不報信命。後遂率衆度河，以廢后爲言，文帝不
得已，遂敕廢后自殺。

元象元年五月，阿那瓌掠幽州范陽，南至易水。九月，又
掠肆州秀容，至於三推。又殺元整，轉謀侵害。東魏乃因阿
那瓌使溫豆拔等。神武以阿那瓌兇狡，將撫懷之，乃遣其使

人龍無駒北還，以通溫豆拔等音問。始阿那瓌殺元整，亦謂溫豆拔等不存，既見無駒，微懷感愧。興和二年春，復遣龍無駒等朝貢東魏。然猶未款誠。

阿那瓌女妻文帝者遇疾死，齊神武因遣相府功曹參軍張徽纂使於阿那瓌，間説之。云文帝及周文既害孝武，又殺阿那瓌之女，妄以疎屬假公主之號，嫁彼爲親。又阿那瓌度河西討時，周文燒草，使其馬饑，不得南進，此其逆詐反覆難信之狀。又論東魏正統所在，言其往者破亡歸命，魏朝保護，得存其國，以大義示之。兼詐阿那瓌云：近有赤鋪步落堅胡行於河西，爲蠕蠕主所獲。云蠕蠕主問之："汝從高王？爲從黑獺？"一人言從黑獺，蠕蠕主殺之；二人言從高王，蠕蠕主放遣。此即蠕蠕主存大國宿昔仁義。彼女既見害，欺詐相待，不仁不信，宜見討伐。且守逆一方，未知歸順，朝廷亦欲加誅。彼若深念舊恩，以存和睦，當以天子懿親公主結成姻媾，〔二六〕爲遣兵將，伐彼叛臣，爲蠕蠕主雪恥報惡。

徽纂既申齊神武意，阿那瓌乃召其大臣與議之，便歸誠於東魏。遣其俟利、莫何莫緣游大力等朝貢，〔二七〕因爲其子菴羅辰請婚。静帝詔兼散騎常侍太府卿羅念、兼通直散騎常侍中書舍人穆景相等使於阿那瓌。八月，阿那瓌遣莫何去折豆渾十升等朝貢，復因求婚。齊神武請遂其意，以招四遠。詔以常山王騭妹樂安公主許之，改封爲蘭陵郡長公主。十二月，阿那瓌復遣折豆渾十升詣東魏請婚。三年四月，阿那瓌遣吐豆登郁久閭譬渾、〔二八〕俟利莫何折豆渾侯煩等奉馬千匹，以爲聘禮，請迎公主。詔兼宗正卿元壽、兼太常卿孟韶等送公主自晉陽北邁，資用器物，齊神武親自經紀，咸出豐渥。

阿那瓌遣其吐豆登郁久閭匿伏、俟利阿夷普掘、蒲提棄之伏等迎公主於新城之南。六月，齊神武慮阿那瓌難信，又以國事加重，躬送公主於樓煩之北，接勞其使，每皆隆厚。阿那瓌大喜，自是朝貢東魏相尋。四年，阿那瓌請以其孫女號鄰和公主妻齊神武第九子長廣公湛，靜帝詔爲婚焉。阿那瓌遣其吐豆登郁久閭譬掘、俟利莫何游大力送女於晉陽。武定四年，阿那瓌有愛女，號爲公主，以齊神武威德日盛，又請致之，靜帝聞而詔神武納之。阿那瓌遣其吐豆發郁久閭汗拔姻姬等送女於晉陽。自此東魏邊塞無事，至於武定末，使貢相尋。

始阿那瓌初復其國，盡禮朝廷。明帝之後，中原喪亂，未能外略，阿那瓌統率北方，頗爲強盛，稍敢驕大，禮敬頗闕，遣使朝貢，不復稱臣。天平以來，逾自踞慢。汝陽王暹之爲秦州也，[二九]遣其典籤齊人淳于覃使於阿那瓌。遂留之，親寵任事。阿那瓌因入洛陽，心慕中國，立官號，僭擬王者，遂有侍中、黃門之屬。以覃爲祕書監、黃門郎，掌其文墨。覃教阿那瓌，轉至不遜，每奉國書，隣敵抗禮。及齊受東魏禪，亦歲時往來不絕。

天保三年，阿那瓌爲突厥所破，自殺。其太子菴羅辰及瓌從弟登注俟利、登注子庫提，並擁衆奔齊。其餘衆立注次子鐵伐爲主。四年，齊文宣送登注及子庫提還北。鐵伐尋爲契丹所殺，其國人仍立登注爲主。又爲大人阿富提等所殺，其國人復立庫提爲主。是歲，復爲突厥所攻，舉國奔齊。文宣乃北討突厥，迎納蠕蠕，廢其主庫提，立阿那瓌子菴羅辰爲主，致之馬邑川，給其廩餼、繒帛。親追突厥於朔方，突厥請降，許之而還。於是蠕蠕貢獻不絕。

五年三月，菴羅辰叛，文宣親討，大破之。菴羅辰父子北遁。四月，寇肆州。帝自晉陽討之，至恒州黃瓜堆，[三〇]虜散走。時大軍已還，帝麾下千餘騎，遇蠕蠕別部數萬，四面圍逼。帝神色自若，指畫形勢，虜衆披靡，遂縱兵潰圍而出。虜退走，追擊之，伏尸二十五里，獲菴羅辰妻子及生口三萬餘人。五月，帝又北討蠕蠕，大破之。六月，蠕蠕帥部衆東徙，將南侵，帝帥輕騎於金川下邀擊，蠕蠕聞而遠遁。六年六月，文宣又親討蠕蠕。七月，帝頓白道，留輜重，親率輕騎五千追蠕蠕，躬犯矢石，頻大破之，遂至沃野，大獲而還。

是時，蠕蠕既累爲突厥所破，以西魏恭帝二年，遂率部千餘家奔關中。突厥既恃兵强，又藉西魏和好，恐其遺類依憑大國，使驛相繼，請盡殺以甘心。周文議許之，遂收縛蠕蠕主已下三千餘人付突厥使，於青門外斬之。中男以下免，並配王公家。

【校勘記】

〔一〕依純突隣部　"純"疑當作"紇"，見本卷《高車傳》。

〔二〕突逆擊破之　諸本脱"之"字，據《魏書》卷一〇三補《蠕蠕傳》補。

〔三〕自廣寧還追之不及　《通鑑》卷一二一三八〇二頁作"魏主自廣寧還，追之不及"。此"自"上當脱"太武"二字，或"帝"字。

〔四〕畜産布野　諸本"布野"誤倒，據《魏書》《通鑑》卷一二一五八一一頁乙。

〔五〕西登子阜　《魏書》《通鑑》卷一二三三八六八頁"子阜"作"白阜"。胡注云："白阜疑即雪山。"

〔六〕樂平王丕督十五將出西道　諸本無"丕"字,《通志》有。按前後諸王都具名,不應此獨省,今據補。

〔七〕號處可汗　《通鑑》卷一二四三九〇八頁作"處羅可汗"。胡注云:"魏收曰:處羅唯也。"則司馬光、胡三省所見本有"羅"字。

〔八〕高凉王那出東道　諸本"凉"作"昌",《通鑑》卷一二五三九三五頁作"凉"。按北魏宗室無高昌王。高凉王那見本書卷十五《高凉王孤傳》。《魏書》卷四下《世祖紀》屢見其人,今據改。

〔九〕太武征伐之後意存休息　《通志》"太武"上有"自"字。按上文有"太安",是文成年號,疑當有"自"字。

〔一〇〕十六年八月(至)討豆崙　按《魏書》卷七下《高祖紀》,太和十一年云:"八月壬申,蠕蠕犯塞,遣平原王陸叡討之,事具《蠕蠕傳》。"十六年八月乙未又稱:"詔陽平王頤、左僕射陸叡督十二將七萬騎北討蠕蠕。"《魏書》卷四〇《陸叡傳》言叡於太和十六年前,有兩次出擊蠕蠕。今此傳不記十一年事,當是《北史》誤删。

〔一一〕延昌三年冬　諸本作"二年",《魏書》《通志》作"三年"。按馬義舒使蠕蠕,事見《魏書》卷八《世宗紀》延昌三年十月,今據改。

〔一二〕遣使俟斤尉比建朝貢　諸本"俟"訛作"侯",據《通志》《通鑑》卷一四八四六三三頁改。

〔一三〕伏圖納豆崙之妻侯呂陵氏　《通志》"侯"作"俟"。參見本卷校記〔五四〕。

〔一四〕有屋引副升牟妻是豆渾地萬　諸本"屋"作"尼",

《魏書》作“屋”。按屋引氏見《魏書》卷一一三《官氏志》,本卷《高車傳》見屋引叱賀真。今據改。

〔一五〕遣中書舍人曹道宣詔勞問　按下文見“曹道芝”,疑即一人。

〔一六〕乃位於阿那瓌弟之下二叔之上　諸本“位”訛作“在”,據《魏書》改。

〔一七〕尋封阿那瓌朔方郡公蠕蠕王　諸本“王”作“主”,《魏書》百衲本、《通志》作“王”。按《魏書》卷九《肅宗紀》正光元年十一月條作“王”,今據改。

〔一八〕加之輅蓋禄從儀衛同于戚藩　《魏書》卷九《肅宗紀》正光元年十一月封阿那瓌詔,“蓋”作“車”,“從”作“恤”。《通鑑》卷一四八四六六一頁同《魏紀》。按“恤”是當時官吏的一種變象俸禄。《南齊書》卷三四《虞玩之傳》:“將位既衆,舉恤爲禄。”疑此“從”當作“恤”。

〔一九〕其從父兄俟力發婆羅門率數萬人入討示發　諸本脱“從”字,據《魏書》《通志》《通鑑》卷一四九四六六三頁補。

〔二○〕將兵二千隨具仁迎阿那瓌　諸本“將”下脱“兵”字,據《魏書》及《通鑑》卷一四九四六六六頁補。

〔二一〕七月　諸本“七”上衍“啓”字,據《魏書》《通志》删。

〔二二〕投化阿那瓌蠕蠕元退社渾河旃等二人　《魏書》無“阿那瓌”三字,疑是。

〔二三〕還令督率領　《魏書》無“領”字。按當是“督”下脱“將”字。

〔二四〕阿那瓌宜置西吐若奚泉　《通鑑》卷一四九四六六九頁無"西"字。此當是涉上文"西海郡"之"西"而衍。

〔二五〕乃號敕連頭兵伐可汗　《魏書》《通鑑》卷一五〇四六九五頁"兵"下有"豆"字。疑此是誤脱。

〔二六〕當以天子懿親公主結成姻媾　諸本"以"誤置"天子"下,據《通志》乙。

〔二七〕阿那瓌遣莫何去折豆渾十升等朝貢　按"去"下當脱"汾"字。"莫何去汾",蠕蠕大官,見前。

〔二八〕阿那瓌遣吐豆登郁久閭譬渾　按"登"疑當作"發"。下文"吐豆登郁久閭匿伏""吐豆登郁久閭譬掘"同。本書卷九九《突厥傳》言突厥大官有"吐屯發",當即"吐豆發"之異譯。《北齊書》卷四《文宣紀》天保六年七月見"吐頭發"。

〔二九〕汝陽王暹之爲秦州也　諸本"秦"作"泰"。按《魏書》卷一九上、本書卷十七《京兆王子推附汝陽王暹傳》,暹曾官秦州刺史,"泰"乃"秦"之訛,今據改。

〔三〇〕至恒州黄瓜堆　諸本"州黄"二字誤倒,據《通志》及《北齊書》卷四《文宣紀》天保五年四月條乙。

頁三二四九至三二六七

《宋書》卷九十五《列傳第五十五·索虜附蠕蠕傳》

自索虜破慕容,[七四]據有中國,而芮芮虜有其故地,蓋漢世匈奴之北庭也。芮芮一號大檀,又號檀檀,亦匈奴別種。自西路通京師,三萬餘里。僭稱大號,部衆殷强,歲時遣使詣京師,與中國亢禮,西域諸國焉耆、鄯善、龜兹、姑墨東道諸國,並役屬之。無城郭,逐水草畜牧,以氈帳爲居,隨所遷徙。其土地深山則當夏積雪,平地則極望數千里,野無青草。地氣寒涼,馬牛齕枯噉雪,自然肥健。國政疎簡,不識文書,刻木以記事,其後漸知書契,至今頗有學者。去北海千餘里,與丁零相接。常南擊索虜,世爲仇讎,故朝庭每羈縻之。

【校勘記】

〔七四〕自索虜破慕容據有中國 "慕容"下各本並衍"蠻馬二萬餘人攻圍義陽"十字,係上文重出,今删去。

頁二三五七至二三五八

《南齊書》卷五十九《列傳第四十·芮芮虜傳》

芮芮虜,塞外雜胡也。編髮左衽。晉世什翼圭入塞内後,芮芮逐水草,盡有匈奴故庭,威服西域。土氣早寒,所居爲穹廬氈帳。刻木記事,不識文書。馬畜丁肥,種衆殷盛。常與魏虜爲讎敵。

宋世其國相希利垔解星筭數術,通胡、漢語,常言南方當有姓名齊者,其人當興。昇明二年,太祖輔政,遣驍騎將軍王洪(軌)〔範〕使芮芮,[一]克期共伐魏虜。建元元年八月,芮芮主發三十萬騎南侵,去平城七百里,魏虜拒守不敢戰,芮芮主於燕然山下縱獵而歸。上初踐阼,不遑出師。

二年、三年,芮芮主頻遣使貢獻貂皮雜物。與上書欲伐魏虜,謂上"足下",自稱"吾"。獻師子皮袴褶,皮如虎皮,色白毛短。時有賈胡在蜀見之,云此非師子皮,乃扶拔皮也。國相邢基祇羅迴奉表曰:

夫四象禀政,二儀改度,而萬物生焉。斯蓋虧盈迭襲,曆數自然也。昔晉室將終，楚桓竊命，寔賴宋武匡濟之功，故能扶衰定傾，休否以泰。祚流九葉，而國嗣不繼。今皇天降禍於上，宋室猜亂于下。臣雖荒遠，粗窺圖書，數難以來，星文改度，房心受變，虛危納祉，宋滅齊昌，此其驗也。水運遘屯，木德應運，子年垂刈，劉穆之記，嵫嶺有不祇之山，京房讖云“卯金十六，草肅應王”。歷觀圖緯，休徵非一，皆云慶鍾蕭氏，代宋者齊。會有使力法度及□此國使反，^{〔二〕}采訪聖德，彌驗天縱之姿。故能挾隆皇祚，光權定之業，翼亮天功，濟悖主之難。樹勳京師，威振海外。杖義之功，侔縱湯、武。冥績既著，寶命因歸，受終之曆，歸于有道。況夫帝無常族，有德必昌，時來之數，唯靈是與。陛下承乾啓之機，因乘龍之運，計應符革祚，久已踐極，荒裔傾戴，莫不引領。設未龍飛，不宜冲挹，上違天人之心，下乖黎庶之望。

　　皇芮承緒，肇自二儀，拓土載民，地越滄海，百代一族，大業天固。雖吳（漢）〔漠〕殊域，^{〔三〕}義同唇齒，方欲克期中原，龔行天罰。治兵繕甲，俟時大舉。振霜戈於并、代，鳴和鈴於秦、趙，掃殄凶醜，梟剪元惡。然後皇輿遷幸，光復中華，永敦隣好，侔蹤齊、魯。使四海有奉，蒼生咸賴，荒餘歸仰，豈不盛哉！

　　永明元年，王洪（軌）〔範〕還京師，經途三萬餘里。洪（軌）〔範〕，齊郡臨淄人，爲太祖所親信。建武中，爲青冀二州刺史。私占丁侵虜堺，奔敗結氣卒。

　　芮芮王求醫工等物，^{〔四〕}世祖詔報曰：“知須醫及織成錦工、指南車、漏刻，並非所愛。南方治疾，與北土不同。織成錦工，並女人，不堪涉遠。指南車、漏刻，此雖有其器，工匠久

不復存,不副爲惧。"〔五〕

　　自芮芮居匈奴故庭,十年,丁零胡又南攻芮芮,得其故地,芮芮稍南徙。魏虜主元宏以其侵逼,遣僞平元王駕鹿渾、龍驤將軍楊延數十萬騎伐芮芮,大寒雪,人馬死者衆。

　　先是益州刺史劉悛遣使江景玄使丁零,宣國威德。道經鄯善、于闐,鄯善爲丁零所破,人民散盡。于闐尤信佛法。丁零僭稱天子,勞接景玄使,反命。

　　芮芮常由河南道而抵益州。

　　【校勘記】

　　〔一〕遣驍騎將軍王洪(軌)〔範〕使芮芮　據《通鑑》改。下同。按《通鑑》齊高帝建元元年:"上之輔宋也,遣驍騎將軍王洪範使柔然,約與共攻魏。"《考異》云:"《齊書》作'王洪軌',今從《齊紀》。"參閱《張冲傳》校記第十七條。

　　〔二〕會有使力法度及□此國使反　各本並缺一字。

　　〔三〕雖吴(漢)〔漠〕殊域　"漢"當作"漠",各本並譌,今改。

　　〔四〕芮芮王求醫工等物　"王"各本並同,按子顯前後書例,當作"主"。

　　〔五〕不副爲惧　"惧"《元龜》九百九十九作"恨"。

　　　　　　　　　　頁一〇二三至一〇二五、一〇三四

《梁書》卷五十四《列傳第四十八·諸夷·西北諸戎·芮芮國》

　　芮芮國,蓋匈奴別種。魏、晉世,匈奴分爲數百千部,各有名號,芮芮其一部也。自元魏南遷,因擅其故地。無城郭,隨水草畜牧，以穹廬爲居。辮髮，衣錦，小袖袍，小口袴，深雍鞾。其地苦寒，七月流凘亘河。宋昇明中，遣王洪軌使焉，引之共伐魏。齊建元元年，洪軌始至其國，國王率三十萬騎，出燕然山東南三千餘里，魏人閉關不敢戰。後稍侵弱。永明中，爲丁零所破，更爲小國而南移其居。天監中，始破丁零，復其舊土。始築城郭，名曰木末城。十四年，遣使獻烏貂裘。〔三九〕普通元年，又遣使獻方物。是後數歲一至焉。大同七年，又獻馬一匹，金一斤。

其國能以術祭天而致風雪，前對皎日，後則泥潦橫流，故其戰敗莫能追及。或於中夏爲之，則曀而不雨，問其故，以暍云。

【校勘記】

〔三九〕遣使獻烏貂裘　“烏”《南史》作“馬”。

頁八一七、八二一

《南史》卷七十九《列傳第六十九·蠕蠕附夷貊傳下》

北狄種類實繁，蠕蠕爲族，蓋匈奴之別種也。魏自南遷，因擅其故地。〔四○〕無城郭，隨水草畜牧，以穹廬居。辮髮，衣錦小袖袍、小口袴、深雍鞾。其地苦寒，七月流凘亘河。

宋昇明中，遣王洪範使焉，引之共謀魏。〔四一〕齊建元三年，洪範始至。是歲通使，求并力攻魏。其相國刑基祇羅回表，言“京房讖云：‘卯金卒，草肅應王。’歷觀圖緯，代宋者齊。”又獻師子皮袴褶。其國後稍侵弱，永明中，爲丁零所破，更爲小國而南移其居。〔四二〕梁天監十四年，遣使獻馬、貂裘。〔四三〕普通元年，又遣使獻方物。是後數歲一至焉。大同七年,又獻馬一匹,金一斤。

其國能以術祭天而致風雪,前對皎日,後則泥潦橫流,故其戰敗莫能追及。或於中夏爲之,則不能雨,問其故,蓋以暍云。

【校勘記】

〔四〇〕因擅其故地　"故地"各本互倒作"地故",據《梁書》乙正。

〔四一〕宋昇明中遣王洪範使焉引之共謀魏　"王洪範"各本作"王洪軌",據《通鑑》齊高帝建元元年紀改。説見卷七十《循吏傳》校勘記第二十一條。

〔四二〕更爲小國而南移其居　"南"字各本並脱,據《梁書》補。

〔四三〕遣使獻馬貂裘　"馬貂裘"《梁書》作"鳥貂裘"。

頁一九八六至一九八七、一九九一

《建康實録》卷十六《齊下·蠕蠕國》

蠕蠕國,虜塞外雜胡也。編髮左衽,晉世什翼珪入塞後,蠕蠕逐水草,居匈奴,〔一一〇〕威伏西域。土氣早寒,所居穹廬氈帳。刻木記事,無文字。宋世嘗言南方姓名齊者,當爲天子。宋順帝昇明二年,太祖輔政,遣王洪範使,克期共伐魏虜。其相國刑基祇羅回表言"京房讖云:'卯金十六,〔一一一〕草蕭應王。'"建元二年八月,蠕蠕發四十萬,南侵去平城七八里,於燕然山縱獵而去。後二年三年,頻獻獅皮。永明元年,王洪範始還京師,經途三萬餘里。後十年,爲丁零胡所攻,蠕蠕南徙。

【校勘記】

〔一一〇〕蠕蠕逐水草居匈奴　《南齊書·芮芮虜傳》作
"芮芮逐水草,盡有匈奴故庭"。

〔一一一〕卯金十六　《南史·夷貊傳下》作"卯金卒"。

頁六五一、六六二

《通典》卷第一百九十六《邊防十二·北狄三·蠕蠕》

蠕蠕而兖反姓郁久閭。托跋在北荒,部落主力微末,掠
騎有得一奴,髮始齊眉,忘本名,其主字之曰木骨閭。"木骨
閭"者,首禿也。木骨閭與郁久閭聲相近,故其後子孫因以爲
氏焉。木骨閭既壯,免奴爲騎卒。代王猗盧時,坐後期當斬,
亡匿廣漠溪谷之間,收合逋逃,得百餘人。至其子車鹿會,雄
健,始有部衆,自號柔然。後魏太武以其無知,狀類於蟲,故
改其號曰蠕蠕。宋齊謂之芮芮,《隋史》亦曰芮芮。

又六代孫社崙,兖狄,甚有權略。度漠北,侵高車,深入
其地,遂并諸部,凶勢益振。北徙弱落水,始立軍法:千人爲
一軍,軍置將一人;百人爲幢,幢置帥一人。其西北有匈奴餘
種,國尤富强,盡爲社崙所并,號爲强盛。其西則焉耆之北,
東則朝鮮故地之西,北則渡沙漠,窮瀚海,〔八五〕南則臨大磧。
其常所會庭,則燉煌、張掖之北。於是自號丘豆伐可汗。〔八六〕
可汗之號始於此。"丘豆伐"猶言駕馭開張也,可汗猶言皇帝
也。蠕蠕之俗,君及大臣因其行能,即爲稱號,若中國立謚。
既死之後,不復追稱。

後又頻擾北邊,後魏神麚二年夏四月,太武率兵十餘萬
襲之。其主大檀社崙從父之弟。震怖,將其族黨,焚燒廬舍,絕

迹西走。於是國落四散,竄伏山谷,畜産野布,[八七]無人收視。太武帝緣栗水西行,過漢將竇憲故壘。六月,次於兔園水,去平城三千七百餘里。分軍搜討,東至瀚海,西接張掖水,北度燕然山,東西五千餘里,南北三千里。高車諸部又殺大檀種類,[八八]前後歸降三十餘萬,俘獲首虜及戎馬百有餘萬。至孫吐賀真,太武又征破之,盡收其户畜産百餘萬,自是邊疆息警矣。

獻文帝皇興中,其主予成吐賀真之子犯塞,[八九]征南將軍刁雍上表曰:

“臣聞北狄悍愚,同於禽獸。所長者野戰,所短者攻城。[九○]若以所短,奪其所長,則雖衆不能成患,雖來不能内逼。又狄散居野澤,隨逐水草,戰則與家産並至,奔則與畜牧俱逃,不齎資糧而飲食足,是以古人伐北方,攘其侵掠而已。歷代爲邊患者,良由倏忽無常故也。六鎮勢分,倍衆不鬥,互相圍逼,難以制之。

昔周命南仲,城彼朔方,趙靈、秦始,長城是築,漢之孝武,又踵其事。此四代之君,皆帝王之雄傑,所以皆同此役者,非智術之不長,兵衆之不足,乃防狄之要事,其理宜然故也。《易》稱‘天險,不可升;地險,山川丘陵。王公設險,以守其國。’長城之謂歟!

今宜依故於六鎮之北築長城,以禦北虜。雖有暫勞之勤,乃有永逸之益。即於要害,往往開門,造小城於其側,因地却敵,多置弓弩。狄來有城可守,[九一]有兵可捍。既不攻城,野掠無獲,草盡則走,終必懲艾。宜發近州武勇四萬人,及京師二萬人,合六萬人,爲武士。於苑内立征北大將軍府,選忠勇有志幹者以充其選，下置官屬。分爲三軍，二萬人專習弓射，二萬人專習刀楯，二萬人專習騎矟。修立戰場，十日一習。采諸葛亮八陣之法，爲平地禦寇之方。使其解兵家之宜，識旌旗之節，器械精堅，必堪禦寇。使將有定兵，兵有常主，上下相信，晝夜如一。七月發六部兵萬人，各備戎作之具。敕臺北諸屯，隨近作米供送六鎮。至八月，征北部率所鎮與六鎮之兵，直至磧南，揚威漠北。狄若來拒，與之決戰。若其不來，然後分散其地，以築長城。計六鎮東西不過千里，六鎮並在今馬邑、雲中、單于界。後魏宣帝正始中，尚書源思禮撫巡北蕃，以跋野置鎮，居南，與六鎮不齊，更立三戍，亦在馬邑等郡界。若一夫一月之功當三步之地，三百人三里，三千人三十里，三萬人三百里。千里之地，強弱相兼，計十萬人一月必就。運糧一月，不足爲多，人懷永逸，勞而無怨。

計築長城其利有五：罷遊防之苦，其利一也；北部放牧，無抄掠之患，其利二也；登城觀敵，以逸待勞，其利三也；省境防之虞，息無時之備，其利四也；歲常遞運，永得不匱，其利五也。”

帝從之，邊境獲其利。後帝又北討，大敗之，斬首五萬級，降者萬餘，戎馬器械不可稱計，追奔逐北旬有九日，往返六千餘里。改女水曰武川。

孝明帝熙平初，其主醜奴予成弟之子善用兵，〔九二〕西征高車，大破之，擒其主彌俄突，殺之，盡并叛者，國遂強盛。醜奴死，弟阿那瓌立經十日，其族兄俟力發示發率眾伐之，〔九三〕阿那瓌輕騎南走，歸後魏，封朔方郡公、蠕蠕王，帝給騎二千，援出塞。初，阿那瓌來奔之後，其從父兄婆羅門率眾討示發，^{〔九四〕}破之，衆推婆羅門爲主，會婆羅門爲高車所逐，率部落詣涼州降，今武威郡於是蠕蠕數萬，相率迎阿那瓌。録尚書事高陽王雍、尚書令李崇奏曰："蠕蠕代跨絶域，感化來歸，阿那瓌委質於前，婆羅門歸誠於後。何一呼韓，^{〔九五〕}得同今美，竊聞漢立南北單于，晉有東西之稱，皆所以相維禦難，爲國藩籬。今臣等參議，以爲懷朔鎮北，土名無結山吐若奚泉，燉煌北西海郡，即漢、晉舊障，^{〔九六〕}二處寬平，原野彌沃。阿那瓌宜置吐若奚泉，婆羅門宜置西海郡，各令總率部落，收離聚散。彼臣下之官，任其舊俗。"

時朝廷問安置之宜於涼州刺史袁翻，翻表曰：

"高車、蠕蠕迭相吞噬，始則蠕蠕衰微，高車强盛，及蠕蠕復振，反破高車，主喪人離，不絶如綖。^{〔九七〕}而今高車能終雪其耻、^{〔九八〕}復摧蠕蠕者，正由種類繁多，不可頓滅故也。然鬥此兩敵，即卞莊之算，得使境上無塵。^{〔九九〕}

今蠕蠕内爲高車所討滅，外憑大國之威靈，兩主投身，一期而至，若棄而不受，^{〔一〇〇〕}則虧我大德；若納而禮待，損我資儲，來者既多，全徙内地，非直其情不願，轉送艱難。然夷不亂華，前鑒無遠，覆車在於劉、石，毁轍固不可尋。

蠕蠕尚存，則高車猶有内顧之憂，未暇窺覦上國。蠕蠕全滅，則高車跋扈之計，豈易可知。今蠕蠕雖主奔於上，人散於下，而餘黨實繁，部落猶衆，處處棋布，以係今主耳。^{〔一〇一〕}高車亦未能一時并兼，盡令歸附。

又高車士馬雖衆，主甚懦弱，^{〔一〇二〕}唯以掠盜爲資，凌奪爲業。而河西捍禦强敵，唯涼州、燉煌而已。涼州土廣人稀，糧仗素闕，燉煌、酒泉，空虛尤甚。蠕蠕無復豎立，^{〔一〇三〕}令高車獨擅北垂,則四顧之憂,[一○四]匪朝伊夕。

愚謂蠕蠕二主,[一○五]宜並存之,居阿那瓌於東偏,處婆羅門於西裔。其婆羅門,請修西海故城以安處。西海故郡,本屬涼州,今在酒泉直北、張掖西北千二百里,去高車所住金山千餘里,[一○六]正是北虜往來之要衝,漢家行軍之舊道,土地沃衍,大宜耕殖。非但今處婆羅門於事爲便,即可永爲重戍,[一○七]鎮防西北。宜遣一良將監護婆羅門,雖外爲署蠕蠕之聲,[一○八]內實防高車之策。一二年後,足食足兵,斯固安邊保塞之良計也。[一○九]

若婆羅門能自克勵,使餘燼歸心,收離聚散,復興其國者,乃漸令北徙,轉渡流沙,[一一○]即是我之外藩,高車勍敵。[一一一]西北之虜,可無過慮。如其姦回反覆、孤恩背德者,此不過爲逋逃之寇,[一一二]於我何損。今不早圖,戎心一啓,脫先據西海,奪其險要,則酒泉、張掖,自然孤危,長河以西,終非國有。

且西海北垂,即是大磧,野獸所聚,[一一三]千百爲群,正是蠕蠕射獵之處。殖田以自供,籍獸以自給,彼此相資,足以自固。今料度似如小損,歲終大計,其利實多。高車豺狼之心,何可專信?假令稱臣,止可外加優納,[一一四]而須內備彌固也。

朝議是之。詔安西將軍、廷尉卿元洪超詣燉煌安置婆羅門。婆羅門尋與部眾謀叛投嚈噠,嚈噠三妻皆婆羅門姊妹也。仍爲州軍討擒之。五年,婆羅門死於洛南之館。

阿那瓌部落既和,士馬稍盛,乃號可汗,遣爲長子請尚魏公主,[一一五]出帝又自納阿那瓌女爲后。阿那瓌請以其孫女

妻齊獻武王子長廣公湛，〔一一六〕阿那瓌有愛女，又請配齊獻
王，自此塞外無塵矣。

始阿那瓌初復其國，盡禮朝廷。明帝之後，中原喪亂，阿
那瓌統率北方，頗爲强盛，不復稱臣。魏汝陽王暹之爲秦州，
遣其典籤齊人淳于覃使於阿那瓌，阿那瓌遂留之，親寵任事。
阿那瓌又嘗因到洛陽，心慕中國，乃立官號，擬於王者，遂有
侍中、黄門之屬。以覃爲祕書監黄門郎，〔一一七〕掌其文墨。覃
教阿那瓌，轉自驕大，每與魏書，鄰敵亢禮。

及齊受東魏禪，後阿那瓌爲突厥所破，自殺，太子菴羅辰
菴，烏含反。奔齊。文宣帝乃北討突厥，而立菴羅辰爲主，置之
馬邑川。〔一一八〕後背叛，文宣帝親征，皆大破之。

國人立阿那瓌叔父鄧叔子爲主。是時又累爲突厥所破，
以西魏恭帝二年，率部落千餘家奔關中。突厥既恃兵强，又
藉西魏和好，忌其連類依憑大國，〔一一九〕使驛相係，請盡殺以
甘心。周文帝遂收縛蠕蠕主以下三千餘人付突厥使，於青門
外斬之。中男以下免死，配王公家爲奴隸。

【校勘記】

〔八五〕窮瀚海　“瀚”原作“澣”，據《魏書·蠕蠕傳》
（二二九一頁）、《北史·蠕蠕傳》（三二五一頁）、《太平寰宇記》
卷一九三改。下同。

〔八六〕丘豆伐可汗　《魏書·蠕蠕傳》（二二九一頁）
同。《北史·蠕蠕傳》（三二五一頁）作“豆代可汗”。

〔八七〕畜産野布　《魏書·蠕蠕傳》（二二九三頁）“野
布”作“布野”。

〔八八〕高車諸部　“諸”原訛“都”，據《魏書·蠕蠕傳》

（二二九三頁）、《北史·蠕蠕傳》（三二五三頁）、《通鑑》卷
一二一（三八一一頁）改。

〔八九〕予成　“予”原訛“子”，據《魏書·蠕蠕傳》
（二二九五頁）、《北史·蠕蠕傳》（三二五五頁）、《太平寰宇
記》卷一九三改。

〔九〇〕所長者野戰　“戰”原訛“獸”，據諸本改。

〔九一〕狄來有城可守　“狄”《太平寰宇記》卷一九三
作“敵”。

〔九二〕醜奴　“醜”原訛“配”，據《魏書·蠕蠕傳》（二二
九七頁）、《北史·蠕蠕傳》（三二五七頁）、《太平寰宇記》卷
一九三改。下同。

〔九三〕俟力發示發　原訛作“候俟力發”，據《魏書·蠕
蠕傳》（二二九八頁）、《北史·蠕蠕傳》（三二五八頁）、《太平
寰宇記》卷一九三删補。

〔九四〕示發　“示”原訛“力”，據《魏書·蠕蠕傳》（二三
〇〇頁）、《北史·蠕蠕傳》（三二六一頁）、《太平寰宇記》卷
一九三、《通鑑》卷一四九（四六六三頁）改。

〔九五〕何一呼韓　“何一”原作“漢時”，清人修改者。
今據明抄本、明刻本、朝鮮本、王吳本及《太平寰宇記》卷
一九三改回。

〔九六〕即漢晉舊障　“晉”原脱，據《魏書·蠕蠕傳》
（二三〇一頁）、《北史·蠕蠕傳》（三二六二頁）補。

〔九七〕不絕如綖　“綖”原作“縷”，清人擅改者。今據
明抄本、明刻本、朝鮮本及《太平寰宇記》卷一九三改回。按：
《魏書·袁翻傳》（一五四一頁）作“綫”，字同。

〔九八〕而今高車能終雪其耻　“今”原訛“令”，據《太平寰宇記》卷一九三改。按：《魏書・袁翻傳》（一五四一頁）也作“今”，在“車”字下。

〔九九〕得使境上無塵　《魏書・袁翻傳》（一五四一頁）同。朝鮮本、王吴本及《太平寰宇記》卷一九三“上”作“土”。

〔一○○〕若棄而不受　“棄”原作“存”，清人擅改，今據明抄本、明刻本、朝鮮本、王吴本改回。按：《魏書・袁翻傳》（一五四二頁）、《太平寰宇記》卷一九三作“棄”。

〔一○一〕以係今主耳　“係”《魏書・袁翻傳》（一五四二頁）作“望”，杜佑避家諱改。

〔一○二〕主甚懦弱　“懦”《魏書・袁翻傳》（一五四二頁）、《北史・袁翻傳》（一七一五頁）作“愚”。

〔一○三〕無復竪立　“竪”原訛“堅”，據明刻本改。按：《魏書・袁翻傳》（一五四二頁）、《北史・袁翻傳》（一七一五頁）、《太平寰宇記》卷一九三均作“竪”。

〔一○四〕四顧之憂　《太平寰宇記》卷一九三同。《魏書・袁翻傳》（一五四二頁）、《北史・袁翻傳》（一七一六頁）“四”作“西”。

〔一○五〕愚謂蠕蠕二主　王吴本、殿本、局本“蠕蠕”下原有“高車”，明人妄增，清人沿之。今據明抄本、明刻本、朝鮮本删。按：《魏書・袁翻傳》（一五四二頁）、《北史・袁翻傳》（一七一六頁）、《太平寰宇記》卷一九三均無“高車”。蠕蠕二主指阿那瓌和婆羅門，與高車無涉。

〔一○六〕去高車所住金山千餘里　“去”原脱，據《魏書・袁翻傳》（一五四二頁）、《北史・袁翻傳》（一七一六頁）、《太平寰宇記》卷一九三補。

〔一〇七〕即可永爲重戌　“永”原誤叠，據王吴本及《魏書·袁翻傳》（一五四二頁）、《北史·袁翻傳》（一七一六頁）、《太平寰宇記》卷一九三删。

〔一〇八〕雖外爲署蠕蠕之聲　《北史·袁翻傳》《太平寰宇記》卷一九三同。《魏書·袁翻傳》（一五四三頁）“署”作“置”，“聲”作“舉”。

〔一〇九〕良計　《魏書·袁翻傳》（一五四三頁）、《北史·袁翻傳》（一七一六頁）作“長計”。

〔一一〇〕乃漸令北徙轉渡流沙　《魏書·袁翻傳》（一五四三頁）、《北史·袁翻傳》（一七一六頁）“轉”在上，“徙”在下。

〔一一一〕高車勍敵　“勍”原訛“就”，據《魏書·袁翻傳》（一五四三頁）、《北史·袁翻傳》（一七一六頁）、《太平寰宇記》卷一九三改。

〔一一二〕此不過爲逋逃之寇　“爲”原脱，據《魏書·袁翻傳》（一五四三頁）、《北史·袁翻傳》（一七一六頁）補。

〔一一三〕野獸所聚　“獸”原訛“戰”，據《魏書·袁翻傳》（一五四三頁）、《北史·袁翻傳》（一七一六頁）、《太平寰宇記》卷一九三改。

〔一一四〕止可外加優納　《魏書·袁翻傳》（一五四三頁）、《北史·袁翻傳》（一七一七頁）“止”作“正”。

〔一一五〕遣爲長子請尚魏公主　“爲”原作“其”，據朝鮮本改。

〔一一六〕齊獻武王　“武王”原倒，據王吴本乙。

〔一一七〕遂有侍中黄門之屬以覃爲祕書監黄門郎　原涉下脱“黄門之屬以覃爲祕書監”十字,據《北史·蠕蠕傳》(三二六六頁)、《太平寰宇記》卷一九三補。

〔一一八〕置之馬邑川　《北史·蠕蠕傳》(三二六六頁)“置”作“致”。

〔一一九〕忌其連類　《北史·蠕蠕傳》(三二六七頁)作“恐其遺類”,《太平寰宇記》卷一九三作“忌其遺類”。

頁五三七八至五三八四、五三九三至五三九七

《太平寰宇記》卷之一百九十三《四夷二十二·北狄五·蠕蠕》

蠕蠕,姓郁久閭氏。始,拓跋力微末,掠騎有得一奴,髮始齊眉,忘本姓名,其主字之曰木骨閭。〔四五〕“木骨閭”者,首秃也。木骨閭與郁久閭聲相近,故其後子孫因以爲氏焉。木骨閭既壯,免奴爲騎卒。代王猗盧時,坐後期當斬,亡匿廣漠溪谷之間,收合逋逃得百餘人,依紇突鄰部。〔四六〕至其子車鹿會雄健,始有部衆,自號柔然。後魏太武以其無知,狀類于蟲,故改其號爲蠕蠕。宋齊謂之芮芮,隋史亦曰芮芮。〔四七〕

又六代孫社崘兇狡,甚有權變。度漠北,侵高車,深入其地,遂并諸部,凶勢益振。北徙弱落水,始立軍法:千人爲一軍,軍置將一人,百人爲幢,幢置帥一人。其西北有匈奴餘種,國尤富强,盡爲社崘所并,號爲强盛。其西則焉耆之地,東則朝鮮之地,北則渡沙漠,窮瀚海,南則臨大磧。其常所會庭則燉煌、張掖之北。小國皆苦其寇掠,羈縻附之,于是自號丘豆伐可汗。可汗之號始于此也。“丘豆伐”猶言駕馭開張也,

"可汗"猶言皇帝也。蠕蠕之俗,君及大臣因其行能,即爲稱號,〔四八〕若中國立謚,既死之後,不復追稱。

後又頻擾北邊,後魏神麚二年夏四月,太武率兵十餘萬襲之,其主大檀社崙從父之弟。震怖,將其族黨,焚燒廬舍,絶迹西走。于是國落四散,竄伏山谷,畜産野布,〔四九〕無人收視。太武帝緣栗水西行,過漢將竇憲故壘。六月,次于兔園水,去平城三千七百餘里。〔五〇〕分軍搜討,東至瀚海,西接張掖水,北度燕然山,東西五千餘里,南北三千里。高車諸部又殺大檀種類,〔五一〕前後歸降三十餘萬,俘獲首虜及戎馬百有餘萬。至孫吐賀真,太武又征破之,盡收其人户畜産百餘萬,自是邊疆息警矣。

獻文帝皇興中,其主予成吐賀真之子也。犯塞,征南將軍刁雍上表曰:

臣聞北狄悍愚,同于禽獸。所長者野戰,所短者攻城。若以所短,奪其所長,則雖衆不能成患,雖來不能内逼。又狄散居野澤,隨逐水草,戰則與家産並至,奔則與畜牧俱逃,不齎資糧而飲食足,是以古人伐北方,攘其侵掠而已。歷代爲邊患者,良由倏忽無常故也。六鎮勢分,倍衆不鬥,互相圍逼,難以制之。

昔周命南仲,城彼朔方,趙靈、秦始,長城自築,漢之孝武,又踵其事。此四代之君,皆帝王之雄傑,所以皆同此役,非智術之不長,兵衆之不足,乃防狄之要事,其理宜然故也。〔五二〕《易》稱"天險,不可升;地險,山川丘陵也。王公設險,以守其國。"長城之謂歟!

今宜依古于六鎮之北築長城,以禦北狄。雖有暫勞之勤,乃有永逸之益。即於要害,往往開門,造小城于其側,因地却敵,多置弓弩,狄來有城可守,^{〔五三〕}有兵可捍。既不攻城,野掠無獲,草盡則走,終必懲艾。宜發近州武勇四萬人,及京師二萬人,合六萬人,爲武士。于苑內立征北大將軍府,選忠勇有志幹者以充其選,下置官屬。分爲三軍,二萬人專習弓射,二萬人專習刀楯,二萬人專習騎矟。修立戰場,十日一習。采諸葛武侯八陣之法,爲平地禦寇之方。使其解兵家之宜,^{〔五四〕}識旌旗之節,器械精堅,堪禦寇敵。使將有定兵,兵有常主,上下相信,晝夜如一。七月發六部兵萬人,^{〔五五〕}各備戎作之具。敕臺北諸屯,隨近作米供送六鎮。至八月,征北部率所鎮與六鎮之兵,直至磧南,揚威漠北。狄若來拒,與之決戰。若其不來,然後分散其地,以築長城。計六鎮東西不過千里,六鎮並在今馬邑、雲中、單于界。後魏宣帝正始中,尚書源思禮巡撫北蕃,以跋野置鎮,居南,與六鎮不齊,更立三戍,亦在馬邑等郡界。^{〔五六〕}若一夫一月之功當三步之地,三百人三里,三千人三十里,三萬人三百里。千里之地,强弱相兼,計十萬人一月必就。運糧一月,不足爲多,人懷永逸,勞而無怨。

計築長城其利有五:罷遊防之苦,其利一也;北部放牧,無抄掠之患,其利二也;登城觀敵,以逸待勞,其利三也;省境防之虞,息無時之備,其利四也;歲常遞運,永得不匱,其利五也。

帝從之,邊境獲其利。後帝又北討,大敗之,斬首五萬級,降者萬餘,戎馬器械不可勝計,追奔逐北,旬有九日,往返六千餘里,改女水曰武川。

孝明帝熙平初,其主醜奴_{予成弟之子也}。善用兵,西征高車,大破之,擒其主彌俄突,殺之,盡并叛者,國遂强盛。醜奴死,弟阿那瓌立經十日,其族兄俟力發示發率衆伐之,阿那瓌輕騎南走,歸後魏,封朔方郡公、蠕蠕王,帝給騎二千,援出塞。初,阿那瓌來奔之後,其從父兄俟力發婆羅門率衆討示發,破之,衆推婆羅門爲主,會婆羅門爲高車所逐,率部落詣涼州降,今武威郡。于是蠕蠕數萬相率迎阿那瓌。録尚書事高陽王雍、尚書令李崇奏曰:"蠕蠕代跨絶漠,感化來歸,阿那瓌委質于前,婆羅門歸誠于後,何一呼韓,得同今美。竊聞漢立南北單于,晉有東西之稱,皆所以相維而禦難,爲國藩籬。今臣等參議,以爲懷朔鎮北,土名無結山吐若奚泉,燉煌北西海郡,即漢、晉舊障,〔五七〕二處寬平,原野彌沃。阿那瓌宜置吐谷奚泉,婆羅門宜置西海郡,各令總率部落,收離聚散。彼臣下之官,任其舊俗。"

時朝廷問安置之宜于涼州刺史袁翻,翻表曰:

高車、蠕蠕迭相吞噬,始則蠕蠕衰微,高車强盛,及蠕蠕復振,反破高車,主喪人離,〔五八〕不絶如綖。而今高車能終雪其恥,復摧蠕蠕者,正由種類繁多,不可頓滅故也。然鬥此兩敵,即卞莊之算,得使境土無塵。

今蠕蠕内爲高車所討滅,外憑大國之威靈,兩主投身,一周而至。〔五九〕若棄而不受,則虧我大德;若納而禮待,則損我資儲。來者既多,全徙内地,非直蕃情不願,轉送艱難。〔六〇〕夷不亂夏,前鑑無遠,覆車在于劉、石,毀轍固不可尋。且蠕蠕尚存,則高車猶有内顧之憂,未暇窺覦上國。蠕蠕全滅,則高車跋扈之計,豈易可知。今蠕蠕雖主奔于上,人散于下,而餘黨實繁,部落猶衆,處處棋布,以係今主耳。高車亦未能一時并兼,盡令歸附。

又高車士馬雖衆,主甚懦弱,惟以掠盜爲資,凌奪爲業。而河西捍禦强敵,唯凉州、燉煌而已。凉州土廣人稀,糧仗素闕,燉煌、酒泉空虚尤甚,蠕蠕無復豎立,令高車獨擅北垂,則四顧之憂,匪朝伊夕。愚謂蠕蠕二主,宜並存之,居阿那瓌于東偏,處婆羅門于西裔。其婆羅門請修西海故城以安處之。西海郡本屬凉州,今在酒泉直北、張掖西北一千二百里,去高車所住金山千餘里,正是北虜往來之要衝,漢家行軍之舊道,土地沃衍,大宜耕殖。非但今處婆羅門,于事爲便,即可永爲重戍,鎮防西北。宜遣一良將,監護婆羅門。雖外爲署蠕蠕之聲,内實防高車之策。一二年後,足食足兵,斯固安邊保塞之良策也。若婆羅門能自克勵,使餘黨歸心,收離聚散,復興其國者,乃漸令北徙,轉渡流沙,即是我之外蕃,高車勍敵。西北之虜,可無過慮。〔六一〕如其奸回反覆,孤恩背德,此不過逋逃之寇,于我何損。今不早圖,夷心一啓,脱或先據西海,奪其險要,則酒泉、張掖自然孤危,長河已西,終非國有。

且西海北垂,即是大磧,野獸所聚,千百爲群,正是蠕蠕射獵之處。殖田以自供,籍獸以自給,彼此相資,足以自固。今之料度,似如小損,終成大計,其利實多。高車豺狼之心,何可專信? 假令臣服,止可外加優納,〔六二〕必須内備彌固也。

朝議是之。詔安西將軍、廷尉卿元洪超詣燉煌安置婆羅門。婆羅門尋與部衆謀叛投嚈噠,嚈噠三妻皆婆羅門姊妹也。仍爲州軍討擒之。五年,婆羅門死于洛南之館。

阿那瓌部落既和,士馬稍盛,乃號可汗,遣其長子請尚魏公主,出帝又自納阿那瓌女爲后。阿那瓌請以其孫女妻齊獻武王子長廣公湛，阿那瓌有愛女，又請配齊獻武王，自此塞外無塵矣。

始阿那瓌初復其國，盡禮朝廷。明帝之後，中原喪亂，阿那瓌統率北方，頗爲强盛，不復稱臣。魏汝陽王暹之爲秦州刺史，[六三]遣其典籤齊人淳于覃使于阿那瓌。阿那瓌遂留之，親寵任事。阿那瓌又嘗因到洛陽，心慕中國，乃立官號，[六四]擬于王者，遂有侍中、黃門郎之屬。以覃爲祕書監、黃門侍郎，掌其文墨。覃教阿那瓌，轉自驕大，每與魏書，鄰敵抗禮。

及齊受東魏禪，後阿那瓌爲突厥攻破，自殺，太子菴羅辰奔齊。文宣帝乃北討突厥，而立菴羅辰爲主，置之馬邑川。後背叛，文宣帝親征，皆大破之。

國人立阿那瓌叔父鄧叔子爲主。是時又累爲突厥所破，以西魏恭帝二年，率部落千餘家奔關中。突厥既恃兵强，又藉西魏和好，忌其遺類依憑大國，使驛相係，請盡殺以甘心。周文帝遂收縛蠕蠕王已下三千餘人付突厥使，于青門外斬之。中男以下免死，配王公家爲奴隸。

四至：其西則焉耆之地，東則朝鮮故地，北則渡沙漠，窮瀚海，南則臨大磧。其常所會之庭則燉煌、張掖之北。

【校勘記】

〔四五〕其主字之曰木骨閭　“字”，底本作“名”，據萬本、《庫》本及《魏書》卷一〇三《蠕蠕傳》、《北史》卷九八《蠕蠕傳》改。

〔四六〕紇突鄰部　“紇”，底本作“純”，萬本、《庫》本同。按《魏書》卷一〇三《高車傳》、《北史》卷九八《高車傳》附有紇突鄰部,《魏書》卷二《太祖紀》登國五年、皇始二年皆載此部,此“純”爲“紇”字之訛,據改。

〔四七〕隋史 “史”,底本作“使”,萬本、《庫》本同,據傅校及《通典·邊防一二》改。

〔四八〕君及大臣因其行能即爲稱號 “行”,底本作“所”;“即”,底本脱,並據萬本及《魏書》卷一○三《蠕蠕傳》、《北史》卷九八《蠕蠕傳》改補。《庫》本作“行”是,而脱“即”。

〔四九〕畜産野布 “野布”,《北史·蠕蠕傳》《通典·邊防一二》同,《魏書·蠕蠕傳》《資治通鑑》卷一二一宋元嘉六年作“布野”,當是。

〔五○〕去平城三千七百餘里 “七”,底本作“三”,萬本、《庫》本同,據《魏書·蠕蠕傳》《北史·蠕蠕傳》《通典·邊防一二》改。

〔五一〕高車諸部又殺大檀種類 “諸”,底本作“都”,萬本、《庫》本同,據《魏書·蠕蠕傳》《北史·蠕蠕傳》《資治通鑑》宋元嘉六年改。

〔五二〕其理宜然故也 “宜”,底本作“必”,《庫》本同,據萬本及《通典·邊防一二》改。

〔五三〕狄來有城可守 “狄”,底本作“敵”,萬本、《庫》本同,據中大本、傅校及《通典·邊防一二》改。

〔五四〕使其解兵家之宜 “之”,底本作“機”,據萬本、傅校及《通典·邊防一二》改。

〔五五〕七月發六部兵萬人 “兵”,底本脱,萬本同,據《通典·邊防一二》補。

〔五六〕亦在馬邑等郡界　“郡”，底本作“邑”，萬本、《庫》本同，據本書上文及《通典·邊防一二》改。

〔五七〕即漢晉舊障　“晉”，底本脫，萬本、《庫》本同，據《魏書·蠕蠕傳》《北史·蠕蠕傳》補。

〔五八〕主喪人離　“主”，底本作“王”，據萬本、《庫》本及《魏書》卷六九《袁翻傳》改。

〔五九〕一周而至　“周”，《魏書·袁翻傳》《通典·邊防一二》皆作“期”。

〔六〇〕轉送艱難　“送”，底本作“近”，萬本、《庫》本同，據《魏書·袁翻傳》《通典·邊防一二》改。

〔六一〕可無過慮　“可”，底本作“自”，據萬本、《庫》本及《魏書·袁翻傳》《通典·邊防一二》改。

〔六二〕止可外加優納　“止”、“外”，底本脫，《庫》本同，據萬本及《通典·邊防一二》補。“止”，《魏書·袁翻傳》作“正”，《北史》卷四七《袁翻傳》同。

〔六三〕魏汝陽王暹之爲秦州刺史　底本“魏”下有“初”字，萬本、《庫》本同，傅校作“初魏”。按《北史·蠕蠕傳》《通典·邊防一二》並無“初”字。又《魏書》卷一九上《京兆王傳》載：莊帝時，暹“封汝陽王，遷秦州刺史”。《北史》卷一七《京兆王傳》同，莊帝時事正在明帝中原喪亂之後，則此“初”爲衍字，據刪。

〔六四〕乃立官號　“乃”，底本作“及”，據萬本、《庫》本、傅校及《通典·邊防一二》改。

　　　　頁三六九九至三七〇五、三七〇九至三七一〇

《通志》卷二百《四夷七·蠕蠕》

蠕蠕而兖反,姓郁久閭。托跋力微之在北荒也,部騎掠得一奴,髮始齊眉,忘其本名,力微字之曰木骨閭者,夷言首禿也。木骨閭與郁久閭聲相近,故其後子孫因以爲氏焉。木骨閭既壯,免奴爲騎卒。代王猗盧時,有所攻討,木骨閭坐後期當斬,亡匿廣漠溪谷之間,收合逋逃得百餘人而長之。木骨閭死,子車鹿會雄健,得衆心,始有部落,自號柔然部,後以爲國號。魏太武以其無知,狀類於蟲,故改其號曰蠕蠕宋齊謂之芮芮,隋史亦曰芮芮。

木骨閭六代孫曰社崙,兇狡有權略。魏道武之與,秦王姚興搆怨也,遣兵攻其屬國,没奕于黜弗、素古延,社崙方睦於秦,遣將救之,大敗遠遁漠北,侵高車,深入其地,遂吞并諸部,凶勢益振。北徙弱洛水,始立軍法,千人爲一軍,軍置將一人;百人爲幢,幢置帥一人,攻戰先登者賜以虜獲,畏懦者以石擊其首殺之。是時,西北有匈奴餘種,最爲富强,復爲社崙所并。其境土西則焉耆之北,東則朝鮮故地之西,北則渡沙漠窮瀚海,南則臨太磧。其常所會庭則敦煌、張掖之北。社崙乃自號爲邱豆伐可汗,是歲,晉安帝元興元年也可汗之號始於此,邱豆伐猶言駕馭開張也,可汗猶言皇帝也。蠕蠕之俗,君及大臣因其行能,即爲稱謚,既死之後不復追稱。社崙自是屢擾魏邊。

明元永興二年,社崙圍魏師於牛川。明元率衆救之,大敗社崙,社崙走死,其弟斛律立。斛律五年,將嫁女於燕,兄子步陸步鹿真謂諸大臣曰:“斛律將以汝等女爲媵。”大臣恐逆，執斛律與女皆送於燕，而立陸步鹿真爲可汗。社崙季父之子曰大檀，領別部得衆心，或告陸步鹿真云："國人欲立大檀。"陸步鹿真發兵襲之，兵敗見殺，而大檀遂自立，爲紇升蓋可汗。斛律至和龍，燕王馮跋待以客禮，斛律請還，跋遣其將萬凌帥騎送之，凌憚遠役殺之而還。

大檀立，遂侵魏。明元擊之，大檀走，魏兵追之，遇大雪，士卒凍死墮指者什二三。太武始光二年，大舉伐蠕蠕，五道並進，軍至漠南，舍輜重輕騎齎十五日糧度漠擊之。蠕蠕大驚，絕迹北走。神䴥二年，太武復伐蠕蠕，率輕騎兼馬驟至栗水，大檀先不設備，遂燒廬舍西遁，部衆四散。太武分軍搜討，東西五千里，南北二千里，俘斬甚衆。高車諸部乘勢鈔掠蠕蠕，種類前後降魏者三十餘萬落，獲戎馬百餘萬匹，畜產車廬無慮數百萬。太武循弱水西行至涿邪山，諸將慮有伏兵，勸太武還兵。還至黑山，得蠕蠕降人云："可汗被病，以車自載入南山，民畜窘聚方八十里，無人統領，相去百八十里，追兵不至，乃徐西去。若復前行二日則盡滅之矣。"太武深悔之。

大檀因憤悒而卒。子吳提立，號敕連可汗。吳提四年，遣使朝獻。先是北鄙候騎獲吳提南偏邏者二十餘人，太武賜之衣服，遣歸吳提，上下感德，故朝貢焉，帝厚賓其使而遣之。延和三年，以吳提尚西海公主，又遣使者納吳提妹爲夫人，又進爲左昭儀，吳提遣其兄禿鹿傀及左右數百人來朝獻馬二千匹，帝大悅，班賜甚厚。至太延二年，乃絕和犯塞。

四年，車駕幸五原，遂征之。樂平王丕、河東公駕多羅督十五將出東道；永昌王健、宜都王穆壽督十五將出西道；車駕

出中道,至浚稽山,分中道復爲二道。陳留王崇從大澤向涿
邪山,車駕從浚稽北向天山,西登子㫄,刻石記行,不見蠕蠕
而還。時漠北大旱,無水草,軍馬多死。

五年,車駕西伐沮渠牧犍,宜都王穆壽輔景穆居守,長樂
王嵇敬、建寧王崇二萬人鎮漠南,以備蠕蠕。吳提果犯塞,穆
壽素不設備,賊至七介山,京邑大駭,爭奔中城。司空長孫道
生拒之於吐頹山,吳提之寇也,留其兄乞列歸與北鎮諸軍相
守,敬、崇等破乞列歸于陰山之北,獲乞列歸。乞列歸,歎曰:
“沮渠陷我也。”又獲其伯父他吾無鹿胡及其將帥五百人,斬
首萬餘級。吳提聞而遁走,道生追之,至于漠南而還。

太平真君四年,車駕幸漠南,分軍爲四道:樂安王範、建
寧王崇各統十五將出東道,樂平王丕督十五將出西道,車駕
出中道,中山王辰領十五將爲中軍後繼。車駕至鹿渾谷,與
賊相遇。吳提遁走,追至頞根河擊破之。車駕至石水而還。
五年,復幸漠南,欲襲吳提,吳提遠遁,乃止。

吳提死,子吐賀真立,號處可汗。十年正月,車駕北伐,
高昌王那出東道,略陽王羯兒出西道,車駕與景穆自中道出
涿邪山。吐賀真別部帥爾綿他拔等率千餘家來降。是時,軍
行數千里,吐賀真新立,恐懼遠遁。九月,車駕北伐,高昌王
那出東道,略陽王羯而兒出中道,與諸軍期會於地弗池。吐
賀真悉國精銳,軍資甚盛,圍那數十重。那掘長圍堅守,相持
數日。吐賀真數挑戰不利,以那衆少而固,疑大軍將至,解圍
走遁。那引軍追之,九日九夜,吐賀真益懼,棄輜重,踰穹隆
嶺遁。那收其輜重,引軍還,與車駕會於廣澤。略陽王羯兒
盡收其人户、畜産百餘萬。自是,吐賀真遂單弱,遠竄,邊疆

息警矣。文成太安四年,車駕北征,騎十萬,車十五萬兩,旌旗千里,遂渡大漠。吐賀真遠遁,其莫弗烏朱駕頹率眾數千落來降。自太武征伐之後,意存休息,蠕蠕亦怖威北竄,不敢復南。

和平五年,吐賀真死,子予成立,號受羅部真可汗,自稱永康元年率部眾侵塞,北鎮游軍大破其眾。獻文皇興四年,予成犯塞,車駕北討,京兆王子推、東陽公元丕督諸軍出西道,任城王雲等督軍出東道,汝陰王賜、濟南公羅烏拔督軍爲前鋒,隴西王源賀督諸軍爲後繼。諸將會車駕于女水之濱,獻文選精兵五千人挑戰,多設奇兵,以惑之虜眾奔潰,逐北三千餘里,斬首五萬級,降者萬餘人,戎馬器械,不可稱計。旬有九日,往返六千餘里。改女水曰武川焉。

孝文延興五年,予成求通婚聘。有司以予成數犯邊塞,絕其使,發兵討之。帝曰:“蠕蠕譬若禽獸,貪而亡義,朕要當以信誠待物,不可抑絕之也。予成既悔前非,遣使請和,求結姻援,安可孤其款意。”乃詔報曰:“所論婚事,今始一反,尋覽事理,未允厥中。夫男而下女,爻象所明,初婚之吉,敦崇禮聘,君子所以重人倫之本。不敬其初,令終難矣。”予成每懷譎詐,及見詔書乃中止。

太和元年,遣莫何去汾比拔等來獻良馬、貂裘。比拔等稱伏聞天朝珍寶華麗甚積,來一觀之。乃敕有司,出御府珍玩、金玉、文繡、器物,御廄文馬、奇禽、異獸及人間所宜用者,列之京肆令,其歷觀焉。比拔見之,自相謂曰:“大國富麗,一生所未見也。”二年,又遣比拔等朝貢,尋復請婚焉。孝文志在招納,許之。予成雖歲貢不絕,而款約不著,婚事亦停。

九年，予成死，子豆崙立，號伏古敦可汗，自稱太平元年豆崙性殘暴好殺。其名臣醫罣、石洛候以忠言諫之，又勸與魏通和，勿侵中國。豆崙怒，誣石洛候謀反，殺之，夷其三族。

十六年，孝文遣陽平王頣、左僕射陸叡並爲都督，領軍斛律桓等十二將七萬騎討豆崙。豆崙部内高車阿伏至羅率衆十餘萬西走，自立爲主。豆崙與叔父那蓋爲二道追之。豆崙出自浚稽山北而西，那蓋出自金山。豆崙頻爲阿伏至羅所敗，那蓋累有勝捷。國人咸以那蓋爲天所助，欲推那蓋爲主。那蓋不從，衆强之。那蓋曰："我爲臣不可，焉能爲主？"衆乃殺豆崙母子，以尸示那蓋，那蓋乃襲位。

那蓋號侯其伏代庫者可汗，自稱太安元年。

那蓋死，子伏圖立，號佗汗可汗，自稱始平元年宣武正始三年，伏圖遣使紇奚勿六跋朝獻，請求通和。宣武不報其使，詔有司敕勿六跋曰："蠕蠕遠祖社崙是大魏叛臣，往者包容，暫時通使。今蠕蠕衰微，有損疇日；大魏之德，方隆周、漢，跨據中原，指清八表。正以江南未平，權寬北略。通和之事，未容相許。若脩蕃禮，款誠昭著者，當不孤爾也。"永平元年，伏圖又遣勿六跋奉函書一封，并獻貂裘。宣武不納，依前諭遣。

伏圖西征高車，爲高平王彌俄突所殺，子醜奴立，號豆羅伏跋豆伐可汗，自稱建昌元年永平四年九月，醜奴遣沙門洪宣奉獻珠像。延昌三年冬，宣武遣驍騎將軍馬義舒使於醜奴，未發而崩，事遂停寢。醜奴壯健，善用兵。四年，遣使俟斤尉比建朝貢。孝明熙平元年，西攻高車大破之，禽其主彌俄突，殺之，盡并叛者，國復强盛。二年，又遣使俟斤尉比建、紇奚勿六跋、鞏顧禮等朝貢。神龜元年，明帝臨顯陽殿，引顧禮等二十人於殿下，遣中書舍人徐紇宣詔，讓以蠕蠕蕃禮不備之意。

初，豆崘之死也，那蓋爲主，伏圖納豆崘之妻俟呂陵氏，生醜奴、阿那瓌等六人。醜奴立後，忽亡一子，字祖惠，求募不能得。有尼引副升牟妻曰豆渾地萬，年二十許，爲醫巫，假託神鬼，先嘗爲醜奴所信，出入去來。乃言："此兒今在天上，我能呼得。"醜奴母子欣悦。後歲仲秋，在大澤中施帳屋，齋潔七日，祈請天神。經一宿，祖惠忽在帳中，自云恒在天上。醜奴母子抱之悲喜，大會國人，號地萬爲聖女，納爲可賀敦。授夫副升牟爵位，賜牛、馬、羊三千頭。地萬既挾左道，亦略有姿色，醜奴甚加重愛，信用其言，亂其國政。如是積歲，祖惠年長，其母問之。祖惠言："我恒在地萬家，不曾上天。言天上者，地萬教也。"其母具以狀告醜奴。醜奴言地萬懸鑒遠事，不可不信，勿用讒言也。既而地萬恐懼，譖祖惠於醜奴，醜奴陰殺之。

正光初，醜奴母遣莫何去汾李具列等絞殺地萬。醜奴怒，欲誅具列等。又阿至羅侵醜奴，醜奴擊之，軍敗還，爲母與其大臣所殺，立醜奴弟阿那瓌爲主。阿那瓌立經十日，其族兄俟力發示發率衆數萬以伐阿那瓌，阿那瓌戰敗，將弟乙居伐輕騎南走歸魏。阿那瓌母俟呂陵氏及其二弟尋爲示發所殺，而阿那瓌未之知也。

阿那瓌至，明帝臨顯陽殿引見勞問，阿那瓌執所啓再拜殿下，陳懇失國歸命之由，辭旨哀苦上憐之。尋封阿那瓌爲朔方郡公、蠕蠕王，賜以衣冕，加之輜、蓋，侍從儀衛，同于戚藩。頃之，明帝以阿那瓌國無定主，欲令還往，綏集詔群臣議之。朝論意有同異，或言聽還，或言不可領軍。元義爲宰相。
阿那瓌私以金百斤餽之，遂得歸國。

　　阿那瓌請辭，帝臨西堂，贈賜甚厚，詔侍中崔光、黄門元
纂，郭外勞遣。阿那瓌來奔之後，其從父兄俟力發婆羅門率
數萬人入討示發，破之。示發走奔地豆于，爲地豆于所殺。
衆推婆羅門爲主，號彌偶可社句可汗。時安北將軍、懷朔鎮
將楊鈞表傳："聞蠕蠕已自立君，乃阿那瓌同堂兄弟。夷人獸
心，已相君長，恐未肯郊迎其失國之主，輕往虚反，徒損國威。
自非廣加兵衆，無以資其北入。"帝詔舊經蠕蠕使者牒云具仁
往，喻婆羅門迎阿那瓌復藩之意。婆羅門殊自驕慢，無遜避
之心，責具仁禮敬，具仁執節不屈。婆羅門遣大官莫何去汾、
俟斤邱升頭等六人，將二千騎隨具仁迎阿那瓌。具仁還鎮，
與阿那瓌商確事勢。阿那瓌慮不敢入，表求還京。

　　會婆羅門爲高車所逐，率部落千餘詣凉州降附。於是蠕
蠕數萬衆，相率來迎阿那瓌還國。阿那瓌啓乞給賜精兵一萬
資送，詔遣散騎常侍王遵業馳驛宣旨慰諭阿那瓌，并申賜賚。
時婆羅門亦自懷朔鎮奉表規望乞軍，并請阿那瓌歸藩。録尚
書事高陽王雍、尚書令李崇等奏稱："漢立南北單于，使之相
維，爲國藩翰。今阿那瓌、婆羅門既並向，此宜兩存之，以準
漢制，臣等參議以爲，懷朔鎮北，土名若結山吐若奚泉，及敦
煌北西海郡，皆漢、晉舊鄣，二處寛平，原野彌漫。宜置阿那
瓌於西吐奚若泉，置婆羅門於西海郡，各令總率部落，收聚離
散，其爵號及資給亦宜爲之。裁處蓋阿那瓌所居，既是境外，
宜少優遣，以示恩惠。令沃野、懷朔、武川鎮各選二百人，軍
主監率給其糧仗，送至前所，仍於彼爲之營構，功就聽還。諸

於北來在婆羅門前投化者,令州鎮上佐,準程給糧,送付阿那瓌。阿那瓌草創,先無儲積,請給近州麻子乾飯二千斛,官駝運送。婆羅門居於西海,既是境内,資廩不得同之。阿那瓌新造藩屏,請各遣使持節,先詣慰喻,并委經略。"明帝從之。詔安西將軍、廷尉元洪超兼尚書行臺,詣敦煌安置婆羅門。婆羅門尋與部衆謀叛投嚈噠。嚈噠三妻,皆婆羅門姊妹也。仍爲州軍所討,禽之。

三年,阿那瓌上表,乞粟以爲田種。詔給萬石。四年,阿那瓌衆大饑,入塞寇鈔。明帝詔尚書左丞元孚兼行臺尚書,持節喻之。孚見阿那瓌,爲其所執。以孚自隨,驅掠良口二千并公私驛馬、牛羊數十萬北遁,尋謝孚放還。詔驃騎大將軍、尚書令李崇等率騎十萬討之,出塞三千餘里,至瀚海,不及而還。婆羅門至洛陽,明帝臨西堂引見之。五年,婆羅門死於洛南之館,詔贈使持節、鎮西將軍、秦州刺史、廣牧公。

是歲,沃野鎮人破六韓拔陵反,諸鎮相應。孝昌元年,阿那瓌率衆討之。詔遣牒云具仁齎雜物勞賜。阿那瓌拜受詔命,勒衆十萬,從武川鎮西向沃野,頻戰克捷。明帝又遣通直散騎常侍、中書舍人馮雋使阿那瓌,宣勞班賜有差。阿那瓌部衆既和,士馬稍盛,乃號敕連頭兵伐可汗,遂遣郁久閭彌娥等朝貢。三年,復遣使人鞏鳳景等入朝。此後,使命繼至。

建義初,孝莊詔阿那瓌讚拜不言名,上書不稱臣。太昌元年,阿那瓌遣烏勾蘭樹升伐等朝貢,并爲長子請尚公主。明年,孝武詔以范陽王誨長女琅邪公主許之,未及成婚,而帝入關。自是東西魏競結阿那瓌爲婚好。西魏文帝乃以孝武時舍人元昱女稱爲化政公主,妻阿那瓌之弟塔寒,又自廢其后乙弗氏，納阿那瓌女爲后，加以金帛誘之。阿那瓌遂留東魏使元整，不報信命。後遂率衆渡河，以廢后猶在爲言，文帝不得已，敕廢后自殺。

東魏靜帝元象元年，阿那瓌掠幽州范陽，南至易水。又掠肆州秀容，至於三堆。又殺元整，轉謀侵害。東魏乃囚阿那瓌使温豆拔等。齊神武以阿那瓌兇狡，將撫懷之，乃遣其使人龍無駒北還，以通温豆拔等音問。始阿那瓌殺元整，亦謂温豆拔等不存，既見無駒，微懷感愧。興和二年春，復遣龍無駒等朝貢東魏，然猶未盡誠款。

阿那瓌女妻文帝者，遇疾死，齊神武因遣相府功曹參軍張徽纂使於阿那瓌，間説：“周文百端，且言文帝之后死非其命，若可汗能念舊恩，得存和睦當，以天子懿親公主，結成婚媾。”阿那瓌召其大臣議之，即歸誠於鄴，遣其俟利、莫何緣游大力等朝貢，因爲其子菴羅辰請婚。靜帝詔兼散騎常侍太府卿羅念、兼直散騎常侍中書舍人穆景相等使於阿那瓌。阿那瓌遣莫何去折豆渾十升等報聘，復因求婚。齊神武請以常山王騭妹樂安公主許之，改封爲蘭陵郡長公主。阿那瓌遣吐豆登郁久閭譬渾、俟利莫何折豆渾侯煩等奉馬千匹，以爲聘禮，請迎公主。詔兼宗正卿元壽、兼太常卿孟韶等送公主自晉陽北邁，資用器物，神武親自經紀，咸出豐渥。阿那瓌遣其吐豆登郁久閭匿伏、俟利阿夷普掘、蒲提棄之伏等迎公主於新城之南。齊神武慮阿那瓌難信，又以國事加重，躬送公主於樓煩之北，接勞其使，每皆隆厚。阿那瓌大喜，自是朝貢東魏相尋。四年，阿那瓌請以其孫女號鄰和公主妻齊神武第九子長廣公湛，靜帝詔爲婚焉。阿那瓌遣其吐豆登、郁久閭譬掘、俟利莫何游大力送女於晉陽。武定四年，阿那瓌有愛女，號爲公主，以齊神武威德日盛，又請致之，静帝聞而詔神武納之。阿那瓌遣其吐豆登郁久閭汗拔姻姬等送女於晉陽。自此東魏邊塞無事，至於武定末，使貢相尋。

　　始阿那瓌初復其國，盡禮朝廷。明帝之後，中原喪亂，未能外略，阿那瓌統率北方，頗爲强盛，稍敢驕大，禮敬頗闕，遣使朝貢，不復稱臣。天平以來，逾自踞慢。汝陽王暹之爲泰州也，遣其典籤齊人淄于覃使於阿那瓌。遂留之，親寵任事。阿那瓌因入洛陽，心慕中國，設立官號，僭擬王者，遂有侍中、黄門之屬。以覃爲祕書監、黄門郎，掌其文墨。覃教阿那瓌，轉至不遜，每奉國書，與朝廷抗禮。及齊受東魏禪，亦歲時往來不絕。

　　天保三年，阿那瓌爲突厥所破，自殺。其太子菴羅辰及阿那瓌從弟登注俟利、登注子庫提，並擁衆奔齊。其餘衆立登注次子鐵伐爲主。四年，齊文宣送登注及子庫提還北，鐵伐尋爲契丹所殺，其國人仍立登注爲主。又爲大人阿富提等所殺，其國人復立庫提爲主。是歲，復爲突厥所攻，舉國奔齊。文宣乃北討突厥，迎納蠕蠕，廢其王庫提，立阿那瓌子菴羅辰爲主，致之馬邑川，給其廩餼、繒帛。親追突厥於朔方，突厥請降，許之而還。於是蠕蠕貢獻不絕。

　　五年，菴羅辰叛，文宣親討，大破之。菴羅辰父子北遁。既而復寇肆州。帝自晉陽討之，至恒州黄瓜堆，虜散走。時大軍已還，帝麾下千餘騎，遇蠕蠕別部數萬，四面圍逼。帝神色自若，指畫形勢，虜衆披靡，遂縱兵潰圍而出。虜退走，追擊之，伏尸二十五里，獲菴羅辰妻子及生口三萬餘人。是歲，

帝又北討蠕蠕，大破之。蠕蠕率部衆東徙，將南侵，帝帥輕騎
於金川下邀擊蠕蠕，蠕蠕聞而遠遁。六年，文宣又親討蠕蠕，
頓兵白道，留輜重，率輕騎五千追蠕蠕，躬犯矢石，頻大破之。
國人立阿那瓌叔父鄧叔子爲主。

　　是時，又累爲突厥所破，以西魏恭帝二年，率部落千餘家
奔于關中。突厥既恃兵强，又藉西魏和好，忌其連類依憑大
國，使驛相繫，請盡殺以甘心焉。周文遂收縛蠕蠕主以三千
餘人付突厥使，於長安青門外斬之。中男以下免，死配王公
家，爲奴隸云。

頁三二〇三中至三二〇六下

《册府元龜》卷第九五六《外臣部·種族·蠕蠕》

　　蠕蠕，蓋匈奴之别種也《南史》謂之芮芮，姓郁久閭氏。後
魏神元之末，掠騎有得一奴，髮始齊眉，忘本姓名，其主字曰
木骨閭言首禿也。“木骨閭”與“郁久閭”聲相近，故後子孫
因以爲氏。木骨閭既壯，免奴爲騎卒，穆帝時坐後期當斬臣
欽若等曰：神元、穆帝，皆後魏追封帝號，亡匿廣漠溪谷間，收合逋
逃，得百餘人，依純突鄰部。木骨閭死，子車鹿會雄健，始有
部衆，自號爲柔然。後太武以其無知，狀類於蟲，故改其號爲
蠕蠕。

頁一一二五一

《册府元龜》卷第九六一《外臣部·土風第三·芮國》

　　芮國，亦名芮芮國。無城郭，隨水草畜牧，以穹盧爲居。
辮髮，衣錦，小袖袍，小口袴，深雍鞾。其地苦寒，七月流澌亘

河。國人能以術祭天而致風雪，前對皎日，後則泥潦橫流，故其戰敗，莫能追及。或於中夏爲之，則噎而不雨，問其故，蓋以懦云。

頁一一三一二

《文獻通考》卷三百四十二《四裔十九·蠕蠕》

蠕蠕_{而兖反}。姓郁久閭。托跋在北荒，部落主力微末，掠騎有得一奴，髮始齊眉，忘本名，其主字之曰木骨閭。"木骨閭"者，首禿也。木骨閭與郁久閭聲相近，故其後子孫因以爲氏焉。木骨閭既壯，免奴爲騎卒。代王猗盧時，坐後期當斬，亡匿廣漠溪谷之間，收合逋逃，得百餘人。至其子車鹿會，雄犍，始有部衆，自號柔然。後魏太武以其無知，狀類如蟲，故改其號曰蠕蠕。_{宋齊謂之芮芮，隋史亦曰芮芮。}

又六代孫社崘，凶狡，甚有權略。度漠北，侵高車，深入其地，遂并諸部，凶勢以振。北徙弱落水，始立軍法：千人爲一軍，軍置將一人；百人爲幢，幢置帥一人。其西北有匈奴餘種，國尤富強，盡爲社崘所并，號爲強盛。其西則焉耆之北。東則朝鮮故地之西，北則渡沙漠，窮瀚海，南則臨大磧。其常所會庭，則燉煌、張掖之北。於是自號丘豆伐可汗。可汗之號始於此。"邱豆伐"猶言駕馭開張也，"可汗"猶言皇帝也。蠕蠕之俗，君及大臣因其行能，即爲稱號，若中國立謚。既死之後，不復追稱。

後又頻擾北邊，後魏神䴥二年夏四月，太武率兵十餘萬襲之。其主大檀_{社崘從父之弟}。震怖，將其族黨，焚燒廬舍，絶迹西走。於是國落四散，竄伏山谷，畜產布野，無人收視。太武帝緣栗水西行,過漢將竇憲故壘。六月,次於兔園水,去平城三千七百餘里。分軍搜討,東至瀚海,西接張掖水,北渡燕然山,東西五千餘里,南北三千里。高車諸部又殺大檀種類,前後歸降三十餘萬,俘獲首虜及戎馬百餘萬。至孫吐賀真,太武又征破之,盡收其户畜産百餘萬,自是邊疆息警矣。

宋昇明中,遣王洪範使焉,引之共謀魏。齊建元三年,洪範始至。通使求并力攻魏。梁天監、普通、大同間,三遣使求貢。

獻文帝皇興中,其主予成吐賀真之子。犯塞,征南將軍刁雍上表曰:“臣聞北狄悍愚,同於禽獸。所長者野戰,所短者攻城。若以所短,奪其所長,則雖衆不能成患,雖來不能内逼。又狄散居野澤,隨水逐草,戰則與家産並至,奔則與畜牧俱逃,不齎資糧而飲食足,是以古人伐北方,攘其侵掠而已。歷代爲邊患者,良由倏忽無常故也。六鎮勢分,倍衆不鬥,互相圍逼,難以制之。昔周命南仲,城彼朔方,趙靈、秦始,長城是築,漢之孝武,又踵其事。此四代之君,皆帝王之雄傑,所以皆同此役者,非智術之不長,兵衆之不足,乃防狄之要事,其理宜然故也。易稱‘天險,不可昇;地險,山川丘陵。王公設險,以守其國’。長城之謂歟! 今宜依故於六鎮之北築長城,以禦北虜。雖有暫勞之勤,乃有永逸之益。即於要害,往往開門,造小城於其側,因地却敵,多置弓弩。狄來有城可守,有兵可捍。既不攻城,野掠無獲,草盡則走,終必懲艾。宜發近州武勇四萬人,及京師二萬人,合六萬人,爲武士。於苑内立征北大將軍府,選忠勇有志幹者以充其選,下置官屬。分爲三軍,二萬人專習弓射,二萬人專習刀楯,二萬人專習騎稍。修立戰場，十日一習。采諸葛亮八陣之法，爲平地禦寇之方。使其解兵家之宜，識旌旗之節，器械精堅，必堪禦寇。使將有定兵，兵有常主，上下相信，晝夜如一。七月發六部兵萬人，各備戎作之具。敕臺北諸屯，隨近作米供送六鎮。至八月，征北部率所鎮與六鎮之兵，直至磧南，揚威漠北。狄若來拒，與之決戰。若其不來，然後分散其地，以築長城。計六鎮東西不過千里，六鎮並在今馬邑、雲中、單于界。後魏宣帝正始中，尚書源思禮撫巡北番，以跋野置鎮，居南，與六鎮不齊，更立三戍，亦在馬邑等郡界。若一夫一月之功當三步之地，三百人三里，三千人三十里，三萬人三百里。千里之地，强弱相兼，計十萬人一月必就。運糧一月，不足爲多，人懷永逸，勞而無怨。計築長城其利有五：罷遊防之苦，其利一也；北部放牧，無抄掠之患，其利二也；登城觀敵，以逸待勞，其利三也；省境防之虞，息無時之備，其利四也；歲常遞運，永得不匱，其利五也。”帝從之，邊境獲其利。後帝又北討，大敗之，斬首五萬級，降者萬餘，戎馬器械不可稱計，追奔逐北，旬有九日，往返六千餘里。改女水曰武川。

　　孝明帝熙平初，其主醜奴予成弟之子。善用兵，西征高車，大破之，擒其主彌俄突，殺之，盡并叛者，國遂强盛。醜奴死，弟阿那瓌立。經十日，其族兄俟力發示發率衆伐之，阿那瓌輕騎南走，歸後魏，封朔方郡公、蠕蠕王，帝給騎二千，援出塞。初，阿那瓌來奔之後，從父兄婆羅門率衆討示發，破之，衆推婆羅門爲主，會婆羅門爲高車所逐，率部落詣涼州降，今武威郡。於是蠕蠕數萬，相率迎阿那瓌。錄尚書事高陽王雍、尚書令李崇奏曰：“蠕蠕代跨絶域，感化來歸，阿那瓌委質於前,婆羅門歸誠於後。何一呼韓,得同今美。竊聞漢立南北單于,晉有東西之稱,皆所以相維禦難,爲國藩籬。今臣等參議,以爲懷朔鎭北,土名無結山吐若奚泉,燉煌北西海郡,即漢晉舊障,二處寬平,原野彌沃。阿那瓌宜置吐若奚泉,婆羅門宜置西海郡,各令總率部落,收離聚散。彼臣下之官,任其舊俗。"

　　時朝廷問安置之宜於涼州刺史袁翻,翻表曰:"高車、蠕蠕迭相吞噬,始則蠕蠕衰微,高車强盛,及蠕蠕復振,反破高車,主喪人離,不絶如綖。而今高車能終雪其恥,復摧蠕蠕者,正由種類繁多,不可頓滅故也。然鬥此兩敵,即卞莊之算,得使境上無塵。今蠕蠕内爲高車所討滅,外憑大國之威靈,兩主投身,一期而至,若棄而不受,則虧我大德;若納而禮待,損我資儲,來者既多,全徙内地,非直其情不願,轉送艱難。然夷不亂華,前鑒無遠,覆車在於劉、石,毁轍固不可尋。蠕蠕尚存,則高車猶有内顧之憂,未暇窺覦上國。蠕蠕全滅,則高車跋扈之計,豈易可知。今蠕蠕雖主奔於上,人散於下,而餘黨實繁,部落猶衆,處處棋布,以望今主耳。高車亦未能一時并兼,盡令歸附。又高車士馬雖衆,主甚懦弱,唯以掠盜爲資,凌奪爲業。而河西捍禦强敵,唯涼州、燉煌而已。涼州土廣人稀,糧仗素闕,燉煌、酒泉,空虛尤甚。蠕蠕無復竪立,令高車獨擅北垂,則四顧之憂,匪朝伊夕。愚謂蠕蠕二主,宜並存之,居阿那瓌於東偏,處婆羅門於西裔。其婆羅門,請修西海故城以安處。西海故郡,本屬涼州,今在酒泉直北、張掖西北千二百里,去高車所住金山千餘里,正是北虜往來之要衝,漢家行軍之舊道,土地沃衍,大宜耕殖。非但今處婆羅門於事爲便，即可永爲重戍，鎮防西北。宜遣一良將監護婆羅門，雖外爲署蠕蠕之聲，内實防高車之策。一二年後，足食足兵，斯固安邊保塞之長計也。若婆羅門能自克勵，使餘燼歸心，收離聚散，復興其國者，乃漸令北徙，轉渡流沙。即是我之外蕃，高車勍敵。西北之虞，可無過慮。如其姦回反覆、孤恩背德者，此不過爲逋逃之寇，於我何損。今不早圖，戎心一啓，脱先據西海，奪其嶮要，則酒泉、張掖，自然孤危，長河以西，終非國有。且西海北垂，即是大磧，野獸所聚，千百爲群，正是蠕蠕射獵之處。殖田以自供，籍獸以自給，彼此相資，足以自固。今料度似如小損，歲終大計，其利實多。高車豺狼之心，何可專信？假令稱臣，止可外加優納，而須内備彌深。”時朝議是之。詔安西將軍、廷尉卿元洪超詣燉煌安置婆羅門。婆羅門尋與部衆謀叛投嚈噠，嚈噠三妻皆婆羅門姊妹也。仍爲州軍討擒之。五年，婆羅門死於洛南之館。

　　阿那瓌部落既和，士馬稍盛，乃號可汗，遣爲長子請尚魏公主，文帝又自納阿那瓌女爲后。阿那瓌請以其孫女妻齊獻武王子長廣公湛，阿那瓌有愛女，又請配齊獻武王，自此塞外無塵矣。始阿那瓌初復其國，盡禮朝廷。明帝之後，中原喪亂，阿那瓌統率北方，頗爲强盛，不復稱臣。魏汝陽王暹之爲秦州，遣其典籤齊人淳于覃使於阿那瓌，阿那瓌遂留之，親寵任事。阿那瓌又嘗因到洛陽，心慕中國，乃立官號，擬於王者，遂有侍中、黃門之屬。以覃爲祕書監黃門郎，掌其文墨。覃教阿那瓌，轉自驕大，每與魏書，鄰敵亢禮。及齊受東魏禪，後阿那瓌爲突厥所破，自殺，太子庵羅辰庵，烏含反。奔齊。文宣帝乃北討突厥，而立庵羅辰爲主，置之馬邑川。後背叛，文宣帝親征,皆大破之。國人立阿那瓌叔父鄧叔子爲主。是時又累爲突厥所破,以西魏恭帝二年,率部落千餘家奔關中。突厥既恃兵强,又藉西魏和好,忌其連類依憑大國,使驛相係,請盡殺以甘心。周文帝遂收縛蠕蠕主以下三千餘人付突厥使,於青門外斬之。中男以下免死,配王公家爲奴隷。

頁九四七九至九四八四

《讀史方輿紀要》卷四十五《山西七‧柔然》

　　柔然,在漠外。《晉‧載記》以爲河西鮮卑之屬也。其先曰木骨閭。魏收曰:“木骨閭者,首秃也,與郁久閭聲相近,子孫因以爲字。”初爲騎奴,後免奴爲卒,以犯法亡匿廣漠,收合逋逃,依鮮卑紇突鄰部。木骨閭死,子車鹿會雄健,始有部衆,自號柔然,世服於代。後分爲東西二部。秦滅代,柔然附於劉衛辰。及拓跋珪嗣立,高車諸部皆服從,惟柔然不事魏。晉太和十六年珪引兵擊之,分道窮追,悉俘其衆,置之雲中。十九年西部部長社崙西走上郡,〔一〇〕掠五原以西諸部,走度漠北,自此強大,屢爲魏患。元興元年魏將和突攻黜弗、素故延部,柔然救之,爲和突所破。社崙帥部落遠遁漠北,奪高車之地而居之。又擊破斛律部,西北擊匈奴遺衆曰拔也鷄,大破之,於是并吞諸部。其地西至焉耆,東接朝鮮,南鄰大漠,旁側小國皆羈屬焉,與魏爲敵國。魏主燾神䴥二年,大破柔然,自是始衰。既而與魏和親。太延二年復犯魏邊,與魏相攻。太平真君十年魏大敗柔然於漠北,自是衰弱,屏迹不敢犯魏塞。太和十一年柔然復犯魏邊,敗去。時柔然浸衰,高車諸部皆叛之。景明三年柔然復犯魏邊。正始初又侵魏之沃野、懷朔二鎮,尋遁去。三年請和於魏,魏主不許。五年復請和於魏,既而爲高車所襲敗,殺其可汗佗汗。熙平初,時柔然伏拔可汗立,善用兵,西擊高車,執其王殺之,擊滅鄰國叛去者,國復强。正光初柔然亂，其主阿那瓌、婆羅門相繼降於魏，國人復推阿那瓌之兄俟匿伐爲可汗。魏人議分處阿那瓌、婆羅門於東西二境，各統其衆。三年婆羅門叛魏歸嚈噠，魏擊擒之，阿那瓌專統其衆。既而魏亂，柔然遂雄據北方，爲邊患。齊天保三年突厥大破柔然，阿那瓌自殺，餘衆推其族鐵伐爲主，其國遂亂。明年突厥復攻柔然，柔然舉國奔齊。齊改立阿那瓌子菴羅辰於馬邑川，追降突厥於朔州而還。明年柔然叛齊，齊主洋自將擊破之，柔然北走。既又屢擊柔然，皆大破之。西魏主廓二年，突厥擊柔然主鄧叔子，滅其國。叔子收餘燼奔魏，突厥恃其强，請於魏盡殺之，柔然之後遂絕。嚈噠，見陝西西域于闐境内。

【校勘記】

〔一〇〕社崙　底本原作“杜崙”，今據《魏書》卷二《太祖紀》、卷一〇三《蠕蠕傳》改。

　　　　　　頁二〇七六至二〇七七、二〇八一

《魏書》卷三十《列傳第十八·閭大肥傳》

閭大肥，蠕蠕人也。太祖時，與其弟大埿倍頤率宗族歸國。太祖善之，尚華陰公主，賜爵其思子。與其弟並爲上賓，入八議。太宗即位，進大肥爲内都大官，增爵爲侯。神瑞中，爲都將，討越勒部於跋那山，大破之。泰常初，復爲都將，領禁兵討蠕蠕，獲其大將莫孤渾。宜城王奚斤之攻虎牢也，大肥與娥清領十二軍出中道，略地高平、金鄉，東至泰山。假大肥使持節、安陽公，鎮撫陳汝。

世祖初，復與奚斤出雲中白道討大檀，破之。還爲内都大官，出除使持節、冀青二州刺史，假滎陽公。尋徵還，位特進。復出爲冀青二州刺史。尋入爲内都大官。從討赫連昌，

以功授滎陽公。公主薨,復尚濩澤公主。又爲都將,擊大檀,
大破之。還至渴侯山,遂討東部高車於巳尼陂。又征平涼,
並有功。世祖將拜大肥爲王,遇疾卒。追贈中山王。

子賀,早卒。

大肥弟驎,襲爵。出爲仇池鎮將。卒,無子。

弟鳳,襲爵。高宗時,爲内都大官。出爲鎮南將軍、肆州
刺史。卒,無子,爵除。

頁七二八至七二九

《北史》卷二十《列傳第八·閭大肥傳》

閭大肥,蠕蠕人也。道武時歸魏,尚華陽公主,賜爵期思
子。與弟並爲上賓,入八議。明元即位,爲内都大官,進爵爲
侯。宣城王奚斤之攻武牢,大肥與娥清領十二軍出中道。太
武初,復與奚斤出雲中白道討大檀,破之。後從討赫連昌,以
功授滎陽公。公主薨,復尚濩澤公主。太武將拜大肥爲王,
遇疾卒。

頁七五七至七五八

《通志》卷一百四十六《列傳五十九·閭大肥傳》

閭大肥,蠕蠕人也。道武時歸魏,尚華陰公主,賜爵期思
子。與弟並爲上賓,入八議。明元即位,爲内都大官,進爵爲
侯。宣城王奚斤之攻虎牢,大肥與娥清領十二軍出中道。太武
初,復與奚斤出雲中白道討大檀,破之。後從討赫連昌,以功授
滎陽公。公主薨,復尚濩澤公主。太武將拜大肥爲王,遇疾卒。

頁二三〇九中

《文獻通考》卷二百七十三《封建十四·閭大肥》

閭大肥，蠕蠕人。以征伐積功封滎陽公。

頁二一六六下

《魏書》卷八十三上〔一〕《列傳第七一·外戚·閭毗傳》

閭毗，代人。本蠕蠕人，世祖時自其國來降。毗即恭皇后之兄也。皇后生高宗。高宗太安二年，以毗爲平北將軍，賜爵河東公；弟紇爲寧北將軍，賜爵零陵公。其年，並加侍中，進爵爲王。毗，征東將軍、評尚書事；紇，征西將軍、中都大官。自餘子弟賜爵爲王者二人，公五人，侯六人，子三人，同時受拜。所以隆崇舅氏，當世榮之。和平二年，追諡后祖父延定襄康公，父辰定襄懿王。毗薨，贈太尉，追贈毗妻河東王妃。子惠襲，紇薨，贈司空。

子豆，後賜名莊。太和中，初立三長，以莊爲定户籍大使，甚有時譽。十六年，例降爵，後爲七兵尚書，卒。

紇弟染，位外都大官、冀州刺史、江夏公。卒。

【校勘記】

〔一〕魏書卷八十三上　諸本目錄此卷注“闕”，百衲本、南本、北本、汲本、局本卷末有宋人校記，云：“魏收書外戚傳上亡。”殿本入《考證》，云“後人所補”。按此卷大體以《北史》卷八〇《外戚傳》中相同諸傳補，但也有溢出北史文句。其序自首至“或緣恩澤”全同《北史》。《劉羅辰》《李峻》二傳，《北史·外戚傳》無。羅辰，《北史》卷二〇附《劉庫仁傳》，此卷《羅辰傳》前半或掇取本書卷二三《劉庫仁附劉眷

傳》末數語，後半則取之《北史》。《李峻傳》不知所出。大致
此卷亦是以《北史》補，而以《高氏小史》等他書附益之。

頁一八一六、一八一七

《北史》卷八十《列傳第六十八·外戚傳·閭毗》

　　閭毗，代人，蠕蠕主大檀之親屬，太武時自其國來降。毗
即恭皇后之兄也。后生文成。文成太安二年，以毗爲平北將
軍，賜爵河東公；弟紇爲寧北將軍，賜爵零陵公。其年，並加
侍中，進爵爲王。毗，征東將軍，評尚書事；紇，征西將軍、中
都大官。自餘子弟賜爵爲王者二人，公五人，侯六人，子三
人，同時受拜，所以隆崇舅氏。和平二年，追謚后祖父延定襄
康公，父辰定襄懿王。[一六]毗薨，贈太尉，追贈毗妻河東王妃。
子惠襲。

　　紇薨，贈司空。子豆，後賜名莊。太和中，初立三長，以
莊爲定户籍大使，甚有時譽。十六年，例降爵。後爲七兵尚
書，卒。

　　紇弟染，位外都大官、冀州刺史、江夏公，卒。

【校勘記】

　　〔一六〕追謚后祖父延定襄康公父辰定襄懿王　諸本
“延”下脱“定”字，“辰”上脱“父”字，據《魏書》卷八三上、
《通志》卷一六五《閭毗傳》補。

頁二六七四、二六七五

《通志》卷一百六十五《外戚一·後魏·閭毗》

　　閭毗，代人，蠕蠕主大檀之親屬，太武時自其國來降。

毗即恭皇后之兄也。后生文成。文成大安二年，以毗爲平北將軍，賜爵河東公；弟紇爲寧北將軍，賜爵零陵公。其年，並加侍中，進爵爲王。毗，征東將軍，評尚書事；紇，征西將軍、中都大官。自餘子弟賜爵爲王者二人，公五人，侯六人，子三人，同時受拜，所以隆崇舅氏。和平二年，追謚后祖父延定襄康公，父辰定襄懿王。毗薨，贈太尉，追贈毗妻河東王妃。

子惠襲。紇薨，贈司空。子豆，後賜名莊。太和中，初立三長，以莊爲定户籍大使，甚有時譽。十六年，例降爵。後爲七兵尚書，卒。

紇弟染，位外都大官、冀州刺史、江夏公，卒。

頁二六六八中

《魏書》卷十三[一]《皇后列傳第一·皇后列傳·景穆恭皇后郁久閭氏》

景穆恭皇后郁久閭氏，河東王毗妹也。少以選入東宮，有寵。真君元年，生高宗。世祖末年薨。高宗即位，追尊號謚。葬雲中金陵，配饗太廟。

【校勘記】

〔一〕魏書卷十三　諸本目録此卷注“闕”，百衲本、南本、汲本、局本卷末均有宋人校語云：“魏收書《皇后傳》亡，後人補以《北史》，又取《高氏小史》及《修文殿御覽》附益之。”殿本入《考證》，止云：“魏收書亡，後人所補。”

頁三二七

《北史》卷十三《列傳第一・后妃上・景穆恭皇后郁久閭氏》

　　景穆恭皇后郁久閭氏,河東王毗妹也。少以才,選入東宮。有寵,生文成皇帝而薨。文成即位,追尊號謚,葬雲中金陵,配饗太廟。

頁四九四至四九五

《通志》卷二十《后妃傳二・景穆恭皇后郁久閭氏》

　　景穆恭皇后郁久閭氏,河東王毗妹也。少以才,選入東宮。有寵,生文成皇帝而薨。文成即位,追尊號謚,葬雲中金陵,配饗太廟。

頁三九四下

《北史》卷十三《列傳第一・后妃上・文帝悼皇后郁久閭氏》

　　文帝悼皇后郁久閭氏,蠕蠕主阿那瓌之長女也。容貌端嚴,夙有成智。大統初,蠕蠕屢犯北邊,文帝乃與約,通好結婚,扶風王孚受使奉迎。蠕蠕俗以東爲貴,后之來,營幕戶席,一皆東向。車七百乘,馬萬匹,駞千頭。到黑鹽池,魏朝鹵簿文物始至。孚奏請正南面,后曰:“我未見魏主,故蠕蠕女也。〔三〇〕魏仗向南,我自東面。”孚無以辭。

　　四年正月,至京師,立爲皇后,時年十四。六年,后懷孕將産,居於瑤華殿,聞上有狗吠聲,心甚惡之。又見婦人盛飾來至后所,后謂左右:“此爲何人?”醫巫傍侍,悉無見者,時以爲文后之靈。産訖而崩,年十六,葬於少陵原。十七年,合葬永陵。當會橫橋北,后梓宮先至鹿苑,帝輼輬後來,將就次所,軌折不進。〔三一〕

【校勘記】

〔三〇〕我未見魏主故蠕蠕女也　諸本脱"未"字,據《通志》《御覽》《通鑑》卷一五九(四八九三頁)補。

〔三一〕軌折不進　宋本及《通志》《御覽》"軌"作"軸",疑是。

頁五〇七至五〇八

《太平御覽》卷一四〇《皇親部六·郁久閭后》

《後魏書》曰:"文帝悼皇后郁久閭氏,蠕蠕主阿那瓌之長女。容貌端嚴,夙有成智。大統初,蠕蠕屢犯北邊,文帝乃與通好結婚,扶風王孚受使奉迎。蠕蠕俗以東爲貴,后之來,營幕户席,一皆東向。車七百乘,馬萬匹,駝千頭。到黑鹽池,魏朝鹵簿文物始至。孚奏請正南面,后曰:'我未見魏王,故蠕蠕女也。魏伏向南,我自東面。'孚無以辭。"

"四年正月,至京師,立爲皇后,時年十四。六年,后懷孕,將産,居於瑶華殿,聞上有狗吠聲,心甚惡之。又見婦人盛飾來至后所,后謂左右曰:'此爲何人?'醫巫傍後,侍悉無見者,時以爲文后之靈。産訖而崩,年十六,葬於少陵原。十七年,合葬永陵。當會橫橋北,后梓宮先至鹿苑,帝輼音温輬音凉後來,將就次所,軸折不進。"

頁六八三

《通志》卷二十《后妃傳二·郁久閭后》

文帝悼皇后郁久閭氏，蠕蠕主阿那瓌之長女也。容貌嚴夙，有神智。大統初，蠕蠕屢犯北邊，文帝乃與約通好結婚，扶風王孚受使奉迎。蠕蠕俗以東爲貴，后之來，營幕户席，一皆東向。車七百乘，馬萬匹，駝千頭。到黑鹽池，魏朝鹵簿文物始至。孚奏請正南面，后曰：“我未見魏主，故蠕蠕女也。魏仗向南，我自東面。”孚無以辭。

四年正月，至京師，立爲皇后，時年十四。六年，后懷孕，將産，居於瑶華殿，聞上有狗吠聲，心甚惡之。又見婦人盛飾來至后所，后謂左右：“此爲何人？”醫巫傍侍，悉無見者，時以爲文后之靈。産訖而崩，年十六，葬於少陵原。十七年合葬永陵。當會橫橋北，后梓宫先至鹿苑，帝輼輬後，來將就次所，軸折不進。

頁三九八上

《文獻通考》卷二百五十四《帝系五·郁久閭后》

文帝悼皇后郁久閭氏，蠕蠕主阿那瓌之長女。蠕蠕屢犯邊，帝乃納其女爲后。

頁二〇〇六上

《北史》卷十四《列傳第二·后妃下·蠕蠕公主》

蠕蠕公主者，蠕蠕主郁久閭阿那瓌女也。蠕蠕强盛，與西魏通和，欲連兵東伐。神武病之，令杜弼使蠕蠕，爲世子求婚。阿那瓌曰：“高王自娶則可。”神武猶豫，尉景與武明皇后及文襄並勸請，乃從之。武定三年，使慕容儼往娉之，號曰蠕蠕公主。八月,神武迎於下館,阿那瓌使其弟禿突佳來送女,且報聘,仍戒曰:"待見外孫,然後返國。"公主性嚴毅,一生不肯華言。神武嘗有病,不得往公主所,禿突佳怨恚,神武自射堂輿疾就公主。其見將護如此。神武崩,文襄從蠕蠕國法,蒸公主,産一女焉。

頁五一七至五一八

《通志》卷二十《列傳第二·后妃下·蠕蠕公主》

蠕蠕公主者,蠕蠕主郁久閭阿那瓌女也。蠕蠕强盛,與西魏通和,欲連兵東伐。神武病之,令杜弼使蠕蠕,爲世子求婚。阿那瓌曰:"高王自娶則可。"神武猶豫,尉景與武明皇后及文襄並勸請,乃從之。武定三年,使慕容儼往聘之,號曰蠕蠕公主。八月,神武迎於下館,阿那瓌使其弟禿突佳來送女,且報聘,仍戒曰:"待見外孫,然後返國。"公主性嚴毅,一生不肯華言。神武嘗有病,不得往公主所,禿突佳怨恚,神武自射堂輿疾就公主。其見將護如此。神武崩,文襄從蠕蠕國法,蒸公主,産一女焉。

頁三九八下

《周書》卷十二《列傳第四·齊殤王憲附達步干氏傳》

憲所生母達步干氏,茹茹人也。建德三年,册爲齊國太妃。憲有至性,事母以孝聞。太妃舊患風熱,屢經發動,憲衣不解帶,扶侍左右。憲或東西從役,每心驚,其母必有疾,乃馳使參問,果如所慮。

頁一九六

《北史》卷五十八《列傳第四十六 · 齊殤王憲附達步干氏傳》

　　憲所生達步干氏,蠕蠕人也。建德三年,上册爲齊國太妃。憲有至性,事母以孝聞。太妃舊患,屢經發動,憲衣不解帶,扶持左右。憲或東西從役,每心驚,母必有疾,乃馳使參問,果如所慮。

頁二〇九一至二〇九二

《通志》卷八十五《宗室八 · 齊殤王憲附達步干氏傳》

　　憲所生達步于氏,蠕蠕人也。建德三年,上册爲齊國太妃。憲有至性,事母以孝聞。太妃舊患風熱,屢經發動,憲衣不解帶,扶侍左右。憲或東西從役,每心驚,母必有疾,乃馳使參問,果如所慮。

頁一一〇三中

《續高僧傳》卷二十六《魏洛京永寧寺天竺僧勒那漫提傳一附蠕蠕客》

　　時洛南玄武館有一蠕蠕客,曾與提西域舊交,乘馬衣皮,時來造寺,二人相得,言笑抵掌,彌日不懈。文旁見夷言,不曉往復,乃謂提曰:“弟子好事人也,比來供承,望師降意,而全不賜一言。此北狄耳,獸心人面,殺生血食,何足可尚,不期對面遂成彼此。”提曰:“爾勿輕他,縱使讀萬卷書,事[三]用未必相過也。”懷文曰:“此有[四]所知,當與角伎[五]賭馬。”提曰:“爾有何耶?”曰:“籌術之能。無問望山臨水,懸測高深，圍圖踰[六]窖，不舛升合。"提笑而言曰："此小兒戲耳。"庭前有一棗樹極大，子實繁滿，時七月初，悉已成就。提仰視樹曰："爾知其上可有幾許子乎？"文怪而笑曰："籌者所知，必依鉤股標准，則天文地理亦可推測。草木繁耗，有何形兆？計斯實謾言也。"提指蠕蠕曰："此即知之。"文憤氣不信，即立契賭馬。寺僧老宿咸來同看，具立旁證。提具告蠕蠕，彼笑而承之。[七]文復要云："必能知者幾許成核，幾許菾[八]死無核？"斷許既了，[九]蠕蠕腰間皮袋裏出一物，似今秤衡，[一〇]穿五色線，線別貫白珠，以此約樹，或上或下，或旁或側，抽線映眼，周迴良久，向提撼頭而笑，述其數焉。乃遣人撲子實下盡，一一看閱，疑者文自剖看，挍量子數成不，卒無欠賸，因獲馬而歸。

【校勘記】

〔二〕宮　原作"官"，據趙城金藏、高麗藏校改。

〔三〕事　趙城金藏、高麗藏無。

〔四〕有　興聖寺本、趙城金藏、高麗藏無。

〔五〕角伎　高麗藏作"捔技"，"捔"可作"角"。

〔六〕踰　高麗藏作"踼"。

〔七〕之　下原有"云"字，據趙城金藏、高麗藏校刪。

〔八〕菾　原作"瘀"，據趙城金藏、高麗藏校改。

〔九〕了　原作"子"，據興聖寺本、趙城金藏、高麗藏校改。

〔一〇〕秤衡　原作"錘"，據高麗藏校改。

頁九七七至九七九

《北史》卷八十九《列傳七十七・藝術上・蠕蠕客附綦母懷文》

〔綦母懷文〕每云："昔在晉陽爲監館,館中有一蠕蠕客,同館胡沙門指語懷文云:‘此人别有異算術。’仍指庭中一棗樹云:‘令其布算子,即知其實數。’乃試之,并辨若干純赤,若干赤白相半。於是剥數之,唯少一子。算者曰:‘必不少,但更撼之。’果落一實。"

頁二九四〇

《通志》卷一百八十三《藝術三・蠕蠕客附綦母懷文》

〔綦母懷文〕每云："昔在晉陽爲監館,館中有一蠕蠕客,同館胡沙門指語懷文云:‘此人别有異算術。’仍指庭中一棗樹云:‘令其布算子,即知其實數。’乃試之,并辯若干純赤,若干赤白相半。於是剥數之,唯少一子。算者曰:‘必不少,但更撼之。’果落一實。"

頁二九三〇上

元恭墓志

魏故使持節假車騎將軍都督晉建南汾三州諸軍事鎮西將軍晉州刺史大都督節度諸軍事兼尚書左僕射西北道大行臺平陽縣開國子元君墓志。

君諱恭,字顯恭,河南洛陽人也。恭祖景穆皇帝之曾孫,城陽懷王之第二子。原高日宇,業廣星區,本枝有始,鴻祚無窮。蚍斯之福已繁,驥趾之慶彌遠。君禀上善之資,啓生知

之志。崇峰峻極,千刃不得語其崇高;長淵澄鏡,萬頃無以擬
其洪量。孝敬之道,發自天真,信順之理,出於神性。曠懷海
納,憶愠不見於言;雅量山容,得失不形於色。是以口無擇
言,身無擇行,温顏外穆,嚴心內明,節比松筠,操同金石,再
思有道,三省無違,文洞九流,義貫百氏。遊仁者霧集,慕義
者雲從。是以名實載隆,風流藉甚。正光三年,除揚州別駕,
加襄威將軍。事上盡匡救之理,綏下極仁惠之方,温洽冬輝,
猛同夏日。壽春邊鎮,即麓多虞,去留無恒,情爲難測。爰有
狂妖,潛結數萬,填塹踰城,中霄突入。兵火沸騰,士民荒懼,
鋒刃相交,奸良莫辯,是日危逼,幾將陷没。

　　君神志平夷,謀慮淵遠,部分諸將,方軌直進,旌鼓暫撝,
醜徒冰散。淮南肅清,君之功也。賞兗州平陽縣開國子,食
邑三百户。又爲司徒主簿,俄遷中書侍郎。復以北中機要,
維捍所依,永安二年,轉授北中郎將。尋除持節督東徐州諸
軍事左將軍東徐州刺史,不拜。永安三年,除安東將軍大司
農卿河南邑中正,仍除使持節都督東荆州諸軍事中軍將軍東
荆州刺史,假征南將軍當州都督,餘官并如故。權臣爾朱榮
既休其辜,遺種餘類,遊魂未已。以君地唯國威,器實宗英,
心旅所憑,社稷攸賴,受脤專征,煎撲妖殄,率領禁兵,西援平
陽。兼尚書左僕射西北道大行臺大都督節度諸軍事。屬值
羯胡吐萬兒肆逆,徑襲京都,主上蒙塵,暴崩汾音。君天誠發
來,千里奔赴。大行棄背萬國,君亦枉見禍酷。自亂極治形,
寶圖唯永,追思舊德,言念鴻勳。贈車騎大將軍儀同三司都
督并州諸軍事并州刺史,餘官如故。以太昌元年十一月十九
日己酉遷窆於山陵谷山。乃作銘曰:

鴻源攸邈，寶祚載昌，累仁成聖，積慶重光。咸陵九服，德被八荒，分周宅陝，如衛如唐，以賢以威，且公且王。於昭我君，體基辰緒，既哲且明，允文斯武。內贊禁闈，外毗疆禦，乃委捍城，實爲心膂。釁發九江，雰藹三楚，擊矢晨飛，高烽夜舉。率是熊羆，厲茲貔虎，克固崇埤，截彼醜虜。帝嘉厥庸，錫之土宇。始登臺幕，徽風繼宣，爰游鳳沼，翰飛戾天。絲言落雨，綸綍騰烟，迹通自遠，潔静窮玄。黄津浩淼，丹山崇峻，惟機唯宜，是綏是鎮。湯池百重，金城千刃，仁惠潛流，嚴風遐震。體國經野，與存與亡，式蕃荆甸，奉册徐方。淵府攸在，崴會禳禳，九列斯穆，六條有章。天步未夷，艱虞相屬，遇是厲階，離茲禍酷。怨滿松崗，痛深泉谷，黄鳥惟悲，人百豈贖。徽範永揚，淪光難續。母范陽盧。婦茹茹主之曾孫，景穆皇帝女樂平長公主孫，父安固伯閭世穎。長息前通直散騎侍郎寧朔將軍領尚書考功郎中彦昭。次息前秘書郎中彦遵。次息前給事中彦賢。

《漢魏南北朝墓志彙編》，頁二九七

忠武將軍茹公神道碑

在昔帝軒之裔，有控帶絶，擁據群雄，殆於斯萬年，得茹茹之部。謂名王盛族，大人鴻胄，聯華魏室，接慶齊庭。鍾鼎焜耀於數朝，土田陪敦於列辟。自拓跋、宇文氏降爲著姓焉，則公之先也。

公諱義忠，本家雁門，今爲雁門人矣。祖惠，隋定州深澤縣丞；父簡皇，澤州永固府左果毅都尉。莫不果行毓德，修身踐言，以北方之强，爲南金之寶。英風儁列，海内知名。

公特禀元和，偏鍾間秀，瓌貌傑出，雄鋩挺生。幼則知書，長遂多藝。知人能事，靡不盡善，有識一見，即以遠大相期。然而家傳崇業，尚豪舉，雖曰雅好博物，終耻猶爲腐儒。未嘗不一心殉邊，百死許國，與孫、吳而暗合，以驃、衛爲已任。開元中，以良家子戰功居右，補涇州四門府別將，策勳之授也。久之秩滿，六鈞伎癢，七札賈餘，歷試粉闈，長驅金埒，措杯入妙，曾不出正，相圃擇賢，觀者如堵。以武部試甲科，改授河南府、王屋府果毅，加遊擊將軍，用絶倫也。累遷汝州魯陽府折衝。尋改虢州金門府折衝。驟增武功，級叙忠武將軍。

夫其策名委質，積行累功，禄以實干，職無越請。雖晉用之有次，亦周行而未高。至於幕有急賢，司有渴理，仁資規畫，爭請於宏羊，或藉詞華，競留於阮瑀。豈直軍形鵬地勢，聚米成圖！抑亦國要時須，立談集事。是亦爲政，奚必褰帷之與緡墨歟？但以公之德之才，令聞令望。執先府君先夫人之喪也，二連之孝聞；與上交、下交之契也，三益之信著。在師旅有不可犯之色，於鄉黨則謙似不能言。寬猛得其中，卷舒合夫禮。可謂古之文武不墜，斌斌君子者矣。擁旗旄，享茅土，亦術内之事耳。性頗樂道，情兼慕閑。每凝想於清高，不致身於趨競。俛俯芳歲，蹉跎後時；未展丹心，徒嗟白髮。命之不偶，李廣寧遂於封侯；生也有涯，賈誼終傷於歎鵩。天寶元年，蓋寢疾者浹日，以六月十九日薨於京兆長安縣太和里之私第，春秋八十。嗚呼哀哉！梁木壞乎，將壇隳矣！罷市無喻，輟舂如何？有才子三：伯曰元顥，皇易州遂城府左果毅；仲曰元晃，左羽林大將軍；季曰元曜，則今之驃騎大將軍，行左羽林大將軍，知軍事，上柱國，雁門郡王。當斯時也，靡不血泣無訴，柴毀過人。即以其七年七月十六日，葬於京兆長安縣永平鄉阿房殿之墟，禮也。

先是夫人陳留郡君謝氏，贈沂國太夫人，語成圖史，動合禮容，德重陶親，賢過孟母，然而當年桂歇，早歲蘭摧，石窌之封徒高，薤露之悲終積。於戲！大業之後，景係之餘，間雖陵夷，小不進用，尋必福履，大賢出焉。故公以之陰騭於身，善積於物。河瀆爲之吐秀，山嶽爲之降靈，挺然鬱然，生夫驃騎矣。皎若片玉，粲如渾金；明月照人，干將立斷；長才廣度，茂績殊勳。羽林應天上之星，雁門封塞下之地，公侯必復，斯之謂歟！若不然者，則須以凶釁，次鍾伯早世，克家紹構，孑然一人，而能叙終身之悲，展罔極之痛。二十年，上有詔，贈公爲汾州刺史，拜册於先塋，斯亦可謂事親之禮終，哀榮之道備矣。且陵或變谷，海有爲田，滕悼未開，防墓誰辨？匪憑不朽之石，曷傳無愧之詞，爰訪墨卿以述銘曰：

秦殿南趾，漢池東曲，莽蒼開原，蕭條古木。于嗟雁塞，赫矣雄族。昔也搣金，兹焉埋玉。鏌鋣徒挂，大屈終藏。日色不暖，風枝自傷。萬事颯而烟盡，片石歸而天長。庶德祖之來思，無慚黃絹；幸仲宣之見背，不墜餘芳。

《文苑英華》卷九〇九《碑六十六·神道碑二十七·職官十七·諸將軍六》，頁四七八二至四七八三

東魏閭伯昇及妻元仲英墓志

公諱伯昇，字洪達，河南洛陽人也。昔大電啓祥，壽丘生聖，貽厥繁茂，代雄朔野。高祖即茹茹主之第二子。率部歸

化，錫爵高昌王，仕至司徒公。曾祖襲王爵司空公，贈司徒。祖齊州，器業淵長，鬱爲時望。父儀同，風德淹遠，道被衣冠。公禀靈秀氣，資慶岳神，體度閑凝，識理清暢，廉道德以成行，率禮樂以田情，積和順於胸中，發英華於身外。加之孝友淳深，温恭亮直，亭亭共白雲等潔，肅肅與清松競爽。閭里欽其仁，朋儕慕其德。

初以名公之冑起家，除散騎侍郎，在員外。仍轉司徒任城王府記室參軍事，徙司空府清河王功曹參軍事，除白水太守，不拜，仍敕爲三門都將，轉司空屬。正光中，除渭州刺史，不拜，仍爲諫議大夫。建義初，拜給事黃門侍郎，敕爲京西慰勞大使，除司空長史兼大鴻臚卿，轉太尉長史，遷散騎常侍本國大中正。君文武兼資，雅於從政，爰自彈冠，任逕出處，聲芳藉甚，所在流譽。隆年不永，以興和二年五月寢疾，薨於館第。皇上嗟悼，群后摧傷，賜贈之典，每加恒數。有詔追贈使持節都督冀州諸軍事驃騎大將軍冀州刺史儀同三司，中正如故。惟公器懷通濟，風力酋舉，忠爲令德，仁實行先，善始令終，自家形國，徽猷克茂，人無間言。方當論道太階，贊禮東岳，遙塗未盡，峻軌遽淪。悲夫。粤以興和二年十月葬於鄴城西南十八里。式銘玄石，永播芳塵。其詞曰：

陰山峻極，瀚海瀅渟，昌源不已，世載民英。司徒杰立，夙播奇聲，儀同嗣美，高視上京。於鑠君公，克傳家風，清徽外映，謙順内融。神衿獨遠，逸氣孤冲，豈徒邦彦，抑亦人雄。爰初濯纓，薄言入仕，齊蹤驥騄，連陰杞梓。在玄能素，爲而不恃，未盡東隅，連淪西氾。卜云其吉，將窆泉門，皇慈已降，盛禮斯繁。松櫱方合，鐃吹暫喧，貞芳永謝，虚謚空存。

魏故儀同三司閭公之夫人樂安郡公主元氏墓志銘。

公主諱仲英，河南洛陽人也。顯祖獻文皇帝之孫，太尉咸陽王之女。稟祥星月，毓采幽閑，風德高華，光儀麗絶。年十有五，作嬪閭氏。女節茂於公宮，婦道顯於邦國。永熙在運，詔除女侍中。倍風闈壼，實諧內教。而餘慶不永，春秋五十五，興和二年二月十五日薨於第。粵十月廿八日合葬於此。乃裁銘曰：

春秋迭運，盡夜相催，年浮世短，樹崝風來。山門一固，松柏行摧，幽芬長往，墮淚空哀。

《漢魏六朝碑刻校注》（第七冊），頁二五二

郁久閭肱墓志

郁久閭肱者，茹茹國人也。伯父大比，茹茹國主。父諱瓊，字處升瓖。遠慕聖化，丹誠歸國。初至之日，造次未立，蒙賜青州曆城官、口八十人、庫帛一千匹，田地屋宅，悉蒙丞給。又以鄰國子弟封爵河間王，授職東宮度盧、殿中尚書、內行阿干、太僕卿。後除使持節、平北將軍、雲州刺史。

息肱，仰承父祖之資，蒙襲父王品。至高祖孝文皇帝例改，封爲益都侯，除伏波將軍、代名太守。在任公懃，民心願樂。

宜享遐壽，爲國之幹。何圖不幸，早辭明世。以去正始四年，歲在乙卯，十月甲子朔，十日癸酉，薨於家館。時朝以肱父祖世爲國主，誠心歸款。及撫名郡，清勤著稱。掌德錄懃，蒙贈持節、都督夏州諸軍事、冠軍將軍、夏州刺史。

其爲人也，夙稟端巖之姿，長懷韶亮之氣。天聰慧穎，生

而知之。神悟幽通,不教而達。又恭儉節用,清心潔行。善與人交,言而有信。薨背之日,時朝嘆惜,行路增酸。又德器寬美,不可具載,爲略申之耳。其辭曰:

赫矣貴胄,世踵賢明。誕生懿哲,朗悟通靈。不教而達,不肅而成。恭儉節用,稟性忠貞。惟德可遵,有道可慶。歷任朝,匡輔時政。清懃著稱,芳音早令。行爲時櫫,流風垂詠。岳茂良才,永撫無疆。一朝殞世,痛惜三良。豈伊酸楚,於何不藏?玉折蘭摧,奄就夜光。君子百行,君實兼有。軍國兩須,非子誰取?宜任梁棟,荷重視負。使終名績,千載不朽。

興和三年,歲在辛酉,七月辛未朔,十二日壬午刊記。

《新見北朝墓志集釋》,頁一六

閭詳墓志

征虜將軍兗州高平太守閭公墓志。

公諱詳,字洪慶,河南洛陽人也。苗裔軒皇,繁倫代北。公即北國主之六世孫也。高祖阿弗,率部來廷,光儀朝政。錫爵高昌王,仕至司徒公。曾祖懃,襲王爵,司空公。祖齊州,器羽淹潤,領袖一時。父儀同,風物嚴凝,峻峙當世。

公稟藉純粹,早懷精亮。志尚清高,體度閑寂。虛想御物,卷戀崇仁。融道德以立行,敷禮樂以爲情。儲孝友於胸中,聚和順於身外。閭里欽其仁,朋儕慕其德。起家南青州錄事參軍,轉太傅府外兵參軍。後除兗州長史,重遷征虜將軍、中散大夫,復除兗州高平太守。公文武兼禪,雅於從政。爰自振衣,任徑出處。聲名藉甚,所在流譽。

彼倉不吊，攙良已及。武定二年七月寢疾，春秋五十三，薨於第。粵以其年十月廿二日，葬於鄴城西南十五里。谷岸儻移，金石可久。敬鑴芳塵，用播不朽。其詞曰：

猗歟君公，克韶前修。青徽内發，温恭外流。容預春夏，猛裂高秋。宦徑振響，曠邇非仇。鬱爲世范，方寄梁舟。略途未極，忽履深幽。長川杳邈，風樹淒。泉扃一奄，名識虛游。

武定二年十月廿二日。

《新見北朝墓志集釋》，頁一〇〇

吐谷渾暉華公主墓志

茹茹驃騎大將軍俟利莫何度支尚書金城王乞伏孝達妻暉華公主吐谷渾氏墓志銘。

公主諱庫羅伏，字尉芮文，吐谷渾主明元之第四女也。乃祖乃考，世君西域。既鵲起而辟土，亦虎視以稱雄。斯乃備之於簡素，可得而略矣。主茹茹可敦之妹，即悼皇后之姨也。公主之稱，始自本國。金城初仕於吐谷渾，爲車騎大將軍、中書監。渾主重其器望，遂以妻之。若夫窈窕之譽，借甚於椒芳；煩辱〔縟〕之功，有聞於樏木。四教既閑，百兩雲萃。婦德内融，母儀外肅。又從夫至於茹茹，親戚禮遇，莫之與先。悼皇后來歸也，金城以姨婿之重，作上賓於魏。時主及三子亦從此行，婉若春風，皦如秋月，光儀容止，式諧典度。方調琴瑟，永訓閨庭，而偕老之願未申，朝露之危奄及。春秋卅有九，以大統七年正月甲午卒於萇〔長〕安。皇帝悼之，葬以公主之禮。生遠其鄉，死異其地。德音雖在，形顏已歇。

嗟行之人，惜而淚下。粵二月己酉窆於山北縣小陵原。乃作銘曰：

　　昭昭列星，乃降斯靈。誕兹閑淑，既素且貞。來儀君子，作賓上京。規矩其度，蘭菊其馨。方申介祉，式範宮庭。豈期舟壑，奄望佳城。銀海雖湛，玉桂不榮。傷哉玄夜，已矣泉扃。

　　陝西省考古研究院、陝西歷史博物館、長安區旅游民族宗教文物局：《陝西西安西魏吐谷渾公主與茹茹大將軍合葬墓發掘簡報》，《考古與文物》，二〇一九年第四期

高歡夫人閭氏墓志

魏故齊獻武高王閭夫人墓志。

　　夫人姓閭，茹茹主第二女也。塞外諸國，唯此爲大。既豐沮澤之産，實同嬌子之强。世約和親，恒爲與國，奇畜銜尾，侍子盈朝。甘泉之烽未動，龍城之使屢降。及國勝兵焚，來控天邑，渭橋成列，上林自歸。重起韓昌之騎，還由雞鹿之道，勝兵控弦，十不遺一。雄圖武略，復振北土，稾街無闕，轀軒繼路。夫人體識和明，姿製柔婉，閑淑之譽，有聞中國。齊獻武王敷至德於戎華，立大功於天地，弼成五服，光於四海。方一此車書，同兹聲教，驅百兩於王庭，鳴雙雁於塞表，遂以婚姻之故，來就我居。推信讓以和同列，率柔謙以事君子。雖風馬未及，禮俗多殊，而水清易變，絲潔宜染，習以生常，無俟終日。至於環珮進止，具體庶姬，刀尺羅紃，同夫三世。非法不動，率禮無違，宜其永年，以信天道。忽焉已及，何驗高明，春秋一十有九，以武定六年四月十三日薨於并州王宮。

其年五月卅日窆於齊王陵之北一里。有詔葬以妃禮。慮員
方有易,陵谷代徒,餘美無傳,式流於此。銘曰:

天地交閉,禍難方延。救焚援溺,非聖伊賢。德之所備,
功亦至焉。柔遠能邇,禮洽化遷。彼美淑令,時惟妙年。有
行去國,言告移天。音容外理,柔和内宣。生之不吊,忽若吹
烟。翠羽將滅,銘華暨鮮。我行其野,歸於墓田。松風已急,
隴月徒縣。哀凝迴隧,歌繞空山。來賓詎久,蓬軫方旋。齊
女思北,秦姬望西。燈光且焰,香爐餘燃。嗟哉白日,永秘
重泉。

　　　　　　　　　　　《文化安豐》,頁二〇三至二〇四

高湛妻閭叱地連墓志

魏驃騎大將軍、開府儀同三司、長廣郡開國公高公妻茹
茹公主閭氏墓志銘。

公主諱叱地連,茹茹主之孫,諝羅臣可汗之女也。源流
廣遠,世緒綿長。雄朔野而揚聲,跨列代而稱盛。良以布濩
前書,備諸歷史矣。公主體弈葉之休徵,稟中和之淑氣。光
儀婉嬺,性識閑敏;四德純備,六行聿脩。聲穆閨闈,譽流邦
族。若其尊重師傅,訪問詩史,先人後己,履信思順。庶姬以
爲謨楷,衆媛之所儀形。皇魏道映寰中,霸君威棱宇縣。朔
南被教,邈外來庭。茹主欽挹風猷,思結姻好,乃歸女請和,
作嬪公子。亦既來儀,載閑禮度;徽音歲茂,盛德日新。

方亨遐期,永綏難老。與善徒言,消亡奄及。以武定八
年,四月七日薨於晉陽,時年十三。即其年歲次庚午,五月己
酉朔,十三日辛酉,葬於釜水之陰,齊獻武王之塋内。天子下

詔曰：長廣郡開國公妻茹茹鄰和公主，奄至喪逝，良用嗟傷。既門勳世德，光被朝野。送終之禮，宜優常數。可敕并州造輼輬車，備依常式，禮也。乃銘石壞陰，永傳餘烈。其詞曰：

祁山發祉，蒙野效靈。雄圖不競，世載民英。於惟淑女，膺慶挺生。德兼柔慎，質儷傾城。皇德遠臨，霸功遐震。紫塞納款，丹邀思順。有美來儀，作嬪世儁。惠問外揚，貞情內峻。思媚諸姑，言齒同列。袞幬有序，大小胥悅。方亨遐期，儀範當世。如何不吊，蘭摧玉折。卜云其吉，將空玄宮。榮哀揔備，禮數兼崇。輕輬轉轂，飛旐從風。清暉永謝，彤管無窮。

《漢魏六朝碑刻校注》（第八冊），頁一五三

閭子璨墓志

齊故征虜將軍西兗州別駕閭君墓志銘。

君諱子璨，字思朗。河南洛陽人也。其先業居北海，世襲單于，自古稱強，歷今彌盛。任真行朴之性，無文成化之道，蓋出天然，不關禮教。緗素所以共傳，簡竹由來是載，至如今者，可略而述。太祖弗，即茹茹國主，魏道武之胥。以家國離艱，釁同犯伯，因擁戶四萬來賓，魏主賜爵高昌王、駙馬都尉。於是世賢相繼，冠蓋連陰，六條之美接□，三司之盛不絕。是以室同萬石，榮比五侯。世秉日磾之忠，門出季札之讓。祖懿公，雅好文史，遵仁履義。

父穆公，儁桀飄舉，流譽一時。君稟氣積善之徵，斥出崑山之潤。詎假學成，本應天挺，譬珠匪斫，方竹自青。得於懷抱，蕭然靡穢，年居木馬，智號成人。爰處青衿，問一知十，是以名與日下均奇，諭共黃中比異。心悅文史，尤重交結，席滿

勝賓,轍多長者。年被召爲司州主簿,尋爲孝明帝挽郎。神州取吏,才地兼華;大行選士,人資並擢。無愧此時,君獨標美。永安元年,以挽郎定第,解褐司空西閤祭酒。天平二年,除冠軍將軍,轉兼從事中郎。自曳履槐庭,燮鼎務,助味成結,庶功無爽。又除征虜將軍,遭窮停解。居喪過禮,毀幾滅性,鳩茹可儔,鹿斃斯偶。每辰號洞,悽感四鄰,有慰發聲,哀動行路。御史中丞高仲密,處四叢之崇,高獻臺之選,聞君藉甚,引入繡衣。以禮告辭,苦不獲免。一乘驄馬,五察黄沙,明目張膽,豪家併息。武定元年,文襄皇帝當霸魏之朝,居推轂之重,躬臨選部,廣抽髦俊。特以郎官久雜,蘭艾同斑,留意沙汰,非人莫任,擢補外兵郎中。茌職三載,出爲西兖州別駕。既騁驥足,實覆士元之風;暫殿吏首,便擬邦國之詠。方致休徵之位,庶保黄苟之期。豈謂鄰善,盡同朝露。春秋册一,以天保二年五月十六卒於左城。粵以天保三年十一月廿一日,葬於野馬崗東北豹祠之南。刊石勒銘,寄之泉壤。其詞曰:

履真成化,據口稱椎。文不假飾,道自淳風。威流海,氣懾西戎。泊賓赤縣,蕃屏唯功。乃祖及父,六條三事。杞梓接連,歌謡刊志。載生蘭芷,含奇挺異。實符應善,高門是嗣。由孝顯忠,入從簪屧。起績神州,發聲紈綺。似桂含芳,陵冬襌美。如松映月,臨秋未毀。助鼎有諧,把蘭旌諭。繡衣逢靡,海沂聞附。信結朋儕,政兼行住。逸翮始冲,殲善何鷙。有生終滅,主理誰嗟。所悽報施,頓爽幽遐。松門一遠,泉路方賒。親賓掩面,行渡停車。

《墨香閣藏北朝墓志》,頁九六至九七

閭炫墓志

齊御史中丞赫連公故夫人閭氏墓志銘。

夫人諱炫，字光暉，代郡平城人，即茹茹國主步渾之玄孫也。如則分源白帝，終乃光宅幽都。盛業鴻猷，千春弗隕。

曾祖大肥，相時而動，來賓有魏。朝嘉乃烈，親而貴之，尚隴西長公主，拜駙馬都尉，錫爵滎陽公，尋授使持節安南將軍冀州刺史，薨贈老生王。祖菩薩，冀州刺史晉陽公。父阿各頭，平原鎮將安富侯。咸譬彼明珠，取珍於魏國；等茲神璧，見重於秦都。夫人則滿月降神，列星授祉，高節聞於弱歲，盛美標於稚年。璨若春林，皎如秋菊，譽乃騰於中谷，聲則飛於外閾。於是梧桐茂矣，彩鳳仍臻；珊瑚烈焉，碧鷄便往。中丞赫連公，望傾日下，具瞻攸屬，彼兼名地，此事移天。乃弘其四德，宣其五道，未有逞瓜歷李之嫌，曾無霧縠冰紈之麗。及珪璋載育，花萼相暉，或示斷織之謨，乍表辭金之訓。但降年不永，落彩春中。以魏武定元年九月二日卒於林慮郡，時年三十有四焉。即以大齊河清三年三月二十四日遷措於豹祠西南五里。式銘高行，貽諸後人。其詞粵：

山高崿迴，水浚流長，白精之裔，餘祉克昌。家雄部落，世富公王，陵谷自徙，光華未央。匪直才英，兼之令淑，心侔琬琰，氣方蘭菊。女憲優閑，婦儀端肅，亦言作配，徽音逾穆。含珍曜寶，正色端形，感深魚躍，誠允鷄鳴。衛臣車響，齊僕歌聲，一聞其事，咸測其情。穆伯賢妻，文仲慈母，譬我風烈，孰分先後。露託寧淹，塵栖詎久，未乘鳳鸞，奄均蒲柳。遂捐朝景，言尋夜臺，霜嚴草落，風勁林摧。金聲空遠，玉質長灰，斯而弗勒,貞石焉哉。

《北京圖書館藏中國歷代石刻拓本彙編》(第七冊),頁
一三四至一三五

郁久閭伏仁墓志

左親衛郁久閭伏仁墓志銘。

君諱伏仁,本姓茹茹。夏有淳維,君其苗裔。魏晉已來,
世長漠北。陰山以北,丁零以東,地廣兵疏,無非國有。高祖
莫洛紇蓋可汗,英才天挺,雄謨秀立。部落番滋,邊方無事。
曾祖俟利弗,祖吐萬度吐河入弗,父車朱渾,驃騎大將軍、開
府儀同三司、使持節、都督兗州諸軍事、兗州刺史、太常卿。
太和之時,值魏南徙,始爲河南洛陽人也。改姓郁久閭氏。

君即公長子也,幼□風神,生更岐嶷。波瀾不測,墻□難
□,□□金駒,□□□旦。齊武平五年,年甫十歲,乃堪德政,
授給事中。裘裳黻衣,簪瓔已襲。豈宜張良之子,功垂典籍;
甘茂之孫,早□□印。及初平東夏,杞梓無遺。西徙入關,遷
大都督。周鼎既移,大隋承運。春官式建,文武斯擇。開皇
元年,入爲親衛,參陪□□,容□□□階墀,方爲股肱□志。
□天地不仁,奄然遘病,盛年夭□□□嗚呼,以十月四日亡于
私第,春秋廿有二。以開皇六年歲次丙午十月戊申廿二日庚
申葬于長安城西六里杜村西。嗚呼哀哉,乃爲銘曰。

《北京圖書館藏中國歷代石刻拓本彙編》(第九冊),頁三一一

郁久閭募滿墓志

大隋柱國齊州刺史西河公乞伏令和夫人郁久閭氏墓志。

　　夫人諱募滿，字思盈。其先夏后之苗裔，天人之後也。昔禹子好田，來降豐草，烏丸善騎，校搏長山。黃雲啓霸者之符，白雪開帝皇之業，聖人繼作芳門，鬱起崇基，共琨閻爭，高鴻源與，海濱等濬，金科玉牒，難得而詳。

　　祖遠，遣濟生民，侔高伊吕。父伏真，功蓋天下，位隆周鄰。夫人稟質上玄，資靈秀岳，德冠生短，理窮繫象。弱笄就博，章臺之業早傳，出教公官，戚里之豐先達。周姬下嫁，唐女嬪媽，詩美蕭邑，書陳赫弈。母儀淑慎，婦德閑幽，服澣濯之，衣躬酒挺之事，夫人丰調高奇，志局淹遠，甌笈無得并其明，琴瑟不可齊其韻；亭亭似月，嗤檮藥之非工，婉婉如神，歎投壺之未巧。克柔克令，言告言歸，思媚諸姑，實貽嬪則，外姻畢穆，内政聿修，國有彝章，宜從訓典。齊天統五年授幽州范陽郡君。武平七年，又授宜民王妃。遣超返代，世多命賞，作合於君，自家刑國。開皇元年令旨：主饋作儷，儀刑閨閫，從爵有章，用光柔範，授柱國、西河國夫人。漢封慎氏，未見衰榮，魏錫卜君，曾無優禮，豈若寵榮三代，貽範百王，逖彼前修，未有如斯之盛者也。夫人業隆家慶，德協閨帷，居蒲則憂，再盈便懼，綺羅弗玩，珠玉不寶，故能構千尋於疇昔，垂萬葉於後昆。西河公體道要真，操徵索隱，網羅卿相，驅馳列辟，恒以伉儷之重，相敬如賓。家室好仇，非禮不動，庶雞鳴有作，卷耳聿製，甘與同夢，志期偕老。寧知芳蘭，始馥遇秋，風以振條，逸翮方申，忽淦窮而墜羽，朝華不艷，晨露先晞，景命不遐，遽從物故。以開皇八年二月薨於衛州汲縣興讓里，時年五十二。於時日月韜光，風雲改色，邑有散笄，鄰不相杵，無勞陟峴。自有慟淚之夫，詎假河梁，已見霑纓之客，諸居驟從，逝川不往，祖載有期。宅兆將及，以開皇九年歲次己酉十月辛酉朔十三日癸酉，窆於汲縣西北廿里開村北一伯步。玉帳長埋，金屏永閟，玄旌抗節，服馬悲鳴。共天長地久，訪龜筮而可識，古往今來，討芳碑而猶記。其銘曰：

川嶽丙靈，誕生陰則。卓彼洲女，君子是翼。於穆丕顯，王猷允塞。秉心無二，威儀不忒。出傅外宮，入諧内職。終溫且惠，洲慎其身。伓明爾心，天道輔仁。宜享遐笀，福禄來臻。何其忽爽，奄作嵒塵。彼倉者天，蓋高卑聽。遽彫春橦，先摧寒動。故墓易犁，殘碑難名。孤魂救恍，窮泉遼夐。龍輀啓路，言歸玄堂。丹□往風，素旗蔽日。桂影參差，松風蘭瑟。人生悽盡，榮華俱畢。

《隋代墓志銘彙考》（第六册），頁三一

郁久閭可婆頭墓志

隋故大將軍九隴公郁久閭公墓志銘。

公諱可婆頭，京兆長安人。其先出自衛國，楚公子閭之後，導若水而開源，跱軒臺而啓構，麗天形於星月，鎮地象於山河，皆備盡縑緗，可略而言也。自秦失其鹿，漢道未昌，中源榛梗，九州幅裂。顯考避亂，漸跨北垂，明德重光。

世君沙漠茹茹主莫容可汗，則公之曾祖烏稽可汗，祖賀根吐豆弗俟利弗，父臣明吐豆弗，並王子王孫，世官世禄。信義行於殊域，威恩被其區宇。公挺鸞鳳之姿，挾金虎之氣，遠同韓白，暗合孫吴。年十七襲爵爲吐豆弗，歸齊，蒙授使持節沙州諸軍事、沙州刺史、大賢真備身、正都督，食平寇縣幹，尋加伏波將軍、假儀同三司。突厥寇擾，公手梟元惡，勳授儀

同三司、安德縣開國公，邑五百户，賜物一千段。三齊妖孽，
四履横流，公六奇歊陳，一鼓而滅，還拜左衛大將軍。入周，
例授上開府、九隴郡開國公，尋加大將軍。大隋肇曆，除北道
行軍總管，開皇五年授長州諸軍事、長州刺史。十年拜北道
行軍元帥，方欲刻石燕然，勒兵姑衍，斬温禺而釁鼓，尸日逐
以染鍔，而與善無徵，報施多爽。以二月廿二日遘疾薨於幽
州邸舍，春秋六十有二。魏喪郭嘉，晉亡羊祜，方之宸悼，未
足相踰。粤以開皇十二年正月廿六日遷葬於京兆之高陽原，
禮也。靈輀戒路，旌旆啓塗。百辟對而傷嗟，三軍聞而掩淚。
貽諸不朽，須勒泉陰。銘曰：

赫赫宗源，於穆不已。滔滔江漢，南國之紀。爰暨龍庭，
尚勘餘祉。引弓百萬，歲歷千祀。齊德遠昌，寔始賓玉。衣
冠是襲，福禄攸長。體資智勇，性會誠良。腰明玉具，身曜銀
章。爵冠通侯，家開莫府。具瞻王佐，儀形公輔。城彼朔方，
窮兹壯武。百身不贖，三軍失撫。玄宮眇眇，長夜漫漫。山
墳冥寞，松檟深寒。不聞刀斗，長絶兵欄。如何大樹，獨有
銘刊。

《隋代墓志銘彙考》（第二册），頁六五至六六

虞弘墓志

【志蓋】大隋故儀同虞公墓志。

【志文】公諱弘，字莫潘，魚國尉紇驎城人也。高陽馭運，
遷陸海□□□；□□膺録，徙赤縣於蒲阪。弈葉繁昌，派枝西
域，倜儻人物，漂注□□。

　　□□奴棲，魚國領民酋長。父君陁，茹茹國莫賀去汾、

達官，使魏□□□□朔州刺史。公承斯慶裔，幼懷勁質。紫脣鶊頷，白耳龜行。鳳子□□□之文，洞閑時務；龍兒帶烟霞之氣，迴拔樞機。揚烏荷戟之齡，□□□月之歲。以公校德，彼有慚焉。茹茹國王，鄰情未協，志崇通藥，□□□〔芥〕，年十三，任莫賀弗，銜命波斯、吐谷渾。轉莫緣，仍使齊國。文宣□□，焕爛披雲，拘縶内參，弗令返國。太上控覽，砂磧烟塵，授直突都督。□使折旋，歡諧邊款，加輕車將軍、直齋、直蕩都督，尋遷使持節、都督涼州諸軍事、涼州刺史、射聲校尉。賈逵專持嚴毅，未足稱優；郭汲垂信里兒，詎應擬娓。蘭陪闖闍，奮吒驚遒。功振卷舒，理署僚府。除假儀同三司、遊擊將軍。貂璫容良之形，佩山玄玉之勢。鄭裒加賞，五十萬餘。〔張〕華腹心，同途異世。百員親信，無所愧也。武平既麀喪綱頹，建德遂蠶食關左。收珠棄蚌，更悛琴瑟。乃授使持節、儀同大將軍、廣興縣開國伯，邑六百户。體飾金章，銜彎簮笏，詔充可比大使，兼領鄉團。大象末，左丞相府，遷領并、代、介三州鄉團，檢校薩保府。開皇，轉儀同三司，敕領左帳内，鎮押并部。天道茫昧，灾眚斜流。九轉未成，刈蘭溢盡。春秋五十有九，薨於并第。以開皇十二年十一月十八日葬於唐叔虞墳東三里。月皎皎於隧前，風肅肅於松裏，鐫盛德於長夜，播徽猷於萬祀。乃爲銘曰：

水行馭曆，重瞳號奇。隆基布政，派胤雲馳。潤光安息，輝臨月支。簪纓組綬，冠蓋羽儀。桂辛非地，蘭馨異土。翱翔數國，勤誠十主。扣響成鐘，應聲如鼓。蘊懷仁智，纂斯文武。緩步丹墀，陪遊紫閣。志閑規矩，心無□□。秋夜揮弦，春朝命酌。彩威麟鳳，壽非龜鶴。前鳴笳吹，後引旗旌。

□□□□，宏奏新聲。日昏霜白，雲暗松青。□〔河〕□樹，永閟臺扃。

《隋代墓志銘彙考》（第二冊），頁九七至九八

郁久閭浩墓志

大唐故河南郁久閭府君墓志。

君諱浩，字乘潮。河南洛陽人也。曾祖志，太宗文皇帝進馬，累遷左右羽林軍將軍、代州都督。祖基，雲麾將軍、左右勛二府中郎將、右領軍衛將軍。考延，蜀州參軍、洺州司法、朝散大夫、邠王法曹、郯王屬，俄遷本附咨議，又除齊州長史、上柱國、沅陵縣開國伯。君即長史公之次子。妣吳興沈氏，餘杭令克明之甥也。君孝尊百行，學贍三冬，弱冠之初，才參入仕，星火再變，便有告終，華而不實，遠近傷痛。春秋廿五，唐開元十六年四月九日遘疾，卒於萬年縣昭國里之私弟。即以其年五月六日遷厝於鳳棲原，禮也。未婚無嗣。兄滔、弟泌、洌等，哀痛傷悼，五情分裂。青春陌上，徒想鶺原之難，黃壚宅中，無復陟岡之望。乃刊石彰德，寄芳泉扃。

《西安碑林博物館新藏墓志續編》，頁二七三

散見史料繫年録

公元三八五年　晉孝武帝太元十年

庫仁弟眷,繼攝國事。白部大人絜佛叛,[三]眷力不能討。乃引苻堅并州刺史張蠔擊佛,破之。眷又破賀蘭部于善無,又擊蠕蠕別帥肺渥于意親山,破之,獲牛羊數十萬頭。

【校勘記】

〔三〕白部大人絜佛叛　諸本"白"作"曰"。《冊府》卷三五二(四一八〇頁)作"白"。按卷一《序紀》力微之三十九年稱:"夏四月祭天,諸部君長悉來助祭,唯白部大人觀望不至。"又猗盧之三年稱"白部大人叛入西河"。"曰"字訛,今據《冊府》改。

《魏書》卷二十三《列傳第十一·劉庫仁附劉眷》,頁六〇五、六〇七

〔秋七月〕鮮卑劉頭眷擊破賀蘭部於善無,善無縣,前漢屬雁門郡,後漢屬定襄郡,漢末日棄之荒外。又破柔然於意親山。意親山蓋即意辛山,親、辛語相近。按《魏書·帝紀》,道武登國五年,四月,幸意辛山,與賀騈討賀蘭、紇突鄰、紇奚諸部,大破之,六月還幸牛川。則意辛山在牛川之北。

《資治通鑑》卷一百六《晉紀二十八·孝武帝太元十年》,

頁三三四九

劉眷,道武初代其兄庫仁攝國事。白部大人絜佛叛,眷力不能討,乃引苻堅并州刺史張蠔攻佛,破之。眷又破賀蘭部于善無,又擊蠕蠕別帥脈渥於意親山,破之,獲牛羊數十萬頭。

　　　《册府元龜》卷三五二《將帥部·立功五》,頁四一八〇

意辛山,在府北塞外。亦曰意親山。晉太元十年代劉頭眷擊破柔然於意親山。

　　　《讀史方輿紀要》卷四十四《山西六》,頁二〇〇七

公元三八七年　晉孝武帝太元十二年

劉顯庫仁子,地廣兵强,雄於北方。會其兄弟乖爭,魏張袞言魏王珪曰:"顯志在并吞,今不乘其內潰而取之,必爲後患,請與燕攻之。"珪乃遣使乞師於燕。會柔然獻馬於燕而顯掠之,垂怒,遣兵會魏擊顯,大破之,顯奔西燕。

　　　《十六國春秋輯補》卷四十四《後燕録三》,頁三四二至三四三

公元三九一年　晉孝武帝太元十六年　魏道武帝
登國六年

冬十月戊戌,北征蠕蠕,追之,及於大磧南床山下,大破之,班賜從臣各有差。其東西二部主匹候跋及縕紇提,[五]斬別帥屋擊于。事具《蠕蠕傳》。

【校勘記】

〔五〕其東西二部主匹候跋及縕紇提　按本書卷一〇三《蠕蠕傳》（補，）匹候跋和縕紇提先後降魏。這裏“其”上當脱“降”字。

《魏書》卷二《太祖紀》，頁二四、六五

太祖征蠕蠕，大破之，〔長孫〕肥降其主匹候跋，事具《蠕蠕傳》。

《魏書》卷二十六《列傳第十四·長孫肥》，頁六五一

冬十月戊戌，北征蠕蠕，追破之於大磧南商山下。

《北史》卷一《魏本紀》，頁一三

〔冬十月〕及魏王珪即位，攻擊高車等，諸部率皆服從，獨柔然不事魏。戊戌珪引兵擊之，柔然舉部遁走，珪追奔六百里。諸將因張袞言於珪曰：“賊遠糧盡，不如早還。”珪問諸將，若殺副馬，爲三日食，足乎？”凡北人用騎兵，各乘一馬，又有一馬爲副馬。皆曰：“足。”乃復倍道追之，及於大磧南床山下，是時魏盛，跨有代北。柔然西奔南床山，蓋在大磧之西。北史帝紀作“南商山”。復，扶又翻。大破之，虜其半部，匹候跋及別部帥屋擊各收餘衆遁走。帥，所類翻珪遣長孫嵩、長孫肥追之。珪謂將佐曰：“卿曹知吾前問三日糧意乎？”曰：“不知也。”珪曰：“柔然驅畜産奔走數日，至水必留；我以輕騎追之，計其道裏，不過三日及之矣。”皆曰：“非所及也。”嵩追斬屋擊於平望川。肥追匹候跋至涿邪山，匹候跋舉衆降，降，户江翻；下同。獲縕紇提之子曷多汗、汗，音寒。兄子社

崘、斛律等宗黨數百人。崘,盧昆翻緼紇提將奔劉衛辰,珪追及
之,緼紇提亦降,珪悉徙其部衆於雲中。爲社崘復叛去而建國張本。

　　《資治通鑑》卷一百七《晉紀二十九·孝武帝太元十六
年》,頁三四〇一

　　《後魏書》曰:"……冬十月,北征蠕蠕如蝡切,追之,及於
大磧南商山下,大破之,班賜從臣各有差。"
　　《太平御覽》卷一百一《皇王部第六·太祖道武皇帝》,
頁四八三

　　十月,北征蠕蠕,追及之於大磧南林山下,大破之。
　　　　《册府元龜》卷六《帝王部·創業第二》,頁六五

　　六年十月戊戌,北征蠕蠕,追之,及於大磧南林山下,大
破之,班賜從臣各有差。
　　　　《册府元龜》卷七九《帝王部·慶賜一》,頁九一五

　　六年十月,北征蠕蠕,追之及於大磧南林山下,大破之,
班賜從臣有差。
　　　　《册府元龜》卷一二七《帝王部·明賞》,頁一五三〇

　　長孫肥,登國初,與莫題等俱爲大將,從征劉顯,自濡源
擊莫奕,討賀蘭部,並有戰功。帝征蠕蠕,大破之,肥降其主
匹侯跋。又從征衛辰及薛干部,滅之。蠕蠕別主緼紇提子曷
多汗等率部落棄父西走,肥以輕騎追至上郡,斬之。
　　　　《册府元龜》卷三五二《將帥部·立功五》,頁四一八〇

至四一八

　　冬十月戊戌,北征蠕蠕,追破之於大磧南商山下。

　　　　　　《通志》卷十五上《後魏紀十五上》,頁二七一下

　　張袞,字洪龍,上谷沮陽人也。祖翼,遼東太守。父卓,昌黎太守。袞初爲郡五官掾,純厚篤實,好學,有文才。太祖爲代王,選爲左長史。

　　從太祖征蠕蠕。蠕蠕遁走,追之五六百里。諸部帥因袞言於太祖曰:“今賊遠糧盡,不宜深入,請速還軍。”太祖令袞問諸部帥,若殺副馬,足三日食否。皆言足也。太祖乃倍道追之,及於廣漠赤地南床山下,大破之。既而太祖問袞:“卿曹外人知我前問三日糧意乎?”對曰:“皆莫知也。”太祖曰:“此易知耳。蠕蠕奔走數日,畜産之餘,至水必留。計其道程,三日足及。輕騎卒至,出其不意,彼必驚散,其勢然矣。”袞以太祖言出告部帥,咸曰:“聖策長遠,非愚近所及也。”

　　　　　　《魏書》卷二十四《列傳第十二・張袞》,頁六一二

　　張袞字洪龍,上谷沮陽人也。祖翼,父卓,位並太守。袞篤實好學,有文才。道武爲代王,選爲左長史。從追蠕蠕五六百里。諸部帥因袞言糧盡,不宜深入。帝問袞:“殺副馬足三日食乎?”皆言足。〔三七〕帝乃倍道追及於廣漠赤地南床山下,大破之。既而帝問袞曰:“卿曹外人,知我前問三日糧意乎?蠕蠕奔走數日,畜産失飲,至水必留。計其道程,三日

足及。輕騎卒至,出其不意,彼必驚散,其勢然矣。"部帥聞之,咸曰:"聖策,非所及也。"

【校勘記】

〔三七〕帝問袞殺副馬足三日食乎皆言足 《魏書》卷二四《張袞傳》云:"太祖令袞問諸部帥,若殺副馬,足三日食否,皆言足也。"此作問袞,"皆"字便無所指。

《北史》卷二十一《列傳第九·張袞》,頁七九四、八〇二

後魏道武初爲代王,左長史張袞從帝征蠕蠕,遁走,追之五六百里,諸部帥因袞言於帝曰:"今日追賊糧盡,不宜深,請速還軍。"太祖令袞問諸部帥:"若殺副馬,足三日食不?"皆言:"足也。"帝乃倍道追之,及於廣漠赤地南床山下,大破之。既而帝問袞:"卿曹外人,知我前問三日糧意乎?"對曰:"皆莫知也。"帝曰:"此易知耳。蠕蠕奔走數日,畜産之餘,至水必留,計其道程,三日足及。輕騎卒至,出其不意,彼必驚散,其勢然矣。"袞以帝言出告部帥,咸曰:"聖策長遠,非愚近所及也。"又嘗遣賀狄干結婚於姚萇,會萇死,興立,因留狄干。興弟平率衆寇平陽,道武討平之,擒其將狄伯支、吏唐小方。天賜中,詔北新侯安同送興唐小方於長安。後蠕蠕社崘與興和親,送馬八千匹。始濟河,赫連屈孑忿興與國交好,乃叛興,邀留社崘馬。興乃遣使,請以駿馬千匹贖伯支而遣狄干還。道武意在離間二寇,於是許之。

《册府元龜》卷四五《帝王部·謀略》,頁五〇九至五一〇

張袞,字洪龍,上谷沮陽人也。祖翼,遼東太守。父卓,

昌黎太守。袞篤實好學,有文才,初爲郡五官掾。道武爲代王,選爲左長史。

　　從道武征蠕蠕,追之五六百里。諸部帥因袞言:"糧盡,不宜深入。"帝問袞,若殺副馬,足三日食乎?皆言足也。帝乃倍道追之,及於廣漠赤地南林山下,大破之。既而帝問:"袞卿曹外人知我問三日糧意乎?"對曰:"皆莫知也。"帝曰:"此易知耳。蠕蠕奔走數日,畜產失飲,至水必留。計其道程,三日足及。輕騎卒至,出其不意,彼必驚散,其勢然矣。"袞以帝言出告部帥,咸曰:"聖策長遠,非愚近所及。"

　　　　《通志》卷一百四十六《列傳五十九‧張袞》,頁二三一七中

　　南床山,在漠外。晉太元十六年拓跋珪追破柔然於大磧南床山下,又遣長孫嵩追斬其別帥屋擊於平望川,長孫肥追柔然東部帥匹侯跋至涿邪山,匹侯跋舉眾降。

　　　　《讀史方輿紀要》卷四十五《山西七》,頁二〇六六

　　涿涂山,在漠外。涂讀邪。山在高闕塞北千餘里……晉太元十六年拓跋珪擊柔然,遣長孫肥追柔然匹侯跋至涿邪山,降其眾。

　　　　《讀史方輿紀要》卷四十五《山西七》,頁二〇六四

公元三九四年　　晉孝武帝太元十九年　　魏道武帝登國九年

　　蠕蠕別主縕紇提子曷多汗等率部落棄父西走,肥以輕騎追至上郡,斬之。

　　　　《魏書》卷二十六《列傳第十四‧長孫肥》,頁六五一

〔冬十月〕柔然曷多汗棄其父，與社崙率衆西走；柔然降魏，見上卷十六年汗，音寒。崙，盧昆翻。魏長孫肥追之，及於上郡跋那山，斬曷多汗。社崙收其餘衆數百，奔匹候跋，匹候跋處之南鄙。處，昌呂翻。社崙襲匹候跋，殺之；匹候跋子啓跋、吳頡等皆奔魏。社崙掠五原以西諸部，走度漠北。柔然自此遂爲魏患。據《載記》，以社崙爲河西鮮卑，則柔然亦鮮卑種也。

《資治通鑑》卷一百八《晉紀三十‧孝武帝太元十九年》，頁三四一八

跋那山，在鎮東北。晉太元十九年，後魏將長孫肥追斬柔然曷多汗於上郡跋那山，時魏俘柔然族屬置於雲州，曷多汗帥衆西走至此也。

《讀史方輿紀要》卷六十一《陝西十》，頁二九二四

九年春三月，帝北巡。使東平公元儀屯田於河北五原，至於梱楊塞外……冬十月，蠕蠕社崙等率部落西走。事具《蠕蠕傳》。

《魏書》卷二《太祖紀》，頁二六

九年春三月，北巡。使東平公元儀屯田於河北五原，至於梱陽塞外……冬十月，蠕蠕社崙等率部落西走。

《北史》卷一《魏本紀》，頁一三至一四

冬十月，蠕蠕社崙等率部落西走。

《通志》卷十五上《後魏紀十五上》，頁二七一下

太祖征衛辰,儀出別道,獲衛辰尸,傳首行宮。太祖大喜,徙封東平公。命督屯田於河北,自五原至棝楊塞外,分農稼,大得人心。

《魏書》卷十五《昭成子孫列傳第三·拓跋儀》,頁三七一

道武征衛辰,儀出別道,獲衛辰尸,傳首行宮。帝大喜,徙封東平公。命督屯田於河北,自五原至棝陽塞外,分農稼,大得人心。

《北史》卷十五《列傳第三·昭成子孫·衛王儀》,頁五六二

公元三九八年　　晉安帝隆安二年　　魏道武帝天興元年

太祖謂先曰:"今蠕蠕屢來犯塞,朕欲討之,卿以爲何如?"先曰:"蠕蠕不識天命,竄伏荒朔,屢來偷竊,驚動邊民。陛下神武,威德遐振,舉兵征之,必將摧殄。"車駕於是北伐,大破蠕蠕。

《魏書》卷三十三《列傳第二十一·李先》,頁七八九

〔二月〕柔然數侵魏邊,數,所角翻。尚書中兵郎李先請擊之;珪從之,大破柔然而還。還,從宣翻,又如字。

《資治通鑑》卷一百一十《晉紀三十二·安帝隆安二年》,頁三四六五至三四六六

帝問先曰:"今蠕蠕屢來犯塞,朕欲討之,何如?"先曰:"蠕蠕不識天命,竄伏荒朔,屢來偷竊,驚動邊民。陛下神武,

威德遐振,舉兵征之,必將摧殄。"車駕於是北伐,大破蠕蠕。

《通志》卷一百四十七《列傳六十》,頁二三三六中

公元四〇一年　晉安帝隆安五年　魏道武帝天興四年

冬十二月辛亥,詔征西大將軍、常山王遵等率眾五萬討破多蘭部帥木易于,材官將軍和突率騎六千襲黜弗、素古延等諸部。

《魏書》卷二《太祖紀》,頁三九

和突爲材官將軍。天興五年,破黜弗、素古延等諸郡,獲馬三千餘匹,牛羊三萬餘頭。蠕蠕杜崘遣騎救素古延等,突逆擊破之于山南河曲,獲鎧馬二千餘匹。

《册府元龜》卷三五二《將帥部·立功五》,頁四一八三

公元四〇二年　晉安帝元興元年　魏道武帝天興五年
柔然丘豆伐可汗元年

〔春正月〕戊子,材官將軍和突破黜弗、素古延等諸部,獲馬三千餘匹,牛羊七萬餘頭。辛卯,蠕蠕社崘遣騎救素古延等,和突逆擊破之於山南河曲,獲鎧馬二千餘匹。班師。賞賜將士各有差。

《魏書》卷二《太祖紀》,頁三九

柔然社崘方睦於秦,遣將救黜弗、素古延;崘,盧昆翻。將,即亮翻。辛卯,和突逆擊,大破之,社崘帥其部落遠遁漠北,奪高車之地而居之。帥,讀曰率。斛律部帥倍侯利擊社崘,大

爲所敗,帥,所類翻。敗,補邁翻。倍侯利奔魏。社崙於是西北擊匈奴遺種曰拔也雞,【嚴:"雞"改"稽"】大破之,種,章勇翻。遂吞並諸部,士馬繁盛,雄於北方。其地西至焉耆,東接朝鮮,朝,音潮,鮮,音仙。南臨大漠,旁側小國皆羈屬焉;自號豆代可汗。魏收書作"丘豆代",魏言駕馭開張也。汗,音寒。杜佑曰:可汗之號起於柔然社崙,猶言皇帝也。而拓跋氏之先,通鑑皆書可汗,又在社崙之前。始立約束,以千人爲軍,軍有將;百人爲幢,幢有帥。軍將、幢帥,皆魏制,社崙蓋效而立之。將,即亮翻。幢,宅江翻。帥,所類翻。攻戰先登者賜以虜獲,畏懦者以石擊其首而殺之。柔然爲魏患自此始。

　　《資治通鑑》卷一百一十二《晉紀三十四·安帝元興元年》,頁三五三四

　　〔冬十月〕興頻使請和,帝不許。群臣勸進平蒲阪,帝慮蠕蠕爲難,戊申,班師。

　　　　　　《魏書》卷二《太祖紀》,頁四〇

　　〔冬十月〕興頻使請和,帝不許。群臣請進平蒲阪,帝慮蠕蠕爲難,戊申,班師。

　　　　　　《北史》卷一《魏本紀》,頁二一至頁二二

　　〔冬十月〕會柔然謀伐魏,珪聞之,戊申,引兵還。還,從宣翻,又如字。

　　《資治通鑑》卷一百一十二《晉紀三十四·安帝元興元年》,頁三五四四

五年五月，僞秦姚興遣其弟安北將軍、義陽公平率衆四萬來侵。平陽、乾壁爲平所陷。六月，治兵於東郊，部分衆軍，詔鎮西大將軍、毗陵王順、長孫肥等三將六萬騎爲前鋒。七月戊辰朔，車駕西討。八月乙巳，至於柴壁。平固守，進軍圍之。姚興悉舉其衆來救。甲子，帝渡蒙坑，逆擊興軍，大破之。十月，平赴水而死，俘其餘衆二萬餘人，獲興征虜將軍、尚書右僕射狄伯友、越騎校尉唐小方、積弩將軍姚梁國、建忠將軍雷星康、官北中郎將康猥、平從弟伯禽已下，四品將軍已上四十餘人，獲先亡臣王次多、靳勰並斬以徇。興頻請和，帝不許。群臣勸進平蒲坂，帝慮蠕蠕爲難。戊申班師。

《冊府元龜》卷一一六《帝王部・親征一》，頁一三八五

〔冬十月〕興頻使請和，帝不許。群臣請進平蒲坂，帝慮蠕蠕爲難，戊申，班師。

《通志》卷十五上《後魏紀十五上》，頁二七三下

十有二月辛亥，至自西征。蠕蠕社崘犯塞，詔常山王遵追之，不及而還。越勤莫弗率其部萬餘家內屬，居五原之北。

《魏書》卷二《太祖紀第二》，頁四〇

〔十二月〕柔然可汗社崘聞珪伐秦，自參合陂侵魏，至豺山，豺山在善無縣北，魏天興六年，築宮於此。崘，盧昆翻。及善無北澤，魏常山王遵以萬騎追之，不及而還。

《資治通鑑》卷一百一十二《晉紀三十四・安帝元興元年》，頁三五四六

　　高車,蓋古赤狄之餘種也,初號爲狄歷,北方以爲敕勒,
諸夏以爲高車、丁零……其遷徙隨水草,衣皮食肉,牛羊畜
產盡與蠕蠕同,唯車輪高大,輻數至多。後徙於鹿渾海西
北百餘里,部落强大,常與蠕蠕爲敵,亦每侵盜於國家……
蠕蠕社崘破敗之後,收拾部落,轉徙廣漠之北,侵入高車之
地。斛律部部帥倍侯利患之,曰:"社崘新集,兵貧馬少,易
與耳。"乃舉衆掩擊,入其國落。高車昧利,不顧後患,分其
廬室,妻其婦女,安息寢卧不起。社崘登高望見,乃招集亡
散得千人,晨掩殺之,走而脱者十二三。倍侯利遂來奔,賜
爵孟都公。

　　《魏書》卷一百三《列傳第九十一·高車》,頁二三〇七
至二三〇九

　　其遷徙隨水草,衣皮食肉,牛羊畜產盡與蠕蠕同。唯車
輪高大,輻數至多。
　　後徙於鹿渾海西北百餘里,部落强大,常與蠕蠕爲敵,亦
每侵盜後魏。〔一三〕
　　【校勘記】
　　〔一三〕亦每侵盜後魏　"後"原作"於",據明抄本、明刻
本、朝鮮本改。
　　《通典》卷一百九十七《邊防十三·北狄四·高車》,頁
五三九九、五四一八

　　後徙于鹿渾海西北百餘里,〔二三〕部落强大,常與蠕蠕爲
敵,亦每侵盜于魏。後魏道武帝度弱水,西行至鹿渾海,襲破

之,復討餘種于狼山,又大破之。又于駮霄水西北,[二四]徇略其部,破其雜種三十餘落,虜獲男女五萬口,馬牛羊百餘萬,高車二十餘萬乘而還。其後太武帝征蠕蠕,還至漠南,聞高車東部在巳尼陂,相去千餘里,遣騎襲破之,降者數十萬,[二五]皆徙置漠南千里之地,後又相率北叛。

【校勘記】

〔二三〕後徙于鹿渾海西北百餘里　"于",底本作"之",《庫》本同,據宋版、萬本及《魏書·高車傳》《北史·高車傳》改。

〔二四〕又于駮霄水西北　"又",底本作"入",據宋版、萬本、《庫》本、傳校及《通典·邊防一三》改。底本"駮"下注"音剝",據宋版、萬本刪。

〔二五〕降者數十萬　按《魏書·高車傳》《北史·高車傳》"萬"下有"落"字。

《太平寰宇記》卷之一百九十四《四夷二十三·北狄六·高車》,頁三七一五、三七二六

後徙于鹿渾海西北百餘里,部落浸大,常與蠕蠕爲敵,亦每侵盜魏境。

《太平寰宇記》卷之二百《四夷二十九·北狄十二·突越失國》,頁三八三九

男女無大小,皆集會之。其遷徙隨水草,衣皮食肉,牛羊畜產,盡與蠕蠕同。[三八]唯車輪高大,輻數至多。

【校勘記】

〔三八〕盡與蠕蠕同　"盡"，底本作"皆"，據宋版、萬本、《庫》本、傳校及《魏書·高車傳》《北史·高車傳》《通典·邊防》一三改。

《太平寰宇記》卷之一百九十四《四夷二十三·北狄六·高車》，頁三七一六、三七二七

高車與蠕蠕同，唯車輪高大，輻數至多。後徙於鹿渾海西北百餘里，部落强大，常與蠕蠕爲敵。後魏道武帝度弱洛水，西行至鹿渾海，襲破之，復討其餘種於狼山。

《太平御覽》卷八〇一《四夷部二十三》，頁三五五五

高車斛律部帥倍侯利，爲蠕蠕掩襲，遂奔魏，賜爵孟都公。倍侯利質直，勇健過人，北方之人畏之，嬰兒啼者語曰："倍侯利來。"便止。處女歌謠云："求良夫，當如倍侯利。"其衆服如此。善用五十著筮吉凶，每中，故得親幸，倍侯利卒，道武悼惜，葬以魏禮，謚曰忠壯王。

《太平御覽》卷八〇一《四夷部二十三》，頁三五五六

高車，蓋古赤狄之餘種也，初號爲狄歷，北方以爲敕勒，諸夏以爲高車、丁零焉……其遷徙隨水草，衣皮食肉，牛羊畜産，盡與蠕蠕同，唯車輪高大，輻數至多爲異。後徙於鹿渾海西北百餘里，部落强大，常與蠕蠕爲敵。亦每侵盗于魏……蠕蠕社崘破敗之後，收拾部落，轉徙廣漠之北，侵入高車之地。斛律部帥倍侯利患之，曰："社崘新集，兵貧馬少，易與

耳。"乃舉衆掩擊,入其國部。高車昧利,不顧後患,分其廬室,妻其婦女,安息寢卧不起。社崘登高望見,乃招集亡散得千人,晨掩殺之,走而脱者十二三。倍俟利遂奔,魏賜爵孟都公。

《通志》卷二百《四夷七》,頁三二〇六下至三二〇七上

高車,在漠北。李延壽曰:"古赤狄餘種,初號狄歷,後曰敕勒,北方謂之高車、丁零,其遷徙隨水草,衣皮食肉與柔然同,惟車輪高大,輻數至多。

《讀史方輿紀要》卷四十五《山西七》,頁二〇七七

高車,在漠北……十一年與柔然二帥部落西走至前部西北,即漢車師前王地也,遂自立爲王,屢敗柔然,引衆東徙。

《讀史方輿紀要》卷四十五《山西七》,頁二〇七七

後魏道武時,太史令晁崇弟懿以善北人語,内侍左右爲黄門侍郎,是時,蠕蠕社崘自號豆代可汗。豆代,猶魏言"駕馭開張"也。可汗,猶魏言"皇帝"也。社崘卒,立其弟斛律,號謁苦蓋可汗,猶魏言"姿質美好"也。斛律卒,立其季父僕渾之子大檀,號牟汗紇升蓋可汗,猶魏言"制勝"也。大檀卒,子吳提立,號處敕連可汗,猶魏言"神聖"也。吳提卒,子吐賀真立,號處可汗,猶魏言"唯"也。吐賀真卒,子予成立,號受羅部真可汗,猶魏言"惠"也。予成卒,子豆崘立,號伏名敦可汗,魏言"常"也。豆崘卒,立其叔父那蓋,號候其代庫者可汗,魏言"悦樂"也。那蓋死,子伏圖立,號他汗可汗,魏言"緒"也。伏圖爲高車所殺,子醜奴立,號豆羅伏跋豆代

可汗,魏言"彰制"也。醜奴卒,立其弟,阿那環奔魏,國人推婆羅門爲主,號彌偶可社句可汗,魏言"安静"也。

《册府元龜》卷九九六《外臣部·鞮譯》,頁一一六九〇至一一六九一

《後魏書》曰:"太祖謂尚書崔玄伯曰:'蠕蠕而蠢切之民,昔來號爲頑嚚。每來抄掠,駕牸牛奔遁,驅犗牛隨之。牸牛不能前,異部人教其以犗牛易之者。蠕蠕曰:其母尚不能行,而况其子!終於不易,遂爲敵所虜。'"

《太平御覽》卷七三九《疾病部二·癥瘕》,頁三二八一

公元四〇四年　晉安帝元興三年　魏道武帝天賜元年 柔然丘豆伐可汗三年

〔夏四月〕蠕蠕社崙從弟悦伐大那等謀殺社崙而立大那。發覺,來奔。

《魏書》卷二《太祖紀》,頁四一

〔夏四月〕柔然可汗社崙從弟悦代大那謀殺社崙,崙,盧昆翻。從,才用翻。那,與那翻,奴何翻。不克,奔魏。

《資治通鑑》卷一百一十三《晉紀三十五·安帝元興三年》,頁三五七〇

公元四〇六年　晉安帝義熙二年　魏道武帝天賜三年 柔然丘豆伐可汗五年

〔夏四月〕是月,蠕蠕寇邊,夜召兵,將旦,賊走,乃罷。

《魏書》卷二《太祖紀》,頁四二

〔四月〕蠕蠕寇邊，夜召兵將，旦，賊走乃罷。

《魏書》卷一百五之二《天象志二》，頁二三四八至二三四九

〔夏四月〕柔然社崘侵魏邊。崘，盧昆翻。

《資治通鑑》卷一百一十四《晉紀三十六·安帝義熙二年》，頁三五八九

八月甲辰，行幸犲山宮，遂至青牛山。丙辰，西登武要北原，觀九十九泉，造石亭，遂之石漠。九月甲戌朔，幸漠南鹽池。壬午，至漠中，觀天鹽池；度漠，北之吐鹽池。癸巳，南還長川。

《魏書》卷二《太祖紀》，頁四三

八月甲辰，行幸犲山宮，遂至青牛山。丙辰，西登武要北原，觀九十九泉，造石亭，遂之石漠。九月甲戌朔，幸漠南鹽池。壬午，至漠中，觀天鹽池。度漠北，之吐鹽池。癸巳，南還長川。

《北史》卷一《魏本紀》，頁二四

甲辰，魏主珪如犲山宮，遂之石漠。自陰山以北皆大漠，有白漠、黑漠、石漠；白、黑二漠以其色爲名，石漠蓋其地皆石。據北史，石漠在漢定襄郡武要縣西北塞外。九月，渡漠北，癸巳，南還長川。

《資治通鑑》卷一百一十四《晉紀三十六·安帝義熙二年》，頁三五九二

公元四〇七年　晉安帝義熙三年　魏道武帝天賜四年柔然丘豆伐可汗六年

天賜中,詔北新侯安同送唐小方於長安。後蠕蠕社崙與興和親,送馬八千匹。始濟河,赫連屈孑忿興與國交好,乃叛興,邀留社崙馬。

《魏書》卷二十八《列傳第十六·賀狄干》,頁六八五

以勃勃爲持節、安北將軍、五原公,配以三交五部鮮卑及雜虜二萬餘落,鎮朔方。時河西鮮卑杜崙獻馬八千匹于姚興,〔四〕濟河,至大城,勃勃留之,召其衆三萬餘人僞獵高平川,襲殺没奕于而并其衆,衆至數萬。

【校勘記】

〔四〕河西鮮卑杜崙　《通鑑》一一四"河西鮮卑杜崙"作"柔然可汗社崙"。《北史·蠕蠕傳》(即《柔然傳》)不載此事,河西鮮卑亦不得云即柔然,不知《通鑑》何據。但其名當是"社崙",故《通鑑》以爲與柔然可汗爲一人,疑"杜"字譌。

《晉書》卷一百三十《載記第三十·赫連勃勃》,頁三二〇二、三二一四

柔然可汗社崙獻馬八千匹於秦,至大城,大城縣前漢屬西河郡,後漢屬朔方郡,魏、晉省。崙,盧昆翻。勃勃掠取之,悉集其衆三萬餘人僞畋於高平川,因襲殺没弈干而并其衆。

《資治通鑑》卷一百一十四《晉紀三十六·安帝義熙二年》,頁三五九七

大成城，在鎮東北。漢置縣，屬西河郡，後漢屬朔方郡……晉義熙三年柔然獻馬於姚秦，[六]至大城，赫連勃勃掠取之，遂叛秦。

【校勘記】

〔六〕晉義熙三年柔然獻馬於姚秦　各本“晉”下原有“廢”字，據《晉志》卷一四，武興郡統武興、大城等縣，則大城縣晉代未廢；又據《晉書》卷一一八《姚興載記》及卷一三〇《赫連勃勃載記》，勃勃掠馬叛姚秦，事在晉義熙三年，則此“廢”字爲衍文無疑，今據删。且下文又云“後魏廢”，若大城縣果廢於晉，中間未見復置之事，安得於後魏再廢？此亦可證晉未廢大城至確。

《讀史方輿紀要》卷六十一《陝西十》，頁二九二二、二九三九

後魏道武時，引吏部尚書崔玄伯講《漢書》，至婁敬説漢祖欲以魯元公主妻匈奴，帝善之，嗟嘆者良久。是以諸公主皆釐降于賓附之國。朝臣子弟雖名族美産，不得尚焉。時蠕蠕閭大肥率宗族歸國，尚華陰公主。公主薨，復尚護澤公主。

《册府元龜》九七八《外臣部·和親》，頁一一四九二至一一四九三

公元四〇八年　晉安帝義熙四年　魏道武帝天賜五年柔然丘豆伐可汗七年

崇長子遂留，歷顯官。討蠕蠕有功，賜爵零陵侯。後以罪廢。

《魏書》卷二十七《列傳第十五·穆崇附穆遂留》，頁六六二

崇長子逐留,以功賜爵零陵侯。後以罪廢。

　　　《北史》卷二十《列傳第八·穆崇附穆逐留》,頁七三八

公元四〇九年　晉安帝義熙五年　魏明元帝永興元年　柔然丘豆伐可汗八年

〔十二月〕蠕蠕犯塞。

　　　　　　　　　《魏書》卷三《太宗紀》,頁五〇

〔十二月〕蠕蠕犯塞。

　　　　　　　　　《北史》卷一《魏本紀》,頁二六

〔十二月〕柔然侵魏。

　　　《資治通鑑》卷一百一十五《晉紀三十七·安帝義熙五年》,頁三六二五

　　明帝永興元年十二月,蠕蠕犯塞。二年正月,詔南平公長孫嵩等伐之。五月,嵩等自大漠還,蠕蠕追圍之於牛川。壬申,帝北伐,蠕蠕聞而遁走。七月乙丑,至自北伐。

　　　《冊府元龜》卷一一六《帝王部·親征一》,頁一三八五至一三八六

〔十二月〕蠕蠕犯塞。

　　　　　　《通志》卷十五上《後魏紀十五上》,頁二七四下

　　初,衛王死後,太祖欲敦宗親之義,詔引諸王子弟入宴。

常山王素等三十餘人咸謂與衛王相坐,疑懼,皆出逃遁,將奔蠕蠕,唯崇獨至。太祖見之甚悅,厚加禮賜,遂寵敬之,素等於是亦安。

《魏書》卷十五《昭成子孫列傳第三·拓跋崇》,頁三八二

初,衛王死後,道武欲敦宗親之義,詔引諸王子弟入宴。常山王素等三十餘人咸謂與衛王相坐,疑懼,皆出逃遁,將奔蠕蠕,唯崇獨至。道武見之,甚悅,厚加禮賜,遂寵敬之,素等於是亦安。

《北史》卷十五《列傳第三·昭成子孫·拓跋崇》,頁五七五

後魏道武即位,秦明王翰子儀以事賜死。儀子纂五歲,帝命養於宮中,恩與諸皇子同。時襲衛王儀坐事死,道武欲敦宗親之義,詔引諸王子弟,令入宴。常山王素等三十餘人咸謂與衛王相坐,疑懼,皆出逃遁,將奔蠕蠕,唯陳留王崇獨至。帝見之甚悅,厚加禮賜,遂寵敬之,素等於是亦安。

《冊府元龜》卷三九《帝王部·睦親》,頁四三四

後魏陳留王崇,性沉厚。初,衛王義坐事賜死,後道武欲敦宗親之義,詔引諸王子弟入宴。恒山王素等三十餘人或謂與衛王相坐,疑懼,皆出逃遁,將奔蠕蠕,唯崇獨至。道武見之,甚悅,厚加禮賜,遂寵敬之,素等於是亦安。

《冊府元龜》卷二七三《宗室部·智識》,頁三二三〇

崇性沉厚。初，衛王死後，道武敦宗親之，詔引諸王子弟入宴。常山王素等三十餘人咸謂當與衛王相坐，疑懼，皆出逃遁，將奔蠕蠕，唯崇獨至。道武見之，甚悦，厚加禮賜，遂寵敬之，素等於是亦安。

《通志》卷八十四上《宗室七上》，頁一〇五六

太宗即位，〔長孫翰〕遷散騎常侍，與磨渾等拾遺左右。以功遷平南將軍。率衆鎮北境，威名甚著，蠕蠕憚之。後爲都督北部諸軍事、平北將軍、真定侯，給殿中細拾隊，加旌旗鼓吹。蠕蠕每犯塞，翰拒擊有功，進爵爲公。

《魏書》卷二十六《列傳第十四·長孫肥附長孫翰》，六五三

明元即位，與磨渾等拾遺左右。以功累遷平南將軍。率衆鎮北境，威名甚著。太武即位，封平陽王。蠕蠕大檀之入寇雲中，〔二九〕太武親征之。遣翰與東平公娥清出長川討大檀。大檀北遁，追擊克獲而還。遷司徒。從襲赫連昌，破之。

【校勘記】

〔二九〕蠕蠕大檀之入寇雲中　各本"入"訛"人"，宋本及《魏書》《通志》作"入"，今從宋本。

《北史》卷二十二《列傳第十·長孫肥附長孫翰》，頁八三〇、八三五

長孫肥爲平南將軍。率衆鎮北境，威名甚著，蠕蠕憚之。

《册府元龜》卷三九二《將帥部·威名》，頁四六五五

後魏長孫翰爲都督北部諸軍、平北將軍。蠕蠕每犯塞，翰拒擊有功，進爵爲侯。

《册府元龜》卷四二九《將帥部·守邊》，頁五一〇九

明元即位，與磨渾等拾遺左右。以功累遷平南將軍。率衆鎮北境，威名甚著。太武即位，封平陽王。蠕蠕大檀之入寇雲中，太武親征之。遣翰與東平公娥清出長川討大檀。大檀北遁，追擊克獲而還。遷司徒。從襲赫連昌，破之。

《通志》卷一百四十六《列傳五十九·長孫肥附長孫翰》，頁二三二〇上

公元四一〇年　晉安帝義熙六年　魏明元帝永興二年 柔然藹豆蓋可汗元年

二年春正月甲寅朔，詔南平公長孫嵩等北征蠕蠕，因留屯漠南。

《北史》卷一《魏本紀》，頁二六

〔春正月〕魏長孫嵩將兵伐柔然。

《資治通鑑》卷一百一十五《晉紀三十七·安帝義熙六年》，頁三六二五

明元永興二年正月，詔南平公長孫嵩等北伐蠕蠕。

《册府元龜》卷九八四《外臣部·征討三》，頁一一五五五

二年春正月甲寅朔，詔南平公長孫嵩等北征蠕蠕，因留

屯漠南。

《通志》卷十五上《後魏紀十五上》，頁二七四下

　　夏五月，長孫嵩等自大漠還，蠕蠕追圍之於牛川。壬申，帝北伐。蠕蠕聞而遁走，車駕還幸參合陂。

《魏書》卷三《太宗紀》，頁五〇

　　太宗永興二年五月己亥……是月，蠕蠕社崘圍長孫嵩於牛川，上自將擊之，社崘遁走，道死。六月甲午，太白晝見。占曰“爲不臣”。七月，月犯鬼。占曰“亂臣在內”。明年五月，昌黎王慕容伯兒謀反，誅之。

《魏書》卷一百五之三《天象志三》，頁二三九四

　　夏五月，嵩等自大漠還，蠕蠕追圍之於牛川。壬申，帝北伐，蠕蠕聞而遁走。車駕還幸參合陂。

《北史》卷一《魏本紀》，頁二六

　　〔五月〕魏長孫嵩至漠北而還，還，從宣翻，又如字；下同。柔然追圍之於牛川。壬申，魏主嗣北擊柔然。柔然可汗社崘聞之，遁走，崘，盧昆翻。道死；其子度拔尚幼，部衆立社崘弟斛律，號藹豆【章：甲十一行本“豆”作“苦”；乙十一行本同；孔本同；退齋校同。】蓋可汗。可，讀從刊入聲；汗，音寒。嗣引兵還參合陂。

《資治通鑑》卷一百一十五《晉紀三十七·安帝義熙六年》，頁三六三四

明元永興二年五月,北伐蠕蠕,還幸參合陂。七月丁巳,立馬射臺於陂西,仍講武教戰。

《冊府元龜》卷一二四《帝王部・講武》,頁一四八二

夏五月,嵩等自大漠還,蠕蠕追圍之於牛川。壬申,帝北伐蠕蠕,蠕蠕聞而遁走,車駕還幸參合陂。

《通志》卷十五上《後魏紀十五上》,頁二七四下

參合城,在府東百里。漢縣,屬代郡……六年魏主嗣北擊柔然,引兵還參合陂。

《讀史方輿紀要》卷四十四《山西六》,頁一九九七

牛川,在府北塞外。……義熙六年,後魏長孫嵩討柔然,至漠北而還,柔然追圍之於牛川。

《讀史方輿紀要》卷四十四《山西六》,頁二〇一二

公元四一一年　晉安帝義熙七年　魏明元帝永興三年 北燕馮跋太平三年　柔然藹豆蓋可汗二年

蠕蠕勇斛律遣使求跋女僞樂浪公主,[二五]獻馬三千匹,跋命其群下議之……乃許焉。遣其遊擊秦都率騎二千,送其女歸於蠕蠕。

【校勘記】

〔二五〕蠕蠕勇斛律　李校:"勇"字疑誤,《魏書・蠕蠕傳》言:"斛律號靄苦蓋可汗,魏言姿質美好也。"並無"勇"字,此下亦止稱斛律。按:《通志》一九一、《通鑑》一一六並

無"勇"字,當是衍文。

《晉書》卷一百二十五《載記第二十五·馮跋》,頁三一三〇、三一三八

〔秋七月〕柔然可汗斛律遣使獻馬三千匹於跋,可,從刊入聲。汗,音寒。使,疏吏翻。求娶跋女樂浪公主樂浪,音洛琅。……乃以樂浪公主妻之。妻,七細翻。

《資治通鑑》卷一百一十六《晉紀三十八·安帝義熙七年》,頁三六四七

北燕馮跋僭即帝位,蠕蠕男斛律遣使求跋女僞樂浪公主,獻馬三千匹。跋命其群下議之,素弗等諫曰:"前代舊事,皆以宗女妻六夷。宜許以妃嬪之女,樂浪公主不宜下降非類。"跋曰:"女生從夫,千里豈遠。朕方崇信殊俗,奈何欺之?"乃許焉。遣其游擊秦都率騎二千,送其女歸于蠕蠕。

《册府元龜》卷二三〇《僭僞部·和好》,頁二七三八

蝚蠕勇斛律遣使求跋女僞樂浪公主,獻馬三千匹,跋命其群下議之……乃許焉。遣其遊擊秦都率騎二千,送其女歸於蝚蠕。

《十六國春秋輯補》卷九十八《北燕録》,頁六七八

冬十二月甲戌,[四]蠕蠕斛律宗黨吐觝于等百餘人内屬。

【校勘記】

〔四〕冬十二月甲戌　《册府》卷一二四(一四八二頁)

載“（永興）三年十一月丁未，大閲於東郊”。不見今本。《册府》所采拓跋嗣事，即出此紀，非別有所本，知傳本脱去。《册府》同卷又載“（永興）四年閏六月丙辰，大閲於東郊”。也不見今本。按卷二九《奚斤傳》稱“太宗大閲於東郊，治兵講武，而斤行左丞相，大蒐於石會山”。所云“斤行左丞相，大蒐於石會山”，均見本年七月，則在先本有大閲東郊事，傳本脱去。

《魏書》卷三《太宗紀》，頁五一、六六

明元永興三年六月，西河胡張賢等率營部内附。十二月，蠕蠕斛律宗黨吐舺于等百餘人内屬。

《册府元龜》卷九七七《外臣部·降附》，頁二二四七七

公元四一四年　晉安帝義熙十年　魏明元帝神瑞元年 北燕馮跋太平六年　柔然牟汗紇升蓋可汗元年

蠕蠕斛律爲其弟大但所逐，盡室奔跋，乃館之於遼東郡，待之以客禮。跋納其女爲昭儀。時三月不雨，至於夏五月。斛律上書請還塞北，跋曰：“棄國萬里，又無内應。若以强兵相送，糧運難繼；少也，勢不能固。且千里襲國，古人爲難，况數千里乎！”斛律固請曰：“不煩大衆，願給騎三百足矣。得達敕勒國，〔二六〕人必欣而來迎。”乃許之，遣單于前輔萬陵率騎三百送之。陵憚遠役，至黑山，殺斛律而還。

【校勘記】

〔二六〕得達敕勒國　各本“勒”作“勤”。周校：“敕勒”誤“敕勤”。按：《北史·高車傳》云：“初號爲狄歷，北方以爲

敕勒，諸夏以爲高車、丁零。”字當作“勒”無疑，今據改。

《晉書》卷一百二十五《載記第二十五·馮跋》，頁三一三二至三一三三、三一三九

柔然可汗斛律將嫁女於燕，可，從刊入聲。汗，音寒。斛律兄子步鹿真謂斛律曰：“幼女遠嫁憂思，請以大臣樹黎等女爲媵。媵，以證翻。”斛律不許。步鹿真出，謂樹黎等曰：“斛律欲以汝女爲媵，遠適他國。”樹黎恐，與步鹿真謀使勇士夜伏於斛律穹廬之後，伺其出而執之，與女皆送於燕，伺，相吏翻。立步鹿真爲可汗而相之。相，息亮翻。

《資治通鑑》卷一百一十六《晉紀三十八·安帝義熙十年》，頁三六六八

初，社崙之徙高車也，事見一百十二卷元興元年崙，盧昆翻。高車人叱洛侯爲之鄉導以併諸部，鄉，讀曰嚮。社崙德之，以爲大人。步鹿真與社崙之子社拔共至叱洛侯家，淫其少妻，妻告步鹿真曰：“叱洛侯欲奉大檀爲主。”大檀者，社崙季父僕渾之子也，領別部鎮西境，素得衆心。步鹿真歸而發兵圍叱洛侯，叱洛侯自殺。遂引兵襲大檀，大檀逆擊，破之，執步鹿真及社拔，殺之，自立爲可汗，號牟汗紇升蓋可汗。魏收曰：魏言制勝也。

《資治通鑑》卷一百一十六《晉紀三十八·安帝義熙十年》，頁三六六八

斛律至和龍，燕王跋賜斛律爵上谷侯，館之遼東，待以客禮，納其女爲昭儀。斛律上書請還其國，跋曰：“今棄國萬里，

又無内應,若以重兵相送,則饋運難繼,兵少則不足成功,少,詩沼翻。如何可還?"斛律固請,曰:"不煩重兵,願給三百騎,送至救勒,國人必欣然來迎。"跋乃遣單于前輔萬陵帥騎三百送之。騎,奇寄翻。單,音蟬。帥,讀曰率;下同。陵憚遠役,至黑山,黑山在唐振武之北塞外,即殺胡山也。殺斛律而還。大檀亦遣使獻馬三千匹、羊萬口於燕。使,疏吏翻。

《資治通鑑》卷一百一十六《晉紀三十八·安帝義熙十年》,頁三六六八至三六六九

北燕馮跋時,蠕蠕斛律爲其弟大但所逐,盡室奔跋,乃館之于遼東郡,待之以客禮,跋納其女爲昭儀。

《册府元龜》卷二三〇《僭僞部·懷附》,頁二七四三

蝝蠕斛律爲其弟大但所逐,盡室奔跋,乃館之於遼東郡,待之以客禮。跋納其女爲昭儀。時三月不雨,至於夏五月。斛律上書請還塞北,跋曰:"棄國萬里,又無内應。若以强兵相送,糧運難繼;少也,勢不能固。且千里襲國,古人爲難,況數千里乎!"斛律固請曰:"不煩大衆,願給騎三百足矣。得達救勒,國人必欣而來迎。"乃許之,遣單于前輔萬陵率騎三百送之。陵憚遠役,至黑山,殺斛律而還。

《十六國春秋輯補》卷九十九《北燕録二》,頁六八二

黑山,在鎮南十里……晉義熙十年北燕馮跋遣其將萬陵帥騎送柔然斛律還國,陵憚遠役,至黑山殺斛律而還。

《讀史方輿紀要》卷六十一《陝西十》,頁二九二四

〔秋八月〕辛丑，遣謁者悦力延撫慰蠕蠕，於什門招諭馮跋。

《魏書》卷三《太宗紀》，頁五四

八月，戊子，魏主嗣遣馬邑侯陋孫使於秦，辛丑，遣謁者於什門使於燕，悦力延使於柔然。使，疏吏翻。

《資治通鑑》卷一百一十六《晉紀三十八·安帝義熙十年》，頁三六七一

十二月丙戌朔，蠕蠕犯塞。丙申，帝北伐蠕蠕。

《魏書》卷三《太宗紀》，頁五四

神瑞元年十二月，蠕蠕犯塞。

《魏書》卷一百五之二《天象志二》，頁二三五一

十二月丙戌朔，蠕蠕犯塞。丙申，車駕北伐。

《北史》卷一《魏本紀》，頁二九

又詔斤與長孫嵩等八人，坐止車門右，聽理萬機。蠕蠕犯塞，令斤等追之。事具《蠕蠕傳》。

《魏書》卷二十九《列傳第十七·奚斤》，頁六九八

屈弟原，雅性矜嚴，沉勇多智略。太宗時爲獵郎，出監雲中軍事。時赫連屈丐犯河西，原以數十騎擊之，殺十餘人。太宗以原輕敵，違節度，加其罪責。然知原驍勇，遂任以爲

將，鎮守雲中。寬和愛下，甚得衆心。蠕蠕屢犯塞，原輒摧破之。以功賜爵武原侯，加魯兵將軍。

《魏書》卷三十《列傳第十八·安同附安原》，頁七一四

屈弟原，雅性矜嚴，沈勇多智略。明元時，爲獵郎，出監雲中軍事。時赫連屈丐犯河西，原以數十騎擊之，殺十餘人。帝以原輕敵，違節度，加罪。然知原驍勇，遂任以爲將，鎮雲中。蠕蠕犯塞，原輒破之，以功賜爵武原侯，加魯兵將軍。

《北史》卷二十《列傳第八·安同附安原》，頁七五二

十二月，丙戌朔，柔然可汗大檀侵魏；丙申，魏主嗣北擊之。大檀走，遣奚斤等追之，遇大雪，士卒凍死及墮指者什二三。

《資治通鑑》卷一百一十六《晉紀三十八·安帝義熙十年》，頁三六七二

神瑞元年十二月丙戌朔，蠕蠕犯塞。丙申，帝北伐蠕蠕。

《册府元龜》卷一一六《帝王部·親征一》，頁一三八六

奚斤，爲左丞相。明元車駕西巡，詔斤爲先驅，討越勤部於鹿那山，大破之。蠕蠕犯塞，令斤等追之。太武爲皇太子，臨朝聽政，以斤爲左輔。

《册府元龜》卷三二三《宰輔部·總兵》，頁三八一五

閭大肥，明元神瑞中，爲都將，討越勒部於跋那山，大破之。泰常初，復爲都將，領禁兵討蠕蠕，獲其大將莫孤渾。

《册府元龜》卷三五二《將帥部·立功五》，頁四一八三

閭大肥，爲都將擊大檀，大破之，還至渴侯山，遂討東部高車於巳尼陂。又征平涼有功。太武將拜大肥爲王，遇疾而卒，追贈中山王。

《册府元龜》卷三八一《將帥部·褒異七》，頁四五二八

後魏奚斤，明元時爲左丞相。蠕蠕犯塞，斤等追之，拜天部大人，進爵爲公。命斤出入乘輜軒，備威儀道從。

《册府元龜》卷三一八《宰輔部·褒寵》，頁三七六三

奚斤初從道武征中原，以斤爲征東長史，拜越騎校尉，典宿衞禁旅……明元即位，爲鄭兵將軍。蠕蠕犯塞，令斤等追之，拜天部大人，進爵爲公。

《册府元龜》卷三八一《將帥部·褒異七》，頁四五二七

十二月丙戌朔，蠕蠕犯塞。丙申，車駕北伐。

《通志》卷十五上《後魏紀十五上》，頁二七五中

屈弟原，雅性矜嚴，沉勇多智略。明元時，爲獵郎，出監雲中軍事，時赫連屈丐犯河西，原以數十騎擊之，殺十餘人。帝以原輕敵，違節度，將加罪。然知原驍勇，遂任以爲將，鎮雲中。蠕蠕犯塞，原輒破之，以功賜爵武原侯，加魯

兵將軍。

　　《通志》卷一百四十六《列傳五十九·安同附安原》,頁
二三〇八上

　　跋那山,在鎮東北……又義熙九年魏將奚斤破越勤部於跋那山
西,徙其二千餘家於大寧。《通典》"勝州西北百二十里有紇那山",即跋
那山矣。又有郁對原,亦在鎮東北。後魏將于謹追破柔然於此。

　　　　《讀史方輿紀要》卷六十一《陝西十》,頁二九二四

　　悦般國,在烏孫西北,去代一萬九百三十里……與蠕蠕
結好,其王嘗將數千人入蠕蠕國,欲與大檀相見。入其界百
餘里,見其部人不浣衣,不絆髮,不洗手,婦人舌舐器物,王謂
其從臣曰:"汝曹誑我入此狗國中!"乃馳還。大檀遣騎追之
不及,自是相仇讎,數相征討。

　　《魏書》卷一百二《列傳第九十·西域·悦般國》,頁
二二六八至二二六九

　　悦般國,在烏孫西北,去代一萬九百三十里……與蠕蠕
結好,其王嘗將數千人入蠕蠕國,欲與大檀相見。入其界百
餘里,見其部人不浣衣,不絆髮,不洗手,婦人口舐器物。王
謂其從臣曰:"汝曹誑我,將我入此狗國中。"乃馳還。大檀遣
騎追之,不及。自是相仇讎,數相征討。

　　《北史》卷九十七《列傳第八十五·西域·悦般國》,頁
三二一九至三二二〇

《北史》曰："悦般國,在烏孫西北,去代一萬九百三十里……興蠕蠕結好,其王嘗將數千人入蠕蠕國,欲與大檀相見,入界百餘里,見其部人不浣衣,不絆髮,不洗手,婦人口舐器物,王謂其從臣曰:"汝曹誑我,將我入此狗國中!"乃馳還大檀遣騎追之,不及。自是相仇讎,數相征討。

《太平御覽》卷七九五《四夷部十六·悦班》,頁三五二八

悦般,後漢時通焉,在烏孫西北……與蠕蠕結好,其王嘗將數千人入蠕蠕國,欲與蠕蠕主大檀相見。入其界百餘里,見其部人不浣衣,不絆髮,不洗手,婦人口舐器物。王謂其從臣曰:"汝曹誑我,將我入此狗國中。"乃馳還,大檀遣騎追之,不及。自是相仇讎,數相攻討。

《通志》卷一百九十六《四夷三·悦般》,頁三一五三中至三一五三下

悦般國,後魏時通焉〔五九〕……與蠕蠕結好,其王嘗將數千人入蠕蠕國,欲與大檀相見。入其界百餘里,見其部人不浣衣,不絆髮,不洗手,婦人口舐器物,〔六一〕王謂其從臣曰:"汝曹誑我將我入此狗國中!"乃馳還。大檀遣騎追之不及,自是相仇讎,數相征討……又言其國有大術者,蠕蠕來抄掠,術人能作霖雨盲風大雪及行潦,〔六三〕蠕蠕凍死漂亡者十二三。是歲再遣使朝貢,求與官軍東西齊契討蠕蠕。太武嘉其意,命中外諸軍戒嚴,以淮南王他爲前鋒,襲蠕蠕,仍詔有司以其鼓舞之節施於樂府。自是每使朝貢。

【校勘記】

〔五九〕後魏時通焉　五字原脱，據《通典》卷一九三《邊防九》補。

〔六一〕婦人口舐器物　"口"，《魏書》卷一〇二《西域傳》作"舌"。

〔六三〕術人能作霖雨盲風大雪及行潦　"盲"，《魏書》卷一〇二《西域傳》作"狂"。

《文獻通考》卷三百三十九《四裔十六·悦般》，頁九三八五、九四〇四

公元四一五年　晉安帝義熙十一年　魏明元帝神瑞二年　北燕馮跋太平七年　柔然牟汗紇升蓋可汗二年

二年春正月丙辰，車駕至自北伐，賜從征將士布帛各有差。

《魏書》卷三《太宗紀》，頁五五

二年春正月丙辰，車駕至自北伐。

《北史》卷一《魏本紀》，頁二九

二年正月丙辰，至自北伐。十月，帝北伐，平陽長孫翰等絶漠追之，蠕蠕北走。

《册府元龜》卷一一六《帝王部·親征一》，頁一三八六

神瑞二年，秋穀不登，太史令王亮、蘇垣因華陰公主等言讖書國家當治鄴，應大樂五十年，勸太宗遷都。浩與特進周澹言於太宗曰："今國家遷都於鄴，可救今年之飢，非長久之

策也。東州之人,常謂國家居廣漠之地,民畜無算,號稱牛毛之眾。今留守舊都,分家南徙,恐不滿諸州之地。參居郡縣,處榛林之間,不便水土,疾疫死傷,情見事露,則百姓意沮。四方聞之,有輕侮之意,屈丐、蠕蠕必提挈而來,雲中、平城則有危殆之慮,阻隔恒代千里之險,雖欲救援,赴之甚難,如此則聲實俱損矣。今居北方,假令山東有變,輕騎南出,燿威桑梓之中,誰知多少?百姓見之,望塵震服。此是國家威制諸夏之長策也。至春草生,乳酪將出,兼有菜果,足接來秋,若得中熟,事則濟矣。”

《魏書》卷三十五《列傳二十三·崔浩》,頁八〇八

神瑞二年,秋穀不登,太史令王亮、蘇坦因華陰公主等言:“讖書云:國家當都鄴,大樂五十年。”勸帝遷都於鄴,可救今年之飢。帝以問浩。浩曰:“非長久策也。東州之人,常謂國家居廣漠之地,人畜無算,號稱牛毛之眾。今留守舊都,分家南徙,恐不滿諸州之地。參居郡縣,處榛林之下,不便水土,疾疫死傷,情見事露,則百姓意阻。四方聞之,有輕侮之意,屈丐及蠕蠕必提挈而來。雲中、平城則有危殆之事,阻隔恒、代,千里之際,須欲救援,赴之甚難。如此,則聲實俱損矣。今居北方,假令山東有變,輕騎南出,燿威桑梓之中,誰知多少?百姓見之,望塵震伏。此是國家威制諸夏之長策也。至春草生,乳酪將出,兼有菜菓,足接來秋。若得中熟,事則濟矣。”

《北史》卷二十一《列傳第九·崔宏附崔浩》,頁七七二至七七三

嗣以問群臣，博士祭酒崔浩、特進京兆周澹曰：澹，徒覽翻。“遷都於鄴，可以救今年之饑，非久長之計也。山東之人，以國家居廣漢之地，“廣漢”，據《北史·崔浩傳》作“廣漠”，當從之。漠，大也。謂其民畜無涯，號曰‘牛毛之衆’。今留兵守舊都，謂平城也。分家南徙，不能滿諸州之地，參居郡縣，情見事露，見，賢遍翻。恐四方皆有輕侮之心；且百姓不便水土，疾疫死傷者必多。又，舊都守兵既少，少，詩沼翻；下同。屈丐、柔然將有窺覦之心，舉國而來，雲中、平城必危，朝廷隔恒、代千里之險，自恒山至代，有飛狐之口、倒馬之關、夏屋、廣昌、五迴之險。難以赴救，此則聲實俱損也。今居北方，假令山東有變，我輕騎南下，布濩林薄之間，騎，奇寄翻。濩，胡故翻。郭璞曰：布濩，猶布露也。毛晃曰：布濩，流散也；草叢生曰薄。孰能知其多少！百姓望塵懾服，懾，之涉翻。夏，戶雅翻。此國家所以威制諸夏也。來春草生，湩酪將出，湩，覩勇翻，又多貢翻，乳汁也。酪，歷各翻，乳漿也。西漢太僕屬官有挏馬。應劭曰：主乳馬取其汁，挏治之，味酢可飲，因以名官。如淳曰：主乳馬以韋革爲夾兜，受數斗，盛馬乳，挏取其上肥，因名挏馬。今梁州名馬酪爲馬酒。師古曰：挏，音徒孔翻。兼以菜果，得及秋熟，則事濟矣。”

《資治通鑑》卷一百一十七《晉紀三十九·安帝義熙十一年》，頁三六八〇至三六八一

神瑞二年，秋穀不登，太史令王亮、蘇坦因華陰公主等言：“讖書云：國家當治鄴，應大樂五十年。”勸帝遷都於鄴就穀。浩與特進周澹言於帝曰：“今國家遷都於鄴，可救今年之飢，非長久之策也。東州之人，常謂國家居廣漠之地，人畜

無算,號稱牛毛之衆。今留守舊都,分家南徙,恐不滿諸州之地。參居郡縣,處榛林之下,不便水土,疾疫死傷,情見事露,則百姓意沮。四方聞之,有輕侮之意,屈丐及蠕蠕必提挈而來,雲中、平城則有危殆之事,阻隔恒代千里之際,須欲救援,赴之甚難,如此則聲實俱損矣。今居北方,假令山東有變,輕騎南出,耀威桑梓之中,誰知多少?百姓見之,望塵振伏,此是國家威制諸夏之長策也。至春草生,乳酪將出,兼有菜果,足接來秋。若得中熟,事則濟矣。"

《通志》卷一百四十六《列傳五十九·崔宏附崔浩》,頁二三一一中

公元四一六年　晉安帝義熙十二年　魏明元帝泰常元年　北燕馮跋太平八年　柔然牟汗紇升蓋可汗三年

秋七月甲申,帝自白鹿陂西行,大獮于牛川,登釜山,臨殷繁水而南,觀于九十九泉。

《魏書》卷三《太宗紀》,頁五六

秋七月甲申,大獮于牛川,登釜山,臨殷繁水,南觀于九十九泉。

《北史》卷一《魏本紀》,頁三〇

秋,七月,魏主嗣大獵於牛川,臨殷繁水而還;《北史》曰:登釜山,臨殷繁水。《括地志》曰:釜山在媯州懷戎縣北三里。戊戌,至平城。

《資治通鑑》卷一百一十七《晉紀三十九·安帝義熙十二年》,頁三六八八

泰常元年，司馬德宗將劉裕伐姚泓，舟師自淮泗入清，欲溯河西上，假道於國。詔群臣議之。外朝公卿咸曰："函谷關號曰天險。一人荷戈，萬夫不得進。裕舟船步兵，何能西入？脫我乘其後，還路甚難。若北上河岸，其行爲易。揚言伐姚，意或難測。假其水道，寇不可縱，宜先發軍斷河上流，勿令西過。"又議之內朝，咸同外計。太宗將從之。浩曰："……今蠕蠕內寇，民食又乏，不可發軍。發軍赴南則北寇進擊，若其救北則東州復危……"太宗遂從群議，遣長孫嵩發兵拒之，戰於畔城，爲裕將朱超石所敗，師人多傷。太宗聞之，恨不用浩計。

《魏書》卷三十五《列傳二十三·崔浩》，頁八〇九至八一〇

泰常元年，晉將劉裕伐姚泓，欲溯河西上，求假道。詔群臣議之。外朝公卿咸曰："函谷天險，裕何能西入？揚言伐姚，意或難測。宜先發軍斷河上流，勿令西過。"內朝咸同外計，帝將從之。浩曰："……蠕蠕內寇，人食又乏，發軍赴南，則北寇進擊；若其救北，則南州復危……"帝遂從群議，遣長孫嵩拒之。戰於畔城，爲晉將朱超石所敗。帝恨不用浩言。

《北史》卷二十一《列傳第九·崔宏附崔浩》，頁七七四

泰常元年，晉將劉裕伐姚泓，舟師自淮泗入，欲溯河西上，求假道。詔群臣議之。外朝公卿咸曰："函谷關號曰天險。一人荷戈，萬夫不得進，裕舟船步兵，何能西入？揚言伐姚，意或難測，其水道最不可縱，宜先發兵斷河上流，勿令西過。"又議之內朝，或同外計。帝將從之。浩曰："……今蠕

蠕内寇,民食又乏,不可發軍。發軍赴南則北寇進擊,若其救北則南州復危……”帝遂從群議,遣長孫嵩發兵拒之,戰於畔城,爲裕將朱超石所敗,師人多傷,帝始恨不用浩計。

　　《通志》卷一百四十六《列傳五十九·崔宏附崔浩》,頁二三一一下至二三一二上

公元四一七年　晉安帝義熙十三年　魏明元帝泰常二年 北燕馮跋太平九年　柔然牟汗紇升蓋可汗四年

　　太宗曰:“裕已入關,不能進退,我遣精騎南襲彭城、壽春,裕亦何能自立?”浩曰:“今西北二寇未殄,陛下不可親御六師。兵衆雖盛,而將無韓白。長孫嵩有治國之用,無進取之能,非劉裕敵也。臣謂待之不晚。”……太宗曰:“屈丐何如?”浩曰:“屈丐家國夷滅,一身孤寄,爲姚氏封殖。不思樹黨强隣,報讎雪恥,乃結忿於蠕蠕,背德於姚興,撅豎小人,無大經略,正可殘暴,終爲人所滅耳。”

　　《魏書》卷三十五《列傳第二十三·崔浩》,頁八一一

　　帝曰:“裕已入關,不能進,不能退,我遣精騎南襲彭城、壽春,裕亦何能自立?”浩曰:“今西北二寇未殄,陛下不可親御六師。長孫嵩有經國之用,無進取之能,非劉裕敵也。臣謂待之不晚。”……帝曰:“屈丐何如?”浩曰:“屈丐家國夷滅,一身孤寄,爲姚氏封植。不思樹黨强隣,報復讎恥,乃結蠕蠕,背德於姚。撅豎小人,無大經略,正可殘暴,終爲人殘滅耳。”

　　《北史》卷二十一《列傳第九·崔宏附崔浩》,頁七七五

太尉裕將水軍自淮、泗入清河，將溯河西上，上，時掌翻；下必上、北上同。先遣使假道於魏；使，疏吏翻。秦主泓亦遣使請救於魏。魏主嗣使群臣議之，皆曰：“潼關天險，劉裕以水軍攻之甚難；若登岸北侵，其勢便易。易，以豉翻。裕聲言伐秦，其志難測。且秦，婚姻之國，不可不救也。秦女歸魏，見上卷十一年宜發兵斷河上流，勿使得西。”博士祭酒崔浩曰：“裕圖秦久矣。今姚興死，子泓懦劣，國多内難。難，乃旦翻。裕乘其危而伐之，其志必取。若遏其上流，裕心忿戾，必上岸北侵，是我代秦受敵也。今柔然寇邊，民食又乏，若復與裕爲敵，發兵南赴則北寇愈深，救北則南州復危，南州，謂魏之南境相州瀕河諸郡。復，扶又翻。非良計也。不若假之水道，聽裕西上，然後屯兵以塞其東。塞，悉則翻。使裕克捷，必德我之假道；不捷，吾不失救秦之名；此策之得者也。且南北異俗，借使國家棄恒山以南，恒，户登翻。裕必不能以吳、越之兵與吾爭守河北之地，安能爲吾患乎！夫爲國計者，惟社稷是利，豈顧一女子乎！”議者猶曰：“裕西入關，則恐吾斷其後，腹背受敵；北上，則姚氏必不出關助我，其勢必聲西而實北也。”嗣乃以司徒長孫嵩督山東諸軍事，長，知兩翻。又遣振威將軍娥清、孫恤曰：娥，姓也。冀州刺史阿薄干《魏書·官氏志》，内入諸姓，阿伏干氏後爲阿氏。將步騎十萬屯河北岸。

《資治通鑑》卷一百一十八《晉紀四十·安帝義熙十三年》，頁三七〇一至三七〇二

〔五月〕崔浩侍講在前……嗣曰：“裕既入關，不能進退，我以精騎直搗彭城、壽春，騎，奇寄翻。裕將若之何？”對曰：

“今西有屈丐，《北史》曰：明元改赫連勃勃名曰屈丐。北方言屈丐者，卑下也。北有柔然，窺伺國隙。伺，相吏翻。陛下既不可親御六師，雖有精兵，未睹良將。將，即亮翻。長孫嵩長於治國，短於用兵，非劉裕敵也。治，直之翻；下同。興兵遠攻，未見其利；不如且安静以待之。凡兵之動，知敵之主，知敵之將，此之謂也。裕克秦而歸，必篡其主。關中華、戎雜錯，風俗勁悍；悍，侯旰翻，又下罕翻。裕欲以荆、揚之化施之函、秦，此無異解衣包火，張羅捕虎；雖留兵守之，人情未洽，趨尚不同，適足爲寇敵之資耳。赫連之得關中，崔浩固料之矣。願陛下按兵息民以觀其變，秦地終爲國家之有，可坐而守也。”

　　《資治通鑑》卷一百一十八《晉紀四十·安帝義熙十三年》，頁三七〇五至三七〇六

　　帝曰：“裕已入關，不能進，不能退，我遣精騎南襲彭城、壽春，裕亦何能自立？”浩曰：“今西北二寇未殄，陛下不可親御六師。兵衆雖盛，而將無韓白。長孫嵩有治國之用，無進取之能，非劉裕敵也。臣謂待之不晚。”……帝曰：“屈丐何如？”浩曰：“屈丐家國夷滅，一身孤寄，爲姚氏封殖。不思樹黨强隣，報讎雪恥，乃結蠕蠕，背德於姚興。橛豎小人，無大經略，正可殘暴，終爲人所滅耳。”

　　《通志》卷一百四十六《列傳五十九·崔宏附崔浩》，頁二三一二上至二三一二中

　　〔五月〕車駕西巡，至於雲中，遂濟河，田於大漠。

　　　　　　　《魏書》卷三《太宗紀》，頁五七

五月,西巡至雲中,遂濟河,田於大漠。

《北史》卷一《魏本紀》,頁三一一

〔五月〕魏主嗣西巡至雲中,遂濟河,畋於大漠。

《資治通鑑》卷一百一十八《晉紀四十·安帝義熙十三年》,頁三七〇六

蠕蠕大但遣使獻馬三千匹,羊萬口。

《晉書》卷一百二十五《載記第二十五·馮跋》,頁三一三三

蠕蠕大但遣使獻馬三千匹,羊萬口。

《十六國春秋輯補》卷九十九《北燕録二》,頁六八二

公元四一八年　晉安帝義熙十四年　魏明元帝泰常三年　北燕馮跋太平十年　柔然牟汗紇升蓋可汗五年

三年春正月丁酉朔,帝自長川詔護高車中郎將薛繁率高車丁零十二部大人衆北略,至弱水,〔八〕降者二千餘人,獲牛馬二萬餘頭。

【校勘記】

〔八〕帝自長川詔護高車中郎將薛繁率高車丁零十二部大人衆北略至弱水　《御覽》(同上卷頁)"衆"下有"二萬"兩字,"弱水"下有"招懷伐叛"四字。按《御覽》所引出於魏收書,但"二萬"二字不宜省。

《魏書》卷三《太宗紀》,頁五八、六七

春，正月，丁酉朔，魏主嗣至平城，命護高車中郎將薛繁帥高車、丁零北略，至弱水而還。魏仿漢置匈奴中郎將之官置護高車中郎將。帥，讀曰率。

《資治通鑑》卷一百一十八《晉紀四十·安帝義熙十四年》，頁三七一五

公元四一九年　晉恭帝元熙元年　魏明元帝泰常四年 北燕馮跋太平十一年　柔然牟汗紇升蓋可汗六年

冬十有二月癸亥，西巡，至雲中，踰白道，北獵野馬於辱孤山。至於黄河，從君子津西渡，大狩於薛林山。

《魏書》卷三《太宗紀》，頁六〇

十二月癸亥，西巡，至雲中，踰白道，北獵野馬於辱孤山，至於黄河，從君子津西度，大狩於薛林山。

《北史》卷一《魏本紀》，頁三二

十二月，癸亥，魏主嗣西巡至雲中，從君子津西渡河，大獵於薛林山。按《魏書·帝紀》：薛林山在屋竇城西。

《資治通鑑》卷一百一十八《晉紀四十·恭帝元熙元年》，頁三七三一

公元四二一年　魏明元帝泰常六年　宋武帝永初二年 北燕馮跋太平十三年　柔然牟汗紇升蓋可汗八年

太宗時，執事左右，爲太官令。時侍臣受斤亡入蠕蠕，詔眷追之，遂至虜庭。大檀問其故，眷曰：“受斤負罪天子，逃刑

在此,不時執送,是以來取。"眷遂擒受斤於大檀前。左右救之,乃免。由是,以驍烈聞。遷司衛監。

《魏書》卷二十六《列傳第十四·尉古真附尉眷》,頁六五六

明元時,執事左右,爲太官令。時侍臣受斤亡入蠕蠕,詔眷追之。遂至虜庭,禽之大檀前。由是以驍烈聞。

《北史》卷二十《列傳第八·尉古真附尉眷》,頁七三五

明元時,執事左右,爲太官令。時侍臣受斤亡入蠕蠕,詔眷追之。遂至虜庭,禽之太檀前。由是以驍烈聞。

《通志》卷一百四十六《列傳五十九·尉古真附尉眷》,頁二三〇四上

公元四二二年　魏明元帝泰常七年　宋武帝永初三年 北燕馮跋太平十四年　柔然牟汗紇升蓋可汗九年

十有一月,泰平王親統六軍出鎮塞上,安定王彌與北新公安同居守。

《魏書》卷三《太宗紀》,頁六二

十一月,皇太子親統六軍鎮塞上,安定王彌與北新公安同居守。

《北史》卷一《魏本紀》,頁三四

十一月,魏太子燾將兵出屯塞上,魏主南援攻河南之兵,故太

子屯塞上以備柔然。使安定王<ruby>彌<rt>弥</rt></ruby>與安同居守。守,式又翻。

《資治通鑑》卷一百一十九《宋紀一·武帝永初三年》,頁三七五〇

〔十二月〕虜將安平公鵝青二軍七千人南渡,^{〔七〕}於碻磝東下,至泗瀆口,去尹卯百許里。

【校勘記】

〔七〕虜將安平公鵝青二軍七千人南渡　"鵝青"《魏書》作"娥青"。

《宋書》卷九十五《列傳第五十五·索虜》,頁二三二四、二三六〇

〔十二月〕魏主遣中領軍代人娥清、期思侯柔然閭大肥將兵七千人會周幾、叔孫建南渡河,軍於碻磝,碻磝城臨河津,後魏爲濟州治所。《水經注》曰:"城即故茌平縣也。"……

《資治通鑑》卷一百一十九《宋紀一·武帝永初三年》,頁三七五〇至三七五一

公元四二三年　宋營陽王景平元年　魏明元帝泰常八年　北燕馮跋太平十五年　柔然牟汗紇升蓋可汗十年

〔正月〕蠕蠕犯塞。

《魏書》卷三《太宗紀》,頁六三

〔正月〕蠕蠕犯塞。

《北史》卷一《魏本紀》,頁三四

〔正月〕柔然寇魏邊。

《資治通鑑》卷一百一十九《宋紀一・營陽王景平元年》，頁三七五三

〔正月〕蠕蠕犯塞。

《通志》卷十五上《後魏紀十五上》，頁二七六上

二月戊辰，築長城於長川之南，起自赤城，西至五原，延袤二千餘里，備置戍衛。

《魏書》卷三《太宗紀》，頁六三

二月戊辰，築長城於長川之南，起自赤城，西至五原，延袤二千餘里，備置戍衛。

《北史》卷一《魏本紀》，頁三四至三五

二月，戊辰，魏築長城，自赤城西至五原，延袤二千餘里，袤，音茂。備置戍卒，以備柔然。

《資治通鑑》卷一百一十九《宋紀一・營陽王景平元年》，頁三七五三

後魏明元泰常八年正月，蠕蠕犯塞，二月，築長城，自長川之南，起自赤城，西至五原，延袤二千餘里，備置戍衛。

《冊府元龜》卷九九〇《外臣部・備御三》，頁一一六二七

沙陵城,在州西北,志云在楨陵廢縣東;其相近又有咸陽廢縣;俱漢縣,屬雲中郡,後漢末省。○赤城,在州西北……又泰常八年築長城於長川之南,起自赤城,西至五原,延袤二千餘里,以備柔然。

　　　　《讀史方輿紀要》卷四十四《山西六》,頁二〇三六

　　〔三月〕虜悦勃大肥率三千餘騎,[一五]破高平郡所統高平、方與、任城、金鄉、亢父等五縣,殺略二千餘家,殺其男子,驅虜女弱。

【校勘記】

　〔一五〕虜悦勃大肥率三千餘騎　悦勃大肥即閭大肥,《魏書》有傳。

　　　　《宋書》卷九十五《列傳第五十五·索虜》,頁二三二七、二三六一

　　〔三月〕乙丑,魏主引兵北濟,西如河内。娥清、周幾、閭大肥徇地至湖陸、高平,民屯聚而射之。射,而亦翻。清等盡攻破高平諸縣,滅數千家,虜掠萬餘口。

　　　　《資治通鑑》卷一百一十九《宋紀一·營陽王景平元年》,頁三七五六

　　娥清爲中領軍。時明元南巡幸鄴,清與宋兵將軍周幾等渡河略地,至湖陸高平,民屯聚林藪,拒射官軍,清等因誅數千家,虜獲萬餘口,賜爵須昌侯。太武初,清自枋頭還京師,假征南將軍,進爲東平公。又討蠕蠕,大獲而還,轉宗正卿。後詔清鎮并州,討山胡白龍於西河,斬白龍父及其將帥,遂屠

其城,遷平東將軍。

　　《册府元龜》卷三八一《將帥部·褒異七》,頁四五二七

　　八月,芮芮來抄,蒙遜遣正德距之,正德輕騎進戰,軍敗見殺。

　　《宋書》卷九十八《列傳第五十八·氐胡·大且蒙遜》,頁二四一四

　　〔八月〕柔然寇河西,河西王蒙遜命世子政德擊之。政德輕騎進戰,騎,奇寄翻。爲柔然所殺。

　　《資治通鑑》卷一百一十九《宋紀一·營陽王景平元年》,頁三七五九

　　李寶,字懷素,小字衍孫,隴西狄道人⋯⋯伯父歆爲沮渠蒙遜所滅,寶徙於姑臧。歲餘,隨舅唐契北奔伊吾,臣於蠕蠕。其遺民歸附者稍至二千。

　　《魏書》卷三十九《列傳第二十七·李寶》,頁八八五

　　寶字懷素,小字衍孫,晉昌太守翻之子也⋯⋯遇家難,爲沮渠蒙遜囚於姑臧。歲餘,與舅唐契北奔伊吾,[九]臣於蠕蠕。其遺衆之歸附者,稍至二千,寶傾身禮接,甚得其心,衆皆爲之用,每希報雪。

【校勘記】

　　〔九〕與舅唐契北奔伊吾　諸本“舅”下有“趙”字,《魏書》卷三九《李寶傳》,《通鑑》卷一一九(三七四一頁)無。按

事見《魏書》卷四三《唐和傳》，契即唐和之兄，“趙”字衍文。
今删。

《北史》卷一百《列傳第八十八·序傳》，頁三三一六至
三三一七、三三四六

李氏爲沮渠蒙遜所滅，和與兄契携外甥李寶避難伊吾，
招集民衆二千餘家，臣於蠕蠕。蠕蠕以契爲伊吾王。

《魏書》卷四十三《列傳第三十一·唐和》，頁九六二

及涼亡，和與兄契携其甥武昭王孫寶，避難伊吾。招集
人衆二千餘家，臣於蠕蠕。蠕蠕以契爲伊吾王。

《北史》卷二十七《列傳第十五·唐和》，頁九八九

三年四月，涼武昭王孫李寶據燉煌，遣使内附。十二月，
遣使授寶使持節侍中、都督西垂諸軍事、鎮西大將軍、開府儀
同三司，領護四戎，校尉、沙州牧、燉煌公，仍鎮燉煌。四品以
下，聽承制假授。寶，隴西狄道人，伯父歆爲沮渠蒙遜所滅。
寶徙於姑臧，歲餘，隨舅唐契北奔伊吾，臣於蠕蠕，其遺民歸
附者稍至二千，寶傾身禮接，甚得其心，衆皆樂爲用。每希報
雪，屬帝遣將討沮渠無諱於燉煌，無諱捐城遁走。寶自伊吾
南歸燉煌，遂修繕城府，規復先業，遣弟懷達奉表歸誠。帝嘉
其忠款，故有是拜。仍以懷達爲散騎常侍、燉煌太守。

《册府元龜》卷一六三《帝王部·招懷一》，頁一九七一

李氏爲沮渠蒙遜所滅，和與兄契携外甥李寶避難伊吾，

招集民衆二千餘家,臣於蠕蠕,蠕蠕以契爲伊吾王。

《通志》卷一百四十七《列傳六十·唐和》,頁二三三八下

伊吾廢縣,今衛治。本匈奴中地,後漢明帝時取伊吾廬地置宜禾都尉以屯田……宋景平初沮渠蒙遜所署晉昌太守唐契奔伊吾,臣于柔然,柔然以契爲伊吾王。

《讀史方輿紀要》卷六十五《陝西十四》,頁三〇四二

公元四二四年　魏太武帝始光元年　宋文帝元嘉元年　北燕馮跋太平十六年　柔然牟汗紇升蓋可汗十一年

八月,蠕蠕率六萬騎入雲中,殺掠吏民,攻陷盛樂宮。赭陽子尉普文率輕騎討之,虜乃退走。詔平陽王長孫翰等擊蠕蠕別帥,破之,殺數千人,獲馬萬餘匹。語在《蠕蠕傳》。

《魏書》卷四《世祖紀》,頁六九至七〇

八月,蠕蠕六萬騎入雲中,殺略人吏,攻陷盛樂。帝帥輕騎討之,虜乃退走。

《北史》卷二《魏本紀》,頁四二

〔八月〕柔然紇升蓋可汗聞魏太宗殂,將六萬騎入雲中,殺掠吏民,攻拔盛樂宮。魏之先什翼犍始居雲中之盛樂宮,築盛樂城於故城南八里。紇,戶骨翻。可,從刊入聲。汗,音寒。將,即亮翻。騎,奇寄翻。樂,音洛。魏世祖自將輕騎討之,三日二夜至雲中。紇升蓋引騎圍魏主五十餘重,騎逼馬首,相次如堵;將士大懼,魏主顏色自若,眾情乃安。紇升蓋以弟子於陟斤爲大將,

魏人射殺之；紇升蓋懼，遁去。重，直龍翻。射，而亦翻。《考異》
曰：《後魏本紀》云：“赭陽子尉普文率輕騎討之，虜乃退走。”李延壽《北
史》紀云：“帝帥輕騎討之，虜乃退走。”今據《蠕蠕傳》，從《北史》。尚
書令劉絜言於魏主曰：“大檀自恃其衆，必將復來，復，扶又翻。
請俟收田畢，大發兵爲二道，東西並進以討之。”魏主然之。

　　《資治通鑑》卷一百二十《宋紀二·文帝元嘉元年》，頁
三七七三

　　太武始光元年八月，蠕蠕率六萬騎入雲中，殺掠吏民，攻
陷盛樂宮。赭陽子尉普文率輕騎討之，虜乃退走。詔安集將
軍平陽王長孫翰率北部諸將尉眷，自參合以北擊大檀別帥阿
伏干於柞山，斬首數千級，獲馬萬餘匹。十二月，平陽王長孫
翰等討蠕蠕，車駕次柞山，蠕蠕北遁，諸軍追之，大獲而還。

　　《册府元龜》卷九八四《外臣部·征討三》，頁一一五五五

　　八月，蠕蠕六萬騎入雲中，殺略人吏，攻陷盛樂。帝帥輕
騎討之，虜乃退走。

　　《通志》卷十五上《後魏紀十五上》，頁二七六下

　　盛樂城，府西北三百餘里。漢置成樂縣，爲定襄郡治。後漢改
屬雲中郡，後廢……魏主燾始光元年柔然入雲中，攻拔盛樂宮，魏主擊
却之。

　　《讀史方輿紀要》卷四十四《山西六》，頁一九九七至一九九八

　　尉眷爲安北將軍，出鎮北境。與平陽王長孫翰擊蠕蠕別

帥阿伏干於柞山,率師至歌刪山,擊蠕蠕別帥使度弟庫仁直,引
師而北。蠕蠕部帥莫孤帥高車騎五千來逆,眷擊破之,斬首千
餘級。又從征蠕蠕,眷出白黑兩漠之間,擊其東部,大獲而還。

《冊府元龜》卷三五三《將帥部·立功六》,頁四一八五

九月,大簡輿徒,治兵於東郊,部分諸軍五萬騎,將北討。
冬十有二月,遣平陽王長孫翰等討蠕蠕。車駕次柞山,蠕蠕
北遁,諸軍追之,大獲而還。

《魏書》卷四《世祖紀》,頁七〇

九月,大簡輿徒於東郊,將北討。冬十二月,遣平陽王長
孫翰等討蠕蠕,車騎次柞山,蠕蠕北遁,諸軍追之,大獲而還。

《北史》卷二《魏本紀》,頁四二

十二月,魏主命安集將軍長孫翰、安北將軍尉眷北擊柔
然,魏主自將屯柞山。柞山在平城之西,大河之東。柞,則洛翻。柔
然北遁,諸軍追之,大獲而還。

《資治通鑑》卷一百二十《宋紀二·文帝元嘉元年》,頁
三七七四

太武始光元年九月,大簡輿徒,治兵于東郊,分諸軍五萬
騎將北討蠕蠕。

《冊府元龜》卷一二四《帝王部·講武》,頁一四八二

太武始光元年十二月,遣平陽王長孫翰等討蠕蠕。帝次

柞山,蠕蠕北遁,諸軍追之,大獲而還。

　　　　　《册府元龜》卷一一六《帝王部·親征》,頁一三八六

　　九月,大簡輿徙於東郊,將北討。冬十二月,遣平陽王長孫翰等討蠕蠕,車騎次柞山,蠕蠕北遁,諸軍追之,大獲而還。

　　　　　《通志》卷十五上《後魏紀十五上》,頁二七六下

　　蠕蠕大檀之入寇雲中,世祖親征之,遣翰率北部諸將尉眷,自參合以北,擊大檀別帥阿伏干於柞山,斬首數千級,獲馬萬餘匹……從襲蠕蠕,車駕度漠,大檀奔走。其弟匹黎率衆赴之,遇翰交戰,匹黎衆潰走,斬其渠帥數百人。

　　　　　《魏書》卷二十六《列傳第十四·長孫翰附長孫肥》,頁六五三

　　世祖破蠕蠕大檀于雲中,潔言於世祖曰:"大檀恃衆,雖破膽奔北,恐不懼往敗,將復送死。請收田訖,復一大舉,東西並進,爲二道討之。"世祖然其言。

　　　　　《魏書》卷二十八《列傳第十六·劉潔》,頁六八七

　　劉潔爲尚書令,從太武破蠕蠕大檀于雲中。潔言於帝曰:"大檀恃衆,雖破膽奔北,恐不懼往敗,將復送死。請收田訖,復一大舉,東西並進,爲二道討之。"帝然其言。沛郡公禎爲司衛監,從太武征蠕蠕,忽遇賊別部,多少不敵。禎乃就山解鞍放馬,以示有伏。賊果疑而避之。

　　　　　《册府元龜》卷三六四《將帥部·機略四》,頁四三二五

　〔李順〕始光初,從征蠕蠕。以籌略之功,拜後軍將軍,仍賜爵平棘子,加奮威將軍。

　　《魏書》卷三十六《列傳第二十四·李順》,頁八二九

　順博涉經史,有計策。神瑞中,拜中書博士,轉中書侍郎。從征蠕蠕,以籌略,賜爵平棘子。

　　《北史》三十三《列傳第二十一·李順》,頁一二一二

　始光初,從征蠕蠕。以籌略之功,拜後軍將軍,仍賜爵平棘子,加奮威將軍。

　　《通志》卷一百四十八《列傳六十一·李順》,頁二三五九中

　太武初,復與奚斤出雲中白道,討大檀,破之。又爲都將擊大檀,大破之,還至渴侯山,遂討東部高車於已尼陂。又征平涼,並有功。太武將拜大肥爲王,遇疾卒,追贈中山王。

　　《冊府元龜》卷三五二《將帥部·立功五》,頁四一八三

　段進,不知何許人也。世祖初,爲白道守將。蠕蠕大檀入塞,圍之,力屈被執。進抗聲大罵,遂爲賊殺。世祖愍之,追贈安北將軍,賜爵顯美侯,謚曰莊。

　　《魏書》卷八十七《列傳節義第七十五·段進》,頁一八九〇

　段進,不知何許人也。太武初,爲白道守將。蠕蠕大檀入塞,圍之,力屈被執。進抗聲大罵,遂爲賊殺。帝愍之,追

贈安北將軍,賜爵顯美侯,謚曰莊。

　　《北史》卷八十五《列傳第七十三·節義·段進》,頁二八四三

　　段進爲白道守將。蠕蠕、大檀入塞,圍之,力屈被執,進抗聲大罵,遂爲賊所殺。帝愍之,追贈安北將軍,賜爵顯美侯,謚曰莊。

　　《册府元龜》卷一三七《帝王部·旌表一》,頁一六六一

　　段進,太武初爲白道守節。蠕蠕大入塞,圍之,力屈被執,進抗聲大罵,遂爲賊所殺。太武愍之,追贈安北將軍,賜爵顯美侯,謚曰壯。

　　《册府元龜》卷三七二《將帥部·忠三》,頁四四二四

　　段進,不知何許人也。太武初,爲白道守將。蠕蠕大檀入塞,圍之,力屈被執。進抗聲大罵,遂爲賊所殺。

　　《通志》卷一百六十六《忠義一·段進》,頁二六八七中

　　段進,不知何許人。太武時,蠕蠕入塞被擒,罵賊,死,贈顯美侯。

　　《文獻通考》卷二百七十三《封建十四·後魏列侯》,頁七四八四

　　〔尉眷〕又爲安北將軍,出鎮北境。與平陽王長孫翰擊蠕蠕別帥阿伏干於祚山,率師至歌删山,擊蠕蠕別帥便度弟庫仁直,引師而北。蠕蠕部帥莫孤率高車騎五千乘來逆,眷擊

破之,斬首千餘級。

《魏書》二十六《列傳第十四·尉古真附尉眷》,頁六五六至六五七

〔周觀〕世祖即位,從討蠕蠕。以軍功進爲都副將,鎮雲中。

《魏書》卷三十《列傳第十八·周觀》,頁七二八

《後魏書》曰:"蠕蠕,東胡之苗裔也。木骨閭死,子車庶會自號柔然,役屬於魏,世祖以其無知,狀於蟲,故改其號爲蠕蠕。"

《太平御覽》卷九四四《蟲豸部一·蟲》,頁四一九一

公元四二五年　魏太武帝始光二年　宋文帝元嘉二年 北燕馮跋太平十七年　柔然牟汗紇升蓋可汗十二年

二年春正月己卯,車駕至自北伐,以其雜畜班賜將士各有差。

《魏書》卷四《世祖紀》,頁七〇

二年春正月己卯,車駕至自北伐。

《北史》卷二《魏本紀》,頁四二

〔春正月〕己卯,魏主還平城。

《資治通鑑》卷一百二十《宋紀二·文帝元嘉二年》,頁三七七五

二年正月己卯，帝至自北伐。是秋，蠕蠕犯塞。

《册府元龜》卷一一六《帝王部・親征一》，頁一三八六

五月，詔天下十家發大牛一頭，運粟塞上。

《魏書》卷四《世祖紀》，頁七〇

五月，詔天下十家發大牛一頭運粟塞上。

《北史》卷二《魏本紀》，頁四二

冬十月，治兵於西郊。癸卯，車駕北伐，平陽王長孫翰等絶漠追之，蠕蠕北走。事具《蠕蠕傳》。

《魏書》卷四《世祖紀》，頁七一

冬十月癸卯，車駕北伐，東西五道並出。平陽王長孫翰等絶漠追寇，蠕蠕北走。

《北史》卷二《魏本紀》，頁四二

〔冬十月〕癸卯，魏主大【章：甲十六行本“大”下有“舉”字；乙十一行本同；孔本同；熊校同。】伐柔然，五道並進：長孫翰等從東道，出黑漠，《考異》曰：《翰傳》云：“與娥清出長川。”今從《蠕蠕傳》。廷尉卿長孫道生等出白、黑二漠之間，長川、牛川同是大漠之地，拓跋分其地名耳。長川有白、黑二漠，黑在東，白在西。魏主從中道，東平公娥清出栗園，栗園在中道之西，西道之東。《考異》曰：《清傳》云：“與長孫翰出長川。”今從《蠕蠕傳》。奚斤等從西道，出爾寒山。諸軍至漠南，舍輜重，舍，讀曰捨。重，直用翻。輕騎，齎

十五日糧，度漠擊之。柔然部落大驚，絕迹北走。

《資治通鑑》卷一百二十《宋紀二·文帝元嘉二年》，頁三七七七

冬十月癸卯，車駕北伐，東西五道並出。平陽王長孫翰等絕漠追寇，蠕蠕北走。

《通志》卷十五上《後魏紀十五上》，頁二七六下

蠕蠕大檀徙居漠南，清與平陽王長孫翰從東道出長川討之，大獲而還。

《魏書》卷三十《列傳第十八·娥清》，頁七二〇

又與東平公娥青出長川以討大檀。大檀眾北遁，追擊，克獲而還。

《魏書》卷二十六《列傳第十四·長孫翰附長孫肥》，頁六五三

蠕蠕大檀之入寇雲中，[二九]太武親征之。遣翰與東平公娥清出長川討大檀。大檀北遁，追擊克獲而還。

【校勘記】

〔二九〕蠕蠕大檀之入寇雲中　各本“入”訛“人”，宋本及《魏書》《通志》作“入”，今從宋本。

《北史》卷二十二《列傳第十·長孫翰附長孫肥》，頁八三〇、八三五

〔長孫道生〕從征蠕蠕，與尉眷等率衆出白黑兩漠間，大捷而還。

《魏書》卷二十五《列傳第十三·長孫道生》，頁六四五

〔長孫道生〕從征蠕蠕，與尉眷等率衆出白黑兩漠間，大捷而還。

《北史》卷二十二《列傳第十·長孫道生》，頁八一二

道生廉約，身爲三司，而衣不華飾，食不兼味。一熊皮鄣泥，數十年不易，時人比之晏嬰。第宅卑陋，出鎮後，其子弟頗更修繕，起堂廡。道生還，歎曰："昔霍去病以匈奴未滅，無用家爲，今强寇尚遊魂漠北，吾豈可安坐華美也！"乃切責子弟，令毀宅。

《魏書》卷二十五《列傳第十三·長孫道生》，頁六四六

道生廉約，身爲三司，而衣不華飾，食不兼味，一熊皮鄣泥，數十年不易，時人比之晏嬰。第宅卑陋，出鎮後，其子弟頗更修繕，起堂廡。道生還，歎曰："昔霍去病以匈奴未滅，無用家爲。今强寇尚遊魂漠北，吾豈可安坐華美也！"乃切責子弟，令毀其宅。

《北史》卷二十二《列傳第十·長孫道生》，頁八一二

後魏長孫道生，太武即位初，以南統將軍、汝陰公從征蠕蠕，與尉眷等率衆出白黑兩漠間，大捷而還。

《册府元龜》卷三五三《將帥部·立功六》，頁四一八五

長孫道生，明元初爲南統將軍，世祖初，進爵汝陰公，遷廷尉卿。後征蠕蠕，大捷而還。

《册府元龜》卷三八一《將帥部・褒異七》，頁四五二六

〔長孫道生〕從征蠕蠕，與尉眷等率衆出白黑兩漠間，大捷而還。

《通志》卷一百四十六《列傳五十九・尉古真附尉眷》，頁二三一八下

又從征蠕蠕。眷出白、黑兩漠之間，擊其東部，大獲而還。

《魏書》卷二十六《列傳第十四・尉古真附尉眷》，頁六五七

世祖即位，徵拜〔安原〕駕部尚書。車駕征蠕蠕大檀，分軍五道並進，大檀驚駭北遁。

《魏書》卷三十《列傳第十八・安原附安同》，頁七一四

太武即位，拜駕部尚書。車駕征蠕蠕大檀，分爲五道。〔二四〕

【校勘記】

〔二四〕車駕征蠕蠕大檀分爲五道　按本書卷九八《蠕蠕傳》言太武始光二年，進攻蠕蠕，分爲五道，奚斤和安原出西道。此“五道”下當有脱文。

《北史》卷二十《列傳第八・安原附安同》，頁七五二、七六五

太武即位,拜駕部尚書。車駕征蠕蠕大檀,分爲五道。遷尚書左僕射,進爵河間公。

《通志》卷一百四十六《列傳五十九·安同》,頁二三〇八上

世祖即位,〔奚斤子拔〕稍遷侍中、選部尚書、鎮南將軍,賜爵樂陵公。後以罪徙邊。徵爲散騎常侍。從征蠕蠕,戰没。

《魏書》卷二十九《列傳第十七·奚拔附奚斤》,頁七〇一

〔奚斤弟普回子烏侯〕從征蠕蠕及赫連昌,以功進爵城陽公,加員外散騎常侍,出爲虎牢鎮將。

《魏書》卷二十九《列傳第十七·奚烏侯附奚斤》,頁七〇二

奚烏侯爲治書御史、建義將軍,從征蠕蠕,擊赫連昌,以功進爵城陽公,加員外散騎常侍、陸陵侯。

《册府元龜》卷三五三《將帥部·立功六》,頁四一八六

奚烏侯爲建義將軍,賜爵夷餘侯,從征蠕蠕及赫連昌,以功進爵城陽公,加員外散騎常侍,出爲虎牢鎮將。

《册府元龜》卷三八一《將帥部·褒異七》,頁四五二七

奚文,爲散騎常侍。從征蠕蠕,戰没。

《册府元龜》卷四二五《將帥部·死事二》,頁五〇五五

爾寒山,在府北塞外。後魏主燾始光二年五道伐柔然,一軍從東道出黑漠,一軍出白、黑二漠間,魏主從中道,一軍出栗園,一軍從

西道出爾寒山，諸軍至漠南，舍輜重，輕騎齎十五日糧度漠擊之，柔然驚走，即此。

《讀史方輿紀要》卷四十四《山西六》，頁二〇〇六

石漠，在塞北。自陰山而北皆大漠也，其間有白漠、黑漠及石漠之分，白、黑二漠以色爲名，石漠以地皆石磧而名……又魏主燾始光二年大伐柔然，遣長孫翰等從東道出黑漠，長孫道生等出白、黑二漠間，白漠蓋在黑漠西也。

《讀史方輿紀要》卷四十四《山西六》，頁二〇〇九

公元四二六年　魏太武帝始光三年　宋文帝元嘉三年　柔然牟汗紇升蓋可汗十三年

三年春正月壬申，車駕至自北伐。班軍實以賜將士，行、留各有差。

《魏書》卷四《世祖紀》，頁七一

三年春正月壬申，車駕至自北伐。

《北史》卷二《魏本紀》，頁四二

世祖即位，進爵北平王，司州中正。詔問公卿，赫連、蠕蠕征討何先。嵩與平陽王長孫翰、司空奚斤等曰："赫連居土，未能爲患，蠕蠕世爲邊害，宜先討大檀。及則收其畜產，足以富國；不及則校獵陰山，多殺禽獸，皮肉筋角，以充軍實，亦愈於破一小國。"太常崔浩曰："大檀遷徙鳥逝，疾追則不足經久，大眾則不能及之。赫連屈丐，土宇不過千里，其刑政

殘虐，人神所棄，宜先討之。"尚書劉潔、武京侯安原請先平馮跋。〔四〕帝默然，遂西巡狩。

後聞屈丐死，關中大亂，議欲征之。嵩等曰："彼若城守，以逸代勞，大檀聞之，乘虛而寇，危道也。"帝乃問幽微於天師寇謙之，〔五〕謙之勸行。杜超之贊成之，〔六〕崔浩又言西伐利。嵩等固諫不可。帝大怒，責嵩在官貪污，使武士頓辱。

【校勘記】

〔四〕尚書劉潔武京侯安原請先平馮跋　卷三〇《安原傳》"武京"作"武原"。按《晉書》卷一五《地理志下》徐州彭城國有"武原縣"。地不屬魏，但當時封邑取南朝郡縣名的很多。"武京"不聞有此縣，此傳"京"字疑誤。

〔五〕帝乃問幽微於天師寇謙之　《北史》卷二二"微"作"徵"，"微"當是"徵"之訛。

〔六〕杜超之贊成之　按杜超，卷八三《外戚傳》有傳。可能是雙名"超之"，單稱作"超"，也可能涉上"寇謙之"而衍"之"字。

《魏書》卷二十五《列傳第十三·長孫嵩》，頁六四四、六五〇

太武即位，進爵北平王、司州中正。詔問公卿："赫連、蠕蠕，征討何先？"嵩與平陽王長孫翰、司空奚斤等曰："赫連土居，未能為患。蠕蠕世為邊害，宜先討大檀。及則收其畜產，足以富國；不及則校獵陰山，多殺禽獸，皮肉筋角以充軍實，亦愈於破一小國。"太常崔浩曰："大檀遷徙鳥逝，疾追則不足經久，大衆則不能及之。赫連屈丐土宇不過千里，其刑政

殘害,人神所棄,宜先討之。"尚書劉潔、武京侯安原[四]請先
平馮跋。帝默然,遂西巡狩。後聞屈丐死,關中大亂,議欲征
之。嵩等曰:"彼若城守,以逸待勞。大檀聞之,乘虛而寇,危
道也。"帝乃問幽徵於天師寇謙之,勸行,杜超之贊成,[五]崔
浩又言西伐利。嵩等固諫不可,帝大怒,責嵩在官貪污,使武
士頓辱。

【校勘記】

〔四〕武京侯安原　按本書卷二〇、《魏書》卷三〇《原本
傳》作武原侯。武原縣西漢屬楚國,後漢、晉並屬徐州彭城
國。《魏志》不載。"武京"不見於《地志》,疑誤。

〔五〕杜超之贊成　按《杜超傳》見本書卷八〇,本傳無
"之"字,疑此是涉上文寇謙之而衍。

《北史》卷二十二《列傳第十‧長孫嵩傳》,頁八〇六至
八〇七、八三二

〔六月〕魏主詔問公卿:"今當用兵,赫連、蠕蠕,二國何
先?"杜佑曰:柔然,後魏太武以其無知,狀類於蟲,故改其號曰蠕蠕;
宋、齊謂之芮芮。蠕,人兗翻。長孫嵩、長孫翰、奚斤皆曰:"赫連
土著,著,直略翻。未能爲患。不如先伐蠕蠕,若追而及之,可
以大獲;不及,則獵於陰山,取其禽獸皮角以充軍實。"太常
崔浩曰:"蠕蠕鳥集獸逃,言其來則如鳥之集,走則如獸之逃也。舉
大衆追之則不能及,輕兵追之又不足以制敵。赫連氏土地
不過千里,政刑殘虐,人神所棄,宜先伐之。"尚書劉絜、武京
侯安原請先伐燕。於是魏主自雲中西巡至五原,因畋於陰
山,東至和兜山;和兜山蓋在陰山之東,長川之南。秋,八月,還

平城。

〔九月〕魏主聞夏世祖殂，諸子相圖，謂倫、瑱、昌相殺也。國人不安，欲伐之。長孫嵩等皆曰："彼若城守，以逸待勞，大檀聞之，乘虛入寇，此危道也。"崔浩曰："往年以來，熒惑再守羽林、鈎己而行，其占秦亡；事見一百十七卷晉安帝義熙十一年今年五星并出東方，利以西伐。天人相應，不可失也。"嵩固争之，帝大怒，責嵩在官貪污，命武士頓辱之。嵩歷事四朝，魏之元臣也。頓辱，摔其首使頓地以辱之。於是遣司空奚斤帥四萬五千人襲蒲阪。阪，音反。

《資治通鑑》卷一百二十《宋紀二·文帝元嘉三年》，頁三七八六至三七八八

太武始光初，詔問公卿赫連、蠕蠕征討先後。北平王長孫嵩、平陽侯長孫翰、司空奚斤等曰："赫連土居，未能爲患。蠕蠕世爲邊害，宜先討大檀，及則收其畜產，足以富國，不及則校獵陰山，多殺禽獸，皮肉筋角以充軍實，亦愈於破一小國。"太常崔浩曰："大檀遷徙鳥逝，疾追則不足經久，大衆則不能及之。赫連屈丐，土宇不過千里，其形政殘虐，人神所棄，宜先討之。"尚書劉潔、武京侯安原，請先平馮跋。帝默然，遂西巡狩。

《册府元龜》卷九九〇《外臣部·備御三》，頁一一六二七

太武即位，進爵北平王、司州中正。詔問公卿："赫連、蠕蠕征討何先？"嵩與平陽王長孫翰、司空奚斤等曰："赫連土居，未能爲患。蠕蠕世爲邊害，宜先討大檀。及則收其畜產，

足以富國；不及則校獵陰山，多殺禽獸，皮肉筋角以充軍實，亦愈於破一小國。”太常崔浩曰：“大檀遷徙鳥逝，疾追則不足經久，大衆則不能及之。赫連屈丐土宇不過千里，其刑政殘虐，人神所棄，宜先討之。”尚書劉絜、武京侯安原請先平馮跋。帝默然，遂西巡狩。後聞屈丐死，關中大亂，議欲征之。嵩等曰：“彼若城守，以逸待勞。大檀聞之，乘虛而寇，此危道也。”帝乃問幽微於天師寇謙之，謙之勸行，杜超之贊成之，崔浩又言西伐利。嵩等固諫不可，帝大怒，責嵩在官貪污，使武士頓辱。

《通志》卷一百四十六《列傳五十九·長孫嵩》，頁二二一八下

後大議征討，絜言宜先平馮跋，世祖不從。

《魏書》卷二十八《列傳第十六·劉絜》，頁六八七

六月，幸雲中舊宫，謁陵廟；西至五原，田於陰山；東至和兜山。

《魏書》卷四《世祖紀》，頁七一

六月，幸雲中舊宫，謁陵廟，西至五原，田於陰山，東至和兜山。

《北史》卷二《魏本紀》，頁四二

世祖將討赫連昌，謂崔浩曰：“朕前北征，李順獻策數事，實合經略大謀。今欲使總攝前驅之事，卿以爲何如？”浩對曰：“順智足周務，實如聖旨。但臣與之婚姻，深知其行，然性

果於去就,不可專委。"世祖乃止。

　　　《魏書》卷三十六《列傳第二十四・李順》,頁八二九

　　太武將討赫連昌,謂崔浩曰:"朕前北征,李順獻策數事,實合經略大謀。今欲使總前驅之事,何如? "浩曰:"順智足周務,實如聖旨。但臣與之婚姻,深知其行,然性果於去就,不可專委。"帝乃止。

　　《北史》卷三十三《列傳第二十一・李順》,頁一二一二至一二一三

公元四二七年　魏太武帝始光四年　宋文帝元嘉四年　柔然牟汗紇升蓋可汗十四年

　　五月,魏主發平城,命龍驤將軍代人陸俟督諸軍鎮大磧以備柔然。《魏書・官氏志》:内入諸姓,步六孤氏後改爲陸氏。驤,思將翻。磧,七迹翻。

　　《資治通鑑》卷一百二十《宋紀二・文帝元嘉四年》,頁三七九二

　　世祖親征赫連昌,詔俟督諸軍鎮大磧,以備蠕蠕。

　　　《魏書》卷四十《列傳第二十八・陸俟》,頁九〇一

　　太武征赫連昌,詔俟督諸軍鎮以備蠕蠕。

　　　《北史》卷二十八《列傳第十六・陸俟》,頁一〇〇七

太武征赫連昌，詔俟督諸軍鎮以備蠕蠕。

《通志》卷一百四十七《列傳六十·陸俟》，頁二三四〇中

石漠，在塞北。自陰山而北皆大漠也，其間有白漠、黑漠及石漠之分，白、黑二漠以色爲名，石漠以地皆石磧而名……亦謂之大磧，四年魏主西伐統萬，命其將陸俟督諸軍屯大磧以備柔然，即此。

《讀史方輿紀要》卷四十四《山西六》，頁二〇〇九

秋七月己卯，築壇於祚嶺，戲馬馳射，賜射中者金錦繒絮各有差。蠕蠕寇雲中，聞破赫連昌，懼而還走。

《魏書》卷四《世祖紀》，頁七三

秋七月己卯，築壇於祚嶺，戲馬馳射，賜中者金帛繒絮各有差。蠕蠕寇雲中，聞破赫連昌，懼而逃。

《北史》卷二《魏本紀》，頁四四

秋，七月，己卯，魏主至柞嶺。柞嶺即柞山之嶺。柞，則洛翻。柔然寇雲中，聞魏已克統萬，乃遁去。

《資治通鑑》卷一百二十《宋紀二·文帝元嘉四年》，頁三七九六

秋七月己卯，築壇於祚嶺，戲馬馳射，賜中者金帛繒絮各有差。蠕蠕寇雲中，聞破赫連昌，懼而逃。

《通志》卷十五上《後魏紀十五上》，頁二七七上

〔娥清〕尋從征蠕蠕。又從平統萬。

　　　《魏書》卷三十《列傳第十八・娥清》,頁七二〇

後從平統萬。

　　　《北史》卷二十五《列傳第十三・娥清》,頁九一〇

柞山,在府西北五百餘里。北魏主燾始光初命長孫翰等伐柔然,自將屯柞山。亦曰柞嶺。

　　　《讀史方輿紀要》卷四十四《山西六》,頁二〇〇六

〔意烈弟勃子粟〕世祖時,督諸軍屯漠南。蠕蠕闕表聞。粟亮直,善馭衆,撫恤將士,必與之同勞逸。

　　　《魏書》卷十五《昭成子孫列傳第三・拓跋粟附拓跋意烈》,頁三四八

〔意烈弟勃子粟〕太武時,督諸軍屯漠南。蠕蠕表聞。粟亮直,善馭衆,撫恤將士,必與之同勞逸。

　　　《北史》卷十五《列傳第三・魏諸宗室・拓跋粟附拓拔意烈》,頁五七八至五七九

公元四二八年　魏太武帝神䴥元年　宋文帝元嘉五年　柔然牟汗紇升蓋可汗十五年

〔八月〕蠕蠕大檀遣子將萬餘騎入塞。事具《蠕蠕傳》。

　　　　　　　《魏書》卷四《世祖紀》,頁七四

〔八月〕柔然紇升蓋可汗遣其子將萬餘騎寇魏邊，紇，戸骨翻。可，讀從刊入聲。汗，音寒。將，即亮翻。騎，奇寄翻。魏主自廣寧還，追之，不及。

　　《資治通鑑》卷一百二十一《宋紀三·文帝元嘉五年》，頁三八〇二

神䴥元年八月，蠕蠕大檀遣子將萬餘騎入塞。

　　《册府元龜》卷一一六《帝王部·親征一》，頁一三八六

子敷至襄陽定省，當還都，群蠻伺欲取之。會蠕蠕國遣使朝貢，賊以爲敷，遂執之，邵坐降號揚烈將軍。

　　《宋書》卷四十六《列傳第六·張邵》，頁一三九五

七年，子敷至襄陽定省，當還都，群蠻欲斷取之，會蠕蠕國獻使下，蠻以爲是敷，因掠之。邵坐降號揚烈將軍。

　　《南史》卷三十二《列傳第二十二·張邵》，頁八二五

宋張邵爲征虜將軍，領南蠻校尉，都督南雍州刺史。文帝元嘉中，丹折一州蠻屬爲寇，邵誘其帥，因出，大會誅之，悉掩其徒黨。既失信群蠻，所在并起，水陸斷絶。邵子敷至襄陽定省，當還都。郡蠻伺欲取之。會蠕蠕國遣使朝貢，賊以爲敷，遂執之。邵坐，降號揚烈將軍。

　　《册府元龜》卷四四六《將帥部·生事》，頁五二九五

七年，子敷至襄陽定省，當還都，群蠻欲斷取之。會蠕蠕

國貢獻使至，蠻以爲是敷，因掠之。邵坐此降號揚烈將軍。

　　《通志》卷一百三十四《列傳四十七‧張邵》，頁二一一四下

公元四二九年　魏太武帝神䴥二年　宋文帝元嘉六年
柔然敕連可汗元年

　　是年，議擊蠕蠕，朝臣内外盡不欲行，保太后固止世祖，世祖皆不聽，唯浩讚成策略。尚書令劉潔、左僕射安原等乃使黄門侍郎仇齊推赫連昌太史張淵、徐辯説世祖曰："今年己巳，三陰之歲，歲星襲月，太白在西方，不可舉兵。北伐必敗，雖克，不利於上。"又群臣共贊和淵等，云淵少時嘗諫苻堅不可南征，堅不從而敗。今天時人事都不和協，何可舉動！世祖意不決，乃召浩令與淵等辯之。

　　浩難淵曰："陽者，德也；陰者，刑也。故日蝕修德，月蝕修刑。夫王者之用刑，大則陳諸原野，小則肆之市朝。戰伐者，用刑之大者也。以此言之，三陰用兵，蓋得其類，修刑之義也。歲星襲月，年飢民流，應在他國，遠期十二年太白行倉龍宿，於天文爲東，不妨北伐。淵等俗生，志意淺近，牽於小數，不達大體，難與遠圖。臣觀天文，比年以來，月行奄昂，至今猶然。其占：'三年，天子大破旄頭之國。'蠕蠕、高車，旄頭之衆也。夫聖明御時，能行非常之事。古人語曰：'非常之原，黎民懼焉，及其成功，天下晏然。'願陛下勿疑也。"淵等慚而言曰："蠕蠕，荒外無用之物，得其地不可耕而食，得其民不可臣而使，輕疾無常，難得而制，有何汲汲而苦勞士馬也？"浩曰："淵言天時，是其所職，若論形勢，非彼所知。斯乃漢世舊説常談，施之於今，不合事宜也。何以言之？夫蠕蠕者，舊

是國家北邊叛隸,今誅其元惡,收其善民,令復舊役,非無用也。漠北高涼,不生蚊蚋,水草美善,夏則北遷。田牧其地,非不可耕而食也。蠕蠕子弟來降,貴者尚公主,賤者將軍、大夫,居滿朝列,又高車號爲名騎,非不可臣而畜也。夫以南人追之,則患其輕疾,於國兵則不然。何者?彼能遠走,我亦能遠逐,與之進退,非難制也。且蠕蠕往數入國,民吏震驚。今夏不乘虛掩進,破滅其國,至秋復來,不得安臥。自太宗之世,迄於今日,無歲不驚,豈不汲汲乎哉!世人皆謂淵、辯通解數術,明決成敗。臣請試之,問其西國未滅之前有何亡徵。知而不言,是其不忠;若實不知,是其無術。”時赫連昌在座,淵等自以無先言,慚赧而不能對。世祖大悅,謂公卿曰:“吾意決矣。亡國之師不可與謀,信矣哉。”而保太后猶難之,復令群臣於保太后前評議。世祖謂浩曰:“此等意猶不伏,卿善曉之令悟。”

既罷朝,或有尤浩者曰:“今吳賊南寇而舍之北伐。行師千里,其誰不知。若蠕蠕遠遁,前無所獲,後有南賊之患,危之道也。”浩曰:“不然。今年不摧蠕蠕,則無以禦南賊。自國家并西國以來,南人恐懼,揚聲動衆以衛淮北。彼北我南,彼勞我息,其勢然矣。比破蠕蠕,往還之間,故不見其至也。何以言之?劉裕得關中,留其愛子,精兵數萬,良將勁卒,猶不能固守,舉軍盡沒。號哭之聲,至今未已。如何正當國家休明之世,士馬强盛之時,而欲以駒犢齒虎口也?設令國家與之河南,彼必不能守之。自量不能守,是以必不來。若或有衆,備邊之軍耳。夫見瓶水之凍,知天下之寒;嘗肉一臠,識鑊中之味。物有其類,可推而得也。且蠕蠕恃其絕遠,謂國家力不能至,自寬來久,故夏則散衆放畜,秋肥乃聚,背寒向温,南來寇抄。今出其慮表,攻其不備。大軍卒至,必驚駭星分,望塵奔走。牡馬護群,牝馬戀駒,驅馳難制,不得水草,未過數日則聚而困敝,可一舉而滅。暫勞永逸,長久之利,時不可失也。唯患上無此意,今聖慮已决,發曠世之謀,如何止之? 陋矣哉,公卿也!” 諸軍遂行。天師謂浩曰:“是行也,如之何,果可克乎?” 浩對曰:“天時形勢,必克無疑。但恐諸將瑣瑣,前後顧慮,不能乘勝深入,使不全舉耳。”

及軍入其境,蠕蠕先不設備,民畜布野,驚怖四奔,莫相收攝。於是分軍搜討,東西五千里,南北三千里,凡所俘虜及獲畜産車廬,彌漫山澤,蓋數百萬。高車殺蠕蠕種類,歸降者三十餘萬落。虜遂散亂矣。世祖沿弱水西行,至涿邪山,諸大將果疑深入有伏兵,勸世祖停止不追。天師以浩曩日之言,固勸世祖窮討,不聽。後有降人,言蠕蠕大檀先被疾,不知所爲,乃焚燒穹廬,科車自載,將數百人入山南走。民畜窨聚,方六十里中,無人領統。相去百八十里,追軍不至,乃徐徐西遁,〔一〕唯此得免。後聞涼州賈胡言,若復前行二日,則盡滅之矣。世祖深恨之。大軍既還,南賊竟不能動,如浩所量。

【校勘記】

〔一〕乃徐徐西遁　諸本“西”作“四”,《北史》卷二一作“西”。按《通鑑》卷一二一(三八一二頁)也作“西”。卷四上《世祖紀上》神𪊨二年五月丁未、卷一〇三《蠕蠕傳》(補)記此事並云“絶迹西走”。“四”字訛,今據改。

《魏書》卷三十五《列傳第二十三·崔浩》,頁八一五至

八一八、八二八

神䴥二年，議擊蠕蠕，朝臣内外盡不欲行，保太后亦固止帝，帝皆不聽。唯浩讚成之。尚書令劉潔、左僕射安原等乃使黄門侍郎仇齊推赫連昌太史張深、[二二]徐辯説帝曰："今年己巳，三陰之歲，歲星襲月，太白在西方，不可舉兵。北伐必敗，雖克不利於上。"又群臣共讚深等云："深少時常諫苻堅不可南征，堅不從而敗。今天時人事都不和協，如何舉動？"帝意不快，乃召浩與深等辯之。

浩難深曰："陽者德也，陰者刑也，故月蝕修刑。夫王者之用刑，大則陳之原野，小則肆之市朝。戰伐者，用刑之大者也。以此言之，三陰用兵，蓋得其類，修刑之義也。歲星襲月，年飢人流，應在他國，遠期十二年太白行蒼龍宿，於天文爲東，不妨北伐。深等俗生，志意淺近，牽於術數，不達大體，難與遠圖。臣觀天文，比年以來，月行掩昴，至今猶然。其占，三年天子大破旄頭之國。蠕蠕、高車，旄頭之衆也。夫聖明御時，能行非常之事。古人語曰：'非常之原，黎人懼焉；及其成功，天下晏然。'願陛下勿疑。"

深等慚曰："蠕蠕荒外無用之物，得其地不可耕而食，得其人不可臣而使，輕疾無常，難得而制，有何汲汲而勞苦士馬？"

浩曰："深言天時，是其所職，若論形勢，非彼所知。斯乃漢世舊説常談，施之於今，不合事宜。何以言之？夫蠕蠕者，舊是國家北邊叛隸，今誅其元惡，收其善人，令復舊位，[二三]非無用也。漠北高涼，不生蚊蚋，水草美善，夏則北遷，田牧其地,非不可耕而食也。蠕蠕子弟來降,貴者尚公主,賤者將軍、大夫,居列滿朝,又高車號爲名騎,非不可臣而畜也。夫以南人追之,則患其輕疾;於國兵則不然。何者? 彼能遠走,我亦能遠逐,非難制也。往數入塞,國人震驚。今夏不乘虛掩進,破滅其國,至秋復來,不得安卧。自太宗之世,迄於今日,無歲不警,豈不汲汲乎哉? 世人皆謂深、辯通解數術,明決成敗,臣請試之。問其西國未滅之前,有何亡徵? 知而不言,是其不忠;若實不知,是其無術。”

時赫連昌在坐,深等自以無先言,慚不能對。帝大悦,謂公卿曰:“吾意決矣。亡國之臣不可與謀,信哉!”而保太后猶疑之。復令群臣至保太后前評議,帝命浩善曉之令寤。

既罷朝,或有尤浩曰:“吴賊侵南,舍之北伐,師行千里,其誰不知? 蠕蠕遠遁,前無所獲,後有南侵之患,此危道也。”浩曰:“今年不摧蠕蠕,則無以禦南賊。自國家并西國以來,南人恐懼,揚聲動衆,以衛淮北。彼北我南,彼征我息,[二四]其勢然矣。北破蠕蠕,[二五]往還之間,故不見其至也。何以言之? 劉裕得關中,留其愛子,精兵數萬,良將勁卒,猶不能固守,舉軍盡没,號哭之聲至今未已。如何正當國家休明之世,士馬强盛之時,而欲以駒犢齒虎口也? 設國家與之河南,彼必不能守之。自量不能守,是以必不來。若或有衆,備邊之軍耳。夫見瓶水凍,知天下之寒;嘗肉一臠,識鑊中之味。物有其類,可推而得。且蠕蠕恃遠,謂國家力不能至,自寬來久。故夏則散衆放畜,秋肥乃聚,背寒向温,南來寇抄。今掩其不備,大軍卒至,必驚駭,望塵奔走。牡馬護牧,牝馬戀駒,驅馳難制,不得水草,未過數日,朋聚而困弊,可一舉而滅。

暫勞永逸，時不可失也。唯患上無此意，今聖慮已決，如何止之？"遂行。天師謂浩曰："是行可果乎？"浩曰："必克。但恐諸將瑣瑣，前後顧慮，不能乘勝深入，使不全舉耳。"

及軍到，入其境，蠕蠕先不設備，於是分軍搜討，東西五千里，南北三千里，所虜及獲畜產車廬數百萬。高車殺蠕蠕種類歸降者三十餘萬落。虜遂散亂。帝沿弱水，西至涿邪山，諸大將果慮深入有伏兵，勸帝止。天師以浩曩日言，固勸帝窮討，帝不聽。後有降人言："蠕蠕大檀先被疾，不知所爲，乃焚穹廬，科車自載，將百人入山南走。人畜窘聚，方六十里，無人領統。相去百八十里，追軍不至，乃徐西遁，唯此得免。"聞涼州賈胡言："若復前行二日，則盡滅之矣。"帝深恨之。

大軍既還，南軍竟不能動，如浩所料。

【校勘記】

〔二二〕張深　《魏書》"深"作"淵"，《北史》避唐諱改。

〔二三〕令復舊位　《魏書》《通志》"位"作"役"。按上文說蠕蠕是"叛隸"，則作"役"是。

〔二四〕彼北我南彼征我息　《魏書》"征"作"勞"。

〔二五〕北破蠕蠕　李慈銘云："'北'，《魏書》作'比'，是。"

《北史》卷二十一《列傳第九·崔宏附崔浩》，頁七七九至七八二、八〇一

魏主將擊柔然，治兵於南郊，治，直之翻。先祭天，然後部勒行陳。行，戶剛翻。陳，讀曰陣。內外群臣皆不欲行，保太后固止之；獨崔浩勸之。

尚書令劉絜等共推太史令張淵、徐辯使言於魏主曰："今茲己巳，三陰之歲，干以甲、丙、戊、庚、壬爲陽，乙、丁、己、辛、癸爲陰；支以子、寅、辰、午、申、戌爲陽，丑、卯、巳、未、酉、亥爲陰。己、巳皆陰，而干支合於己巳，是爲三陰之歲。歲星襲月，太白在西方，不可舉兵。北伐必敗，雖克，不利於上。"群臣因共贊之曰："淵等少時嘗諫苻堅南伐，堅不從而敗，所言無不中，不可違也。"少，詩照翻。中，竹仲翻。魏主意不快，詔浩與淵等論難於前。難，乃旦翻。

浩詰淵、辯曰："陽爲德，陰爲刑；故日食脩德，月食脩刑。夫王者用刑，小則肆諸市朝，大則陳諸原野；陳諸原野，用甲兵也。此言本出《漢書‧刑法志》。詰，去吉翻。朝，直遥翻。今出兵以討有罪，乃所以脩刑也。臣竊觀天文，比年以來，月行掩昴，至今猶然。其占，三年天子大破旄頭之國。比，毗至翻。昴爲旄頭，胡星也。蠕蠕、高車，旄頭之衆也。蠕，人兖翻。願陛下勿疑。"淵、辯復曰：復，扶又翻。"蠕蠕，荒外無用之物，得其地不可耕而食，得其民不可臣而使，輕疾無常，難得而制；有何汲汲，而勞士馬以伐之？"浩曰："淵、辯言天道，猶是其職，至於人事形勢，尤非其所知。此乃漢世常談，自韓安國、主父偃至于嚴尤，其論皆如此。施之於今，殊不合事宜。何則？蠕蠕本國家北邊之臣，中間叛去。見一百八卷晉孝武太元十九年今誅其元惡，收其良民，令復舊役，非無用也。世人皆謂淵、辯通解數術，明決成敗，臣請試問之：解，户買翻。屬者統萬未亡之前，屬，之欲翻。有無敗徵？若其不知，是無術也；知而不言，是不忠也。"時赫連昌在坐，坐，徂卧翻。淵等自以未嘗有言，慚不能對。魏主大悦。

既罷，公卿或尤浩曰："今南寇方伺國隙，伺，相吏翻。而捨之北伐；若蠕蠕遠遁，前無所獲，後有疆寇，將何以待之？”浩曰：“不然。今不先破蠕蠕，則無以待南寇。南人聞國家克統萬以來，內懷恐懼，故揚聲動衆以衞淮北。比吾破蠕蠕，往還之間，南寇必不動也。比，必寐翻。且彼步我騎，騎，奇寄翻。彼能北來，我亦南往；在彼甚困，於我未勞。況南北殊俗，水陸異宜，設使國家與之河南，彼亦不能守也。崔浩之料宋人審矣。帝後屢出兵爭河南，卒以自弊。吳呂蒙不肯取魏徐州，正慮此耳。何以言之？以劉裕之雄傑，吞併關中，留其愛子，輔以良將，精兵數萬，猶不能守，全軍覆没，事見一百十八卷晉安帝義熙十四年，將，即亮翻；下同。號哭之聲，至今未已。號，户高翻。況義隆今日君臣，非裕時之比；主上英武，士馬精强，彼若果來，譬如以駒犢鬥虎狼也，馬子曰駒，牛子曰犢。何懼之有！蠕蠕恃其絶遠，謂國家力不能制，自寬日久；故夏則散衆放畜，秋肥乃聚，背寒向温，背，蒲妹翻。南來寇鈔。鈔，楚交翻。今掩其不備，必望塵駭散。牡馬護牝，牝馬戀駒，驅馳難制，不得水草，不過數日，必聚而困弊，可一舉而滅也。暫勞永逸，時不可失，暫，與暫同。患在上無此意。今上意已決，奈何止之！”寇謙之謂浩曰：“蠕蠕果可克乎？”浩曰：“必克。但恐諸將瑣瑣，前後顧慮，不能乘勝深入，使不全舉耳。”瑣瑣，細小也，言志趣細小，不能一舉而全取之也。

先是，帝因魏使者還，告魏主曰：“汝趣歸我河南地！先，悉薦翻。使，疏吏翻。趣，讀曰促。不然，將盡我將士之力。”魏主方議伐柔然，聞之，大笑，謂公卿曰：“龜鱉小豎，東南，澤國也，故詆之曰龜鱉小豎。自救不暇，夫何能爲！就使能來，若不先滅蠕蠕，乃是坐待寇至，腹背受敵，非良策也。吾行決矣。”

庚寅，魏主發平城，使北平王長孫嵩、廣陵公樓伏連居守。守，手又翻。《魏書·官氏志》：獻帝次弟爲伊婁氏，又有乙那婁氏，後並改爲婁氏。魏主自東道向黑山，使平陽王長孫翰自西道向大娥山，同會柔然之庭。

丁未，魏主至漠南，捨輜重，帥輕騎兼馬襲擊柔然，至栗水。重，直用翻。帥，讀曰率。騎，奇寄翻。兼馬者，每一騎兼有副馬也。栗水在漠北，近稽落山，有漢將軍竇憲故壘在焉。柔然紇升蓋可汗先不設備，民畜滿野，驚怖散去，訖，下沒翻。可，從刊入聲。汗，音寒。怖，普布翻。莫相收攝。攝，録也，飭整也。紇升蓋燒廬舍，絶迹西走，莫知所之。其弟匹黎先主東部，聞有魏寇，帥衆欲就其兄；遇長孫翰，翰邀擊，大破之，殺其大人數百。

柔然紇升蓋可汗既走，部落四散，竄伏山谷，雜畜布野，畜，許救翻。無人收視。魏主循栗水西行，至菟園水，菟園水在燕然山南，去平城三千七百餘里，菟，同都翻，又土故翻。分軍搜討，東西五千里，南北三千里，俘斬甚衆。高車諸部乘魏兵勢，鈔掠柔然。柔然種類前後降魏者三十餘萬落，鈔，楚交翻。種，章勇翻。降，户江翻；下同。獲戎馬百餘萬匹，畜産、車廬，彌漫山澤，亡慮數百萬。亡、無字通。

魏主循弱水西行，至涿邪山，邪，讀曰耶。諸將慮深入有伏兵，勸魏主留止，寇謙之以崔浩之言告魏主，魏主不從。秋，七月，引兵東還；至黑山，以所獲班賜將士有差。既而得降人言：“可汗先被病，被，皮義翻。聞魏兵至，不知所爲，乃焚穹廬，以車自載，將數百人入南山。民畜窘聚，無【章：甲十六行本“無”上有“方六十里”四字；乙十一行本同；孔本同；張校同；退齋校同。】人統領，窘，渠隕翻。相去百八十里；追兵不至，乃徐西

遁,唯此得免。"後聞涼州賈胡言:"若復前行二日,則盡滅之
矣。"賈,音古。復,扶又翻。魏主深悔之。

　　紇升蓋可汗憤悒而卒,子吳提立,號敕連可汗。魏收曰:
敕連,魏言神聖也。

　　《資治通鑑》卷一百二十一《宋紀三・文帝元嘉五年》,
頁三八〇七至三八一二

　　神䴥二年,議擊蠕蠕,朝臣內外盡不欲行,保太后亦固止
帝,帝皆不聽。唯浩贊成策略。尚書令劉絜、左僕射安原等
乃使黃門侍郎仇齊推赫連昌太史張淵、徐辯説帝曰:"今年己
巳,三陰之歲,歲星襲月,太白在西方,不可舉兵。北伐必敗,
雖克之不利於上。"又群臣共贊和淵等云:"淵少時嘗諫苻堅
不可南征,堅不從而敗,今天時人事都不和協何可舉動?"帝
意不決,乃召浩令與淵等辯之。

　　浩難淵曰:"陽者德也,陰者刑也,故日蝕修德月蝕修刑。
夫王者之用刑,大則陳之原野,小則肆之市朝。戰伐者,用刑
之大者也。以此言之,三陰用兵,蓋得其類,修刑之義也。歲
星襲月,年飢民流,應在他國,遠期十二年太白行蒼龍宿,於
天文爲東,不妨北伐。淵等俗生,志意淺近,牽於小數,不達
大體,難與遠圖。臣觀天文,比年以來,月行掩昴,至今猶然。
其占,三年天子大破旃頭之國。蠕蠕、高車,旃頭之衆也。夫
聖明御時,能行非常之事。古人語曰:'非常之原,黎民懼焉;
及其成功,天下晏然。'願陛下勿疑也。"

　　淵等慚而言曰:"蠕蠕荒外無用之物,得其地不可耕而
食,得其民不可臣而使,輕疾無常,難得而制,有何汲汲而苦

勞士馬也？”

　　浩曰：“淵言天時，是其所職，若論形勢，非彼所知。斯乃漢世舊說常談，施之於今，不合事宜。何以言之？夫蠕蠕者，舊是國家北邊叛隸，今誅其元惡，收其善民，令復舊役，非無用也。漠北高凉，不生蚊蚋，水草美善，夏則北遷，田牧其地，非不可耕而食也。蠕蠕子弟來降，貴者尚公主，賤者將軍、大夫，居列滿朝，又高車號爲名騎，非不可臣而畜也。夫以南人追之，則患其輕疾，於國兵則不然。何者？彼能遠走，我亦能遠逐，非難制也。往數入塞，國人驚震。今夏不乘虚掩進，破滅其國，至秋復來，不得安卧。自太宗之世，迄於今日，無歲不警，豈不汲汲乎哉？世人皆謂淵、辯通解數術，明決成敗，臣請試之。問其西國未滅之前，有何亡徵？知而不言。是其不忠；若實不知。是其無術。”

　　時赫連昌在坐，淵等自以無先言，慚赧而不能對。帝大悦，謂公卿曰：“吾意決矣。亡國之臣不可與謀，信矣哉！”而保太后猶疑之。復令群臣於保太后前評議，帝謂浩曰：“此等意猶不伏，卿善曉之令寤。”

　　既罷朝，或有尤浩者曰：“今吳賊南寇，而舍之北伐，行師千里，其誰不知？若蠕蠕遠遁，前無所獲，後有南賊之患，此危道也。”浩曰：“不然，今年不摧蠕蠕，則無以禦南賊。自國家并西國以來，南人恐懼，揚聲動衆，以衛淮北。彼北我南，彼征我息，其勢然矣。北破蠕蠕，往還之間，故不見其至也。何以言之？劉裕得關中。留其愛子。精兵數萬。良將勁卒。猶不能固守。舉軍盡没。號哭之聲至今未已、如何正當國家休明之世。士馬强盛之時。而欲以駒犢齒虎口也？設令國家與之河南，彼必不能守之。自量不能守，是以必不來。若或有衆，備邊之軍耳。夫見瓶水之凍，知天下之寒；嘗肉一臠，識鑊中之味。物有其類，可推而得也。且蠕蠕恃其絶遠，謂國家力不能至，自寬來久。故夏則散聚放畜，秋肥乃聚，背寒向温，南來寇抄。今出其慮表，攻其不備，大軍卒至，必驚駭星分，望塵奔走，牡馬護牧，牝馬戀駒，驅馳難制，不得水草，未過數日，朋聚而困弊，可一舉而滅。暫勞永逸，長久之利，時不可失也。唯患上無此意，今聖慮已決，發曠世之謀，如何止之，陋哉公卿也？”諸軍遂行，天師謂浩曰：“是行也如之何，可果克乎？”浩對曰：“天時形勢，必克無疑。但恐諸將瑣瑣，前後顧慮，不能乘勝深入，使不全舉耳。”

及軍入其境，蠕蠕先不設備，民畜布野，驚怖四奔，於是分軍搜討，東西五千里，南北三千里，凡所俘虜及獲畜産車廬彌漫山澤，蓋數百萬。高車殺蠕蠕種類降者三十餘萬落，虜遂散亂矣。帝沿弱水西行，至琢邪山，諸大將果疑深入有伏兵，勸帝止。天師以浩曩日之言，固勸帝窮討，帝不聽。後有降人言：“蠕蠕大檀先被疾，不知所爲，乃焚燒穹廬，科車自載，將數百人入山南走。民畜窘聚，方六十里，中無人統領。相去百八十里，追軍不至，乃徐徐西遁，惟此得免。”後聞涼州賈胡言：“若復前行二日，則盡滅之矣。”帝深恨之。

大軍既還，南賊終不能動，如浩所量。

《通志》卷一百四十六《列傳五十九·崔宏附崔浩》，頁二三一三中至二三一四上

夏四月，治兵于南郊。劉義隆遣使朝貢。庚寅，車駕北

伐，以太尉、北平王長孫嵩，衛尉、廣陵公樓伏連留守京師，
從東道與長孫翰等期會於賊庭。五月丁未，次于沙漠，舍輜
重，輕騎兼馬，至栗水，蠕蠕震怖，焚燒廬舍，絶迹西走。事
具《蠕蠕傳》。

《魏書》卷四《世祖紀》，頁七五

〔二年〕五月丁未，次于沙漠，舍輜重，輕騎兼馬至栗水，[三]
蠕蠕震怖，焚廬舍，絶迹西走。

【校勘記】

〔三〕輕騎兼馬至栗水　諸本“兼”下有“冀”字，《魏書》
及《通鑑》卷一二一（三八一〇頁）無。《通鑑》胡注云：“每
騎兼有副馬也。”“冀”字衍，今删。

《北史》卷二《魏本紀》，頁四四至四五、七九

後魏太武神䴥二年，練兵于南郊，將襲蠕蠕。公卿皆不
願行，保太后固止帝，皆不聽。唯太常卿崔浩贊成，帝從浩
計而行。帝緣栗水西行，過漢將竇憲故壘。去平城三千七百
餘里，分軍搜討。東至瀚海，西接張掖水，北渡燕然山，東西
五千餘里，南北四千里。

《册府元龜》卷一三五《帝王部·好邊功》，頁一六三八

五月丁未，次于沙漠，舍輜重，輕騎兼冀馬至栗水，蠕蠕
震怖，焚廬舍，遁迹西走。

《通志》卷十五上《後魏紀十五上》，頁二七七中

秋七月，車駕東轅。至黑山，校數軍實，班賜王公將士各

有差。八月，帝以東部高車屯巳尼陂，詔左僕射安原率騎萬餘討之。事具《蠕蠕傳》。

《魏書》卷四《世祖紀》，頁七五

冬十月，振旅凱旋于京師，告於宗廟。列置新民於漠南，東至濡源，西曁五原、陰山，竟三千里。詔司徒平陽王長孫翰、尚書令劉潔、左僕射安原、侍中古弼鎮撫之。

《魏書》卷四《世祖紀》，頁七五

冬十月，振旅凱旋于京師，告于宗廟。列置新人于漠南，東至濡源，西曁五原、陰山，竟三千里。十一月西巡，田于河西，至柞山而還。

《北史》卷二《魏本紀》，頁四五

神䴥二年，帝親御六軍，略地廣漠。分命諸將，窮追蠕蠕，東至瀚海，西接張掖，北度燕然山，大破之，虜其種落及馬牛雜畜方物萬計。

《魏書》卷一百一十《食貨志》，頁二八五一

〔神䴥〕二年五月，太白晝見。占曰“大兵且興，強國有弱者”。是月，上北征蠕蠕，大破之，虜獲以鉅萬計，遂降高車，以實漠南，闢地數千里云。

《魏書》卷一百五之三《天象志三》，頁二四〇一

神䴥二年，[七]帝將征蠕蠕，省郊祀儀。四月，以小駕祭

天神,畢,帝遂親戎。大捷而還,歸格於祖禰,遍告群神。

【校勘記】

〔七〕神麚二年　册府(同上卷頁)上有"太武"二字。按志例凡始見於志的某帝,在年號上必加廟號,這裏上當有"世祖"二字,傳本脱去。《册府》例改廟號爲謚號。

《魏書》卷一百八之三《禮志一》,頁二七三八、二七五四

神麚二年,世祖將討蠕蠕,淵與徐辯皆謂不宜行,與崔浩爭於世祖前,語在《浩傳》。

《魏書》卷九十一《列傳第七十九·術藝·張淵》,頁一九四五

神麚二年,將討蠕蠕,深、辯皆謂不宜行,與崔浩爭於太武前。

《北史》卷八十九《列傳第七十七·藝術上·張深》,頁二九二三

神麚二年,將討蠕蠕,淵、辯皆謂不宜行,與崔浩爭於太武前。

《通志》卷一百八十三《藝術三·張深》,頁二九二三

世祖征蠕蠕,伏連留鎮京師。

《魏書》卷三十《列傳第十八·樓伏連》,頁七一七

〔長孫翰〕從襲蠕蠕,車駕度漠,大檀奔走。其弟匹黎率

衆赴之，遇翰交戰，匹黎衆潰走，斬其渠帥數百人。

《魏書》卷二十六《列傳第十四·長孫翰附長孫肥》，頁六五三

神䴥中，以脩之領吳兵討蠕蠕大檀，以功拜吳兵將軍，領步兵校尉。

《魏書》卷四十三《列傳第三十一·毛脩之》，頁九六〇

〔豆代田〕神䴥中，討蠕蠕，賜爵關中侯。

《魏書》卷三十《列傳第十八·豆代田》，頁七二七

豆代田，初爲明元内細射，與奚斤前鋒先入，擒宋將毛德祖并長史司馬二人，以功遷内三郎……神䴥中，討蠕蠕，賜爵關中侯。

《冊府元龜》卷三八一《將帥部·褒異七》，頁四五二七

〔周觀〕神䴥中，又討蠕蠕，大獲，增爵爲侯。

《魏書》卷三十三《列傳第十八·周觀》，頁七二八

周觀爲北鎮將軍，太武初，從討蠕蠕，以軍功進爲都副將，鎮雲中。神䴥中，又討蠕蠕，大獲，增爵爲侯。從征平凉，進爵金城公，遷爲都將。從破離石胡，加散騎常侍。

《冊府元龜》卷三八一《將帥部·褒異七》，頁四五二八

〔張蒲子昭〕神䴥中，從征蠕蠕，以功進爵脩武侯，加平遠

將軍。

　　《魏書》卷三十三《列傳第二十一·張蒲附張昭》,頁七八〇

　　〔來大千〕從討蠕蠕,戰功居多。遷征北大將軍,賜爵盧陵公,鎮雲中,兼統白道軍事。闞賊北叛,大千前後追擊,莫不平殄。

　　《魏書》卷三十《列傳第十八·來大千》,頁七二五

　　〔來大干〕累從征伐,以戰功賜爵盧陵公,鎮雲中,兼統白道軍事。

　　《北史》卷二十五《列傳第十三·來大干》,頁九一七

　　來大千爲征北大將軍。從太武討蠕蠕,戰功居多,遷征北大將軍,賜爵盧陵公,鎮雲中,兼統北道軍事。賊北叛,大千前後追擊,莫不平殄。

　　延和初,北伐,大千爲前鋒,大破虜軍。

　　《册府元龜》卷三五三《將帥部·立功六》,頁四一八六

　　〔賀訥從弟悦子泥〕後從世祖征赫連昌,以功進爵爲琅邪公,軍國大議,每參預焉。又征蠕蠕,爲別道將,坐逐賊不進,詐增虜級,[四]當斬,贖爲庶人。

【校勘記】

　　〔四〕詐增虜級　諸本及《北史》卷八〇《賀訥附賀泥傳》脱"級"字,不可通,今據《通志》卷一六五補。

　　《魏書》卷八十三上《列傳第七十一·外戚·賀訥附賀

泥》，頁一八一三、一八二七

　　後魏賀泥，道武母獻明皇后從父弟悦之子。從太武征赫
連昌，又征蠕蠕，爲別道將。

　　　　《册府元龜》卷三〇二《外戚部·將兵》，頁三五五七

　　建孫度，太宗時爲虎牢鎮監軍。世祖即位，徵拜殿中給
事，遷尚書。從征赫連昌，討蠕蠕，並有功，賜爵濟陽公，加散
騎常侍，平南將軍。

　　　　《魏書》卷三十《列傳第十八·王建附王度》，頁七一一

　　王度爲殿中給事，遷尚書，從征赫連昌，討蠕蠕，有功，賜
爵濟南公，加散騎常侍、平南將軍。

　　　　《册府元龜》卷三八一《將帥部·襃異七》，頁四五二八

　　賀悦征蠕蠕，爲別道將。坐逐賊不進，詐增虜級，當斬，
贖爲庶人。

　　　　《册府元龜》卷四五三《將帥部·怯懦》，頁五三七二

　　後從太武征赫連昌，以功進爵爲琅邪公，軍國大事，並參
預焉。又征蠕蠕，爲別道將，坐逐賊不進，詐增虜級，當斬，贖
爲庶人。

　　　　《通志》卷一百六十五《外戚一·賀訥附賀泥》，頁二六
六八上

　　後太武征蠕蠕,破之而還。至漠南,聞高車東部在巳尼陂,人畜甚衆,去官軍千餘里,將遣左僕射安原等討之。司徒長孫翰、尚書令劉潔等諫,太武不聽。乃遣原等并發新附高車合萬騎,至于巳尼陂,高車諸部望軍而降者數十萬落,獲馬牛羊亦百餘萬,皆徙置漠南千里之地。乘高車,逐水草,畜牧蕃息,數年之後,漸知粒食,歲致獻貢。由是國家馬及牛、羊遂至于賤,氈皮委積。文成時,五部高車合聚祭天,衆至數萬,大會走馬,殺牲游遶,歌吟忻忻。其俗稱自前世以來,無盛於此會。車駕臨幸,莫不忻悦。後孝文召高車之衆,隨車駕南討,高車不願南行,遂推袁紇樹者爲主,相率北叛,游踐金陵。都督宇文福追討,大敗而還。又詔平北將軍、江陽王繼爲都督討之。繼先遣人慰勞樹者。樹者入蠕蠕。尋悔,相率而降。

　　　　《北史》卷九十八《列傳第八十六・高車》,頁三二七三

　　後太武征蠕蠕,破之而還。至漠南,高車東部在巳尼陂,人畜甚衆,去官軍千餘里,將遣左僕射安原等討之。司徒長孫翰、尚書令劉潔等諫,太武不聽。乃遣原等并發新附高車合萬騎,至於巳尼陂,高車諸部望軍而降者數十萬落,獲馬牛羊亦百餘萬,皆徙置漠南千里之地。高車逐水草,畜牧蕃息,數年之後,漸加粒食,歲致貢獻。由是國家馬及牛、羊遂至于賤,氈皮委積。文成時,五部高車合聚祭天,衆至數萬,大會走馬,殺牲游繞,歌吟忻忻。其俗稱自前世以來,無盛於此會。車駕臨幸,莫不忻悦。後孝文召高車之衆,隨車駕南討,高車不願南行,遂推表紇樹者爲主,相率北叛,蹂踐金陵。都

督宇文福追討，大敗而還。又詔平北將軍、江陽王繼爲都督討之。繼先遣人慰勞樹者。樹者入蠕蠕。尋悔，相率而降。

　　　　　《通志》卷二百《四夷七·高車》，頁二六六八上

　　二年四月庚寅，帝北伐，以太尉、北平王長孫嵩衛尉、廣陵公樓伏連留守京師，從東道與長孫翰等期會於賊庭。五月丁未，次于沙漠，舍輜重，輕騎兼馬至栗水。蠕蠕震怖，焚燒廬舍，絕迹西走。七月，車駕東轅至黑山，校數軍實，班賜王公將士各有差。八月，帝以東部高車屯巳尼陂，詔左僕射安原率騎萬餘討之。十月，振旅凱旋於京師，告於宗廟，列置新民於漠南。東至濡源，西暨五原、陰山，竟三千里中。詔司徒、平陽王長孫翰、尚書令劉潔、左僕射安原、侍中古弼鎭撫之。又云，帝親御六軍，略地廣漠，分命諸將窮追蠕蠕，東至瀚海，西接張掖，北度燕然山，大破之。虜其種落及馬牛雜畜方物萬計。其後復遣成周公萬度歸西伐。焉耆王鳩尸卑那單騎奔龜玆，舉國臣民負錢懷貨，一時降款。獲其奇寶異玩以巨萬，駝馬雜畜不可勝數。度歸遂入龜玆，復獲其殊方奇詭之物億萬以上。是時，方隅未克，帝屢親戎駕而委政於恭宗真君。恭宗下令修農政之敎，比後數年之中，軍國用足矣。

　　　《冊府元龜》卷一一六《帝王部·親征一》，頁一三八七

　　太武時，伊馛爲振威將軍。帝之將討涼州也，議者咸諫，唯司徒崔浩勸帝決行。群臣出後，馛言於帝曰：“若涼州無水草，何得爲國？議者不可用也，宜從浩言。”帝善之。既克涼州，帝大會於姑臧，謂群臣曰：“崔公智計有餘，吾亦不復奇

之。敫弓馬之士，而所見能與崔同，此深可奇。"顧謂浩曰：
"敫智力如此，終至公相。"浩曰："何必讀書，然後爲學？衛
青、霍去病亦不讀書，而能大建勳名，致位公輔。"帝曰："誠
如公言。"又浩爲太常卿時，議擊蠕蠕，浩贊成策略。太武幸其第，加侍
中，特進撫軍大將軍，賞謀謨之功也。帝詔新降高車渠帥數百人，賜食酒
於前。帝指浩，浩以示之，曰："汝曹曾視此人，尪纖懦弱，手不能彎弓持
矛，其胸中所懷，乃踰於兵甲。朕始時雖有征討之意，而志慮不自決，前
後克捷，皆此人導吾，令至此耳。"

　　《册府元龜》卷一三二《帝王部·襃功一》，頁一五九五

　　長孫翰爲司徒，襲赫連昌，破之。太武復征昌，翰與廷
尉道生、宗正娥清率騎三萬爲前驅。昌戰敗，奔上邽。翰以
八千騎追之，至高平，不及而還。從襲蠕蠕，車駕渡漠，大檀
奔走。其弟匹黎率衆赴之，遇翰，交戰。匹黎潰走，斬其渠帥
數百人。

　　《册府元龜》卷三五三《將帥部·立功六》，頁四一八五

　　長孫翰，初明元時爲平南將軍，率衆鎮北境，威名甚著。
後爲都督北部諸軍事、平北將軍、黑定侯，給殿中十隊，加旌
旗鼓吹。蠕蠕每犯塞，翰拒擊有功，進爵爲公。太武即位，徵
還京師，進封平陽王，加安集將軍。蠕蠕大檀入寇雲中，太武
遣翰襲戰，大檀奔走。神𪊨三年薨，帝深見悼惜，爲之流涕，
親臨其喪，禮賵賻賜有加，陪葬金陵。

　　《册府元龜》卷三八一《將帥部·襃異七》，頁四五二八

　　後世祖征蠕蠕，破之而還，至漠南，聞高車東部在巳尼陂，人畜甚衆，去官軍千餘里，將遣左僕射安原等討之。司徒長孫翰、尚書令劉潔等諫，世祖不聽，乃遣原等并發新附高車合萬騎，至于巳尼陂，高車諸部望軍而降者數十萬落，獲馬牛羊亦百餘萬，皆徙置漠南千里之地。乘高車，逐水草，畜牧蕃息，數年之後，漸知粒食，歲致獻貢，由是國家馬及牛羊遂至于賤，氈皮委積。高宗時，五部高車合聚祭天，衆至數萬。大會，走馬殺牲，遊遶歌吟忻忻，其俗稱自前世以來無盛於此。會車駕臨幸，莫不忻悦。後高祖召高車之衆隨車駕南討，高車不願南行，遂推袁紇樹者爲主，相率北叛，遊踐金陵，都督宇文福追討，大敗而還。又詔平北將軍、江陽王繼爲都督討之，繼先遣人慰勞樹者。樹者入蠕蠕，尋悔，相率而降。

　　《魏書》卷一百三《列傳第九十一·高車》，頁二三〇九

　　王度爲衛尉卿，從太武征赫連昌，討蠕蠕，並有功，賜爵濟陽公，加散騎常侍、平南將軍。

　　《册府元龜》卷三五三《將帥部·立功六》，頁四一八五

　　劉宋元嘉六年，魏主燾大破柔然、高車，徙降附之衆於漠南，東至濡源，西曁五原陰山，三千里中，使之耕牧而收其貢賦。

　　《讀史方輿紀要》卷十《北直一》，頁四二四

　　涿涂山，在漠外。涂讀邪。山在高闕塞北千餘里……又魏主燾神

麃二年擊柔然，循弱水西行，至涿邪山而還。

　　　　《讀史方輿紀要》卷四十五《山西七》，頁二〇六四

　　栗水，在漠北，近稽落山。有漢將軍竇憲故壘。魏主燾神麃二年襲柔然，捨輜重於漠南，輕騎至栗水，大破柔然。

　　　　《讀史方輿紀要》卷四十五《山西七》，頁二〇七〇

　　弱水，在漠北……又魏主燾神麃二年，追擊柔然至菟園水，又循弱水西行，至涿邪山而還。菟園水，在燕然山南……魏主燾擊柔然，循栗水西行至菟園水，分軍搜討東西五千里，南北三千里，俘斬無算是也。

　　　　《讀史方輿紀要》卷四十五《山西七》，頁二〇七〇

　　黑山，在鎮南十里……後魏神麃二年伐柔然，自將出東道黑山，師還至黑山，以所獲班賜將士。

　　　　《讀史方輿紀要》卷六十一《陝西十》，頁二九二四

　　狼山，在廢豐州塞外……又魏主燾神麃二年伐柔然，自東道向黑山，使長孫翰自西道向大娥山，同會柔然之庭，即此。

　　　　《讀史方輿紀要》卷六十一《陝西十》，頁二九二五至二九二六

　　武州城，州西百五十里，南去岢嵐州百十里……魏主燾破柔然、高車，敕勒諸部皆來降。其部落附塞下而居，自武州塞以西謂之西部，以東謂之東部，依漠南而居者謂之北部。

　　　　《讀史方輿紀要》卷四十四《山西六》，頁二〇三七

公元四三〇年　宋文帝元嘉七年　魏太武帝神䴥三年柔然敕連可汗二年

三月……癸卯，雲中、河西敕勒千餘家叛。尚書令劉潔追滅之……夏四月甲子，行幸雲中。敕勒萬餘落叛走。詔尚書封鐵追討滅之。五月戊戌，詔曰："夫士之爲行，在家必孝，處朝必忠，然後身榮於時，名揚後世矣。近遣尚書封鐵翦除亡命，其所部將士有盡忠竭節以殞軀命者，今皆追贈爵號；或有蹈鋒履難以自效者，以功次進位；或有故違軍法私離幢校者，以軍法行戮。夫有功蒙賞，有罪受誅，國之常典，不可暫廢。自今以後，不善者可以自改。其宣敕內外，咸使聞知。"

《魏書》卷四《世祖紀》，頁七六

敕勒新民以將吏侵奪，咸出怨言，期牛馬飽草，當赴漠北。潔與左僕射安原奏，欲及河冰未解，徙之河西，冰解之後，不得北遁。世祖曰："不然。此等習俗，放散日久，有似園中之鹿，急則衝突，緩之則定。吾自處之有道，不煩徙也。"潔等固執，乃聽分徙三萬餘落於河西，西至白鹽池。新民驚駭，皆曰"圈我於河西之中，是將殺我也"，欲西走涼州。潔與侍中古弼屯五原河北，左僕射安原屯悅拔城北，備之。既而新民數千騎北走，潔追討之。走者糧絕，相枕而死。

《魏書》卷二十八《列傳第十六·劉潔》，頁六八七

魏有新徙敕勒千餘家，苦於將吏侵漁，<small>將，即亮翻。</small>出怨

言,期以草生馬肥,亡歸漠北。尚書令劉絜、左僕射安原奏請及河冰未解,徙之河西,向春冰解,使不得北遁。魏主曰:"此曹習俗,放散日久,譬如圈中之鹿,急則奔突,緩之自定。吾區處自有道,不煩徙也。"處,昌吕翻。絜等固請不已,乃聽分徙三萬餘落于河西,西至白鹽池。五原郡有白鹽池、黑鹽池,唐置鹽州,以此得名。敕勒皆驚駭,曰:"圈我於河西,欲殺我也!"圈,其卷翻,又其權翻。謀西奔涼州。劉絜屯五原河北,《水經注》:河水自朔方屈南過五原縣西。安原屯悦拔城以備之。癸卯,敕勒數千騎叛北走,絜追討之;走者無食,相枕而死。枕,之任翻。

《資治通鑑》卷一百二十一《宋紀三‧文帝元嘉七年》,頁三八一五

夏四月甲子,行幸雲中。敕勒萬餘落叛走,詔尚書封鐵追滅之。五月戊戌,〔四〕論討敕勒功,大明賞罰。

【校勘記】

〔四〕五月戊戌　諸本"戊"作"午",《魏書》作"戊"。按是年五月丙戌朔,無戊午,戊戌是十三日。今據改。

《北史》卷二《魏本紀》,頁四五、七九

俄而南藩諸將表劉義隆大嚴,欲犯河南。請兵三萬,先其未發逆擊之,因誅河北流民在界上者,絶其鄉導,足以挫其鋭氣,使不敢深入。詔公卿議之,咸言宜許。浩曰:"此不可從也。往年國家大破蠕蠕,馬力有餘,南賊震懼,常恐輕兵奄至,卧不安席,故先聲動衆,以備不虞,非敢先發。又南

土下濕,夏月蒸暑,水潦方多,草木深邃,疾疫必起,非行師之時。且彼先嚴有備,必堅城固守。屯軍攻之,則糧食不給;分兵肆討,則無以應敵。未見其利。就使能來,待其勞倦,秋凉馬肥,因敵取食,徐往擊之,萬全之計,勝必可克。在朝群臣及西北守將,從陛下征討,西滅赫連,北破蠕蠕,多獲美女珍寶,馬畜成群。南鎮諸將聞而生羨,亦欲南抄,以取資財。是以披毛求瑕,妄張賊勢,冀得肆心。既不獲聽,故數稱賊動,以恐朝廷。背公存私,爲國生事,非忠臣也。"世祖從浩議。

世祖聞赫連定與劉義隆懸分河北,乃治兵,欲先討赫連。群臣曰:"義隆猶在河中,舍之西行,前寇未可必克,而義隆乘虛,則失東州矣。"世祖疑焉,問計於浩。浩曰:"義隆與赫連定同惡相招,連結馮跋,牽引蠕蠕,規肆逆心,虛相唱和。義隆望定進,定待義隆前,皆莫敢先入。以臣觀之,有似連鷄,不得俱飛,無能爲害也。臣始謂義隆軍來當屯住河中,兩道北上,東道向冀州,西道衝鄴。如此,則陛下當自致討,不得徐行。今則不然,東西列兵,徑二千里,一處不過數千,形分勢弱。以此觀之,儜兒情見,止望固河自守,免死爲幸,無北渡意也。赫連定殘根易摧,擬之必仆。克定之後,東出潼關,席卷而前,則威震南極,江淮以北無立草矣。聖策獨發,非愚近所及,願陛下西行勿疑。"

《魏書》卷三十五《列傳第二十三‧崔浩》,頁八一九至八二一

俄而南藩諸將表宋師欲犯河南,請兵三萬,先其未發逆

擊之,因誅河北流人在界上者,絶其鄉導,足以挫其鋭氣,使不敢深入。詔公卿議之,咸言宜許。浩曰:"此不可從也。往年國家大破蠕蠕,馬力有餘。南賊喪精,常恐輕兵奄至,故揚聲動衆,以備不虞,非敢先發。又南土下濕,夏月蒸暑,非行師之時。且彼先嚴有備,必堅城固守。屯軍攻之,則糧食不給;分兵肆討,則無以應敵。未見其利。就使能來,待其勞倦,秋凉馬肥,因敵取食,徐往擊之,萬全之計。在朝群臣及西北守將,從陛下征討,西滅赫連,北破蠕蠕,多獲美女珍寶,馬畜成群。南鎮諸將,聞而生羨,亦欲南抄,以取資財。是以妄張賊勢,披毛求瑕,冀得肆心。既不獲聽,故數稱賊動以恐朝廷。背公存私,爲國生事,非忠也。"帝從浩議。

　　帝聞赫連定與宋縣分河北,乃先討赫連。群臣皆曰:"義隆軍猶在河中,舍之西行,前寇未可必克,而義隆乘虛,則東州敗矣。"帝疑焉,問計於浩。浩曰:"義隆與赫連定同惡相連,招結馮跋,牽引蠕蠕,規肆逆心,虛相唱和。義隆望定進,定待義隆前,皆莫敢先入。以臣觀之,有似連鷄,不得俱飛,無能爲害也。臣始謂義隆軍屯住河中,兩道北上,東道向冀州,西道衝鄴,如此則陛下當自致討,不得徐行。今則不然,東西列兵,徑二千里中,一處不過千,形分勢弱。以此觀之,儜兒情見,正望固河自守,免死爲幸,無北度意也。赫連定殘根易摧,擬之必仆。克定之後,東出潼關,席卷而前,威震南極,江淮以北無立草矣。聖策獨發,非愚近所及,願陛下必行無疑。"

　　《北史》卷二十一《列傳第九·崔宏附崔浩》,頁七八三至七八五

〔三月〕魏南邊諸將將，即亮翻；下同。表稱："宋人大嚴，將入寇，請兵三萬，先其未發，逆擊之，先，悉薦翻。足以挫其銳氣，使不敢深入。"因請悉誅河北流民在境上者以絕其鄉導。鄉，讀曰嚮。魏主使公卿議之，皆以爲當然。當然，猶言當如此也。崔浩曰："不可。南方下濕，天地之性，西北高而東南下，故東南之地卑濕沮洳。入夏之後，水潦方降，草木蒙密，地氣鬱蒸，易生疾癘，不可行師。且彼既嚴備，則城守必固。易，以豉翻。守，式又翻；下戍守同。留屯久攻，則糧運不繼；分軍四掠，則衆力單寡，無以應敵。以今擊之，未見其利。彼若果能北來，宜待其勞倦，秋涼馬肥，因敵取食，徐往擊之，此萬全之計也。朝廷群臣及西北守將，從陛下征伐，西平赫連，事見上卷四年北破蠕蠕，事見上年多獲美女、珍寶，牛馬成群。南邊諸將聞而慕之，亦欲南鈔以取資財，鈔，楚交翻。皆營私計，爲國生事，不可從也。"魏主乃止。

《資治通鑑》卷一百二十一《宋紀三・文帝元嘉七年》，頁三八一五至三八一六

〔八月〕己丑，夏主遣其弟謂以代伐魏酈城，酈城在漢上郡界，魏後置敷城郡，隋改曰酈城，讀與敷同。魏平西將軍始平公隗歸等擊之，隗，五罪翻。殺萬餘人，謂以代遁去。夏主自將數萬人邀擊隗歸於酈城東，將，即亮翻。留其弟上谷公社干、廣陽公度洛孤守平涼，遣使來求和，使，疏吏翻。約合兵滅魏，遙分河北：自恒山以東屬宋，以西屬夏。恒，户登翻。

魏主聞之，治兵將伐夏，治，直之翻。群臣咸曰："劉義隆兵猶在河中，言在河之中流。捨之西行，前寇未必可克，而義隆乘

虚濟河，則失山東矣。”此山東謂太行、恒山以東，即河北之地。魏主以問崔浩，對曰：“義隆與赫連定遥相招引，以虚聲唱和，和，戸卧翻。共窺大國，義隆望定進，定待義隆前，皆莫敢先入；譬如連鷄，不得俱飛，無能爲害也。臣始謂義隆軍來，當屯止河中，兩道北上，上，時掌翻。東道向冀州，西道衝鄴，如此，則陛下當自討之，不得徐行。今則不然。東西列兵徑二千里，一處不過數千，形分勢弱。以此觀之，您兒情見，您，尼耕翻，困也，弱也。見，賢遍翻。此不過欲固河自守，無北渡意也。赫連定殘根易摧，易，以豉翻。擬之必仆。克定之後，東出潼關，席卷而前，卷，讀曰捲。則威震南極，江、淮以北無立草矣。聖策獨發，非愚近所及，願陛下勿疑。”

　　《資治通鑑》卷一百二十一《宋紀三・文帝元嘉七年》，頁三八二〇至三八二一

　　俄而南蕃諸將表宋師欲犯河南，請兵三萬，先其未發逆擊之，因誅河北流民在界上者，絶其郷導，足以挫其鋭氣，使不敢深入。詔公卿議之，咸言宜許。浩曰：“此不可從也。往年國家大破蠕蠕，馬力有餘。南賊震懼，常恐輕兵奄至，卧不安席，故先聲動衆，以備不虞，非敢先發。又南土下溼，夏月蒸暑，水潦方多，草木深邃，疾疫必起，非行師之時。且彼先嚴有備，必堅城固守。屯軍攻之，則糧食不給，分兵肆討，則無以應敵，未見其利。就使能來。待其勞倦，秋凉馬肥，因敵取食，徐往撃之，萬全之計。在朝群臣又西北守將，從陛下征討，西滅赫連，北破蠕蠕，多獲美女珍寶，馬畜成群。南鎮諸將，聞而生羡，亦欲南鈔，以取資財。是以披毛求瑕妄張賊

勢,冀得肆心,既不獲聽,故數稱賊動以恐朝廷,背公存私,爲
國生事,非忠臣也。"帝從浩議。

帝聞赫連定與宋縣分河北,乃治兵欲先討赫連。群臣
皆曰:"劉義隆猶在河中,舍之西行,前寇未可必克,而義隆
乘虛,則失東州矣。"帝疑焉,問計於浩,浩曰:"義隆與赫連
定同惡相招連,結馮跋,牽引蠕蠕,規逆肆心,虛相唱和。義
隆望定進,定待義隆前,皆莫敢先入。以臣觀之,有似連雞,
不得俱飛,無能爲害也。臣始謂義隆軍來當屯住河中,兩道
北上,東道向冀州,西道衝鄴,如此則陛下當自致討,不得徐
行。今則不然,東西列兵,徑二千里中,一處不過數千,形分
勢弱,以此觀之,您兒情見,止望固河自守,免死爲幸,無北度
意也。赫連定殘根易摧,擬之必仆。克定之後,東出潼關,席
卷而前,則威震南極,江淮以北無立草矣。聖策獨發,非愚近
所及,願陛下必西行勿疑。"

　　《通志》卷一百四十六《列傳五十九・崔宏附崔浩》,頁
二三一四中至二三一五中

　　冬十月,上大閱于漠南,甲騎五十萬,旌旗二千餘里。
　　　　《魏書》卷一百五之三《天象志三》,頁二四〇二

　　從討平涼,擊破赫連定,得奚斤等。世祖以定妻賜
之……改爵井陘侯,加散騎常侍、右衛將軍,領内都幢將。
　　　　《魏書》卷三十《列傳第十八・豆代田》,頁七二七

　　後從討平涼,破赫連定,得奚斤等,以定妻賜之。詔斤膝

行授酒於代田。

《北史》卷二十五《列傳第十三·豆代田》,頁九一三

公元四三一年　魏太武帝神䴥四年　宋文帝元嘉八年
柔然敕連可汗三年

〔二月〕癸酉,車駕還宮,飲至策勳,告於宗廟,賜留臺百官各有差,戰士賜復十年。

《魏書》卷四《世祖紀》,頁七八

〔二月〕癸酉,車駕還宮,飲至策勳,告于宗廟,賜留臺百官各有差。戰士賜復十年。

《北史》卷二《魏本紀》,頁四六

〔二月〕癸酉,魏主還平城,大饗,告廟,將帥及百官皆受賞,戰士賜復十年賞北伐柔然、西伐夏、南禦宋之功也。將,即亮翻。帥,所類翻。復,方目翻,復勿事也;下復境同。

《資治通鑑》卷一百二十二《宋紀四·文帝元嘉八年》,
頁三八二九至三八三〇

閏月乙未,蠕蠕國遣使朝獻。

《魏書》卷四《世祖紀》,頁七八

閏月乙未,蠕蠕國遣使朝貢。

《北史》卷二《魏本紀》,頁四六

閏月,乙未,柔然敕連可汗遣使詣魏,魏主厚禮之。邇,郎佐翻。使,疏吏翻。

《資治通鑑》卷一百二十二《宋紀四‧文帝元嘉八年》,頁三八三二

閏月乙未,蠕蠕國遣使朝貢。

《通志》卷十五上《後魏紀十五上》,頁二七七下

世祖遣兼太常李順持節拜蒙遜爲假節,加侍中,都督涼州、西域羌戎諸軍事,太傅,行征西大將軍,涼州牧,涼王。冊曰:"……朕承天緒,思廓宇縣,然時運或否,雰霧四張,赫連跋扈於關西,大檀陸梁於漠北,戎夷負阻,江淮未賓,是用自東徂西,戎軒屢駕。賴宗廟靈長,將士宣力,克翦兇渠,震服強獷,四方漸泰,表裏無塵。"

《魏書》卷九十九《列傳第八十七‧沮渠蒙遜》,頁二二〇五

太武遣兼太常李順持節拜蒙遜爲假節,加侍中、都督涼州西域羌戎諸軍事、太傅、行征西大將軍、涼州牧、涼王。使崔浩爲冊書以褒賞之。

《北史》卷九十三《列傳第八十一‧沮渠蒙遜》,頁三〇三八

魏主欲選使者詣河西,崔浩薦尚書李順,乃以順爲太常,拜河西王蒙遜爲侍中、都督涼州‧西域‧羌‧戎諸軍事、太傅、行征西大將軍、涼州牧、涼王,王武威、張掖、敦煌、酒泉、西海、金城、西平七郡;使,疏吏翻。王武,于況翻。敦,徒門翻。冊

曰："盛衰存亡,與魏升降。北盡窮髮,南極庸、嶇,西被崐嶺,東至河曲,_{經典釋文：司馬曰：窮髮,北極之下無毛之地也。按：毛,草}也。《地理書》云：山以草木爲髮。庸,魏興上庸之地。嶇,嶇山也。崐嶺,謂崐崙。河曲,朔方之河曲也。嶇,與岷同。被,皮義翻。王實征之,以夾輔皇室。"置將相、羣卿、百官,承制假授；建天子旌旗,出入警蹕,如漢初諸侯王故事。

壬申,魏主詔曰："今二寇摧殄,將偃武脩文,理廢職,舉逸民。范陽盧玄、博陵崔綽、趙郡李靈、河間邢穎、勃海高允、廣平游雅、太原張偉等,皆賢雋之冑,冠冕周邦。"周",當作"州"。【章：甲十一行本正作"州"；乙十一行本同；孔本同。】易曰：'我有好爵,吾與爾縻之。'《易》中孚九二爻辭。如玄之比者,盡敕州郡以禮發遣。"遂徵玄等及州郡所遣至者數百人,差次叙用。崔綽以母老固辭。玄等皆拜中書博士。玄,諶之曾孫；_{晉永嘉之後,盧諶展轉於石氏之間,冉閔之敗,遂死於兵。諶,氏壬翻。}靈,順之從父兄也。_{從,才用翻。}

　　《資治通鑑》卷一百二十二《宋紀四・文帝元嘉八年》,頁三八三四

　　〔十月〕行幸漠南。十一月丙辰,北部敕勒莫弗庫若于,率其部數萬騎,驅鹿數百萬,詣行在所,帝因而大狩以賜從者,勒石漠南,以記功德。

　　　　　　　　　　　　《魏書》卷四《世祖紀》,頁七九

　　〔十月〕行幸漠南。十一月丙辰,北部敕勒莫弗庫若于率其部數萬騎驅鹿獸數百萬詣行在所。帝因而大狩,以賜從

者,勒石漠南,以記功德。

《北史》卷二《魏本紀》,頁四七

〔十月〕魏主如漠南。十一月,丙辰,北部敕勒莫弗庫若干高車酋長謂之莫弗。《考異》曰:《後魏書》《北史》本紀皆作"敕勒",《鄧淵傳》皆作"高車"。按高車即敕勒別名也。帥所部數萬騎,驅鹿數百萬頭,詣魏主行在。帥,讀曰率。騎,奇寄翻。魏主大獵以賜從官。從,才用翻。

《資治通鑑》卷一百二十二《宋紀四‧文帝元嘉八年》,
頁三八三五

駕幸漠南,高車莫弗庫若干率騎數萬餘,驅鹿百餘萬,詣行在所。詔穎爲文,銘于漠南,以紀功德。

《魏書》卷二十四《列傳第十二‧鄧淵附鄧穎》,頁六三五

太武詔太常卿崔浩集諸文學撰述國書,穎與浩弟覽等俱參著作事。太武幸漠南,高車莫弗庫若干率騎數萬餘,驅鹿百餘萬詣行在所。[四〇]詔穎爲文,銘於漠南,以記功德。

【校勘記】

〔四〇〕驅鹿百餘萬詣行在所　諸本脱"在"字,據《魏書》卷二四《鄧淵傳》補。

《北史》卷二十一《列傳第九‧鄧彥海附鄧穎》,頁七九八、
八〇三

公元四三二年　魏太武帝延和元年　宋文帝元嘉九年 柔然敕連可汗四年

六月庚寅，車駕伐和龍。詔尚書左僕射安原等屯于漠南，以備蠕蠕。

《魏書》卷四《世祖紀》，頁八〇

六月庚寅，車駕伐和龍。詔尚書左僕射安原等屯于漠南，以備蠕蠕。

《北史》卷二《魏本紀》，頁四七

車駕征昌黎，原與建寧王崇屯于漠南以備蠕蠕。

《魏書》三十《列傳第十八·安同附安原》，頁七一四

延和初，車駕北伐，大千爲前鋒，大破虜軍。世祖以其壯勇，數有戰功，兼悉北境險要，詔大千巡撫六鎮，以防寇虜。經略布置，甚得事宜。

《魏書》卷三十《列傳第十八·來大千》，頁七二五

太武以其壯勇，數有戰功，兼悉北境險要，詔使巡撫六鎮，以防寇虜。經略布置，甚得事宜。

《北史》卷二十五《列傳第十三·來大干》，頁九一七

〔六月〕庚寅，魏主伐燕。命太子晃録尚書事，時晃纔五

歲。又遣左僕射安原、建寧王崇等屯漠南以備柔然。

　　《資治通鑑》卷一百二十二《宋紀四・文帝元嘉九年》,
頁三八三七

　　延和元年五月,大簡輿於南郊,將討僞燕馮文通。六月
庚寅,帝伐和龍,詔尚書左僕射安原等屯於漠南,以備蠕蠕。
　　《册府元龜》卷一一六《帝王部・親征一》,頁一三八七

　　來大千爲常侍,從討蠕蠕,戰功居多,遷征北大將軍,賜
爵盧陵公。延和初,車駕北伐,大千爲前鋒,大破虜軍。
　　《册府元龜》卷三八一《將帥部・褒異七》,頁四五二八

　　延和元年六月庚寅,車駕伐和龍,詔尚書左僕射安原等
屯于漠南,以備蠕蠕。
　　《册府元龜》卷九九〇《外臣部・備御三》,頁一一六二七

　　六月庚寅,車駕伐和龍。詔尚書左僕射安原等屯于漠
南,以備蠕蠕。
　　《通志》卷十五上《後魏紀十五上》,頁二七八上

　　延和初,復使凉州……順曰:“昔太祖廓定洪基,造有區
夏。太宗承統,王業惟新。自聖上臨御,志寧四海。是以戎
車屢駕,親冒風霜,滅赫連於三秦,走蠕蠕於漠北。……”
　　《魏書》卷三十六《列傳第二十四・李順》,頁八三一

魏李順復奉使至涼。復,扶又翻。使,疏吏翻。涼王蒙遜遣
中兵校郎楊定歸謂順曰:"年衰多疾,腰髀不隨,不堪拜伏;比
三五日消息小差,當相見。"比,必寐翻,及也。順曰:"王之老
疾,朝廷所知;豈得自安,不見詔使!"明日,蒙遜延順入至庭
中,蒙遜箕坐隱几,無動起之狀。師古曰:謂伸兩脚而坐,其形如
箕。隱,於靳翻。

　　《資治通鑑》卷一百二十二《宋紀四·文帝元嘉九年》,
頁三八四四

公元四三三年　魏太武帝延和二年　宋文帝元嘉十年 柔然敕連可汗五年

　　〔十二月〕辛未,魏主如陰山之北。

　　《資治通鑑》卷一百二十二《宋紀四·文帝元嘉十年》,
頁三八五〇

　　〔十二月〕辛未,幸陰山之北。

　　　　　　　　　　《魏書》卷四《世祖紀》,頁八三

　　辛未,幸陰山北。

　　　　　　　　　　《北史》卷二《魏本紀》,頁四八

　　十二月辛未,幸陰山之北。

　　《册府元龜》卷一一二《帝王部·巡幸一》,頁一三三八

公元四三四年　魏太武帝延和三年　宋文帝元嘉十一年　柔然敕連可汗六年

二月丁卯，蠕蠕吳提奉其妹，并遣其異母兄禿鹿傀及左右數百人朝貢，獻馬二千匹。戊寅，詔曰："朕承統之始，群凶縱逸，四方未賓，所在逆僭。蠕蠕陸梁於漠北，鐵弗肆虐於三秦。是以旰食忘寢，抵掌扼腕，期在掃清逋殘，寧濟萬宇。故頻年屢征，有事西北，運輸之役，百姓勤勞，廢失農業，遭離水旱，致使生民貧富不均，未得家給人足，或有寒窮不能自贍者，朕甚愍焉。今四方順軌，兵革漸寧，宜寬徭賦，與民休息。其令州郡縣隱括貧富，以爲三級，其富者租賦如常，中者復二年，下窮者復三年刺史守宰當務盡平當，不得阿容以罔政治。明相宣約，咸使聞知。"

《魏書》卷四《世祖紀》，頁八三

丁卯，敕連遣其異母兄禿鹿傀送妹，并獻馬二千匹。傀，公回翻。魏主以其妹爲左昭儀。提，曜之子也。

《資治通鑑》卷一百二十二《宋紀四‧文帝元嘉十一年》，頁三八五二

二月戊寅，詔以頻年屢征，有事西北，運輸之役，百姓勤勞，令郡縣括貧富以爲三級，富者租賦如常，中者復二年，下窮者復三年。

《北史》卷二《魏本紀》，頁四九

世祖以頿美儀容，進止可觀，使迎左昭儀於蠕蠕，進爵爲公。

《魏書》卷十四《神元平文諸帝子孫列傳第二·望都公頿》，頁三四六

太武以頿美儀容，進止可觀，使迎左昭儀於蠕蠕，進爵爲公。

《北史》卷十六《列傳第三·望都公頿》，頁五四四

〔曜〕長子提，驍烈有父風。世祖時，襲爵，改封潁川王。迎昭儀于塞北，時年十六，有夙成之量，殊域敬焉。

《魏書》卷十六《道武七王列傳第四·河南王曜附拓跋提》，頁三九六

長子提襲。驍烈有父風，改封潁川王。迎昭儀于塞北，時年十六，有夙成之量，殊域敬焉。

《北史》卷十六《列傳第四·道武七王·河南王曜附拓跋提》，頁五九二

望都公頿，昭帝之後，太武以頿美儀容，進止可觀，使迎左昭儀於蠕蠕。

《册府元龜》卷二六六《宗室部·儀貌》，頁三一五五

太武以頿美儀容，進止可觀，使迎左昭儀於蠕蠕，進爵爲公，卒。

《通志》卷八十四《宗室七上·望都公頿》，頁一〇四九下

冬十月癸巳,蠕蠕國遣使朝貢。

《魏書》卷四《世祖紀》,頁八四

公元四三五年　魏太武帝太延元年　宋文帝元嘉十二年　柔然敕連可汗七年

二月庚子,蠕蠕、焉耆、車師諸國各遣使朝獻。

《魏書》卷四《世祖紀》,頁八四

二月庚子,蠕蠕、焉耆、車師各遣使朝貢。

《北史》卷二《魏本紀》,頁四九

二月庚子,蠕蠕、焉耆、車師各遣使朝貢。

《通志》卷十五上《後魏紀十五上》,頁二七八中

癸巳,龜茲、悦般、焉耆、車師、粟特、疏勒、烏孫、渴槃陀、鄯善諸國各遣使朝獻。

《魏書》卷四《世祖紀》,頁八八

是歲,河西王沮渠牧犍世子封壇來朝,高麗、契丹、龜茲、悦般、焉耆、車師、粟特、疏勒、烏孫、渴盤陀、鄯善、破洛那、〔一四〕者舌等國各遣使朝貢。

【校勘記】

〔一四〕破洛那　諸本脱“那”字,據《魏書・世祖紀》及本書卷九七《西域傳序》補。

《北史》卷二《魏本紀》,頁五二、八〇

太延中，魏德益以遠聞，西域龜茲、疏勒、烏孫、悦般、渴槃陁、鄯善、焉耆、車師、粟特諸國王始遣使來獻。世祖以西域漢世雖通，有求則卑辭而來，無欲則驕慢王命，此其自知絶遠，大兵不可至故也。若報使往來，終無所益，欲不遣使。有司奏九國不憚遐嶮，遠貢方物，當與其進，安可豫抑後來，乃從之。於是始遣行人王恩生、許綱等西使，恩生出流沙，爲蠕蠕所執，竟不果達。

《魏書》卷一百二《列傳第九十·西域》，頁二二五九至二二六〇

太延中，魏德益以遠聞，西域龜茲、疏勒、烏孫、悦般、渴槃陁、鄯善、焉耆、車師、粟特諸國王始遣使來獻。太武以西域漢世雖通，有求則卑辭而來，無欲則驕慢王命，此其自知絶遠，大兵不可至故也。若報使往來，終無所益，欲不遣使。有司奏：“九國不憚遐險，遠貢方物，當與其進，安可豫抑後來？”乃從之。於是始遣行人王恩生、許綱等西使。恩生出流沙，爲蠕蠕所執，竟不果達。

《北史》卷九十七《列傳第八十五·西域》，頁三二〇五至三二〇六

〔五月〕龜茲、疏勒、烏孫、悦般、渴槃陁、鄯善、焉耆、車師、粟持九國入貢于魏。龜茲、疏勒、烏孫、鄯善、焉耆、車師，漢時舊國也。悦般國在烏孫西北，去代一萬九百三十里，其先北匈奴之部落，爲寶憲所破，北單于度金微山，西走康居，其羸弱不能去，住龜茲北地爲悦般國，涼州人猶謂之單于王。渴槃陁國在葱嶺東，朱駒波西。“粟持”，當從《魏

書》《隋書》作"粟特"。粟特國在葱嶺之西,當康居西北,去代一萬六千里,漢之奄蔡國也。龜兹,音丘慈。般,釋典音鉢。槃,薄官翻。陁,徒河翻。鄯,上扇翻。《考異》曰:《後魏書》皆作"烏耆",云漢時舊國也,按《漢書》作"焉耆",今從之。魏主以漢世雖通西域,有求則卑辭而來,無求則驕慢不服;蓋自知去中國絶遠,大兵不能至故也。今報使往來,徒爲勞費,終無所益,欲不遣使。使,疏吏翻;下同。有司固請,以爲"九國不憚險遠,慕義入貢,不宜拒絶,以抑將來"。乃遣使者王恩生等二十輩使西域。恩生等始渡流沙,爲柔然所執,恩生見敕連可汗,可,從刊入聲。汗,音寒。持魏節不屈。魏主聞之,切責敕連,敕連乃遣恩生等還,竟不能達西域。

《資治通鑑》卷一百二十二《宋紀四·文帝元嘉十一年》,頁三八五七至三八五八

龜兹、疏勒、烏孫、悦般、渴槃陀、鄯善、焉耆、車師、粟特諸國始遣使來獻。太武以西域漢世雖通,有求則卑辭而來,無欲則驕慢王命,此其自知絶遠,大兵不可加故也。若報使往來,終無所益,欲不遣使。群臣以"九國不憚險遠,來貢方物,當與其進,不可豫抑"。後來乃從之,於是始遣行人王恩生等西使。恩生出流沙,爲蠕蠕所執,不果。

《通志》卷一百九十六《四夷三·西域》,頁三一三四下

流沙,在衛西……宋元嘉十三年魏主燾遣使者王恩生使西域,渡流沙,爲柔然所獲,遂不能達。其後遣使者詣西域,常詔河西王牧犍發導護送出流沙。

《讀史方輿紀要》卷六十四《陝西十三》,頁三〇三四

　　車師國，一名前部。其王居交河城。去代萬五十里，其
地北接蠕蠕。本通使交易，世祖初，始遣使朝獻，詔行人王恩
生、許綱等出使。恩生等始度流沙，爲蠕蠕所執。恩生見蠕
蠕吳提，持魏節不爲之屈。後世祖切讓吳提，吳提懼，乃遣恩
生等歸。許綱到敦煌，病死，朝廷壯其節，賜謚曰貞。

　　　　《魏書》卷一百二《列傳第九十・西域》，頁二二六四

　　車師國，一名前部，其王居交河城。去代萬五十里。其
地北接蠕蠕，本通使交易。太武初，始遣使朝獻，詔行人王恩
生、許綱等出使。恩生等始度流沙，爲蠕蠕所執。恩生見蠕
蠕吳提，持魏節不爲之屈。後太武切讓吳提，吳提懼，乃遣恩
生等歸。許綱到敦煌病死，朝廷壯其節，賜謚曰貞。

　　　　《北史》卷九十七《列傳第八十五・西域》，頁三二一一

　　世祖時，有闞爽者，自爲高昌太守。太延中，遣散騎侍郎
王恩生等使高昌，爲蠕蠕所執。

　　　　《魏書》卷一百二《列傳第九十・西域》，頁二二四三

　　太武時有闞爽者，自爲高昌太守。太延中，遣散騎侍郎
王恩生等使高昌，爲蠕蠕所執。

　　　　《北史》卷九十七《列傳第八十五・西域》，頁三二一二

　　太延中，遣散騎侍郎王恩生等使高昌，爲蠕蠕所執。

　　　　《通志》卷一百九十六《四夷三・西域》，頁三一三四下

〔夏五月庚申〕遣使者二十輩使西域。

《魏書》卷四《世祖紀》，頁八五

〔夏五月庚申〕遣使者二十輩使西域。

《北史》卷二《魏本紀》，頁四九

秋七月，田於榅楊。

《魏書》卷四《世祖紀》，頁八五

秋七月，田於榅陽。

《北史》卷二《魏本紀》，頁五〇

秋，七月，魏主畋于榅陽。榅陽北出即光禄塞，漢五原之北邊也。師古曰：榅，音固。

《資治通鑑》卷一百二十二《宋紀四·文帝元嘉十二年》，頁三八五八

〔韓茂〕從平平涼，當茂所衝，莫不應弦而殪。由是世祖壯之，拜内侍長，進爵九門侯，加冠軍將軍。後從征蠕蠕，頻戰大捷。

《魏書》卷五十一《列傳第三十九·韓茂》，頁一一二七至一一二八

〔韓茂〕平平涼，當茂所衝，莫不應弦而殪。拜内侍長，進爵九門侯。後從征蠕蠕，頻戰大捷。

《北史》卷三十七《列傳第二十五·韓茂》，頁一三四九

韓茂爲虎賁中郎將,從太武征赫連昌,大破之……從征
蠕蠕,頻戰大捷。與樂平王丕等伐和龍,徙其居民。

　　　　《册府元龜》卷三五三《將帥部·立功六》,頁四一八六

韓茂爲虎賁中郎將,從太武征赫連昌,以功賜茂爵滿陰
子,加强弩將軍,遷侍輦郎。又從征統萬,大破之。及從平平
涼,茂所衝莫不應弦而殪,繇是太武壯之,拜内侍長,進爵九
門侯。從征蠕蠕,頻戰大捷,戰功居多,遷司衛監,録前後功,
拜散騎常侍、殿中尚書,進爵安定公。

　　　　《册府元龜》卷三八一《將帥部·襃異七》,頁四五三〇

〔韓茂〕平平涼,當茂所衝,莫不應弦而殪。拜内侍長,進
爵九門侯。後從征蠕蠕,頻戰大捷。

　　　《通志》卷一百四十九《列傳六十二·韓茂》,頁二三七六中

公元四三六年　魏太武帝太延二年　宋文帝元嘉十三年　柔然敕連可汗八年

八月丁亥,遣使六輩使西域。帝校獵于河西。詔廣平
公張黎發定州七郡一萬二千人,通莎泉道……冬十有一月
己酉,行幸栖楊,驅野馬於雲中,置野馬苑。閏月壬子,車駕
還宫。

　　　　　　　　　《魏書》卷四《世祖紀》,頁八七

八月丁亥,遣使六輩使西域。帝校獵于河西,詔廣平公
張黎發定州七郡一萬二千人通莎泉道……冬十一月己酉,幸

梱陽。驅野馬於雲中，置野馬苑。閏月壬子，車駕還宮。

《北史》卷二《魏本紀》，頁五一

八月，魏主畋于河西。魏主遣廣平公張黎發定州兵一萬二千通莎泉道。莎泉在靈丘。魏收《地形志》：靈丘郡有莎泉縣。隋廢靈丘爲縣，併莎泉入焉。莎，素何翻……冬，十一月，己酉，魏主如梱陽，梱，音固。驅野馬於雲中，置野馬苑；閏月，壬子，還宮。

《資治通鑑》卷一百二十三《宋紀五・文帝元嘉十三年》，頁三八六三

張黎爲鎮北將軍，鎮長安。太武詔黎鎮兵一萬二千人，通莎泉道。帝征涼州，蠕蠕吳提乘虛入寇，黎與司空道生拒擊走之。

《冊府元龜》卷三五三《將帥部・立功六》，頁四一八六

熙生於長安，爲姚氏魏母所養。以叔父樂陵公邈因戰入蠕蠕，魏母携熙逃避至氐羌中撫育。

《魏書》卷八十三《列傳外戚第七十一上・馮熙》，頁一八一八

熙生於長安，爲姚氏魏母所養。以叔父樂陵公邈因戰入蠕蠕，魏母携熙逃避至氐羌中撫育。

《北史》卷八十《列傳第六十八・馮熙》，頁二六七七

熙生於長安，爲姚氏魏母所養。以叔父樂陵公邈因戰入蠕蠕，魏母携熙逃避至氐羌中撫育。

　　　　《通志》卷一百六十五《外戚一·馮熙》，頁二六六九上

公元四三七年　魏太武帝太延三年　宋文帝
元嘉十四年　柔然敕連可汗九年

《北史》曰：烏孫居赤谷城，在龜兹西北，去代一萬八百里。其國數爲蠕蠕所侵，西徙葱嶺山中。無城郭，隨畜牧水草。後魏太延中，遣使者董琬等使其國。後每來朝貢。

　　　　《太平御覽》卷七百九十三《四夷部十四》，頁三五二八

後魏時，其國數爲蠕蠕所侵，西徙葱嶺山中。無城郭，隨畜牧逐水草。太武太延三年，遣使者董琬等使其國。後每朝貢云。

　　　　《通志》卷一百九十六《四夷三·烏孫》，頁三一四五中

公元四三八年　魏太武帝太延四年　宋文帝
元嘉十五年　柔然敕連可汗十年

〔五月〕丙申，行幸五原。秋七月壬午，車駕北伐。事具《蠕蠕傳》。冬十月乙丑，大饗六軍。十二月丁巳，車駕至自北伐。

　　　　　　　　　　《魏書》卷四《世祖紀》，頁八九

秋七月壬申，車駕北伐。冬十一月丁卯朔，日有蝕之。十二月，車駕至自北伐。

　　　　　　　　　　《北史》卷二《魏本紀》，頁五二

　　〔五月〕丙申,魏主如五原;秋,七月,自五原北伐柔然。
命樂平王丕督十五將出東道,永昌王健督十五將出西道,魏
主自出中道。至浚稽山,復分中道為二:陳留王崇從大澤向
涿邪山,魏主從浚稽北向天山,西登白阜,天山在漠北,即唐鐵勒
思結、多濫葛所保之地,非伊吾之折羅漫山也。白阜,疑即雪山。復,扶
又翻。邪,讀曰耶。不見柔然而還。時漠北大旱,無水草,人馬
多死。

　　《資治通鑑》卷一百二十三《宋紀五·文帝元嘉十五年》,
頁三八六八

　　大延四年七月壬午,帝北伐蠕蠕。十月乙丑,大饗六軍。
十二月丁巳,至自北伐。

　　《冊府元龜》卷一一六《帝王部·親征一》,頁一三八八

　　世祖襲蠕蠕,越涿邪山。車駕還,詔健殿後,蠕蠕萬騎追
之,健與數十騎擊之,矢不虛發,所中皆應弦而斃,遂退。威
震漠北。

　　《魏書》卷十七《明元六王列傳第五·永昌王健》,頁
四一五

　　太武襲蠕蠕,越涿邪山,詔健殿後。矢不虛發,所中皆應
弦而斃,威震漠北。

　　《北史》卷十六《列傳第四·明元六王·永昌王健》,頁
六〇三

永昌王健,明元子,才藝比陳留桓王,而智略過之。從太武襲蠕蠕,越涿邪山,詔健殿後,矢不虛發,中皆應弦而斃,威震漠北。

《册府元龜》卷二六六《宗室部·材藝》,頁三一六〇

永昌王健,明元帝次子。姿貌魁壯,大武襲蠕蠕,越涿邪山,詔健殿後,矢不虛發,所中皆應弦而斃,威震漠北。健子仁亦驍勇,有父風,太武奇之。

《册府元龜》卷二七一《宗室部·武勇》,頁三二〇九

永昌王健,所在征戰常有大功。從太武破赫連昌,遂西略至木根。上討和龍,健別攻拔建德。後平叛胡白龍餘黨於西海。帝襲蠕蠕,越涿邪山,詔健殿後。矢不虛發,所中皆應弦而斃,威震漠北。

《册府元龜》卷二九〇《宗室部·立功一》,頁三四一六

太武襲蠕蠕,越涿邪山,詔健殿後。矢不虛發,所中皆應弦而斃,威震漠北。

《通志》卷八十四上《宗室七上·拓跋健》,頁一〇六〇中

〔拓跋崇〕從征蠕蠕,別督諸軍出大澤,越涿邪山,威懾漠北。

《魏書》卷十五《昭成子孫列傳第三·陳留王虔附拓跋崇》,頁三八二

〔拓跋崇〕從征蠕蠕，別督諸軍出大澤，越涿耶山，威懾漠北。

《北史》卷十五《列傳第三·昭成子孫·陳留王虔附拓跋崇》，頁五七五

虔弟崇，爲并州刺史，從道武討蠕蠕，別督諸軍出大澤，越涿耶山，威懾漠北。

《册府元龜》卷二九〇《宗室部·立功一》，頁三四一六

陳留王崇爲荆州刺史，從大武討蠕蠕，別督諸軍出大澤，越祁山，威懼漠北。

《册府元龜》卷三九二《將帥部·威名》，頁四六五五

〔穆崇子顗〕曾從世祖田於崞山……後從駕西征白龍，北討蠕蠕，以功加散騎常侍、鎮北將軍，進爵建安公。出爲北鎮都將，徵拜殿中尚書。

《魏書》卷二十七《列傳第十五·穆崇附穆顗》，頁六七五

〔穆崇子顗〕從太武田崞山……後從征白龍，討蠕蠕，以功進爵建安公。

《北史》卷二十《列傳第八·穆崇附穆顗》，頁七四五

穆崇爲龍驤將軍，進爵長樂侯，從駕西征白龍，北討蠕蠕，以功加散騎常侍、鎮北將軍，進爵建安公。

《册府元龜》卷三八一《將帥部·褒異七》，頁四五二八

〔穆崇子顗〕後從征白龍,討蠕蠕,以功進爵建安公、後拜殿中尚書。

　　《通志》卷一百四十六《列傳五十九‧穆顗》,頁二三〇六下

從征蠕蠕,別督軍出大澤,越涿邪山,威懾漠北。

　　《通志》卷八十四上《宗室七上‧拓跋崇》,頁一〇五六下

涿涂山,在漠外。涂讀邪。山在高闕塞北千餘里……太延四年自五原伐柔然,至浚稽山,分遣拓跋崇從大澤向涿邪山,不見柔然而還。

　　《讀史方輿紀要》卷四十五《山西七》,頁二〇六四

天山,在漠北。魏主燾太延四年伐柔然,從浚稽北向天山,西登白阜。

　　《讀史方輿紀要》卷四十五《山西七》,頁二〇六五

浚稽山,亦在居延塞外……後魏主燾太延四年自五原北伐柔然,自出中道。至浚稽山,復分中道爲二,使拓跋崇從大澤向涿邪山,魏主從浚稽北向天山,西登白阜,不見敵而還。

　　《讀史方輿紀要》卷四十五《山西七》,頁二〇六六

公元四三九年　魏太武帝太延五年　宋文帝元嘉十六年　柔然敕連可汗十一年

初,世祖每遣使西域,常詔河西王沮渠牧犍令護送,至姑臧,牧犍恒發使導路出於流沙。後使者自西域還,至武威,牧犍左右謂使者曰:"我君承蠕蠕吳提妄說,云:'去歲魏天子

自來伐我，士馬疫死，大敗而還，我禽其長弟樂平王丕。'我君大喜，宣言國中。"又聞吳提遣使告西域諸國，稱："魏已削弱，今天下唯我爲强，若更有魏使，勿復恭奉。"西域諸國亦有貳者。牧犍事主稍以慢惰。使還，具以狀聞，世祖遂議討牧犍。

《魏書》卷一百二《列傳第九十·西域》，頁二二六〇

初，太武每遣使西域，常詔河西王沮渠牧犍，令護送。至姑臧，牧犍恒發使導路，出於流沙。後使者自西域還至武威，牧犍左右謂使者曰："我君承蠕蠕吳提妄説，云：'去歲魏天子自來伐我，士馬疫死，大敗而還，我擒其長弟樂平王丕。'我君大喜，宣言國中。又聞吳提遣使告西域諸國：'魏已削弱，今天下唯我爲强。若更有魏使，勿復恭奉。'西域諸國，亦有貳。"且牧犍事主，稍以慢墮。使還，具以狀聞。太武遂議討牧犍。

《北史》卷九十七《列傳第八十五·西域》，頁三二〇六

魏每遣使者詣西域，使，疏吏翻；下同。常詔牧犍發導護送出流沙。使者自西域還，至武威，牧犍左右有告魏使者曰："我君承蠕蠕可汗妄言云：可，從刊入聲。汗音寒。'去歲魏天子自來伐我，士馬疫死，大敗而還；還，從宣翻，又如字；下同。我擒其長弟樂平王丕。'我君大喜，宣言於國。又聞可汗遣使告西域諸國，稱'魏已削弱，今天下唯我爲强，若更有魏使，勿復供奉'。西域諸國頗有貳心。"復，扶又翻；下能復同。兩屬曰貳。西域既貢奉魏，又信柔然之言，是有貳心。使還，具以狀聞。魏主遣尚

書賀多羅使涼州觀虛實，多羅還，亦言牧犍雖外脩臣禮，內實乖悖。悖，蒲內翻，又蒲没翻。

魏主欲討之，以問崔浩。對曰："牧犍逆心已露，不可不誅。官軍往年北伐，雖不克獲，實無所損。戰馬三十萬匹，計在道死傷不滿八千，常歲羸死亦不減萬匹。羸，倫爲翻。而遠方乘虛，遂謂衰耗不能復振。今出其不意，大軍猝至，彼必駭擾，不知所爲，擒之必矣。"魏主曰："善！吾意亦以爲然。"於是大集公卿議於西堂。魏平城太極殿有東、西堂。

弘農王奚斤等三十餘人皆曰："牧犍，西垂下國，雖心不純臣，然繼父位以來，職貢不乏。朝廷待以藩臣，妻以公主；妻，七細翻。今其罪惡未彰，宜加恕宥。國家新征蠕蠕，蠕，人兗翻。士馬疲弊，未可大舉。且聞其土地鹵瘠，鹹地曰鹵，墝地曰瘠。難得水草，大軍既至，彼必嬰城固守。攻之不拔，野無所掠，此危道也。"

初，崔浩惡尚書李順，伐夏之役，浩、順有隙。順以使涼爲魏主所寵待，浩愈惡之。惡，烏路翻。順使涼州凡十二返，使，疏吏翻。魏主以爲能。涼武宣王數與順遊宴，沮渠蒙遜謚武宣王。數，所角翻。對其群下時爲驕慢之語；恐順泄之，隨以金寶納於順懷，順亦爲之隱。亦爲，于僞翻。浩知之，密以白魏主，魏主未之信。及議伐涼州，順與尚書古弼皆曰："自溫圉水以西至姑臧，據《北史》，"溫圉水"當作"溫圍"。地皆枯石，絶無水草。彼人言，姑臧城南天梯山上，冬有積雪，深至丈餘，春夏消釋，下流成川，居民引以溉灌。彼聞軍至，決此渠口，水必乏絶。彼人，謂涼人也。環城百里之內，環，音宦。地不生草，人馬飢渴，難以久留。斤等之議是也。"魏主乃命浩與斤等相詰難，衆無復他言,但云"彼無水草"。浩曰:"漢書地理志稱'涼州之畜爲天下饒',若無水草,畜何以蕃? 詰,去吉翻。難,乃旦翻。復,扶又翻;下敢復同。《漢書·地理志》曰:涼州土廣民稀,水草宜畜牧,故涼州之畜爲天下饒。畜,許救翻,又許六翻。蕃音繁。又,漢人終不於無水草之地築城郭,建郡縣也。且雪之消釋,僅能斂塵,何得通渠溉灌乎! 此言大爲欺誣矣。"欺,詿也。誣,詐也。李順曰:"耳聞不如目見,吾嘗目見,何可共辯?"浩曰:"汝受人金錢,欲爲之遊説,謂我目不見便可欺邪!"帝隱聽,聞之,爲,于僞翻。説,輸芮翻。隱聽者,隱屏而聽也。乃出見斥等,辭色嚴厲,群臣不敢復言,唯唯而已。唯,于癸翻。

　　《資治通鑑》卷一百二十三《宋紀五·文帝元嘉十六年》,頁三八七〇至三八七二

　　十六年,魏使者自西域還至武威,牧犍左右有告使者曰:"我君承蠕蠕可汗妄言,云:'去歲魏天子自來伐我,士馬疲死,大敗而還。'我君大喜,宣言於國。"

　　《通志》卷一百九十二《載記七·且渠牧犍》,頁三〇九二下

　　是時,河西王沮渠牧犍内有貳意,世祖將討焉,先問於浩。浩對曰:"牧犍惡心已露,不可不誅。官軍往年北伐,雖不克獲,實無所損。于時行者内外軍馬三十萬匹,計在道死傷不滿八千,歲常羸死,恒不減萬,乃不少於此。而遠方承虛,便謂大損,不能復振。今出其不意,不圖大軍卒至,必驚駭騷擾,不知所出,擒之必矣。且牧犍劣弱,諸弟驕恣,爭權從橫,民心離解。加比年以來,天災地變,都在秦涼,成滅之

國也。”世祖曰：“善，吾意亦以爲然。”命公卿議之。弘農王奚斤等三十餘人皆曰：“牧犍西垂下國，雖心不純臣，然繼父職貢，朝廷接以蕃禮。又王姬釐降，罪未甚彰，謂宜羈縻而已。今士馬勞止，宜可小息。又其地鹵斥，略無水草，大軍既到，不得久停。彼聞軍來，必完聚城守，攻則難拔，野無所掠。”於是尚書古弼、李順之徒皆曰：“自温圍河以西，至於姑臧城南，〔二〕天梯山上冬有積雪，深一丈餘，至春夏消液，下流成川，引以溉灌。彼聞軍至，決此渠口，水不通流，則致渴乏。去城百里之内，赤地無草，又不任久停軍馬。斤等議是也。”世祖乃命浩以其前言與斤共相難抑。諸人不復餘言，唯曰“彼無水草”。浩曰：“《漢書‧地理志》稱：‘涼州之畜，爲天下饒。’若無水草，何以畜牧？又漢人爲居，終不於無水草之地築城郭、立郡縣也。又雪之消液，纔不斂塵，何得通渠引漕，溉灌數百萬頃乎？此言大詆誣於人矣。”李順等復曰：“耳聞不如目見，吾曹目見，何可共辨！”浩曰：“汝曹受人金錢，欲爲之辭，謂我目不見便可欺也！”世祖隱聽，聞之乃出，親見斤等，辭旨嚴厲，形於神色。群臣乃不敢復言，唯唯而已。

【校勘記】

〔二〕至於姑臧城南　《北史》卷二一《崔宏附崔浩傳》此句作“至於涼州，地純枯石，了無水草，不見流川。又言姑臧城南”，“至於”下多出十六字。按無此十六字，語意不全，當是本書傳本脱去。

《魏書》卷三十五《列傳第二十三‧崔浩》，頁八二二至八二三、八二八

　　時河西王沮渠牧犍内有貳意，帝將討焉，先問於浩。浩對曰：“牧犍惡心已露，不可不誅。官軍往年北伐，雖不克獲，實無所損。于時行者，内外軍馬三十萬匹，計在道死傷，不滿八千。歲常羸死，恒不減萬，乃不少於前。而遠方承虛，便謂大損，不能復振。今出其不圖，大軍卒至，必驚懼騷擾，不知所出，擒之必矣。牧犍劣弱，〔三一〕諸弟驕恣，爭權縱橫，人心離解。加以比年以來，天灾地變，都在秦、凉，成滅之國也。”

　　帝命公卿議之，恒農王奚斤等三十餘人皆表曰：“牧犍西垂下國，雖心不爲純臣，然繼父修職貢，朝廷接以蕃禮。又王姬釐降，罪未甚彰，謂且羈縻而已。今士馬勞止，可宜小息。又其地鹵斥，略無水草，大軍既到，不得久停。彼聞軍來，必完聚城守，攻則難拔，野無所掠。”於是尚書古弼、李順之徒皆曰：“自温圉河以西至於凉州，地純枯石，了無水草，不見流川。皆言姑臧城南天梯山上，冬有積雪深一丈，至春夏消液，下流成川，引以溉灌。彼聞軍至，決此渠口，水不通流，則致渴乏。去城百里之内，赤地無草，不任久停軍馬。斤等議是也。”帝乃命浩以其前言與斤共相難抑。諸人不復餘言，唯曰彼無水草。浩曰：“漢書地理志稱‘凉州之畜，爲天下饒’，若無水草，何以畜牧？又漢人爲居，終不於無水草之地築城郭立郡縣也。又雪之消液，裁不敏塵，何得通渠引漕，溉灌數百萬頃乎？此言大詆誣於人矣。”李順等復曰：“吾曹目見，何可共辯？”浩曰：“汝曹受人金錢，欲爲之辭，謂我目不見便可欺也！”帝隱聽，聞之乃出，親見斤等，辭旨嚴厲，形於神色。群臣乃不敢復言。

【校勘記】

〔三一〕牧犍劣弱　諸本“劣”作“幼”,《魏書》作“劣”。張森楷云:“牧犍非幼主,當以‘劣’爲是。”按“幼”乃“劣”之訛。“幼”俗體作“㓜”與“劣”形似。今據改。

《北史》卷二十一《列傳第九・崔宏附崔浩》,頁七八六至七八七、八〇二

是時,河西王沮渠牧犍内有貳意,太武將討焉,先問於浩,浩對曰:“牧犍惡心已露,不可不誅。官軍往年北伐,雖不克獲,實無所損。于時行者,内外軍馬三十萬匹,計在道死傷,不滿八千,歲嘗羸死,嘗不減萬,乃不少於此。而遠方乘虛,便謂大損,不能復振。今出其圖,大軍卒至,必驚駭騷擾,不知所出,擒之必矣。且牧犍劣弱,諸弟交恣,爭權從横,民心離解。加比年以來,天災地變,都在秦梁,亡滅之國。”帝曰:“善。吾意亦以爲然。”命公卿議之,弘農王奚斤等三十餘人皆曰:“牧犍西垂下國,雖心不絶臣,然繼父職,貢朝廷,接以蕃禮,又王姬釐降,罪未甚彰,謂且羈縻而已。今士馬勞止,宜可小息。又其地鹵斥,略無水草,大軍既到,不得久停,彼聞軍來,必完聚城守,攻則難拔,野無所掠。”於是尚書左弼李順之徒皆曰:“自温圍河以西,至於姑臧城南天梯山上,冬有積雪,深一丈餘,至春夏消液,下流成川,引以溉灌。彼聞軍至,決此渠口,水不通流,則至渴乏。去城百里之内,赤地無草,又不任久停軍馬,斤等議是也。”帝乃命浩以其前言與斤共相難抑,諸人不復餘言,唯曰:“彼無水草。”浩曰:“《漢書・地理志》稱涼州之畜爲天下饒,無水草何以畜牧。又漢人爲居,終

不於無水草之地築城郭立郡縣也。又雪之消液，裁不斂塵，何得通渠引漕，溉灌數百萬頃乎？此言大詆誣於人矣。"李順等復曰："耳聞不如目見，吾曹目見，何可共辯？"浩曰："汝曹愛人金錢，欲爲之辭，謂目不見便可欺也？"帝隱聽聞之，乃出，親見斥等，辭旨嚴厲，形於神色，群臣乃不敢言，唯唯而已。

《册府元龜》卷三一二《宰輔部·獻猷》，頁三六八六至三六八七

五月丁丑，治兵於西郊……六月甲辰，車駕西討沮渠牧犍，侍中、宜都王穆壽輔皇太子決留臺事；大將軍、長樂王嵇敬，輔國大將軍、建寧王崇二萬人屯漠南，以備蠕蠕。

《魏書》卷四《世祖紀》，頁八九

六月甲辰，車駕西討沮渠牧犍。侍中、宜都王穆壽輔皇太子決留臺事，大將軍長樂王嵇敬、輔國大將軍建寧王崇二萬人屯漠南，以備蠕蠕。

《北史》卷二《魏本紀》，頁八九

五年六月甲辰，帝西討沮渠牧犍。侍中、宜都王穆壽輔皇太子決留臺事。大將軍、長樂王稽敬、輔國大將軍、建寧王崇二萬人屯漠南，以備蠕蠕。

《册府元龜》卷一一六《帝王部·親征一》，頁一三八八

五年六月甲辰，車駕西討沮渠牧犍，侍中宜都王穆壽輔皇太子決留臺事，大將軍長樂嵇敬、輔國大將軍建寧王崇二

萬人屯漠南,以備蠕蠕。

　　　　　《册府元龜》卷九九〇《外臣部・備御三》,頁一一六二七

　　六月甲辰,車駕西討沮渠牧犍。侍中、宜都王穆等輔皇太子決留臺事,大將軍長樂王嵇敬、輔國大將軍建寧王崇二萬人屯漠南,以備蠕蠕。

　　　　　　　　　《通志》卷十一《宋紀十一》,頁二二〇

　　太延五年,世祖遣尚書賀多羅使涼州,且觀虛實。以牧犍雖稱蕃致貢,而内多乖悖,於是親征之。詔公卿爲書讓之曰:"……知朝廷志在懷遠,固違聖略,切税商胡,以斷行旅,罪四也。揚言西戎,高自驕大,罪五也……北託叛虜,南引仇池,憑援谷軍,〔一二〕提挈爲姦,罪七也……"官軍濟河,牧犍曰:"何故爾也!"用其左丞姚定國計,不肯出迎,求救於蠕蠕,又遣弟董來率兵萬餘人拒官軍於城南,戰退。車駕至姑臧,遣使喻牧犍令出。牧犍聞蠕蠕内侵於善無,幸車駕返斾,遂嬰城自守。

　　【校勘記】

　　〔一二〕憑援谷軍　"谷軍"不可解,"谷"字當訛。

　　　　　《魏書》卷九十九《列傳第八十七・沮渠牧犍》,頁二二〇七、二二一二

　　太延五年,太武遣尚書賀羅使涼州,且觀虛實。帝以牧犍雖稱藩致貢,而内多乖悖,於是親征之。詔公卿爲書讓之,數其罪十二。官軍濟河,牧犍曰:"何故爾也?"用其左丞姚

定國計,不肯出迎,求救於蠕蠕。遣大將董來萬餘人拒軍於城南,戰退。車駕至姑臧,遣使喻牧犍令出。牧犍聞蠕蠕内侵善無,^{〔四〇〕}冀車駕返斾,遂嬰城自守。

【校勘記】

〔四〇〕牧犍聞蠕蠕内侵善無　諸本“善無”倒作“無善”,據《魏書》乙。

《北史》卷九十三《列傳第八十一·北涼·沮渠牧犍》,頁三〇八四、三一〇五

牧犍聞魏師濟河,用其左丞姚定國計,不肯出迎,求救於蠕蠕。遣其弟征南大將軍董來將萬餘人出戰,望風奔潰。太武至姑臧,遣使諭牧犍出降,牧犍聞蠕蠕欲入魏邊,冀幸太武東還,遂嬰城固守。

《通志》卷一百九十二《載記七·沮渠牧犍》,頁三〇九二下

興駕征涼州,命壽輔恭宗,總録要機,内外聽焉。行次雲中,將濟河,宴諸將於宮。世祖別御静室,召壽及司徒崔浩、尚書李順,世祖謂壽曰:“蠕蠕吳提與牧犍連和,今聞朕征涼州,必來犯塞,若伏兵漠南,殄之爲易。朕故留壯兵肥馬,使卿輔佐太子。收田既訖,便可分伏要害,以待虜至,引使深入,然後擊之,擒之必矣。涼州路遠,朕不得救。卿若違朕指授,爲虜侵害,朕還斬卿。崔浩、李順爲證,非虚言也。”壽頓首受詔。壽信卜筮之言,謂賊不來,竟不設備。而吳提果至,侵及善無,京師大駭。壽不知所爲,欲築西郭門,請恭宗避保南山。惠太后不聽,乃止。遣司空長孫道生等擊走之。世祖

還，以無大損傷，故不追咎。

《魏書》卷二十七《列傳第十五·穆崇附穆壽》，頁六六五

興駕征涼州，命壽輔景穆，總録機要，内外聽焉。次雲中，將濟河，帝別御静室，召壽及司徒崔浩、尚書李順，謂壽曰：“蠕蠕吴提與牧犍連和，今聞朕征涼州，必來犯塞。若伏兵漠南，殄之爲易。牧田訖，〔一一〕可分伏要害，以待虜至，引使深入，然後擊之。若違朕指授，爲虜侵害，朕還斬卿。崔浩、李順爲證，非虚言也。”壽信卜筮言，謂賊不來，竟不設備。吴提果至，京邑大駭。壽不知所爲，欲築西郭門，請景穆避保南山，惠保太后不聽，乃止。遣司空長孫道生等擊之。太武還，以無大損傷，故不追咎。

【校勘記】

〔一一〕牧田訖　《魏書》“牧”作“收”。按“收田”指收穫谷物。當時代都附近農業頗爲重要，《魏書》卷二《太祖紀》天興元年二月，詔“給内徙新民耕牛，計口受田”，可證。“牧”當是“收”之訛。

《北史》卷二十《列傳第八·穆崇附穆壽》，頁七四〇、七六三

魏主之西伐也，穆壽送至河上，自平城送魏主西至河。魏主敕之曰：“吴提與牧犍相結素深，聞朕討牧犍，吴提必犯塞，柔然敕連可汗名吴提。朕故留壯兵肥馬，使卿輔佐太子。收田既畢，即發兵詣漠南，分伏要害以待虜至，引使深入，然後擊之，無不克矣。涼州路遠，朕不得救，卿勿違朕言！”壽頓首受命。

壽雅信中書博士公孫質，以爲謀主。壽、質皆信卜筮，以爲柔然必不來，不爲之備。質，軌之弟也。公孫軌見一百二十卷四年。

《資治通鑑》卷一百二十三《宋紀五·文帝元嘉十六年》，頁三八七五

穆壽，太武時爲宜都王、征東將軍。及興駕征涼州，命壽輔太子，總錄機要，內外聽焉。行次雲中，將濟河，宴諸將於宮。太武別御靜宮，召壽及司徒崔浩、尚書李順。太武謂壽曰："蠕蠕吳提與牧犍連和，今聞朕征涼州，必來犯塞。若伏兵漠南，殄之爲易。朕故留北兵肥馬，使卿輔佐太子，收田既訖，便可分伏要害，以待虜至，引使深入，然後擊之，擒之必矣。涼州路遠，朕不得救，卿若違朕指授，爲虜侵害，朕還斬卿。崔浩、李順爲證，非虛言也。"壽頓首受詔。壽信卜筮之言，謂賊不來，竟不設備。而吳提果至，侵及善無，京師大駭。壽不知所爲，欲築西郭門，請太子避保南山。太后不聽，乃止。遣司空長孫道生等擊走之。太武還，以無大損傷，故不追咎。

《册府元龜》卷四三九《將帥部·違命》，頁五一一

興駕征涼州，命壽輔景穆，總錄機要，內外聽焉。次雲中，將濟河，帝別御靜室，召壽及司徒崔浩、尚書李順，謂壽曰："蠕蠕吳提與牧犍連和，今聞朕征涼州，必來犯塞，若伏兵漠南，殄之爲易。牧田訖，可分伏要害，以待虜至，引使深入，然後擊之。若違朕指授，爲虜侵害，朕還斬卿。崔浩、李順爲證，非虛言也。"壽信卜筮言，謂賊不來，竟不設備。吳提果至，京邑大駭。壽不知所爲，欲築西郭門，請景穆避保南山。

惠保太后不聽,乃止。遣司空長孫道生等擊之。太武還,以無大損傷,故不追咎。

《通志》卷一百四十六《列傳五十九·穆壽》,頁二三〇五下

世祖征涼州,留宜都王穆壽輔恭宗。時蠕蠕乘虛犯塞,候騎至於京師,京師大震。壽雅信任〔公孫〕質,以爲謀主。質性好卜筮,卜筮者咸云寇必不來,故不謀備。由質幾致敗國。

《魏書》卷三十三《列傳第二十一·公孫表附公孫質》,頁七八五

太武征涼州,留宜都王穆壽輔景穆。時蠕蠕乘虛犯塞,京師震恐。壽雅信任質,爲謀主。質性好卜筮,卜筮者咸云必不來,故不設備。由質,幾敗國。

《北史》卷二十七《列傳第十五·公孫表附公孫質》,頁九七六

太武征涼州,留宜都王穆壽輔景穆。時蠕蠕乘虛犯塞,京師震恐。壽雅信任質,爲謀主。質性好卜筮,卜筮者咸云必不來,故不設備。由質,幾敗國。

《通志》卷一百四十七《列傳第十五·穆壽》,頁二三三五下

先是,世祖保母竇氏……及即位,尊爲保太后,後尊爲皇太后……世祖征涼州,蠕蠕吳提入寇,太后命諸將擊走之。

《魏書》卷十三《皇后列傳第一·太武惠太后竇氏》,頁

三二六

先是，太武保母竇氏……及即位，尊爲皇太后[一一]……帝征涼州，蠕蠕吴提入寇，太后命諸將擊走之。

【校勘記】

〔一一〕及即位尊爲皇太后　《魏書》《御覽》作："及即位，尊爲保太后，後尊爲皇太后。"按本書卷二《太武紀》，始光二年尊保母竇氏爲保太后。延和元年，復尊爲皇太后。此當脱"尊爲保太后後"六字。

《北史》卷十三《列傳第一·太武惠太后竇氏》，頁四九四、五○九

柔然敕連可汗聞魏主向姑臧，乘虛入寇，留其兄乞列歸與嵇敬、建寧王崇相拒於北鎮。北鎮，即魏主破降高車所置六鎮也。以在平城之北，故曰北鎮。或曰，北鎮直代都北，即懷朔鎮。自帥精騎深入，帥，讀曰率。騎，奇寄翻。至善無七介山，平城大駭，民爭走中城。走，音奏。穆壽不知所爲，欲塞西郭門，塞，悉則翻。請太子避保南山，竇太后不聽而止。竇太后，即保太后。遣司空長孫道生、征北大將軍張黎拒之於吐頹山。會嵇敬、建寧王崇擊破乞列歸於陰山之北，擒之，并其伯父他吾無鹿胡及將帥五百人，將，即亮翻。帥，所類翻。斬首萬餘級。敕連聞之，遁去，追至漠南而還。

《資治通鑑》卷一百二十三《宋紀五·文帝元嘉十六年》，頁三八七六

　　後魏太武始光二年,尊保母竇氏曰保太后。延和元年,尊爲皇太后……帝征凉州蠕蠕,吳提入寇,太后命諸將擊走之。

　　　　《册府元龜》卷三八《帝王部·尊乳保》,頁四二八

　　帝征凉州蠕蠕入寇太后命諸將擊走之。

　　　　《通志》卷二十《后妃傳二·太武惠太后竇氏》,頁三九四下

　　〔九月〕戊子,蠕蠕犯塞,遂至七介山,京師大駭。皇太子命上黨王長孫道生等拒之。事具《蠕蠕傳》。

　　　　　　《魏書》卷四《世祖紀》,頁九〇

　　〔九月〕戊子,蠕蠕犯塞,遂至七介山,京都大駭。皇太子命上黨王長孫道生等拒之。

　　　　　　《北史》卷二《魏本紀》,頁五三

　　太武太元五年六月,車駕西討沮渠牧犍,侍中宜都王穆壽輔皇太子決留臺事。九月,蠕蠕犯塞,遂至七介山,京師大駭。皇太子命上黨王長孫道生等拒之。

　　　　《册府元龜》卷二五九《儲宫部·監國》,頁三〇七七

　　戊子,蠕蠕犯塞,遂至七介山,京都大駭。皇太子命上黨王長孫道生等拒之。

　　　　　《通志》卷十五上《後魏紀十五上》,頁二七九上

　　七介山,在府境。宋元嘉十六年柔然聞魏主燾伐姑臧,乘虚深入,至善無、七介山,平城大駭,遣軍拒却之於吐頹山。《志》云:今府西南

四十五里有七峰山,或以爲即七介山也。善無,見前代州。○車崙山,在府北塞外。崙,北史作“輪”。魏主濬太安三年北巡至陰山,伐柔然,軍於車輪山。宋元徽三年魏主宏如武州山,又如車輪山是也。

　　《讀史方輿紀要》卷四十四《山西六》,頁二○○七

　　車駕征涼州,蠕蠕吴提乘虛入寇,黎與司空道生拒擊之。

　　《魏書》卷二十八《列傳第十六·張黎》,頁六九三

　　明年六月,帝西征,詔大將軍嵇敬等帥衆二萬屯漠南,[一五]以備暴寇。九月,蠕蠕乘虛犯塞,遂至七介山,京師大駭,司空長孫道生等并力拒之,虜乃退走。

【校勘記】

〔一五〕詔大將軍嵇敬等帥衆二萬屯漠南　　諸本“嵇”訛“黎”,今據卷四上《世祖紀上》太延五年六月條、卷一○三《蠕蠕傳》(補)改正。

　　《魏書》卷一百五之三《天象志三》,頁二四○四、二四二一

　　世祖征蠕蠕,破涼州,常隨駕別督輜重。

　　《魏書》卷四十《列傳第二十八·陸俟傳》,頁九○二

　　帝征蠕蠕,破涼州,常隨駕別督輜重。

　　《北史》卷二十八《列傳第十六·陸俟傳》,頁一○○八

　　太武征涼州,蠕蠕吴提乘虛入寇,黎與司空長孫道生拒

擊走之。

　　　　《北史》卷二十五《列傳第十三·張黎》，頁九〇八

　　太武征涼州，蠕蠕吳提乘虛入寇，黎與長孫道生拒擊走之。
　　　　《通志》卷一百四十七《列傳六十·陸俟》，頁二三二五下

　　帝征蠕蠕，破涼州，常隨駕別督輜重。
　　　　《通志》卷一百四十七《列傳六十·張黎》，頁二三四下

　　〔羅結子斤〕後平涼州，攻城野戰，多有克捷，以功賜爵帶
方公，除長安鎮都大將。會蠕蠕侵境，馳驛徵還，除柔玄鎮都
大將。後以斤機辯，敕與王俊使蠕蠕，迎女備後宮。
　　　　《魏書》卷四十四《列傳第三十二·羅結附羅斤》，頁九八八

　　〔羅結子斤〕從平涼州，以功賜爵帶方公，除長安鎮都大
將。會蠕蠕侵境，除柔玄鎮都大將。
　　　　《北史》卷二十《列傳第八·羅結附羅斤》，頁七五六

　　〔羅結子斤〕從平涼州，以功賜爵帶方公，除長安鎮都大
將，會蠕蠕侵境，除柔元鎮都大將。
　　　　《通志》卷一百四十六《列傳五十九·羅斤》，頁二三〇九上

　　初，世祖將北征，發民驢以運糧，使軌部詣雍州。軌令驢
主皆加絹一匹，乃與受之……坐徵還。
　　　　《魏書》卷三十三《列傳第二十一·公孫表附公孫軌》，

頁七八四

　　初,太武將北征,發驢以運糧,使軌部詣雍州。[四]軌令驢主皆加絹一匹,乃與受之……坐徵還。

　　【校勘記】

　　〔四〕使軌部詣雍州　諸本"詣"訛"調",據《魏書》改。

　　《北史》卷二十七《列傳第十五·公孫表附公孫軌》,頁九七五、一〇〇二

　　乃詔浩曰:"昔皇祚之興,世隆北土……太宗承統,光隆前緒,釐正刑典,大業惟新。然荒域之外,猶未賓服。此祖宗之遺志,而貽功於後也。朕以眇身,獲奉宗廟,戰戰兢兢,如臨淵海,懼不能負荷至重,繼名丕烈。故即位之初,不遑寧處,揚威朔裔,掃定赫連。"

　　《魏書》卷三十五《列傳第二十三·崔浩》,頁八二三

　　突厥者,蓋匈奴之別種,姓阿史那氏……子孫蕃育,漸至數百家。經數世,相與出穴,臣於茹茹。居金山之陽,爲茹茹鐵工。

　　《周書》卷五十《列傳第四十二·異域下·突厥》,頁九〇七

　　突厥之先,平涼雜胡也,姓阿史那氏。後魏太武滅沮渠氏,阿史那以五百家奔茹茹,世居金山,工於鐵作……有阿賢設者,率部落出於穴中,世臣茹茹。至大葉護,種類漸强。當後魏之末,有伊利可汗,以兵擊鐵勒,大敗之,降五萬餘家,遂

求婚於茹茹。茹茹主阿那瓌大怒，遣使罵之。伊利斬其使，率衆襲茹茹，破之。卒，弟逸可汗立，[一]又破茹茹。病且卒，捨其子攝圖，立其弟俟斗，[二]稱爲木杆可汗。木杆勇而多智，遂擊茹茹，滅之。

【校勘記】

〔一〕弟逸可汗立　《周書·突厥傳》作"子科羅立，科羅號乙息記可汗"。

〔二〕俟斗　《周書·突厥傳》作"俟斤"。

《隋書》卷八十四《列傳第四十九·北狄·突厥》，頁一八六三至一八六四、一八八五

突厥者，其先居西海之右，獨爲部落，蓋匈奴之別種也。姓阿史那氏……漸至數百家，經數世，有阿賢設者，率部落出於穴中，臣於蠕蠕。至大葉護，種類漸强。當魏之末，有伊利可汗，以兵擊鐵勒，大敗之，降五萬餘家。遂求婚於蠕蠕主，阿那瓌大怒，遣使罵之。伊利斬其使，率衆襲蠕蠕，破之。卒，弟阿逸可汗立，[一]又破蠕蠕。病且卒，捨其子攝圖，立其弟俟叔稱爲木杆可汗。[二]

【校勘記】

〔一〕弟阿逸可汗立　《隋書》卷八四《突厥傳》無"阿"字。按本傳下文又云伊利死，子科羅立，號乙息記可汗。逸可汗、乙息記可汗當是一人，而作"子"作"弟"不同。

〔二〕立其弟俟叔稱爲木杆可汗　按下文言木杆可汗名俟斤，此作"叔"，當誤。

《北史》卷九十九《列傳第八十七·突厥》，頁三二八五

至三二八六、三三〇五

後魏太武滅沮渠氏,[三〇]沮渠茂虔都姑臧,[三一]謂之北涼,爲魏所滅。阿史那以五百家奔蠕蠕,代居金山,[三二]狀如兜鍪,俗呼兜鍪爲“突厥”,因以爲號。

【校勘記】

[三〇]沮渠氏 “沮”原作“且”,據《隋書・北狄傳》(一八六三頁)、《北史・突厥傳》(三二八六頁)、《太平寰宇記》卷一九四改。注同。

[三一]沮渠茂虔 “茂虔”原作“牧犍”,據明刻本、朝鮮本、王吴本改。

[三二]代居金山 “山”下原衍“城”,據《周書・異域傳下》(九〇七頁)、《隋書・北狄傳》(一八六三頁)、《北史・突厥傳》(三二八六頁)、《太平寰宇記》卷一九四、《册府》卷九五六(一一二五一頁)删。

《通典》卷一百九十七《邊防十三・北狄四・突厥上》,頁五四〇一、五四二〇

後狼生十男,長大外託妻孕,其後各爲一姓,阿史那即其一也。子孫蕃育,漸至數百家。經數代,相與穴處而臣於蠕蠕。[三四]

【校勘記】

[三四]相與穴處而臣於蠕蠕 《周書・異域傳下》(九〇七頁)、《太平寰宇記》卷一九四“穴處”作“出穴”。《隋

書·北狄傳》（一八六四頁）、《北史·突厥傳》（三二八五頁）並作“率部落出於穴中臣於蠕蠕”。均與此異。

《通典》卷一百九十七《邊防十三·北狄四·突厥上》，頁五四〇二、五四二一

後魏太武滅沮渠氏，沮渠茂虔都姑臧，[三九]謂之北凉，爲魏所滅。阿史那以五百家奔蠕蠕，代居金山。工于鐵作。金山狀如兜鍪，俗呼兜鍪爲“突厥”，因以爲號。

【校勘記】

〔三九〕沮渠茂虔　“茂虔”，底本作“牧犍”，萬本同，據宋版及《通典·邊防一三》改。

《太平寰宇記》卷之一百九十四《四夷二十三·北狄六·突厥上》，頁三七一八、三七二七

後狼生十男，長大外託妻孕，其後各爲一姓，阿史那即其一也。子孫蕃育，漸至數百家。經數世，相與出穴，臣于蠕蠕。

《太平寰宇記》卷之一百九十四《四夷二十三·北狄六·突厥上》，頁三七一八

《後周書》曰：突厥之先臣於茹茹，居金山之陽，爲茹茹鐵工。金山形似兜鍪，其俗謂兜鍪爲突厥，因以爲號。

《太平御覽》卷三百五十六《兵部八十七》，頁一六三七

突厥本平凉雜胡，姓阿史那氏。魏太武滅阻渠氏，阿史

那以五百家奔蠕蠕,世居金山之陽,爲蠕蠕鐵工,金山形似兜
鍪,俗呼兜鍪爲突厥,因以爲號。

　　　《通志》卷二百《四夷七·突厥》,頁三二〇九上

　　突厥其先,居西海之右,獨爲部落,蓋匈奴之別種也。姓
阿史那氏……漸至數百家,經數世,有阿賢設者,率部落出於
穴中,臣於蠕蠕。至大葉護,種類稍强。當魏之末,有伊利可
汗,以兵擊鐵勒,大敗之,降五萬餘家。復襲破蠕蠕部落,遂
盛。伊利卒,弟阿逸可汗立,又破蠕蠕。阿逸病且卒,捨其子
攝圖,立其弟叔稱爲木杆可汗。

　　　《通志》卷二百《四夷七·突厥》,頁三二〇九上

　　突厥之先,平凉今平凉郡雜胡也,蓋匈奴之別種。姓阿史
那氏。後魏太武滅沮渠氏沮渠牧犍都姑臧,謂之北凉,爲魏所滅,
阿史那以五百家奔蠕蠕,代居金山,城狀如兜鍪,俗呼兜鍪爲
"突厥",因以爲號。

　　　《文獻通考》卷三百四十三《四裔二十·突厥上》,頁
九五〇一

　　後狼生十男,長大外託妻孕。其後各爲一姓,阿史那即
其一也。子孫蕃育,漸至數百家,經數代,相與穴處而臣於蠕
蠕。又云,先出於索國,在匈奴之北。其部落大人曰阿謗步,
兄弟十七人。

　　　《文獻通考》卷三百四十三《四裔二十·突厥上》,頁
九五〇一

突厥,匈奴之別種也。其初爲西方小國,姓阿史那氏,世居金山之陽,爲柔然鐵工。至其酋長土門始強大,頗侵魏西邊。東魏武定三年高歡遣使通突厥。西魏大統十七年大破高車,始與柔然絶。明年擊敗柔然,殺阿那瓌,自稱伊利可汗,自是日以盛強。梁敬帝紹泰初,突厥木杆可汗擊滅柔然,因西破嚈噠,東走契丹,北并契骨。其地東自遼海,西至西海,長萬里,南自沙漠以北五六千里皆屬焉。

《讀史方輿紀要》卷四十五《山西七》,頁二〇七四

公元四四〇年　魏太武帝太平真君元年　宋文帝元嘉十七年　柔然敕連可汗十二年

六月丁丑,皇孫濬生,大赦,改年。

《魏書》卷四《世祖紀》,頁九三

六月丁丑,皇孫濬生,大赦改元。

《北史》卷二《魏本紀》,頁五四

六月,丁丑,魏皇孫濬生,大赦,改元太平真君,取寇謙之神書云"輔佐北方太平真君"故也。寇謙之神書見一百十九卷營陽王景平元年。

《資治通鑑》卷一百二十三《宋紀五·文帝元嘉十七年》,頁三八八五

高宗文成皇帝,諱濬,恭宗景穆皇帝之長子也。母曰閭氏,真君元年六月生於東宫。

《魏書》卷五《高宗紀》,頁一一一

高宗文成皇帝諱濬,景穆皇帝之長子也,母曰閭氏。真君元年六月,生於東宮。

《北史》卷二《魏本紀》,頁六四

張掖王禿髮保周之反也,徵眷與永昌王健等率師討之,破保周於番禾。保周遁走,眷率騎追之,保周窮迫自殺。詔眷留鎮涼州,加都督涼沙河三州諸軍事、安西將軍,領護羌戎校尉。轉敦煌鎮將。又擊破吐谷渾,俘三千餘口。眷歷鎮四蕃,威名並著。

《魏書》卷二十六《列傳第十四·尉古真附尉眷》,頁六五七

庚辰,沮渠無諱寇魏張掖,禿髮保周屯刪丹;刪丹縣,漢屬張掖郡,後分屬西郡,唐屬甘州;居延海在縣界。丙戌,魏主遣撫軍大將軍永昌王健督諸將討之。將,即亮翻。

《資治通鑑》卷一百二十三《宋紀五·文帝元嘉十七年》,頁三八八二

公元四四一年　魏太武帝太平真君二年　宋文帝元嘉十八年　柔然敕連可汗十三年

〔三月〕辛亥,封蠕蠕郁久閭乞列歸爲朔方王。

《魏書》卷四《世祖紀》,頁九四

〔三月〕辛亥,封蠕蠕郁久閭乞歸爲朔方王。

《北史》卷二《魏本紀》,頁五四

〔三月〕辛亥，魏賜郁久閭乞列歸爵爲朔方王。

《資治通鑑》卷一百二十三《宋紀五·文帝元嘉十八年》，頁三八九二

〔三月〕辛亥，封蠕蠕郁久閭乞歸爲朔方王，沮渠萬年爲張掖王。

《通志》卷十五上《後魏紀十五上》，頁二七九中

公元四四二年　魏太武帝太平真君三年　宋文帝元嘉十九年　柔然敕連可汗十四年

夏四月，無諱走渡流沙，據鄯善。李暠孫寶據敦煌，遣使內附。五月，〔一〕行幸陰山之北。

【校勘記】

〔一〕五月　諸本"五月"作"三月"。按上已書四月，今據《册府》卷一一二（一三三九頁）改。

《魏書》卷四《世祖紀》，頁九四、一一〇

夏四月，酒泉王沮渠無諱走渡流沙，據鄯善。涼武昭王孫李寶據敦煌，遣使內附。五月，行幸陰山北。

《北史》卷二《魏本紀》，頁五五

初，唐契自晉昌奔伊吾，是年攻高昌，高昌城主闞爽告急。〔三二〕八月，無諱留從子豐周守鄯善，自將家戶赴之。未至，而芮芮遣軍救高昌，殺唐契，部曲奔無諱。九月，無諱遣將衛朔夜襲高昌，〔三三〕爽奔芮芮，無諱復據高昌。

【校勘記】

〔三二〕高昌城主闞爽告急　"闞"各本並作"闕",據《北史》改。《北史·西域傳》:"太武時,有闞爽者,自爲高昌太守。"其後闞伯周爲高昌王。

〔三三〕無諱遣將衛臯夜襲高昌　"衛臯"《魏書》作"衛興奴"。

《宋書》卷九十八《列傳第五十八·氐胡·胡大沮蒙遜》,頁二四一七、二四二二

高昌國,闞氏爲主,其後爲河西王沮渠茂虔弟無諱襲破之,其王闞爽奔于芮芮。

《梁書》卷五十四《列傳第四十八·諸夷·高昌》,頁八一一

高昌國,初闞氏爲主,其後爲河西王沮渠茂虔弟無諱襲破之。其王闞爽奔于蠕蠕。

《南史》卷七十九《列傳第六十九·西域諸國·高昌》,頁一九八三

夏,四月,沮渠無諱將萬餘家,棄敦煌西就沮渠安周。未至,鄯善王比龍畏之,將其衆奔且末,沮,子余翻。將,即亮翻。敦,徒門翻。鄯,上扇翻。且末,漢故國,在鄯善西,去代八千三百二十里。且,子餘翻。其世子降於安周。降,户江翻。無諱遂據鄯善,其士卒經流沙渴死者太半。

李寶自伊吾帥衆二千入據敦煌,帥,讀曰率。繕脩城府,安集故民。

沮渠牧犍之亡也，見上卷十六年犍，居言翻。涼州人闞爽據高昌，自稱太守。唐契爲柔然所逼，擁衆西趨高昌，闞，苦濫翻。守，手又翻。趨，七諭翻。欲奪其地。柔然遣其將阿若追擊之，契敗死。營陽王景平元年，契與李寶同奔伊吾。契弟和收餘衆奔車師前部王伊洛。時沮渠安周屯橫截城，和攻拔之，又拔高寧、白力二城，李延壽曰：高昌國有四十六鎮，交河、田地、高寧、白刃、橫截等；餘不具載。"白力"，當作"白刃"。遣使請降於魏。使，疏吏翻……唐契之攻闞爽也，《考異》曰：宋《氐胡傳》作"闞爽"。今從《後魏書》。爽遣使詐降於沮渠無諱，欲與之共擊契。使，疏吏翻。降，户江翻。八月，無諱將其衆趨高昌；比至，將，即亮翻；下同。比，必利翻，及也。契已死，爽閉門拒之。九月，無諱將衛興奴夜襲高昌，屠其城，《考異》曰：《宋書》，"衛興奴"作"衛寮"，今從《後魏書》。爽奔柔然。無諱據高昌，遣其常侍氾儁奉表詣建康。氾，音凡。詔以無諱都督涼·河·沙三州諸軍事、征西大將軍、涼州刺史、河西王。《考異》曰：宋本紀，封爵在六月，傳在九月末。今從傳。

《資治通鑑》卷一百二十四《宋紀六·文帝元嘉十九年》，頁三八九六至三八九八

無諱將萬餘家棄敦煌……自率衆趣高昌，留屯高昌。

《十六國春秋輯補》卷九十七《北涼録三》，頁六七二

經二十年，和與契遣使來降，爲蠕蠕所逼，遂擁部落至于高昌。蠕蠕遣部帥阿若率騎討和。至白力城，和率騎五百先攻高昌，契與阿若戰殁。和收餘衆，奔前部王國。時沮渠安周屯橫截城，和攻拔之，斬安周兄子樹，又克高寧、白力二城，

斬其戍主。遣使表狀，世祖嘉其誠款，屢賜和。

《魏書》卷四十三《列傳第三十一·唐和》，頁九六二

經二十年，和與契遣使降魏，爲蠕蠕所逼，遂擁部至高昌。蠕蠕遣部帥阿若討和，至白力城。和先攻高寧。契與阿若戰没，和收餘衆，奔前部國。時沮渠安周屯橫截城，和攻拔之，斬安周兄子樹，又克高寧、白力二城。遣使表狀。太武嘉之，屢賜之璽書。

《北史》卷二十七《列傳第十五·唐和》，頁九八九

經二十年，和與契遣使來降，爲蠕蠕所逼，遂擁部落至於高昌。蠕蠕遣部帥阿若率騎討和。至白力城，和率騎五百先攻高昌，契與阿若戰殁。和收餘衆，奔前部王國。時沮渠安周屯橫截城，和攻拔之，斬安周兄子樹，又克高寧、白力二城，斬其戍主。遣使表狀，世祖嘉其誠款，屢賜和。

《通志》卷一百四十七《列傳六十·唐和》，頁二三三八下

唐和，晉昌冥安人。本仕涼，涼亡，臣於蠕蠕。文成時，以歸化功，封酒泉公，後進爵王。子欽嗣，降爲侯。

《文獻通考》卷二百七十三《封建十四·後魏列侯》，頁七四六五

會蠕蠕殺唐契，爽拒無諱，無諱將衛興奴詐誘爽，遂屠其城，爽奔蠕蠕。無諱因留高昌。

《魏書》卷九十九《列傳第八十七·沮渠蒙遜沮附渠無諱》，頁二二一〇

會蠕蠕殺唐契，爽拒無諱。無諱將衛興奴遂屠其城。爽奔蠕蠕，無諱因留高昌。

《北史》卷九十三《列傳第八十一·北凉·沮渠無諱》，頁三○八六

會蠕蠕殺唐契，爽遂拒無諱。無諱將衛興奴遂屠其城，爽奔蠕蠕，無諱復據高昌。

《通志》卷一百九十二《載記七·沮渠無諱》，頁三○九三中

冬十月甲申，芮芮國遣使獻方物。

《宋書》卷五《文帝紀》，頁八九

是歲，蠕蠕、河南、扶南、婆皇國並遣使朝貢。

《南史》卷二《宋本紀》，頁四八

〔冬十月〕甲申，柔然遣使詣建康。

《資治通鑑》卷一百二十四《宋紀六·文帝元嘉十九年》，頁三八九八

公元四四三年　魏太武帝太平真君四年　宋文帝元嘉二十年　柔然敕連可汗十五年

〔四月〕己亥，行幸陰山。

《魏書》卷四《世祖紀》，頁九五

〔四月〕己亥,魏主如陰山。

《資治通鑑》卷一百二十四《宋紀六·文帝元嘉二十年》,頁三九〇〇

及恭宗始總百揆,浩復與宜都王穆壽輔政事。時又將討蠕蠕,劉潔復致異議。世祖逾欲討之,乃召問浩。浩對曰:“往擊蠕蠕,師不多日,潔等各欲回還。後獲其生口,云軍還之時,去賊三十里。是潔等之計過矣。夫北土多積雪,至冬時常避寒南徙。若因其時,潛軍而出,必與之遇,則可擒獲。”世祖以爲然。乃分軍爲四道,詔諸將俱會鹿渾海。期日有定,而潔恨計不用,沮誤諸將,無功而還。事在《潔傳》。

《魏書》卷三十五《列傳第二十三·崔浩》,頁八二四

及景穆始總百揆,浩復與宜都王穆壽輔政事。又將討蠕蠕,劉潔復致異議。帝愈欲討之,乃召問浩。浩對曰:“往擊蠕蠕,師不多日,潔等各欲迴還。後獲生口,^{〔三二〕}云軍還之時,去賊三十里,是潔等之計過矣。夫北土多積雪,至冬時,常避寒南徙。若因其時,潛軍而出,必與之遇,既與之遇,則可禽獲。”帝以爲然,乃分軍四道,諸將俱會鹿渾海,期日有定,而潔恨計不用,沮誤諸將,無功而還。

【校勘記】

〔三二〕後獲生口　百衲本“生口”二字缺,南、北、汲、殿四本作“尚書”,宋本作“生口”。按《魏書》及《通志》作“其生口”三字。今從宋本。

《北史》卷二十一《列傳第九·崔宏附崔浩》,頁七八七、

八〇二

太平真君四年九月,行幸漠南。甲辰,捨輜重以輕騎襲蠕蠕,分軍爲四道。十一月甲子,帝還。十二月辛卯,至自北伐。

《册府元龜》卷一一六《帝王部·親征一》,頁一三八八至一三八九

及景穆始總百揆,浩復與宜都王穆壽輔政事。時又將討蠕蠕,劉絜復致異議。帝愈欲討之,乃召問浩。浩對曰:"往擊蠕蠕,師不多日,絜等各欲迴還。後獲其生口,云軍還之時,去賊三十里,是絜等之計過矣。夫北土多積雪,至冬時,常避寒南徙,若因其時,潛軍而出,必與之遇,既與之遇,則可禽獲。"帝以爲然,乃分軍爲四道,詔諸將俱會鹿渾海,期日有定,而絜恨計不用,沮誤諸將,無功而還。

《通志》卷一百四十六《列傳五十九·崔宏附崔浩》,頁二三一五下

陰山,在中受降城東北,去衛千餘里。黃河逕三受降城南者,漢人謂之北河。河之外陰山橫亘,中外大限,常以此分……明年復如陰山,分道伐柔然,大敗之。

《讀史方輿紀要》卷六十一《陝西十》,頁二九二六至二九二七

九月,辛巳,魏主如漠南。甲辰,捨輜重,重,直用翻。以輕騎襲柔然,騎,奇寄翻;下同。分軍爲四道:樂安王範、建寧王崇

各統十五將出東道，樂平王丕督十五將出西道，魏主出中道，中山王辰督十五將爲後繼。將，即亮翻。

魏主至鹿渾谷，鹿渾谷即鹿渾海之谷也，本高車袁紇部所居，其地直平城西北，其東即弱洛水。遇敕連可汗。可，從刊入聲。汗，音寒。太子晃言於魏主曰：“賊不意大軍猝至，宜掩其不備，速進擊之。”尚書令劉絜固諫，以爲“賊營中塵盛，其衆必多，出至平地，恐爲所圍，不如須諸軍大集，須，待也。然後擊之”。晃曰：“塵之盛者，由軍士驚怖擾亂故也，怖，普布翻。何得營上而有此塵乎！”魏主疑之，不急擊。柔然遁去，追至石水，不及而還。石水在頞根河北。還，從宣翻，又如字。既而獲柔然候騎曰：“柔然不覺魏軍至，上下惶駭，引衆北走，經六七日，知無追者，乃始徐行。”魏主深恨之。爲魏誅劉絜、中山工辰等張本。自是軍國大事，皆與太子謀之。

《資治通鑑》卷一百二十四《宋紀六·文帝元嘉二十年》，頁三九〇〇至三九〇一

時議伐蠕蠕，絜意不欲，言於世祖曰：“虜非有邑居，遷徙無常，前來出軍，無所擒獲，不如廣農積穀，以待其來。”群臣皆從其議。世祖決行，乃問於崔浩，浩固言可伐。世祖從浩議。既出，與諸將期會鹿渾谷。而絜恨其計不用，欲沮諸將，乃矯詔更期，故諸將不至。時虜衆大亂，恭宗欲擊之，絜執不可，語在《帝紀》。停鹿渾谷六日，諸將猶不進。[二]賊已遠遁，追至石水，不及而還。師次漠中，糧盡，士卒多死。絜陰使人驚軍，勸世祖棄軍輕還，世祖不從。絜以軍行無功，奏歸罪於崔浩。世祖曰：“諸將後期，及賊不擊，罪在諸將，豈在於浩。”

浩又言潔矯詔，事遂發。興駕至五原，收潔幽之。

【校勘記】

〔二〕諸將猶不進　《北史》卷二五《劉潔傳》"進"作"集"，當是。

《魏書》卷二十八《列傳第十六‧劉潔》，頁六八八至六八九、六九四

時議伐蠕蠕，潔言不如廣農積穀，以待其來，群臣皆從其議。帝決行，乃從崔浩議。既出，與諸將期會鹿渾谷，而潔恨其計不用，欲沮諸將，乃矯詔更期，諸將不至。時虜衆大亂，景穆欲擊之，潔執不可。停鹿渾谷六日，諸將猶不集，賊已遠遁，追至石水，不及而還。師次漠中，〔四〕糧盡，士卒多死。潔陰使人驚軍，勸帝棄軍輕還，帝不從。潔以軍行無功，奏歸罪於崔浩。帝曰："諸將後期，及賊不擊，罪在諸將，豈在於浩？"又潔矯詔事遂發，〔五〕興駕至五原，收潔幽之。

【校勘記】

〔四〕師次漠中　諸本"漠"訛作"漢"，據《魏書》卷二八《劉潔傳》改。

〔五〕又潔矯詔事遂發　諸本脫"詔"字，據《通志》卷一四七《劉潔傳》補。按《魏書》作"浩又言潔矯詔，事遂發"。疑此脫"浩"字、"言"字。

《北史》卷二十五《列傳第十三‧劉潔》，頁九〇九、九三一至九三二

初，魏尚書令劉絜，久典機要，宋高祖永初末，魏明元帝寢疾，

魏主監國，劉絜與古弼等選侍東宮，對綜機要，至是二十餘年矣。恃寵
自專，魏主心惡之。惡，烏路翻。及將襲柔然，絜諫曰："蠕蠕遷
徙無常，前者出師，勞而無功，絜之言蓋指太延四年魏主伐柔然至
白阜時也。蠕，人兗翻。不如廣農積穀以待其來。"崔浩固勸魏
主行，魏主從之。絜恥其言不用，欲敗魏師；敗，補邁翻。魏主
與諸將期會鹿渾谷，絜矯詔易其期。帝至鹿渾谷【章：十二行
本"谷"下有"欲擊柔然，絜諫止之，使待諸將。帝留鹿渾谷"十七字；乙
十一行本同；孔本同；張校同。】六日，諸將不至，柔然遂遠遁，追
之不及。軍還，經漠中，糧盡，士卒多死。絜陰使人驚魏軍，
勸帝委軍輕還，帝不從。絜以軍出無功，請治崔浩之罪。治，
直之翻；下同。帝曰："諸將失期，遇賊不擊，浩何罪也！"浩以
絜矯詔事白帝，帝至五原，收絜，囚之。帝之北行也，絜私謂
所親曰："若車駕不返，吾當立樂平王。"絜聞尚書右丞張嵩
家有圖讖，問曰："劉氏應王，繼國家後，吾有姓名否？"嵩曰：
"有姓無名。"帝聞之，命有司窮治，索嵩家，得讖書。索，山客
翻。事連南康公狄鄰，絜、嵩、鄰皆夷三族，死者百餘人。絜在
勢要，好作威福，好，呼到翻。諸將破敵，所得財物皆與絜分之。
既死，籍其家，財巨萬，帝每言之則切齒。

　　《資治通鑑》卷一百二十四《宋紀六·文帝元嘉二十一
年》，頁三九〇四

　　時議伐蠕蠕，潔言不如廣農積穀，以待其來，群臣皆從其
議。帝決行，乃從崔浩議。既出，與諸將議會鹿渾谷，而潔恨
其計不行，欲沮諸將，乃矯詔更期，諸將不至。時虜衆大亂，
景穆欲擊之，潔執不可。停鹿渾谷六日，諸將猶不集，賊已遠

遁，追至石水，不及而還。師次漠中，糧盡，士卒多死。潔陰使人驚軍，勸帝棄軍輕還，帝不從。潔以軍行無功，奏歸罪於崔浩。帝曰：“諸將後期，及賊不擊，罪在諸將，豈在於浩？”又潔矯詔事遂發，輿駕至五原，收潔幽之。

　　《通志》卷一百四十七《列傳六十·劉潔》，頁二三二五上

　　鹿渾谷，在漠北……魏主燾太平真君四年如漠南，以輕騎襲柔然，至鹿渾谷，遇敕連可汗，太子晃請亟擊之，魏主不聽，柔然遁去，即此。

　　《讀史方輿紀要》卷四十五《山西七》，頁二〇六七

　　女水，在漠北……○石水，《北史》：“在額根河北。”魏主燾太平真君四年，從鹿渾谷追柔然至石水，不及而還。

　　《讀史方輿紀要》卷四十五《山西七》，頁二〇七一

　　〔六月〕癸巳，大閲于西郊。秋九月辛丑，行幸漠南。甲辰，捨輜重，以輕騎襲蠕蠕，分軍爲四道。事具《蠕蠕傳》。鎮北將軍封沓亡入蠕蠕。冬十一月……甲子，車駕至於朔方。詔曰：“朕承祖宗重光之緒，思闡洪基，恢隆萬世。自經營天下，平暴除亂，掃清不順，二十年矣。夫陰陽有往復，四時有代謝。授子任賢，所以休息，優隆功臣，式圖長久，蓋古今不易之令典也。其令皇太子副理萬機，總統百揆。諸朕功臣，勤勞日久，皆當以爵歸第，隨時朝請，饗宴朕前，論道陳謨而已，不宜復煩以劇職。更舉賢俊，以備百官。主者明爲科制，以稱朕心。”十二月辛卯，車駕至自北伐。

　　《魏書》卷四《世祖紀》，頁九六

〔六月〕癸巳，大閱于西郊。九月辛丑，行幸漠南。甲辰，捨輜重，以輕騎襲蠕蠕，分軍爲四道。冬十一月甲子，車駕還至朔方。詔曰："夫陰陽有往復，四時有代謝，授子任賢，蓋古今不易之令典也。其令皇太子副理萬機，總統百揆。諸功臣勤勞日久，皆當以爵歸第，隨時朝請，饗宴朕前，論道陳謨而已，不宜復煩以劇職。更舉賢俊，以備百官，明爲科制，以稱朕心。"十二月辛卯，車駕至自北伐。

《北史》卷二《魏本紀》，頁五六

九月辛丑，行幸漠南。甲辰，捨輜重，以輕騎襲蠕蠕，分軍爲四道。冬十一月甲子，車駕還至朔方。詔曰："夫陰陽有往復，四時有代謝，授子任賢，蓋古今不易之令典也。其令皇太子副理萬機，總統百揆。諸功臣勤勞日久，皆當以爵歸第，隨時朝請，饗宴朕前，論道陳謨而已，不宜復煩以劇職。更舉賢俊，以備百官，明爲科制，以稱朕心。"十二月辛卯，車駕至自北伐。

《通志》卷十五上《後魏紀十五上》，頁二七九下

建寧王崇，泰常七年封，拜輔國將軍。從討北虜有功。

《魏書》卷十七《明元六王列傳第五·建寧王崇》，頁四一五

九月，上北伐，樂平王丕統十五將爲左軍，中山王辰統十五將爲右軍，上自將中軍。蠕蠕可汗不敢戰，亡，追至頓根河，〔一六〕虜二萬餘騎而還。

【校勘記】

〔一六〕追至頓根河　殿本《考證》云："頓根河,本書《蠕蠕傳》作'頍根河'。"按"頓"字疑訛。

《魏書》卷一百五之三《天象志三》,頁二四〇五、二四二一

　　真君四年,恭宗從世祖討蠕蠕,至鹿渾谷,與賊相遇,虜惶怖,部落擾亂。恭宗言於世祖曰："今大軍卒至,宜速進擊,奄其不備,破之必矣。"尚書令劉潔固諫,以爲塵盛賊多,出至平地,恐爲所圍,須軍大集,然後擊之可也。恭宗謂潔曰："此塵之盛,由賊恇擾,軍人亂故,何有營上而有此塵?"世祖疑之,遂不急擊,蠕蠕遠遁。既而獲虜候騎,世祖問之,對曰："蠕蠕不覺官軍卒至,上下惶懼,引衆北走,經六七日,知無追者,始乃徐行。"世祖深恨之。

《魏書》卷四《恭宗紀》,頁一〇八

　　真君四年,從征蠕蠕,至鹿渾谷,與賊遇。虜惶怖擾亂,太子言於太武曰："宜速進擊,掩其不備。"尚書令劉潔固諫,以爲塵盛賊多,須軍大集。太子曰："此由賊恇擾,何有營上而有此塵?"太武疑之,遂不急擊,蠕蠕遠遁。既而獲虜候騎,乃云不覺官軍卒至,上下惶懼,北走經六七日,知無追者,乃徐行。帝深恨之。

《北史》卷二《魏本紀》,頁六四

　　太平真君四年,從征蠕蠕,至鹿渾谷,與賊遇。虜惶怖擾亂,太子言於太武曰："宜速進擊,掩其不備。"中書令劉潔固

諫，以爲塵盛賊多，須軍大集。太子曰：“此塵之盛，當由賊驚故也。”太武疑之，遂不急擊，蠕蠕遠遁。既而獲虜候騎，乃云不覺官軍卒至，上下惶懼，北走經六七日，知無追者，乃徐行。帝深恨之。

《通志》卷十五上《後魏紀十五上》，頁二八一中

魏太武真君四年，北征柔然，騎十萬、車十五萬兩，旌旗千里，遂度大漠。柔然怖畏，不復敢南向。

《文獻通考》卷一百五十八《兵十》，頁四七三〇

曾祖楚之，晉太傅、録尚書、揚州牧，會稽文孝王之次子，元顯之幼弟也。元顯見害之後，桓玄篡逆之初，爰自韜齟，容一作客。身屠釣。河内道左，抱劍長號；代郡城前慟悲靈祭。江淮志節之士，汝潁風塵之客，感激一言，咸多依附。既而雲生伏黿，一作黿。星出鯨魚，太白經天，蚩尤映野。公乃收合餘燼，泣血登陴，臨武牢之關，據成皋之坂，擁衆萬家，歸於魏室。魏明元皇帝，遥授平南大將軍、荆州刺史。襲封瑯邪郡王，尚河内公主，……魏太武皇帝授土使持節、侍中、安南大將軍、開府儀同三司，給前後部鼓吹。元戎啓行，志雪冤恥，登壇慷慨，三軍掩泣。黄河漕粟，已出石門；白馬連旗，將臨野坂。既而雲中柝起，代郡烽然，反斾南轅，途窮北略。贈征西大將軍、都督梁益秦寧荆兗青豫郢洛十州諸軍事、揚州牧、司徒。諡貞王。

《庾子山集》卷十三《周大將軍司馬裔神道碑》，頁七八八

　　車駕伐蠕蠕，詔楚之與濟陰公盧中山等督運以繼大軍。時鎮北將軍封沓亡入蠕蠕，説令擊楚之等以絶糧運。蠕蠕乃遣姦覘入楚之軍，截驢耳而去。有告失驢耳者，諸將莫能察。楚之曰：“必是覘賊截之以爲驗耳，賊將至矣。”即使軍人伐柳爲城，水灌之令凍，城立而賊至。冰峻城固，不可攻逼，賊乃走散。世祖聞而嘉之。

　　《魏書》卷三十七《列傳第二十五・司馬楚之》，頁八五六

　　車駕征蠕蠕，楚之與濟陰公盧中山等督運以繼大軍。時鎮北將軍封沓亡入蠕蠕，説令擊楚之以絶糧運。蠕蠕乃遣覘楚之軍，截驢耳而去。有告失驢耳者，楚之曰：“必覘賊截之爲驗耳，賊將至矣。”乃伐柳爲城，灌水令凍，城立而賊至，不可攻逼，乃走散。太武聞而嘉之。

　　《北史》卷二十九《列傳第十七・司馬楚之》，頁一〇四三

　　後魏將司馬楚之討蠕蠕，蠕蠕潛遣姦覘，〔八〇〕蠕，如兖反。〔八一〕覘，丑厭反。入楚之軍，截驢耳而去。有告失驢耳者，諸將莫能察。楚之曰：“必是覘賊截之以爲驗，賊將至矣。”即使軍人伐柳爲城，水灌令凍，城立而賊至。冰峻城固，不可攻逼，賊乃走散。

【校勘記】

　〔八〇〕蠕蠕潛遣姦覘　“蠕蠕”原涉上而脱，據《魏書・司馬楚之傳》（八五六頁）補。

　〔八一〕蠕如兖反　“兖”原訛“袞”，據北宋本改。

　　《通典》卷一百五十《兵三・察而後動》，頁三八四六、

三八五四至三八五五

　　《後魏書》曰：司馬楚之討蠕蠕，蠕蠕潛遣姦覘蠕，如兗切。入楚之軍，截驢耳而去。有告失驢耳者，諸將莫能察。楚之曰：“必是覘賊截之以爲驗耳，賊將至。”即使軍人伐柳爲城，水灌令凍，城立而賊至。冰峻城固，不可攻逼，賊乃走散。世祖聞而喜之。

　　　　《太平御覽》卷二九五《兵部二六·審查》，頁一三六〇至一三六一

　　〔《後魏書》〕又曰：“後魏車駕往征蠕蠕，司馬楚之與濟陰公盧中山等督運以繼大軍。時鎮北將軍封沓亡入蠕蠕，説令擊之以絶運。蠕蠕乃潛遣覘楚之軍，截驢耳而去。有告失驢耳者，楚之曰：‘必覘賊截之，爲驗耳，賊將至矣。’乃伐柳爲城，水灌令凍。城立而賊至，不可攻逼，乃走散。太武聞而嘉之。”

　　　　《太平御覽》卷九百一《獸部一三·驢》，頁三八八九

　　司馬楚之，太武時爲散騎常侍，車駕伐蠕蠕，詔楚之與濟陰公盧中山等督運以繼大軍。時鎮北將軍封沓亡入蠕蠕，説令擊楚之等，以絶糧運。蠕蠕乃遣姦覘入楚之軍，截驢耳而去。失驢耳者諸將莫能察，楚之曰：“必是覘賊截之以爲驗爾。賊將至矣。”即使軍人伐柳爲城，水灌之令凍。城立而賊至，冰峻城固，不可攻逼，賊乃走散。帝聞而嘉之，尋拜假節侍中，鎮西大將軍。

　　　　《册府元龜》卷三九〇《將帥部·警備》，頁四六三三

　　車駕伐蠕蠕,詔楚之與濟陰公盧中山等督運以繼大軍。時鎮北將軍封沓亡入蠕蠕,説令擊楚之等以絶糧運。蠕蠕乃遣奸人覘楚之軍,截驢耳而去。有告失驢耳者,諸將莫能察。楚之曰:"此必覘賊截之以爲驗耳,賊將至矣。"即使軍人伐柳爲城,灌水令凍,城立而賊至,冰峻城固,不可攻逼,賊乃走散。帝聞而嘉之。

　　　　《通志》卷一百四十七《列傳六十・司馬楚之》,頁二三四五下

　〔宿石父沓干〕真君四年,從駕討蠕蠕,戰没。
　　　　　《魏書》卷三十《列傳第十八・宿石》,頁七二四

　〔宿石父沓干〕後從討蠕蠕,戰没。
　　　　　《北史》卷二十五《列傳第十三・宿石》,頁九一八

　　太武以宿石父沓千自明元時從討蠕蠕,戰殁,悼惜之。詔求沓千子,時石年甫十一,引見,以幼聽歸,年十三襲爵,擢爲中散。

　　　　《册府元龜》卷一三〇《帝王部・延賞一》,頁一五六三

　〔宿石父沓干〕後從討蠕蠕,戰没。
　　　《通志》卷一百四十七《列傳六十・宿石》,頁二三二七上

　　是歲,燾伐芮芮虜,大敗而還,死者十六七。不聽死家發哀,犯者誅之。

　　　　《宋書》卷九十五《列傳第五十五・索虜附芮芮虜》,頁二三三八

涼州平,遷征西將軍,進號西平公。又從征蠕蠕,擊五城、吐京胡,討蓋吳諸賊,皆有功。

　　《魏書》卷四十一《列傳第二十九·賀源》,頁九一九

涼州平,以功進爵西平公。又從征蠕蠕,擊五城吐京胡,討蓋吳諸賊,皆有功。

　　《北史》卷二十八《列傳第十六·賀源》,頁一〇二三

涼州平,以功遷征西將軍,進爵西平公。從征蠕蠕,擊五城、吐京胡,討蓋吳諸賊,皆有功。

　　《通志》卷一百四十七《列傳六十·賀源》,頁二三四三上

〔司馬天助〕真君三年,與司馬文思等南討。還,又從駕北征。在陣歿。

　　《魏書》卷三十七《列傳第二十五·司馬天助》,頁八六二

〔鄧淵子權〕從世祖征伐,官至龍驤將軍、豫州刺史,賜爵新野侯。從征蠕蠕,坐法死。

　　《魏書》卷二十四《列傳第十二·鄧淵》,頁六三六

公元四四四年　魏太武帝太平真君五年　宋文帝元嘉二十一年　柔然處可汗元年

五年春正月壬寅,皇太子始總百揆。侍中、中書監、宜都王穆壽,司徒、東郡公崔浩,侍中、廣平公張黎,侍中、建興公

古弼,輔太子以決庶政。諸上書者皆稱臣,上疏儀與表同。

　　　　　　　　　《魏書》卷四《世祖紀》,頁九六至九七

　　真君五年,命恭宗總百揆監國。少傅游雅上疏曰:"殿下親覽百揆,經營内外,昧旦而興,諮詢國老。臣職忝疑承,司是獻替。漢武時,始啓河右四郡,議諸疑罪而謫徙之。十數年後,邊郡充實,並修農戍,孝宣因之,以服北方。此近世之事也。帝王之於罪人,非怒而誅之,欲其徙善而懲惡。謫徙之苦,其懲亦深。自非大逆正刑,皆可從徙,雖舉家投遠,忻喜赴路,力役終身,不敢言苦。且遠流分離,心或思善。如此,姦邪可息,邊垂足備。"恭宗善其言,然未之行。

　　　《魏書》卷一百一十一《刑罰志》,頁二八七四至二八七五

　　五年春正月壬寅,皇太子始總百揆。侍中中書監宜都王穆壽、司徒東郡公崔浩、[二〇]侍中廣平公張黎、侍中建興公古弼輔太子以決庶政。諸上書者皆稱臣,上疏儀與表同。

　　【校勘記】

　　〔二〇〕司徒東郡公崔浩　諸本"郡"訛作"都",據《魏書・世祖紀》及《魏書》卷三五、本書卷二一浩本傳改。

　　　　　　　　　《北史》卷二《魏本紀》,頁五六、八一

　　〔正月〕壬寅,魏太子始總百揆,命侍中・中書監穆壽、司徒崔浩、侍中張黎、古弼輔太子決庶政,上書者皆稱臣,儀與表同。

　　　《資治通鑑》卷一百二十四《宋紀六・文帝元嘉二十一年》,頁三九〇二

二月辛未,中山王辰等八將,以北伐後期,斬于都南。

　　　　《魏書》卷四《世祖紀》,頁九七

中山王辰等八將軍坐後期,皆斬。

　　　　《魏書》卷一百五之三《天象志三》,頁二四〇五

二月辛未,中山王辰等八人以北伐後期,斬于都南。

　　　　《北史》卷二《魏本紀》,頁五六

　二月,辛未,魏中山王辰、内都坐大官薛辨、魏置中都大官、外都大官、都坐大官,皆掌折獄,謂之三都。坐,徂臥翻。尚書奚眷等八將將,即亮翻;下同。坐擊柔然後期,斬於都南。

　　　《資治通鑑》卷一百二十四《宋紀六·文帝元嘉二十一年》,頁三九〇三

　世祖征蠕蠕,以眷爲尚書,督偏將出別道,詔會鹿渾海。眷與中山王辰等諸大將俱後期,斬于都南。爵除。

　　　　《魏書》卷三十《列傳第十八·奚眷》,頁七二二

　太武時,賜爵南陽公。及征蠕蠕,眷以都曹尚書督偏將出別道。詔會鹿渾海,眷與中山王辰等諸大將俱後期,斬于都南,爵除。

　　　　《北史》卷二十《列傳第八·奚眷》,頁七六〇

　太武時,賜爵南陽公。及征蠕蠕,眷以部曹尚書督偏將

出別道。詔會鹿渾海,眷與中山王辰等諸大將俱後期,斬于
都南,爵除。

《通志》卷一百四十六《列傳五十九·奚眷》,頁二三一〇上

〔薛辯子謹,真君〕五年,爲都將,從駕北討,以後期與中
山王辰等斬於都南,時年四十四。尋贈鎮西將軍、秦雍二州
刺史,謚曰元公。

《魏書》卷四十二《列傳第三十·薛辯附薛謹》,頁九四二

〔薛辯子謹〕後從駕北討,與中山王辰等後期,見殺。尋
贈鎮西將軍、秦雍二州刺史,謚曰元公。

《北史》卷三十六《列傳第二十四·薛辯附薛謹》,頁一三
二五

三月戊戌,大會于那南池。遣使者四輩使西域。甲辰,
車駕還宮……五月丁酉,行幸陰山之北。六月,北部民殺
立義將軍、衡陽公莫孤,率五千餘落北走。追擊于漠南,殺
其渠帥,餘徙居冀、相、定三州爲營户……八月乙丑,田于
河西。

《魏書》卷四《世祖紀》,頁九七

三月,車駕還宮。夏五月……丁卯,悦般國遣使求與王
師俱討蠕蠕。帝許之。

《北史》卷二《魏本紀》,頁五九

六月，魏北部民殺立義將軍衡陽公莫孤，帥五千餘落北走，遣兵追擊之，至漠南，殺其渠帥，餘徙冀、相、定三州爲營户。杜佑曰：魏道武天興中，詔采漏户，令輸縑綿。自後諸逃户占爲紬繭羅穀者甚衆，於是雜營户率遍於天下，不隸守宰，賦役不同；景穆皇帝一切罷之，以屬郡縣。孤帥，讀曰率，渠帥，所類翻。相，息亮翻。

《資治通鑑》卷一百二十四《宋紀六‧文帝元嘉二十一年》，頁三九〇五

世祖大閱，將校獵於河西。弼留守，詔以肥馬給騎人，弼命給弱者。世祖大怒曰："尖頭奴，敢裁量朕也！朕還臺，先斬此奴。"弼頭尖，世祖常名之曰筆頭，是以時人呼爲筆公。弼屬官惶怖懼誅。弼告之曰："吾以爲事君使畋獵不適盤遊，其罪小也。不備不虞，使戎寇恣逸，其罪大也。今北狄孔熾，南虜未滅，狡焉之志，窺伺邊境，是吾憂也。故選肥馬備軍實，爲不虞之遠慮。苟使國家有利，吾何避死乎！"……世祖聞而歎曰："有臣如此，國之寶也！"

《魏書》卷二十八《列傳第十六‧古弼》，頁六九二

太武大閱，將校獵於河西，弼留守。詔以肥馬給騎人，弼命給弱者。太武大怒曰："尖頭奴敢裁量朕也！朕還臺，先斬此奴！"弼頭尖，帝常名之曰"筆頭"，時人呼爲"筆公"。屬官懼誅。弼告之曰："吾謂事君使田獵不適盤游，[二]其罪小也。不備不虞，使戎寇恣逸，其罪大也。今北狄孔熾，南虜未滅，狡焉之志，窺伺邊境，是吾憂也。故選肥馬備軍實，爲不虞之遠慮。苟使國家有利，吾寧避死乎？"……帝聞而歎曰："有

臣如此，國之寶也。”

【校勘記】

〔二〕吾謂事君使田獵不適盤游　諸本“適”作“過”，《魏書》作“適”。按“不適盤遊”，意爲不能稱心遊樂。作“過”無義，今據改。

　　　　《北史》卷二十五《列傳第十三·古弼》，頁九〇七、九三一

八月，乙丑，魏主畋于河西，尚書令古弼留守。守，手又翻。詔以肥馬給獵騎，弼悉以弱者給之。帝大怒曰：“筆頭奴敢裁量朕！騎，奇寄翻。量，音良。朕還臺，先斬此奴！”弼頭銳，故帝常以筆目之。弼官屬惶怖，恐并坐誅，怖，普布翻。弼曰：“吾爲人臣，不使人主盤于遊畋，盤，樂也。其罪小；不備不虞，乏軍國之用，其罪大。今蠕蠕方强，南寇未滅，吾以肥馬供軍，弱馬供獵，爲國遠慮，爲，于僞翻。雖死何傷！且吾自爲之，非諸君之憂也。”帝聞之，歡曰：“有臣如此，國之寶也。”

　　　　《資治通鑑》卷一百二十四《宋紀六·文帝元嘉二十一年》，頁三九〇六

〔真君〕五年，以本將軍爲薄骨律鎮將。至鎮，表曰：

臣蒙寵出鎮，奉辭西藩，總統諸軍，户口殷廣。又總勒戎馬，以防不虞，督課諸屯，以爲儲積。夙夜惟憂，不遑寧處。以今年四月末到鎮，時以夏中，不及東作。念彼農夫，雖復布野，官渠乏水，不得廣殖。乘前以來，功不充課，兵人口累，率皆飢儉。略加檢行，知此土稼穡艱難。

夫欲育民豐國，事須大田。此土乏雨，正以引河爲用。

觀舊渠堰，乃是上古所制，非近代也。富平西南三十里，有艾山，南北二十六里，東西四十五里，鑿以通河，似禹舊迹。其兩岸作溉田大渠，廣十餘步，山南引水入此渠中。計昔爲之，高於水不過一丈。[四]河水激急，沙土漂流，今日此渠高於河水二丈三尺，又河水浸射，往往崩頹。渠溉高懸，水不得上。雖復諸處案舊引水，水亦難求。今艾山北，河中有洲渚，水分爲二。西河小狹，水廣百四十步。臣今求入來年正月，於河西高渠之北八里、分河之下五里，平地鑿渠，廣十五步，深五尺，築其兩岸，令高一丈。北行四十里，還入古高渠，即循高渠而北，復八十里，合百二十里，大有良田。計用四千人，四十日功，渠得成訖。所欲鑿新渠口，河下五尺，水不得入。今求從小河東南岸斜斷到西北岸，計長二百七十步，廣十步，高二丈，絶斷小河。二十日功，計得成畢，合計用功六十日。小河之水，盡入新渠，水則充足，溉官私田四萬餘頃。一旬之間，則水一遍，水凡四溉，穀得成實。官課常充，民亦豐贍。

詔曰："卿憂國愛民，知欲更引河水，勸課大田。宜便興立，以克就爲功，何必限其日數也。有可以便國利民者，動静以聞。"

【校勘記】

〔四〕高於水不過一丈 《通典》卷一水利田引雍表 "水"上有"河"字。按下云："高於河水二丈三尺。"疑此脱"河"字。

《魏書》卷三十八《列傳第二十六·刁雍》，頁八六七至八六八、八八一至八八二後除薄骨律鎮將。雍以西土乏雨，表求鑿渠，溉公私田。又奉詔以高平、安定、統萬及薄骨律等四鎮，出車牛五千乘運屯穀五十萬斛付沃野，以供軍糧。

　　　《北史》卷二十六《列傳第十四·刁雍》，頁九四七

丁未，魏主如漠南，將襲柔然，柔然敕連可汗遠遁，乃止。敕連尋卒，子吐賀真立，號處羅可汗。魏收曰：處羅，魏言唯也。可，從刊入聲。汗，音寒。

　　　《資治通鑑》卷一百二十四《宋紀六·文帝元嘉二十一年》，頁三九〇八

〔九月〕丁未，行幸漠南……〔十二月〕丙戌，車駕還宮。

　　　　　　《魏書》卷四《世祖紀》，頁九八

〔九月〕丁未，行幸漠南。……十二月丙戌，車駕還宮。

　　　　　　《北史》卷二《魏本紀》，頁五七

元嘉二十一年，索虜主拓跋燾擊芮芮大敗。

《宋書》卷八十八《列傳第四十八·薛安都》，頁二二一五

十二月【章：十二行本“月”下有“丙戌”二字；乙十一行本同；孔本同；張校同。】魏主還平城。

　　　《資治通鑑》卷一百二十四《宋紀六·文帝元嘉二十一年》，頁三九〇八

虜主拓跋燾擊芮芮敗。

《建康實錄》卷十四《薛安都傳》,頁五四五

公元四四五年　魏太武帝太平真君六年　宋文帝元嘉二十二年　柔然處可汗二年

六月壬辰,車駕北巡……〔八月〕車駕幸陰山之北,次于廣德宮。詔發天下兵,三分取一,各當戒嚴,以須後命。徙諸種雜人五千餘家於北邊。令民北徙畜牧至廣漠,以餌蠕蠕。

《魏書》卷四《世祖紀》,頁九八至九九

〔六月〕壬辰,北巡……〔八月〕車駕幸陰山北,次于廣德宮。詔發天下兵,三取一,各當戒嚴,以須後命。徙諸種雜人五千餘家於北邊。令人北徙畜牧至廣漠,以餌蠕蠕。

《北史》卷二《魏本紀》,頁五七

六月,壬辰,魏主北巡……〔八月〕魏主如陰山之北,發諸州兵三分之一,各於其州戒嚴,以須後命。須,待也。徙諸種雜民五千餘家於北邊,種,章勇翻。令就北畜牧,以餌柔然。

《資治通鑑》卷一百二十四《宋紀六·文帝元嘉二十二年》,頁三九一二至三九一三

六年八月,徙諸種雜人五千餘家於北邊,令人北徙畜牧至廣漠,以餌蠕蠕。

《冊府元龜》卷九九〇《外臣部·備御三》,頁一一六二八

〔八月壬辰〕車駕幸陰山北，次于廣德宫。詔發天下兵，三取一，各當戒嚴，以須後命。徙諸種雜人五千餘家於北邊，令人北徙畜牧至廣漠，以餌蠕蠕。

《通志》卷十五上《後魏紀十五上》，頁二八〇上

陰山，在中受降城東北，去衛千餘里。黄河逕三受降城南者，漢人謂之北河。河之外陰山横亘，中外大限，常以此分……六年復如陰山之北，謀擊柔然。

《讀史方輿紀要》卷六十一《陜西十》，頁二九二六至二九二七

仁之伯乞歸，真君中，除中散大夫。性寬和，與物無競，未嘗言人善惡。曾遇患晝寢，有奴偷竊，乞歸詐睡不見，亦不泄之。此奴走入蠕蠕，方笑言之，亦無嗔色。獻文末，除主客尚書。

《北史》卷二十《列傳第八·劉庫仁》，頁七三四

仁之伯父乞歸，太平真君中，除中散大夫。性寬和，與物無競，未嘗言人善惡。曾遇患晝寢，有奴偷竊，乞歸詐睡不見，亦不泄之。此奴走入蠕蠕，方笑言之，亦無嗔色。獻文末，除主客尚書。

《通志》卷一百四十六《列傳五十九·劉庫仁》，頁二三〇四上

釋法期，姓向，蜀郡〔一〕陴人。早喪二親，事兄如父。十四出家，從智猛諮受禪業，與靈期寺法林同共習〔二〕觀。猛所諳知，皆已證得。後遇玄暢，復從進業。及暢下江陵，期亦

隨從。十住觀門，所得已九。有師子奮迅三昧，唯此未盡。
暢嘆曰：“吾自西至[三]流沙，北履幽漠，東探禹穴，南盡衡羅。
唯見此一子，特有禪分。”

【校勘記】

〔一〕原本“郡”作“都”，據三本、金陵本改正。

〔二〕三本、金陵本“同共習”作“共習禪”。

〔三〕三本、金陵本“至”作“涉”。

《高僧傳》卷十一《習禪·宋荆州長沙寺釋法期》，頁四一九

釋玄暢，姓趙，河西金城人。少時家門爲胡虜所滅，禍
將及暢，虜帥見暢而止之曰：“此兒目光外射，非凡童也。”遂
獲免，仍往凉州出家。本名慧智，後遇玄高，事爲弟子，高每
奇之，事必共議，因改名玄暢，以表付囑之旨。[一]其後虐虜剪
滅佛法，害諸沙門，唯暢得走。以元嘉二十二年（公元四四五
年）閏五月[二]十七日[三]發自平城，路由岱郡[四]上谷，東跨
太行，路經幽冀南轉，將至孟津。唯手把一束楊枝，一扼葱
葉。虜騎追逐，將欲及之，乃以楊枝擊沙，沙起天闇，人馬不
能得前。有頃沙息，騎已復至，於是投身河中，唯以葱葉内鼻
孔中通氣度水，以八月一日達于揚州。

【校勘記】

〔一〕珠林無“本名……之旨”三十一字。

〔二〕據陳垣先生《二十史朔閏表》，是年有閏五月。

〔三〕按據《玄高傳》，高死於元嘉二十一年（太平真君五
年）九月。至元嘉二十三年（太平真君七年）魏太武乃滅法。

〔四〕三本、金陵本、珠林“岱”作“代”。

《高僧傳》卷八《義解五·齊蜀齊後山釋玄暢》,頁三一四、
三一六

公元四四六年　　魏太武帝太平真君七年　宋文帝元嘉二十三年　柔然處可汗三年

五月癸亥,安豐公閭根率騎詣上邽,與敕文討梁會,會走
漢中。

《魏書》卷四《世祖紀》,頁一○一

敕文,始光初爲中散,稍遷西部尚書。出爲使持節、散騎
常侍、鎮西將軍、開府、領護西夷校尉、秦益二州刺史,賜爵天
水公,鎮上邽……金城邊囧、天水梁會謀反……安豐公閭根
率軍助敕文。

《魏書》卷五十一《列傳第三十九·封敕文》,頁一一三五

敕文始光初爲中散,稍遷西部尚書,出爲使持節、開府、
領護西夷校尉、秦益二州刺史,賜爵天水公,鎮上邽……金城
邊囧,天水梁會謀反……安豐公閭根率軍助敕文。

《北史》卷三十七《列傳第二十五·封敕文》,頁一三五三
至一三五四

五月,癸亥,魏主遣安豐公閭根帥騎赴上邽,帥,讀曰率。
騎,奇寄翻。未至,會棄東城走。敕文先掘重塹於外,重,直龍
翻。嚴兵守之,格鬥從夜至旦。敕文曰:"賊知無生路,致死於
我,多殺傷士卒,未易克也。"易,以豉翻。乃以白虎幡宣告會

衆,降者赦之,降,戶江翻。會衆遂潰;分兵追討,悉平之。略陽
人王元達聚衆屯松多川,《水經注》:松多水出隴山,西南流,逕降隴
城北,又西南注秦水。敕文又討平之。

　　《資治通鑑》卷一百二十四《宋紀六·文帝元嘉二十三
年》,頁三九二六

　　六月……丙戌,發司、幽、定、冀四州十萬人築畿上塞圍,
起上谷,西至于河,廣袤皆千里。

　　　　　　　　《魏書》卷四《世祖紀》,頁一〇一

　　〔六月〕丙戌,發司、幽、定、冀四州十萬人築畿上塞圍,^{〔二六〕}
起上谷,西至于河,廣袤皆千里。

【校勘記】

　　〔二六〕丙戌發司幽定冀四州十萬人築畿上塞圍　按
《魏書》此上有“六月甲申發定、冀、相三州兵二萬人屯長安
南山諸谷,以防越逸”等語。《北史》刪節,並“六月”二字去
之,遂似築塞圍在五月。是年五月癸丑朔,無丙戌;六月癸未
朔,丙戌是四日。

　　　　　　《北史》卷二《魏本紀》,頁五八、八二

　　丙戌,又發司、幽、定、冀四州兵十萬人築畿上塞圍,魏都
平城,置司州於代都。宋白曰:唐雲州雲中郡是。起上谷,西至河,廣
縱千里。廣,古曠翻。縱,子容翻。

　　《資治通鑑》卷一百二十四《宋紀六·文帝元嘉二十三
年》,頁三九二七

七年，雍表曰："奉詔高平、安定、統萬及臣所守四鎮，出車五千乘，運屯穀五十萬斛付沃野鎮，以供軍糧。臣鎮去沃野八百里，道多深沙，輕車來往，猶以爲難，設令載穀，不過二十石，每涉深沙，必致滯陷。又穀在河西，轉至沃野，越度大河，計車五千乘，運十萬斛，百餘日乃得一返，大廢生民耕墾之業。車牛艱阻，難可全至，一歲不過二運，五十萬斛乃經三年臣前被詔，有可以便國利民者動静以聞。臣聞鄭、白之渠，遠引淮海之粟，溯流數千，周年乃得一至，猶稱國有儲糧，民用安樂。今求於牽屯山河水之次，造船二百艘，二船爲一舫，一船勝穀二千斛，一舫十人，計須千人。臣鎮内之兵，率皆習水。一運二十萬斛。方舟順流，五日而至，自沃野牽上，十日還到，合六十日得一返。從三月至九月三返，運送六十萬斛，計用人功，輕於車運十倍有餘，不費牛力，又不廢田。"詔曰："知欲造船運穀，一冬即成，大省民力，既不費牛，又不廢田，甚善。非但一運，自可永以爲式。今别下統萬鎮出兵以供運穀，卿鎮可出百兵爲船工，豈可專廢千人？雖遣船匠，猶須卿指授，未可專任也。諸有益國利民如此者，續復以聞。"

　　《魏書》卷三十八《列傳第二十六·刁雍》，頁八六八至八六九

　　道多深沙，車牛艱阻，求於牽屯山河水之次造船水運。又以所綰邊表，常懼不虞，造城儲穀，置兵備守。詔皆從之。

　　《北史》卷二十六《列傳第十四·刁雍》，頁九四七至九四八

公元四四八年　魏太武帝太平真君九年　宋文帝元嘉二十五年　柔然處可汗五年

六月辛酉,行幸廣德宮。丁卯,悅般國遣使求與王師俱討蠕蠕,帝許之。秋八月,詔中外諸軍戒嚴。九月乙酉,治兵于西郊。丙戌,上幸陰山。是月,成周公萬度歸千里驛上,大破焉耆國,其王鳩尸卑那奔龜兹……十有二月,詔成周公萬度歸自焉耆西討龜兹。皇太子朝于行宮,遂從北討。至于受降城,不見蠕蠕,因積糧城內,留守而還。北平王長孫敦坐事降爵爲公。

《魏書》卷四《世祖紀》,頁一〇二至一〇三

六月辛酉,行幸廣德宮。丁卯,悅般國遣使求與王師俱討蠕蠕。帝許之。秋八月,詔中外諸軍戒嚴。九月乙酉,練兵于西郊。丙戌,幸陰山。是月,成周公萬度歸千里驛上,大破焉耆國,其王鳩尸卑那奔龜兹……十二月,詔成周公萬度歸自焉耆西討龜兹。皇太子朝于行宮,遂從北討。至于受降城,不見蠕蠕,因積糧城內,留守而還。北平王長孫敦坐事降爵爲公。

《北史》卷二《魏本紀》,頁五九至六〇

〔六月〕辛酉,魏主如廣德宮。魏主起殿於陰山北,殿成而楊難當來朝,因命曰廣德宮。

《資治通鑑》卷一百二十五《宋紀七‧文帝元嘉二十五年》,頁三九三四

〔八月甲子〕西域般悦國去平城萬有餘里，據《北史》，“般悦” 當作 “悦般”。般，音鉢。遣使詣魏，使，疏吏翻。請與魏東西合擊柔然；魏主許之，中外戒嚴。

《資治通鑑》卷一百二十五《宋紀七·文帝元嘉二十五年》，頁三九三四

〔九月〕丙戌，魏主如陰山。

《資治通鑑》卷一百二十五《宋紀七·文帝元嘉二十五年》，頁三九三四

十二月，魏萬度歸自焉耆西討龜兹，留唐和鎮焉耆。柳驢戍主乙直伽謀叛，伽，求迦翻。和擊斬之，由是諸胡咸服，西域復平。復，扶又翻；下復伐同。魏太子朝于行宮，陰山之行宮也。朝，直遥翻。遂從伐柔然。至受降城，即漢武帝所築受降城。降，户江翻。不見柔然，因積糧於城内，置戍而還。還，從宣翻，又如字。

《資治通鑑》卷一百二十五《宋紀七·文帝元嘉二十五年》，頁三九三五

九年九月乙酉，練兵于西郊，將討蠕蠕。

《册府元龜》卷一二四《帝王部·講武》，頁一四八三

九年六月，悦般國遣使求與王師俱討蠕蠕，帝許之。八月，詔中外諸軍戒嚴。九月乙酉，練兵于郊。丙戌，幸陰山。十二月，至受降城，不見蠕蠕。因積糧城内，留守而還。

《册府元龜》卷一一六《帝王部·親征一》，頁一三八九

九年十二月，北討至受降城，不見蠕蠕，因積糧城內，留守而還。

《冊府元龜》卷九九〇《外臣部・備御三》，頁一一六二八

六月辛酉，行幸廣德宮。丁卯，悅般國遣使求與王師俱討蠕蠕。帝許之。秋八月，詔中外諸軍戒嚴。九月乙酉，練兵于西郊。丙戌，幸陰山。是月，成周公萬度歸千里驛上，大破焉耆國，其王鳩尸卑那奔龜茲……十二月，詔成周公萬度歸自焉耆西討龜茲。皇太子朝于行宮，遂從北討。至受降城，不見蠕蠕，因積糧城內，留守而還。北平王長孫敦坐事降爵爲公。

《通志》卷十五上《後魏紀十五上》，頁二八〇中至下

九年九月乙酉，練兵于西郊，將討蠕蠕。

《冊府元龜》卷一二四《帝王部・講武》，頁一四八三

長子他，襲爵。身長八尺，美姿貌，性謹厚，武藝過人。從世祖討山胡白龍於西河，屠其城，別破餘黨，斬首數千級。改封臨淮王，拜鎮東將軍。尋改封淮南王，除使持節、都督豫洛河南諸軍事、鎮南大將軍、開府儀同三司，鎮虎牢。威名甚著。後與武昌王提率并州諸軍討吐京叛胡曹僕渾於河西，平之。拜使持節、前鋒大將軍、都督諸軍事，北討蠕蠕，破之，運軍儲於比干城。

《魏書》卷十六《道武七王列傳第四・陽平王熙》，頁三九一

淮南王佗,太武之討胡白龍於西河,屠其城。佗別破餘黨,斬首數千。後與武昌王提率并州諸軍討吐京叛胡曹僕渾於河西,平之。拜使持節、前鋒大將軍,督諸軍北討蠕蠕,破之。

　　《册府元龜》卷二九〇《宗室部・立功一》,頁三四一六

悦般國城,在龜兹北……真君九年遣使詣魏,請東西合擊柔然。

　　《讀史方輿紀要》卷六十五《陝西十四》,頁三〇六二

受降城,在居延東北,謂之漢受降城,其東近漢五原縣界……後魏太平真君九年伐柔然,至受降城無所見,因積糧於城内,置戍而還。

　　《讀史方輿紀要》卷六十三《陝西十二》,頁二九七七

陰山,在中受降城東北,去衛千餘里。黃河逕三受降城南者,漢人謂之北河。河之外陰山横亘,中外大限,常以此分……九年如廣德宮,既復如陰山,遂西擊柔然,無所見而還。

　　《讀史方輿紀要》卷六十一《陝西十》,頁二九二六至二九二七

真君九年,遣使朝獻。并送幻人,稱能割人喉脉令斷,擊人頭令骨陷,皆血出或數升或盈斗,以草藥内其口中,令嚼咽之,須臾血止,養瘡一月復常,又無痕瘢。世祖疑其虛,乃取死罪囚試之,皆驗。云中國諸名山皆有此草,乃使人受其術而厚遇之。又言其國有大術者,蠕蠕來抄掠,術人能作霖雨狂風大雪及行潦,蠕蠕凍死漂亡者十二三。是歲再遣使朝

貢,求與官軍東西齊契討蠕蠕。世祖嘉其意,命中外諸軍戒嚴,以淮南王他爲前鋒,襲蠕蠕。

《魏書》卷一〇二《列傳第九十·西域·悦般》,頁二二六九

真君九年,遣使朝獻。并送幻人,稱能割人喉脉令斷,擊人頭令骨陷,皆血出或數升或盈斗,以草藥内其口中,令嚼咽之,須臾血止,養瘡一月復常,又無痕瘢。世疑其虛,[二七]乃取死罪囚試之,皆驗。云中國諸名山皆有此草,乃使人受其術而厚遇之。又言:其國有大術者,蠕蠕來抄掠,術人能作霖雨、盲風、大雪及行潦,蠕蠕凍死漂亡者十二三。是歲,再遣使朝貢,求與官軍東西齊契討蠕蠕。太武嘉其意,命中外諸軍戒嚴,以淮南王佗爲前鋒,襲蠕蠕。

【校勘記】

〔二七〕世疑其虛　《魏書》"世"下有"祖"字,《通典》《通志》作"太武"。按拓跋燾本書例稱"太武",疑《北史》此處因《魏書》舊文,未及改易。後脱"祖"字。

《北史》卷九十七《列傳第八十五·悦般》,頁三二二〇、三二四三至三二四四

後魏太武真君九年,遣使朝獻。并送幻人,稱能割人喉脉令斷,擊人頭令骨陷,皆血出數升,或盈斗。以草藥内其口中,令嚼咽之。須臾血止養瘡一月復常,又無痕。世疑其虛,乃取死罪囚試之,皆驗。云中國諸名山皆有此草,乃使人受其術而厚遇之。又言其國有大術者,蠕蠕凍死漂亡者十二三。是歲再遣使朝貢,求與官軍東西齊契討蠕蠕。太武

嘉其意,命中外諸軍戒嚴,以淮南王他爲前鋒,襲蠕蠕。仍詔有司,以其鼓儛之節施於樂府。自後每使朝貢。

《太平御覽》卷七九五《四夷部十六·悦班》,頁三五二八

太平真君九年,遣使朝獻。并送幻人,稱能割人喉脉令斷,擊人頭令骨陷,皆血出淋漓,或數升或盈斗,以草藥内其口中,令嚼咽之,須臾血止,養瘡一月復常,又無痕瘢。太武乃取死罪囚試之,皆驗。云中國諸名山皆有此草,乃使人受其術而厚遇之。又言:其國有大術者,蠕蠕來鈔掠,術人能作霖雨、盲風、大雪及行潦,蠕蠕凍死亡者十二三。是歲,再遣使朝貢,求與官軍東西,合擊蠕蠕。太武嘉其意,命中外諸軍戒嚴,以淮南王他爲前鋒,襲蠕蠕。

《通志》卷一百九十六《四夷三·悦般》,頁三一五三下

九年,雍表曰:“臣聞安不忘亂,先聖之政也。况綏服之外,帶接邊城,防守不備,無以禦敵者也。臣鎮所縮河西,爰在邊表,常懼不虞。平地積穀,實難守護。兵人散居,無所依恃。脱有妖姦,必致狼狽。雖欲自固,無以得全。今求造城儲穀,置兵備守。鎮自建立,更不煩官。又於三時之隙,不令廢農。一歲、二歲不訖,三歲必成。立城之所,必在水陸之次。大小高下,量力取辦。”詔許之。至十年三月,城訖。詔曰:“卿深思遠慮,憂勤盡思,知城已周訖,邊境無不虞之憂,千載有永安之固,朕甚嘉焉。即名此城爲刁公城,以旌爾功也。”

《魏書》卷三十八《列傳第二十六·刁雍》,頁八六九

公元四四九年　魏太武帝太平真君十年　宋文帝元嘉二十六年　柔然處可汗六年

十年春正月戊辰朔,帝在漠南,大饗百僚,班賜有差。甲戌,北伐。二月,蠕蠕渠帥爾綿他拔等率其部落千餘家來降,蠕蠕吐賀真恐懼遠遁。事具《蠕蠕傳》。

《魏書》卷四《世祖紀》,頁一〇三

十年春正月戊辰朔,帝在漠南,大饗百僚。

《北史》卷二《魏本紀》,頁六〇

春,正月,戊辰朔,魏主饗群臣於漠南。甲戌,復伐柔然。高涼王那出東道,略陽王羯兒出西道,羯,居謁翻。魏主與太子出涿邪山,邪,讀曰耶。行數千里。柔然處羅可汗恐懼遠遁。處,昌呂翻。可,從刊入聲。汗,音寒。〔二月〕庚寅,魏主還平城。

《資治通鑑》卷一百二十五《宋紀七・文帝元嘉二十六年》,頁三九三五

十年正月戊子朔,車駕在漠南伐蠕儒,大饗百寮。

《冊府元龜》卷一百九《帝王部・宴享》,頁一二九七

三月,遂蒐于河西。庚寅,車駕還宮。

《魏書》卷四《世祖紀》,頁一〇三

三月,蒐于河西。庚寅,車駕還宫。

《北史》卷二《魏本紀》,頁六〇

十年春正月戊辰朔,帝在漠南,大饗百寮。甲戌,蠕蠕吐賀真懼遠遁。

《通志》卷十五上《後魏紀十五上》,頁二八〇下

三月,蒐于河西。庚寅,車駕還宫。

《通志》卷十五上《後魏紀十五上》,頁二八〇下

世祖蒐于河西,詔浩詣行在所議軍事。浩表曰:"昔漢武帝患匈奴强盛,故開凉州五郡,通西域,勸農積穀,爲滅賊之資。東西迭擊。故漢未疲,而匈奴已弊,後遂入朝。昔平凉州,臣愚以爲北賊未平,征役不息,可不徙其民,案前世故事,計之長者。若遷民人,則土地空虚,雖有鎮戍,適可禦邊而已,至於大舉,軍資必乏。陛下以此事闊遠,竟不施用。如臣愚意,猶如前議,募徙豪强大家,充實凉土,軍舉之日,東西齊勢,此計之得者。"

《魏書》卷三十五《列傳第二十三·崔浩》,頁八二五

帝蒐于河西,詔浩詣行在所議軍事。[三四]浩表曰:"昔漢武患匈奴强盛,故開凉州五郡,通西域,廣農積穀,爲滅賊之資,東西迭擊。故漢未疲而匈奴已弊,後遂入朝。昔平凉州,臣愚以爲北賊未平,征役不息,可不徙其人,案前世故事,計之長者。若徙其人,則土地空虚,雖有鎮戍,適可禦邊而已,

至於大舉,軍資必乏。陛下以此事闊遠,竟不施用。如臣愚意,猶如前議,募徙豪强大家,充實凉土。〔三五〕軍舉之日,東西齊勢,此計之得者。"

【校勘記】

〔三四〕詔浩詣行在所議軍事　諸本脱"在"字,據《魏書》《通志》補。

〔三五〕募徙豪强大家充實凉土　諸本"徙"訛"從",據宋本及《魏書》《通志》改。

《北史》卷二十一《列傳第九·崔宏附崔浩》,頁七八八、八〇二

太平真君五年,帝蒐于河西,詔司徒崔浩詣行在議軍事。浩表曰:"昔漢武帝患匈奴强盛,故開凉州五郡,通西域,勸農積穀,爲滅賊之資。東西迭擊,故漢未疲而匈奴已斃,後遂入朝。昔平凉州,臣愚以爲北賊未平,征役不息,可不徙其民,案前世故事,計之長者。若遷民人,則土地空虚,雖有鎮戍,適可禦邊而已,至於大舉,軍資必乏。陛下以此事闊遠,竟不施用。如臣愚意,猶如前議,慕徙豪强大家,充實凉土,軍舉之日,東西齊勢,此計之得者。"

《册府元龜》卷九九〇《外臣部·備御三》,頁一一六二七至一一六二八

九月,閱武磧上,遂北伐。事具《蠕蠕傳》……十有二月戊申,車駕至自北伐。

《魏書》卷四《世祖紀》,頁一〇三

時間歲討蠕蠕。是秋九月,上復自將征之,所捕虜凡百餘萬矣。是歲七月,太白犯哭星。占曰“天子有哭泣事”。明年春,皇子真薨。

　　《魏書》卷一百五之三《天象志三》,頁二四〇六

九月,閲武於磧上,遂北伐……十二月戊申,車駕至自北伐。

　　　　　　《北史》卷二《魏本紀》,頁六〇

九月,魏主伐柔然,高凉王那出東道,略陽王羯兒出中道。柔然處羅可汗悉國内精兵圍那數十重;那掘塹堅守,【章:十二行本“守”下有“相持數日”四字;乙十一行本同;孔本同;張校同;退齋校同。】處羅數挑戰,輒爲那所敗。重,直龍翻。掘,其月翻。塹,七艷翻。數,所角翻。挑,徒了翻。敗,補邁翻。以那衆少而堅,少,詩沼翻。疑大軍將至,解圍夜去;那引兵追之,九日九夜。處羅益懼,棄輜重,踰穹隆嶺遠遁;那收其輜重,重,直用翻。引軍還,與魏主會於廣澤。略陽王羯兒收柔然民畜凡百餘萬。自是柔然衰弱,屏迹不敢犯魏塞。屏,必郢翻。冬,十二月,戊申,魏主還平城。

　　《資治通鑑》卷一百二十五《宋紀七·帝元嘉二十六年》,頁三九三六

穹隆嶺,在漠北。魏主燾太平真君十年復伐柔然,使拓跋那出東道。那日夜追擊,柔然懼,棄輜重踰穹隆嶺遠遁。那盡收其輜重而還,與魏主會於廣澤。自是柔然衰弱,不復犯魏塞。

　　《讀史方輿紀要》卷四十五《山西七》,頁二〇六七

世祖繼絕世,詔河南王曜之子羯兒襲脩爵,改封略陽。後與永昌王健督諸軍討禿髮保周於番和,徙張掖民數百家於武威,遂與諸將私自没入。坐貪暴,降爵爲公。後統河西諸軍襲蠕蠕,至於漠南。

《魏書》卷十六《道武七王列傳第四·河間王脩》,頁三九九

雒陽王羯兒,督諸軍討禿髮,坐貪暴,降爵爲公。後統河西諸軍襲蠕蠕,至於漠南,仍復王爵。

《冊府元龜》卷二九五《宗室部·復爵》,頁三四六八

涿涂山,在漠外。涂讀邪。山在高闕塞北千餘里……太平真君十年復伐柔然,出涿邪山,行數千里,柔然遠遁是也。

《讀史方輿紀要》卷四十五《山西七》,頁二〇六四

〔秦王翰子〕子禎,通解諸方之語,便騎射。世祖時,爲司衛監。從征蠕蠕,忽遇賊別部,多少不敵,禎乃就山解鞍放馬,以示有伏,賊果疑而避之。

《魏書》卷十五《昭成子孫列傳第三·秦王翰附拓跋禎》,頁三七二

子禎,膽氣過人。太武時,爲司衛監。從征蠕蠕,忽遇賊別部,多少不敵。禎乃就山解鞍放馬,以示有伏,賊果疑而避之。

《北史》卷十五《列傳第三·昭成子孫·秦王翰附拓跋禎》,頁五六三

衛王孫楨,膽氣過人,太武時從征蠕蠕,忽遇賊別部,多少不敵。楨乃就山解鞍被馬,以示有伏,賊果疑而避之。

　　《册府元龜》卷二七一《宗室部・武勇》,頁三二〇九

沛郡公楨爲司衛監,從太武征蠕蠕,忽遇賊別部,多少不敵。楨乃就山解鞍放馬,以示有伏。賊果疑而避之。

　　《册府元龜》卷三六四《將帥部・機略四》,頁四三二四

子楨,膽氣過人。太武時,爲司衛監。從征蠕蠕,忽遇賊別部,多少不敵。楨乃就山解鞍放馬,以示有伏,賊果疑而避之。

　　《通志》卷八十四上《宗室七上・拓跋楨》,頁一〇五三下

爽有七弟秀,小字天念,頗有意略,才力過爽。燾以充宿衛,甚知待之。僞高梁王阿叔泥爲芮芮所圍甚急,[二五]使秀往救,燾自率大衆繼其後。燾未及至,秀已擊破之,拔阿叔泥而反。燾壯其功,以爲中書郎,封廣陵侯。

【校勘記】

　〔二五〕僞高梁王阿叔泥爲芮芮所圍甚急　"阿叔泥"《索虜傳》作"阿斗泥",疑阿斗泥是。叔斗形近而譌。

　　《宋書》卷七十四《列傳第三十四・魯爽附魯秀》,頁一九二二、一九四五

次弟秀小字天念,頗有意略。仕魏以軍功爲中書郎,封廣陵侯。

　　《南史》卷四十《列傳第三十・魯爽》,頁一〇一九至

一〇二〇

真君中，從討蠕蠕，以功賜爵關內侯。

　　《魏書》卷三十《列傳第十八‧陸真》，頁七三〇

真君中，從討蠕蠕，以功賜爵關內侯。

　　《北史》卷二十五《列傳第十三‧陸真》，頁九二〇

陸真爲內三郎，數從征伐，所在摧鋒陷陣，前後以功屢受賞賜。太武太平真君中，從討蠕蠕，以功賜爵關內侯。

　　《冊府元龜》卷三八一《將帥部‧褒異七》，頁四五二九

太平真君中，從討蠕蠕，以功賜爵關內侯。

　　《通志》卷一百四十七《列傳六十‧陸真》，頁二三一八上

公元四五〇年　魏太武帝太平真君十一年　宋文帝元嘉二十七年　柔然處可汗七年

彼往日北通芮芮，西結赫連、蒙遜、吐谷渾，東連馮弘、高麗。凡此數國，我皆滅之。以此而觀，彼豈能獨立。芮芮吳提已死，其子菟害真襲其凶迹，以今年二月復死。我今北征，先除有足之寇。彼若不從命，來秋當復往取。以彼無足，故不先致討。

　　《宋書》卷九十五《列傳第五十五‧索虜》，頁二三四六

魏主遺帝書曰：“前蓋吳反逆，扇動關、隴。彼復使人就

而誘之，丈夫遺以弓矢，婦人遺以環釧；復，扶又翻。誘，音西。遺，于季翻。通使蓋吳事見上卷二十二年、二十三年釧，尺絹翻，臂環也。是曹正欲譎誑取賂，譎，古穴翻。誑，居況翻。豈有遠相服從之理！爲大丈夫，何不自來取之，而以貨誘我邊民？募往者復除七年，是賞姦也。復，方目翻。我今來至此土所得多少，孰與彼前後得我民邪？

　　彼若欲存劉氏血食者，當割江以北輸之，攝守南渡，攝，收也，言收江北守兵南渡江也。當【章：十二行本“當”上有“如此”二字；乙十一行本同；孔本同；張校同。】釋江南使彼居之。不然，可善敕方鎮、刺史、守宰嚴供帳之具，守，式又翻。“帳”，當作“張”，音，竹亮翻。來秋當往取揚州。大勢已至，終不相縱。彼往日北通蠕蠕，西結赫連、沮渠、吐谷渾，東連馮弘、高麗；事並見前。蠕，人充翻。沮，子余翻。吐，從噝入聲。谷，音浴。麗，力知翻。凡此數國，我皆滅之。以此而觀，彼豈能獨立！

　　蠕蠕吳提、吐賀真皆已死，我今北征，先除有足之寇。柔然多馬，故言其有足。彼若不從命，來秋當復往取之；復，扶又翻；下復縱、復非同。以彼無足，故不先討耳。”

　　《資治通鑑》卷一百二十五《宋紀七·文帝元嘉二十七年》，頁三九三九至三九四〇

　　十一年正月戊辰朔，帝在漠南，大饗百寮。甲戌，蠕蠕吐賀真懼，遠遁。三月庚寅，帝還宮。

　　《冊府元龜》卷一一六《帝王部·親征一》，頁一三八九

〔六月〕辛丑,北巡陰山。

　　　　　　《魏書》卷四《世祖紀》,頁一〇四

〔六月〕辛丑,北巡陰山。

　　　　　　《北史》卷二《魏本紀》,頁六〇

〔六月〕辛丑,魏主北巡陰山。

《資治通鑑》卷一百二十五《宋紀七・文帝元嘉二十七年》,頁三九四四

　　車伊洛,焉耆胡也。世爲東境部落帥,恒修職貢。世祖録其誠款,延和中,授伊洛平西將軍,封前部王,賜絹一百匹,綿一百斤,繡衣一具,金帶靴帽。伊洛大悅,規欲歸闕。沮渠無諱斷路,伊洛與無諱連戰,破之。時無諱卒,其弟安周奪無諱子乾壽兵,規領部曲。伊洛前後遣使招喻,乾壽等率户五百餘家來奔,伊洛送之京師。又招喻李寶弟欽等五十餘人,送詣敦煌。伊洛又率部衆二千餘人伐高昌,討破焉耆東關七城,虜獲男女二百人,駝千頭,馬千匹。以金一百斤奉獻。先是,伊洛征焉耆,留其子歇守城,而安周乘虛引蠕蠕三道圍歇,并遣使謂歇曰:“爾父已投大魏,爾速歸首,當賜爾爵號。”歇固守,連戰。久之,外無救援,爲安周所陷,走奔伊洛。伊洛收集遺散一千餘家,歸焉耆鎮。

　　　　《魏書》卷三十《列傳第十八・車伊洛》,頁七二三

　　初,沮渠無諱兄弟之渡流沙也,鳩集遺人,破車師國。真君十一年,車師王車夷落遣使琢進、薛直上書曰:"臣亡父僻處塞外,仰慕天子威德,遣使表獻,不空於歲。天子降念,賜遺甚厚。及臣繼立,亦不闕常貢,天子垂矜,亦不異前世。敢緣至恩,輒陳私艱。臣國自無諱所攻擊,經今八歲,人民饑荒,無以存活。賊今攻臣甚急,臣不能自全,遂捨國東奔,三分免一,即日已到焉耆東界。思歸天闕,幸垂賑救。"於是下詔撫慰之,開焉耆倉給之。

　　《魏書》卷一百二《列傳第九十·西域·車師傳》,頁二二六四

　　初,沮渠無諱兄弟之渡流沙也,鳩集遺人,破車師國。真君十一年,車師王車夷落遣使琢進薛直上書曰:"臣亡父僻處塞外,仰慕天子威德,遣使奉獻,不空於歲,天子降念,賜遺甚厚。〔一二〕及臣繼立,亦不闕常貢,天子垂矜,亦不異前世。敢緣至恩,輒陳私懇。臣國自無諱所攻擊,經今八歲,人民飢荒,無以存活。賊今攻臣甚急,臣不能自全,遂捨國東奔,三分免一。即日已到焉耆東界,思歸天闕,幸垂賑救。"於是下詔撫慰之,開焉耆倉給之。

【校勘記】

〔一二〕賜遺甚厚　《魏書》"遺"作"遺",是。

　　《北史》卷九十七《列傳第八十五·車師》,頁三二一一至三二一二、三二四二

　　初,車師大帥車伊洛世服於魏,帥,所類翻。魏拜伊洛平西

將軍,封前部王。伊洛將入朝,沮渠無諱斷其路,沮渠無諱時屯高昌。朝,直遥翻。斷,丁管翻。伊洛屢與無諱戰,破之。無諱卒,卒於元嘉二十一年。弟安周奪其子乾壽兵,伊洛遣人説乾壽,乾壽遂帥其民五百餘家奔魏;帥,讀曰率。伊洛又説李寶弟欽等五十餘人下之,皆送于魏。説,輸芮翻。伊洛西擊焉耆,留其子歇守城,沮渠安周引柔然兵間道襲之,間,古覓翻。攻拔其城。歇走就伊洛,共收餘衆,保焉耆鎮,魏破焉耆以爲鎮。遣使上書於魏主,言:"爲沮渠氏所攻,首尾八年,元嘉十九年,無諱襲據高昌,自此與車師相攻。使,疏史翻。百姓飢窮,無以自存。臣今棄國出奔,得免者僅三分之一,已至焉耆東境,乞垂賑救!"魏主詔開焉耆倉以賑之。賑,津忍翻。

《資治通鑑》卷一百二十五《宋紀七·文帝元嘉二十七年》,頁三九四四至三九四五

其年,大舉北討,下詔曰:虜近雖摧挫,獸心靡革,驅逼遺氓,復規竊暴。比得河朔秦雍華戎表疏,歸訴困棘,跂望綏拯,潛相糾結,以候王師。并陳芮芮此春因其來掠,掩襲巢窟,種落畜牧,所亡太半,連歲相持,于今未解。又猜虐互發,親黨誅殘,根本危敝,自相殘殄。芮芮間使適至,所説並符,遠輸誠款,誓爲掎角。遐邇注情,既宜赴獎,且水雨豐澍,舟檝流通,經略之會,實在兹日。

《宋書》卷九十五《列傳第五十五·索虜》,頁二三四八

秋,七月,庚午,詔曰:"虜近雖摧挫,謂攻懸瓠不克而退也。獸心靡革。比得河朔、秦、雍華戎表疏,比,毗寐翻,近也。雍,於

用翻。歸訴困棘，棘，急也。跂望綏拯，跂，丘弭翻，又去智翻。舉踵
而望，脚跟不著地也。潛相糾結以候王師；芮芮亦遣間使芮
芮，即蠕蠕，南人語轉耳。間，古莧翻。遠輸誠款，誓爲掎角；掎，居
蟻翻。經略之會，實在兹日。"

《資治通鑑》卷一百二十五《宋紀七·文帝元嘉二十七
年》，頁三九四六

〔九月〕癸巳，皇太子北伐，屯于漠南，吳王余留守京都。
《魏書》卷四《世祖紀》，頁一〇四

〔九月〕癸巳，皇太子北伐，屯于漠南。吳王余留守京都。
《北史》卷二《魏本紀》，頁六一

九月，辛卯，魏主引兵南救滑臺，命太子晃屯漠南以備柔
然，吳王余守平城。

《資治通鑑》卷一百二十五《宋紀七·文帝元嘉二十七
年》，頁三九四八

世祖幸瓜步，慮有北寇之虞，乃加小左衛將軍，賜爵泥陽
子，除留臺將軍。

《魏書》卷九十四《列傳閹官第八十二·孫小》，頁二〇一八

太武幸瓜步，慮有北寇之虞，賜爵泥陽子，除留臺將軍。
《北史》卷九十二《列傳第八十·恩幸·孫小》，頁三〇三二

庚午,魏主至瓜步,壞民廬舍,壞,音怪。及伐葦爲筏,聲言欲渡江。建康震懼,民皆荷擔而立,荷擔而立,急則迸走。荷,戶可翻,又如字。擔,丁濫翻。

《資治通鑑》卷一百二十五《宋紀七·文帝元嘉二十七年》,頁三九五九

公元四五一年　魏太武帝正平元年　宋文帝元嘉二十八年　柔然處可汗八年

秋七月丁亥,行幸陰山……九月癸巳,車駕還宮。冬十月庚申,行幸陰山。

《魏書》卷四《世祖紀》,頁一〇六

秋七月丁亥,行幸陰山……九月癸巳,車駕還宮。冬十月庚申,行幸陰山。

《北史》卷二《魏本紀》,頁六二

秋,七月,丁亥,魏主如陰山……九月,癸巳,魏主還平城;冬十月庚申,復如陰山。復,扶又翻。

《資治通鑑》卷一百二十六《宋紀八·文帝元嘉二十八年》,頁三九七二

正平元年,和詣闕,世祖優寵之,待以上客。高宗以和歸誠先朝,拜鎮南將軍、酒泉公。

《魏書》卷四十三《列傳第三十一·唐和》,頁九六三

正平元年,和詣闕。太武優寵之,待以爲上客。文成以和歸誠先朝,封酒泉公。

　　　《北史》卷二十七《列傳第十五‧唐和》,頁九八九

〔唐〕契子玄達,性果毅,有父風。與叔父和歸闕,俱爲上客。拜安西將軍、晉昌公。

　　　《魏書》卷四十三《列傳第三十一‧唐和》,頁九六三

〔唐〕契子玄達,性果毅,有父風。與叔父和歸闕,俱爲上客,封晉昌公。

　　　《北史》卷二十七《列傳第十五‧唐和》,頁九九〇

唐和入朝于魏,魏主厚禮之。唐和鎮焉耆者,有撫安西域之功,故厚禮之。

　　　《資治通鑑》卷一百二十六《宋紀八‧文帝元嘉二十八年》,頁三九七三

公元四五二年　魏文成帝興安元年　宋文帝元嘉二十九年　柔然處可汗九年

〔十一月〕甲申,皇妣薨……壬寅,追尊景穆太子爲景穆皇帝,皇妣爲恭皇后……十有二月戊申,祔葬恭皇后於金陵……濮陽公閭若文進爵爲王。

　　　《魏書》卷五《高宗紀》,頁一一二

〔十一月〕甲申,皇妣閭氏薨。[三二]……壬寅,追尊皇考景穆太子爲景穆皇帝,妣閭氏爲恭皇后……十二月戊申,祔葬恭皇后於金陵……進濮陽公閭若文爵爲王。

【校勘記】

〔三二〕甲申皇妣閭氏薨　《魏書》卷五《高宗紀》無“閭氏”二字。錢大昕《廿二史考異》云:“按《后妃傳》,(本書卷一三)少以才,選入東宮。有寵,生文成皇帝而薨。文成即位,追尊號謚。是閭氏之薨在文成即位以前,紀書於即位以後,自相矛盾。”洪頤煊《諸史考異》卷一七云:“按《魏書》(卷一三)《恭皇后傳》,真君元年六月生高宗,世祖末年薨,即興安元年十一月,本與紀合,《北史》删去其薨年,遂致牴牾。”

《北史》卷二《魏本紀》,頁六五、八三

〔十一月〕甲申,魏主母閭氏卒。按《北史》,魏主母姓郁久閭氏,河東王毗之妹也……魏追尊景穆太子爲景穆皇帝,皇妣閭氏爲恭皇后……十二月,戊申,魏葬恭皇后于金陵。

《資治通鑑》卷一百二十六《宋紀八·文帝元嘉二十九年》,頁三九八二

高宗即位,班賜百僚,謂賀曰:“朕大賚善人,卿其任意取之,勿謙退也。”賀辭,固使取之,賀唯取戎馬一匹而已。

《魏書》卷四十一《列傳第二十九·賀源》,頁九二〇

及即位,賀有力焉。以定策勳,進爵西平王。及班賜百

僚，敕賀任意取之，辭以江南未賓，漠北不款，[二一]府庫不宜
致匱。固使取之，唯取戎馬一匹。

【校勘記】

〔二一〕辭以江南未賓漠北不款　諸本“漠”訛作“漢”，
據《通志》卷一四七《源賀傳》改。漠北指蠕蠕。

《北史》卷二十八《列傳第十六·賀源》，頁一〇二四、
一〇三八

〔高宗〕帝班賜群臣，謂源賀曰：“卿任意取之。”賀辭曰：
“南北未賓，府庫不可虛也。”謂魏南有宋，北有柔然，不可一日弛
備；府庫所以供軍國之用，不可虛於賞賜。固與之，乃取戎馬一匹。
示欲宣力於邊垂。

《資治通鑑》卷一百二十六《宋紀八·文帝元嘉二十九
年》，頁三九八三至三九八四

公元四五三年　魏文成帝興安二年　宋文帝
元嘉三十年　柔然處可汗十年

三月壬午，尊保太后爲皇太后。安豐公閭虎皮進爵爲河
間王。

《魏書》卷五《高宗紀》，頁一一二

三月，尊保太后爲皇太后。進安豐公閭武皮爵爲河間
王。[三五]

【校勘記】

〔三五〕進安豐公閭武皮爵爲河間王　《魏書》“武”作

"虎",《北史》避唐李虎諱改。

《北史》卷二《魏本紀》,頁六六、八三

〔三月〕壬午,魏主尊保太后爲皇太后,尊保太后見上卷上年以乳母爲母,非禮也。追贈祖考,官爵兄弟,皆如外戚。史言魏主寵秩私昵之過。

《資治通鑑》卷一百二十七《宋紀九·文帝元嘉三十年》,頁三九九二

秋七月辛亥,行幸陰山。濮陽王閭若文,征西大將軍、永昌王仁謀反。乙丑,賜仁死於長安,若文伏誅。

《魏書》卷五《高宗紀》,頁一一二

秋七月辛亥,行幸陰山。濮陽王閭若文、永昌王仁謀反。乙卯,仁賜死,若文伏誅。

《北史》卷二《魏本紀》,頁六六

〔七月〕乙丑,魏濮陽王閭若文、征西大將軍永昌王仁皆坐謀叛,仁賜死於長安,若文伏誅。

《資治通鑑》卷一百二十七《宋紀九·文帝元嘉三十年》,頁四〇〇八

高宗時召叟及舒,並使作檄劉駿、蠕蠕文。舒文劣於叟,舒尋歸家。

《魏書》卷五十二《列傳第四十·胡叟》,頁一一五一

文成時，召叟及舒，並使作檄，檄宋、蠕蠕。舒文劣於叟。
尋歸家。

《北史》卷三十四《列傳第二十二·胡叟》，頁一二六三

文成時，召叟及舒，並使作檄，檄宋、蠕蠕。舒文劣於叟。
叟尋歸家。

《通志》卷一百四十八《列傳六十一·胡叟》，頁二三六五上

公元四五四年　魏文成帝興光元年　宋孝武帝
孝建元年　柔然處可汗十一年

夏六月丙寅，行幸陰山。

《魏書》卷五《高宗紀》，頁一一三

夏六月，行幸陰山。

《北史》卷二《魏本紀》，頁六七

六月，丙寅，魏主如陰山。

《資治通鑑》卷一百二十八《宋紀十·孝武帝孝建元年》，
頁四○一九

冬十有一月，北鎮將房杖擊蠕蠕，虜其將豆渾與句等，獲
馬千餘匹。

《魏書》卷五《高宗紀》，頁一一四

房拔爲北鎮將。興光元年，擊蠕蠕，虜其將豆渾與句等，

獲馬千餘匹。

《冊府元龜》卷三五三《將帥部·立功六》，頁四一八八

公元四五六年　魏文成帝太安二年　宋孝武帝孝建三年　柔然處可汗十三年

秋八月甲申，畋於河西。是月，平西將軍、漁陽公尉眷北擊伊吾，克其城，大獲而還。九月辛巳，河東公閭毗、零陵公閭紇並進爵爲王……十有一月，尚書、西平王源賀改封隴西王。

《魏書》卷五《高宗紀》，頁一一五

秋八月，田於河西。平西將軍、漁陽公尉眷北擊伊吾，克其城，大獲而還。九月辛巳，進河東公閭毗、零陵公閭紇爵，並爲王……十一月，改封西平王源賀隴西王。

《北史》卷二《魏本紀》，頁六八

八月，魏平西將軍漁陽公尉眷擊伊吾，克其城，大獲而還。李寶以伊吾、敦煌降魏。寶既入朝，伊吾復叛，故擊之。尉，紆勿翻。還，從宣翻，又如字。

《資治通鑑》卷一百二十八《宋紀十·孝武帝孝建三年》，頁四〇二六

高宗時，〔尉眷〕率師北擊伊吾，克其城，大獲而還。

《魏書》卷二十六《列傳第十四·尉古真附尉眷》，頁六五七

　　和平末,冀州刺史源賀上言:"自非大逆手殺人者,請原其命,謫守邊戍。"詔從之。

　　　　　　　　《魏書》卷一百一十一《刑罰志》,頁二八七五

　　出爲征南將軍、冀州刺史,改封隴西王。賀上書曰:"臣聞:人之所寶,莫寶於生全;德之厚者,莫厚於宥死。然犯死之罪,難以盡恕,權其輕重,有可矜恤。今勁寇遊魂於北,狡賊負險於南,其在疆場,猶須防戍。臣愚以爲自非大逆、赤手殺人之罪,其坐贓及盜與過誤之愆應入死者,皆可原命,謫守邊境。是則已斷之體,更受全生之恩;徭役之家,漸蒙休息之惠。刑措之化,庶幾在兹。《虞書》曰'流宥五刑',此其義也。臣受恩深重,無以仰答,將違闕庭,豫增係戀,敢上瞽言,唯加裁察。"高宗納之。已後入死者,皆恕死徙邊。久之,高宗謂群臣曰:"源賀勸朕宥諸死刑,徙充北番諸戍,自爾至今,一歲所活殊爲不少,生濟之理既多,邊戍之兵有益。卿等事朕,致何善意也? 苟人人如賀,朕治天下復何憂哉! 顧憶誠言,[二]利實廣矣。"

【校勘記】

　　〔二〕顧憶誠言　李慈銘云:"'誠言'本當作'忠言',此或隋人所追改。下《延伯傳》'誠孝'二字亦同。"

　　　　《魏書》卷四十一《列傳第二十九·源賀》,頁九二〇至九二一、九三七

　　出爲冀州刺史,改封隴西王。既受除,上書曰:"臣聞人之所寶,莫寶於生命;德之厚者,莫厚於宥死。然犯死之罪,

難以盡恕，權其輕重，有可矜恤。今勍寇游魂於北，狡賊負險於南，其在疆場，猶須戍防。臣愚以爲自非大逆、赤手殺人之罪，其坐贓及盜與過誤之愆應入死者，皆可原命，謫守邊境。是則已斷之體，更受生成之恩；徭役之家，漸蒙休息之惠。刑措之化，庶幾在兹。”帝嘉納之，已後入死者，皆恕死徙邊。久之，帝謂群臣曰：“昔源賀勸朕，宥諸死刑，徙充北藩諸戍。自爾至今，一歲所活，殊爲不少。濟命之理既多，邊戍之兵有益。苟人人如賀，朕臨天下，復何憂哉！”

《北史》卷二十八《列傳第十六·源賀》，頁一〇二四

十一月，魏以尚書西平王源賀爲冀州刺史，更賜爵隴西王。更，工衡翻。賀上言：“今北虜遊魂，南寇負險，疆場之間，猶須防戍。場，音亦。臣愚以爲，自非大逆、赤手殺人，其坐贓盜及過誤應入死者，皆可原宥，謫使守邊；則是已斷之體受更生之恩，徭役之家蒙休息之惠。”魏高宗從之。久之，謂群臣曰：“吾用賀言，一歲所活不少，少，詩沼翻。增戍兵亦多。卿等人人如賀，朕何憂哉！”會武邑人石華告賀謀反，武邑縣，前漢屬信都，後漢屬安平，晉武帝分立武邑郡，至隋唐爲武邑、武强、衡水三縣地。有司以聞，帝曰：“賀竭誠事國，朕爲卿等保之，爲，于僞翻。無此，明矣。”命精加訊驗；華果引誣，自引服誣告之罪。帝誅之，因謂左右曰：“以賀忠誠，猶不免誣謗，不及賀者可無慎哉！”

《資治通鑑》卷一百二十八《宋紀十·孝武帝孝建三年》，頁四〇二七

源賀自太武時爲龍驤將軍，從擊叛胡白龍，又討吐京胡，

皆先登陷陣，進號平西將軍。太武征涼州，以賀爲鄉導，陳攻戰之計。賀率精騎歷諸部，招慰下三萬餘落。涼州平，遷征西將軍，進號西平公。又從征蠕蠕，討蓋吳諸賊，皆有功，拜散騎騎常侍。

　　　《册府元龜》卷三八一《將帥部・褒異七》，頁四五三一

〔和其奴〕又與河東王閭毗、太宰常英等並平尚書事。在官慎法，不受私請。

　　　《魏書》卷四十四《列傳第三十二・和其奴》，頁九九三

〔和其奴〕又與河東王閭毗、太宰常英等並平尚書事。在官慎法，不受私請。

　　　《北史》卷二十五《列傳第十三・和其奴》，頁九二八

公元四五七年　魏文成帝太安三年　宋孝武帝大明元年　柔然處可汗十四年

六月癸卯，行幸陰山。秋八月，畋於陰山之北。

　　　　　　　　　《魏書》卷五《高宗紀》，頁一一六

六月癸卯，行幸陰山。秋八月，田於陰山之北。

　　　　　　　　　《北史》卷二《魏本紀》，頁六八

〔六月〕癸卯，魏主如陰山。

　　　《資治通鑑》卷一百二十八《宋紀十・孝武帝大明元年》，頁四〇三一

公元四五八年　魏文成帝太安四年　宋孝武帝大明二年　柔然處可汗十五年

冬十月甲戌,北巡。至陰山,有故塚毀廢,詔曰:"昔姬文葬枯骨,天下歸仁。自今有穿毀墳隴者斬之。"劉駿將殷孝祖修兩城於清水東,詔鎮西將軍、天水公封敕文等擊之。辛卯,車駕次于車輪山,累石記行。

《魏書》卷五《高宗紀》,頁一一七

冬十月甲戌,北巡,至陰山。有故塚毀廢,詔曰:"昔姬文葬枯骨,天下歸仁。自今有穿墳壠者,斬之。"辛卯,次于車輪山,累石記行。

《北史》卷二《魏本紀》,頁六九

冬,十月,甲戌,魏主北巡,欲伐柔然,至陰山,會雨雪,魏主欲還,太尉尉眷曰:"今動大衆以威北狄,【章:甲十一行本"狄"作"敵";乙十一行本同;孔本同。】去都不遠而車駕遽還,虜必疑我有內難。尉尉,下紆勿翻。難,乃旦翻。將士雖寒,不可不進。"魏主從之,辛卯,軍于車崘山。"車崘山",《北史》作"車輪山"。魏收《地形志》:秀容郡敷城縣有車輪泉神。

《資治通鑑》卷一百二十八《宋紀十·孝武帝大明二年》,頁四〇三九

十一月,詔征西將軍皮豹子等三將三萬騎助擊孝祖。[二]車駕度漠,蠕蠕絶迹遠遁,其別部烏朱賀頹、庫世頹率衆

來降。

【校勘記】

〔二〕十一月詔征西將軍皮豹子等三將三萬騎助擊孝祖　諸本無“十一月詔”四字,《册府》卷一二一（一四四九頁）有。按《通鑑》卷一二八（四○四○頁）記此事,繫於十一月,《北史》卷二太安四年删去此事,但仍稱“十一月,車駕渡漠”。這裏此條上既脱去月份,下面“車駕渡漠”也就和此事一起歸入十月,顯誤。今據補。

《魏書》卷五《高宗紀》,頁一一七、一二三

十一月,車駕渡漠,蠕蠕絶迹遠遁。

《北史》卷二《魏本紀》,頁六九

十一月,魏征西將軍皮豹子等將三萬騎助封敕文寇青州,顔師伯禦之,輔國將【章:甲十一行本“將”作“參”;乙十一行本同;孔本同。】軍焦度刺豹子墜馬,獲其鎧稍具裝,手殺數十人。度,本南安氏也。刺,七亦翻。鎧,苦亥翻。稍,色角翻。

魏主自將騎十萬、車十五萬兩擊柔然,度大漠,旌旗千里。柔然處羅可汗遠遁,其别部烏朱駕頽等帥數千落降于魏。騎,奇寄翻。兩,音亮。可,從刊入聲。汗,音寒。帥,讀曰率。降,户江翻。魏主刻石紀功而還。還,從宣翻。

《資治通鑑》卷一百二十八《宋紀十·孝武帝大明二年》,頁四○四○

四年十一月,車駕渡漠,蠕蠕絶迹遠遁,其別部烏朱賀頽庫二十頽率衆來降。

　　《册府元龜》卷九七七《外臣部·降附》,頁二二四七八

十一月,車駕度漠,蠕蠕絶迹遠遁。

　　　　《通志》卷十五上《後魏紀十五上》,頁二八二下

高宗北巡狩,以寒雪方降,議還。眷諫曰:"今動大衆,以威北敵,去都不遠,而便旋駕,虜必疑我有內難。雖方寒雪,兵人勞苦,以經略大體,宜便前進。"高宗從之,遂渡漠而還。

　　《魏書》卷二十六《列傳第十四·尉古真附尉眷》,頁六五七

文成北巡狩,以寒雪方降,議還。眷曰:"今去都不遠而旋,虜必疑我有內難。方寒雪,宜更進前。"帝遂度漠而還。

　　《北史》卷二十《列傳第八·尉古真附尉眷》,頁七三五

公元四五九年　　魏文成帝太安五年　　宋孝武帝 大明三年　　柔然處可汗十六年

六月戊申,行幸陰山。秋八月庚戌,遂幸雲中。

　　　　　　《魏書》卷五《高宗紀》,頁一一七

六月戊申,行幸陰山。秋八月庚戌,遂幸雲中。

　　　　　　《北史》卷二《魏本紀》,頁七〇

六月,戊申,魏主如陰山。

《資治通鑑》卷一百二十九《宋紀十一·孝武帝大明三年》,頁四〇四七

八月,庚戌,魏主如雲中。

《資治通鑑》卷一百二十九《宋紀十一·孝武帝大明三年》,頁四〇四九

公元四六〇年　魏文成帝和平元年　宋孝武帝大明四年　柔然處可汗十八年

真君中,爽爲沮渠無諱所襲,奪據之。無諱死,弟安周代立,和平元年,爲蠕蠕所并。蠕蠕以闞伯周爲高昌王,其稱王自此始也。

《魏書》卷一百一《列傳第八十九·高昌》,頁二二四三

真君中,爽爲沮渠無諱所襲,奪據之。無諱死,弟安周代立。和平元年,爲蠕蠕所并。蠕蠕以闞伯周爲高昌王,其稱王自此始也。

《北史》卷九十七《列傳第八十五·車師》,頁三二一三

〔真君〕五年夏,無諱病死,安周代立。後爲蠕蠕國所并。

《魏書》卷九十九《列傳第八十七·沮渠蒙遜附沮渠無諱》,頁二二一〇

〔真君〕五年夏，無諱病死，安周立，爲蠕蠕所并。

《北史》卷九十三《列傳第八十一・北凉》，頁三〇八六

柔然攻高昌，殺沮渠安周，滅沮渠氏，文帝元嘉十六年，魏克凉州，沮渠無諱與弟安周西走，保據高昌，今爲柔然所滅。沮，子余翻。以闞伯周爲高昌王。高昌稱王自此始。

《資治通鑑》卷一百二十九《宋紀十一・孝武帝大明四年》，頁四〇五三

後魏太武時，其前部王爲沮渠無諱所攻，遣使上表云：“不能自全，遂捨國東奔，三分免一，在焉耆東界，幸垂賑救。”〔一〇七〕魏使撫慰，開焉耆倉給之。文成帝末，其地又爲蠕蠕所并，立闞伯周爲王。高昌稱王自此始。闞，苦濫反。〔一〇八〕

【校勘記】

〔一〇七〕幸垂賑救　“賑”原訛“帳”，據諸本改。

〔一〇八〕闞苦濫反　“苦”原作“始”，涉上而誤。《太平寰宇記》卷一八〇作“苦”，與《廣韻》闞部反切合，今據改。

《通典》卷一百九十一《邊防七・西戎三・車師》，頁五二〇三、五二一七

“……至和平元年，爲蠕蠕所併。蠕蠕以闞伯周爲高昌王。”自此以後，每有立者，輒爲人所殺。其後土人立麴嘉爲王，傳國九代，至智盛不循職貢，唐貞觀十四年討平之，以其地置西州，兼升爲都護府，仍立五縣。開元中改爲金山都護

府。天寶元年改爲交河郡。乾元元年復爲西州。

《太平寰宇記》卷之一百五十六《隴右道七·西州》,頁
二九九三至二九九四

後魏太武帝時,其前部王爲沮渠無諱所攻,遣使上表云:
"不能自全,遂捨國東奔,三分免一。已到焉耆東界,思歸天
闕,幸垂賑救。"魏使撫慰,開焉耆倉給之。文成末,其地又爲
蠕蠕所并,立闞伯周爲王,高昌稱王自此始也。闞,若濫切孝文
太和五年,高車王阿伏至羅殺闞王,[一四]以燉煌人張孟明爲
高昌王。

【校勘記】

〔一四〕阿伏至羅　原校:"按《後魏書》本傳作'可至
羅',今記從《通典》之文,未知孰是。"按《北史》卷九八《高
車傳》《隋書·西域傳》《通典·邊防七》皆作"阿伏至羅",
《魏書》卷一○一《高昌傳》《北史·西域傳》作"可至羅",
"可"乃"阿"之訛,省"伏"字。

《太平寰宇記》卷之一百八十《四夷九·西戎一·車師
國》,頁三四五○、三四五六

太平真君中,爽爲沮渠無諱所奪襲,據之。爽拔其衆三
分之一,欲奔蠕蠕,保焉耆東界。後八年,爽子車夷落在焉
耆,上表朝廷求賑救,太武詔開焉耆倉,以給之。無諱死,弟
安周立。文成和平元年,其地爲蠕蠕所并,蠕蠕以闞伯周爲
高昌王,高昌稱王自此始也。

《通志》卷一百九十六《四夷三·車師》,頁三一四九中

文成帝末,其地又爲蠕蠕所并,立闞伯周爲王高昌稱王自此始。

《文獻通考》卷三百三十六《四裔十三·車師前後五》,頁九二八六

火州,在哈密西七百里。至肅州一千七百五十里,至京師八千四百里。西連亦力把力,南距于闐,北接瓦剌……大明四年柔然攻沮渠安國於高昌,滅之,立闞伯周爲高昌王,高昌稱王自此始。

《讀史方輿紀要》卷六十五《陝西十四》,頁三〇四九

元嘉二十一年夏,無諱病死,安周立,後爲蠕蠕所并。

《通志》卷一百九十二《載記七·沮渠無諱》,頁三〇九三中

大明四年,柔然攻滅之。

《讀史方輿紀要》卷三《歷代州域形勢三》,頁一四一

公元四六一年 魏文成帝和平二年 宋孝武帝大明五年 柔然處可汗十八年

夏四月乙未,侍中、征東大將軍、河東王閭毗薨……〔七月〕壬午,行巡山北。

《魏書》卷五《高宗紀》,頁一一九

夏四月乙未,河東王閭毗薨。

《北史》卷二《魏本紀》,頁七一

〔七月〕壬午,魏主巡山北。

《資治通鑑》卷一百二十九《宋紀十一·孝武帝大明五年》,頁四〇五六

公元四六二年　魏文成帝和平三年　宋孝武帝大明六年 柔然處可汗十九年

夏六月庚申,行幸陰山……〔十有二月〕戊午,零陵王閭拔薨。〔四〕

【校勘記】

〔四〕零陵王閭拔薨　張森楷云:"'跋'當作'紇'。"按上文太安二年九月辛巳條和卷八三《外戚·閭毗傳》(補)都作"閭紇",張説是。

《魏書》卷五《高宗紀》,頁一二〇、一二四

夏六月庚申,行幸陰山……〔十有二月〕戊午,零陵王閭拔薨。〔四三〕

【校勘記】

〔四三〕零陵王閭拔薨　張森楷云:"拔當作紇。"按上文太安二年九月辛巳條,本書卷八〇《外戚·閭毗傳》,都作"紇"。"拔"字當誤。但《魏紀》此處亦作"拔",今不改。

《北史》卷二《魏本紀》,頁七一、八四

〔六月〕庚午,魏主如陰山。

《資治通鑑》卷一百二十九《宋紀十一·孝武帝大明六

年》,頁四〇六一

公元四六三年　魏文成帝和平四年　宋孝武帝
大明七年　柔然處可汗二十年

〔五月〕壬寅,行幸陰山。

　　　　　　　　　　《魏書》卷五《高宗紀》,頁一二一

〔五月〕壬寅,行幸陰山。

　　　　　　　　　　《北史》卷二《魏本紀》,頁七二

〔五月〕壬寅,魏主如陰山。

　　《資治通鑑》卷一百二十九《宋紀十一·孝武帝大明七年》,頁四〇六五

〔六月〕戊申,芮芮國、高麗國遣使獻方物。

　　　　　　　　　　《宋書》卷六《武帝紀》,頁一三二

六月戊申,蠕蠕、高麗等國並遣使朝貢。

　　　　　　　　　　《南史》卷二《宋本紀》,頁六六

公元四六四年　魏文成帝和平五年　宋孝武帝大明八
年　柔然受羅部真可汗永康元年

六月丁亥,行幸陰山。秋七月辛丑,北鎮游軍大破蠕蠕。壬寅,行幸河西。九月辛丑,車駕還宮。

　　　　　　　　　　《魏書》卷五《高宗紀》,頁一二二

六月丁亥,行幸陰山。秋七月壬寅,行幸河西。九月辛
丑,車駕還宮。

《北史》卷二《魏本紀》,頁七三

六月,丁亥,魏主如陰山。

《資治通鑑》卷一百二十九《宋紀十一·孝武帝大明八
年》,頁四〇六八

〔七月〕柔然處羅可汗卒,子予成立,號受羅部真可汗,<small>魏收曰:受羅部真,魏言惠也。可,從刊入聲。汗,音寒。</small>改元永康。部真帥衆侵魏;<small>帥,讀曰率。</small>辛丑,魏北鎮遊軍擊破之。壬寅,魏主如河西。高車五部相聚祭天,衆至數萬。魏主親往臨視之,高車大喜。

《資治通鑑》卷一百二十九《宋紀十一·孝武帝大明八
年》,頁四〇六八

五年七月,北鎮游軍大破蠕蠕。

《册府元龜》卷九八四《外臣部·征討三》,頁一一五五六

九月,辛丑,魏主還平城。<small>自河西還也。</small>

《資治通鑑》卷一百二十九《宋紀十一·孝武帝大明八
年》,頁四〇七〇

公元四六七年　魏獻文帝皇興元年　宋明帝泰始三年 柔然受羅部真可汗永康四年

〔冬十月〕戊子,芮芮國遣使獻方物。

《宋書》卷八《明帝紀》,頁一六二

公元四六八年　魏獻文帝皇興二年　宋明帝泰始四年 柔然受羅部真可汗永康五年

〔四月〕辛丑,芮芮國及河南王並遣使獻方物。

《宋書》卷八《明帝紀》,頁一六三

公元四六九年　魏獻文帝皇興三年　宋明帝泰始五年 柔然受羅部真可汗永康六年

二月,蠕蠕、高麗、庫莫奚、契丹國各遣使朝獻。

《魏書》卷六《顯祖紀》,頁一二九

公元四七〇年　魏獻文帝皇興四年　宋明帝泰始六年 柔然受羅部真可汗永康七年

〔八月〕蠕蠕犯塞。九月丙寅,輿駕北伐,諸將俱會于女水,大破虜衆。事具《蠕蠕傳》。

《魏書》卷六《顯祖紀》,頁一三〇

秋八月,蠕蠕犯塞。九月丙寅,車駕北伐,諸將俱會于女水,大破虜軍。

《北史》卷二《魏本紀》,頁七七

後蠕蠕犯塞,顯祖引見群臣議之。尚書僕射元目辰進曰:"若車駕親行,恐京師危懼,不如持重,固守自安。虜懸軍深入,糧無繼運,以臣量之,自退不久,遣將追擊,破之必矣。"白澤曰:"陛下欽明則天,比蹤前聖,而蠢爾荒愚,輕犯王略。寇乃顛沛於遠圖,我將宴安於近毒,仰惟神略,則不然矣。今若鑾輿親動，賊必望麾崩散，寧容仰挫神兵，坐而縱敵。萬乘之尊，嬰城自守，進失可乘之機，退非無前之義，惟陛下留神。”顯祖從之，遂大破虜眾。

《魏書》卷二十四《列傳第十二·張袞附張白澤》，頁六一五至六一六

〔九月〕柔然部真可汗侵魏，可，從刊入聲。汗，音寒。魏主引群臣議之。尚書右僕射南平公目辰曰：“若車駕親征，京師危懼，不如持重固守。虜懸軍深入，糧運無繼，不久自退；遣將追擊，破之必矣。”將，即亮翻。給事中張白澤曰：“蠢爾荒愚，輕犯王略，杜預曰：略，界也。毛晃曰：略，封界也。若鑾輿親行，必望麾崩散，豈可坐而縱敵！以萬乘之尊，嬰城自守，非所以威服四夷也。”乘，繩證翻。魏主從之。白澤，袞之孫也。魏道武之建國也，張袞有功焉。

魏主使京兆王子推等督諸軍出西道，任城王雲等督諸軍出東道，任，音壬。汝陰王天賜等督諸軍爲前鋒，隴西王源賀等督諸軍爲後繼，鎮西將軍呂羅漢等掌留臺事。諸將會魏主於女水之濱，將，即亮翻。與柔然戰，柔然大敗。乘勝逐北，斬首五萬級，降者萬餘人，獲戎馬器械不可勝計。勝，音升。旬有九日，往返六千餘里。改女水曰武川。按《魏紀》女水當在長川之西，赤城之西北，後魏置武川鎮。《隋書》：宇文述，代郡武川人。代郡，指代都平城也。魏都平城，謂之代都。代都以北，列置鎮將。其後罷鎮置州，則武川屬代郡。司徒東安王劉尼坐昏醉，軍陳不整，免官。陳，讀曰陣。壬申，還至平城。

《資治通鑑》卷一百三十二《宋紀十四·明帝泰始六年》，

頁四一五二至四一五三

獻文皇興四年八月,蠕蠕犯塞。九月丙寅,帝北伐。諸將俱會于安水,大破虜眾。壬申,帝至自北伐,飲至策勳,告於宗廟。

《冊府元龜》卷一一六《帝王部‧親征一》,頁一三八九

皇興中,蠕蠕犯塞,仇池、氐羌又反叛。秦、益二州刺史呂羅漢大破之。詔羅漢曰:"卿以勳勞獲敘,才能致用,內總禁旅,外臨名岳,褒寵之隆,可謂備矣! 自非盡節竭誠,何以垂名竹帛? 仇池地接邊境,兵革屢興,既勞士卒,然亦動民庶,皆由鎮將不明,綏禁不理之所致也。卿應機赴擊,殄此兇醜。隴右土險,民亦剛悍,卿可召集豪右,擇其事宜,以利民爲先,益國爲本,隨其風俗以施恩惠。其有安土樂業、奉公勤私者,善加勸督,明相宣告,稱朕意焉! "

《冊府元龜》卷一五六《帝王部‧誡勵一》,頁一八九〇

秋八月,蠕蠕犯塞。九月丙寅,車駕北伐,諸將俱會于女水,大破虜軍。

《通志》卷十五上《後魏紀十五上》,頁二八四上

武川城,在府北塞外,魏六鎮之一也。《北史》:"魏主燾破蠕蠕,列置降人於漠南,東至濡原,西暨五原陰山竟三千里,分爲六鎮:曰武川,曰撫冥,曰懷朔,曰懷荒,曰柔玄,曰禦夷。"

《讀史方輿紀要》卷四十四《山西六》,頁二〇〇〇至二〇〇一

女水，在漠北。《北魏書》："女水在弱落水西，去平城三千餘里。"……又宋泰始六年，魏主弘大破柔然於女水之濱，改女水曰武川。《魏記》："女水當在長川西、赤城西北，武川鎮置於此。"或曰非也，武川鎮置於魏主燾時，與女水相去絶遠。弱落水見《北直大寧衞饒落水》。

　　《讀史方輿紀要》卷四十五《山西七》，頁二〇七一

　　蠕蠕寇邊，賀從駕追討，破之。

　　《魏書》卷四十一《列傳第二十九·源賀》，頁九二一

　　蠕蠕寇邊，賀從駕討破之。

　　《北史》卷二十八《列傳第十六·源賀》，頁一〇二五

　　源賀爲太尉。時蠕蠕寇邊，賀從文成追討，破之。

　《册府元龜》卷三五三《將帥部·立功六》，頁四一八八

　　蠕蠕寇邊，賀從駕討破之。

　《通志》卷一百四十七《列傳六十·源賀》，頁二三〇四上

　　蠕蠕犯塞，車駕親討，詔敳爲選部尚書，録留臺事，督兵運糧，一委處分。

　　《魏書》卷四十《列傳第二十八·陸俟附陸敳》，頁九〇四至九〇五

　　車駕討蠕蠕，詔敳爲選部尚書，録留臺事。

　　《北史》卷二十八《列傳第十六·陸俟附陸敳》，頁一〇一〇

獻文時,陸馛音跋建安王。蠕蠕犯塞,車駕親討,詔馛爲選部尚書,録留臺事,增兵運糧,一委處分。

　　　《册府元龜》卷七七《帝王部·委任》,頁八八七

車駕討蠕蠕,詔馛爲選部尚書,録留臺事。

　　《通志》卷一百四十七《列傳六十·陸馛》,頁二三四一上

及蠕蠕犯塞,顯祖討之,羅漢與右僕射南平公元目振都督中外軍事。

　　《魏書》卷五十一《列傳第三十九·吕羅漢》,頁一一三八

顯祖時,蠕蠕犯塞,從駕擊之,平原戰功居多。

　　《魏書》卷十六《道武七王列傳第四·河南王曜附拓跋平原》,頁三九六

子簡王平原,獻文時蠕蠕犯塞,從駕擊之,平原戰功居多,拜假節、都督齊兗二州諸軍事、鎮南大將軍、齊州刺史。孝文時遷都督秦雍梁益四州諸軍事、征南大將軍、開府、雍州刺史,鎮長安。

　　《册府元龜》卷二八〇《宗室部·領鎮第三》,頁三三〇七

提子平原,襲封爵。獻文時,蠕蠕犯塞,從駕擊之。平原戰功居多,爲鎮南大將軍、齊州刺史。

　　《册府元龜》卷二百九十《宗室部·立功一》,頁三四一六

皇興中，蠕蠕犯塞，〔脩之孫猛虎〕從顯祖討之，有勇決之稱。

　　　　《魏書》卷四十三《列傳第三十一・毛脩之》，頁九六一

毛猛虎，爲散騎常侍。獻文皇興中，蠕蠕犯塞，從獻文討之，有"武決"之稱。

　　　　《册府元龜》卷三九五《將帥部・勇敢二》，頁四六八六

後允從顯祖北伐，大捷而還，至武川鎮，上北伐頌，其詞曰："皇矣上天，降鑒惟德，眷命有魏，照臨萬國。禮化丕融，王猷允塞，静亂以威，穆民以則。北虜舊隸，禀政在蕃，往因時□，逃命北轅。世襲凶軌，背忠食言，招亡聚盗，醜類實繁。敢率犬羊，圖縱猖蹶，乃詔訓師，興戈北伐。躍馬裹糧，星馳電發，撲討虔劉，肆陳斧鉞。斧鉞暫陳，馘翦厥旅，積骸填谷，流血成浦。元兇狐奔，假息窮墅，爪牙既摧，腹心亦阻。周之忠厚，存及行葦，翼翼聖明，有兼斯美。澤被京觀，垂此仁旨，封尸野獲，惠加生死。生死蒙惠，人欣覆育，理貫幽冥，澤漸殊域。物歸其誠，神獻其福，遐邇斯懷，無思不服。古稱善兵，歷時始捷，今也用師，辰不及浹。六軍克合，萬邦以協，義著春秋，功銘玉牒，載興頌聲，播之來葉。"顯祖覽而善之。

　　　　《魏書》卷四十八《列傳第三十六・高允》，頁一〇八五

後允從獻文北伐，大捷而還，至武川鎮，上北伐頌，帝覽而善之。

　　　　《北史》卷三十一《列傳第十九・高允》，頁一一二九

皇興四年,車駕北征,帝親誓衆,而尼昏醉,兵陳不整。顯祖以其功重,特恕之,免官而已。

　　　《魏書》卷三十《列傳第十八·劉尼》,頁七二二

皇興四年,車駕北征,帝親誓衆,而尼昏醉,兵陳不整。帝以其功重,特恕之,免官而已。

　　　《北史》卷二十八《列傳第十六·劉尼》,頁一〇三五

顯祖末,蠕蠕寇于闐,于闐患之,遣使素目伽上表曰:"西方諸國,今皆已屬蠕蠕,奴世奉大國,至今無異。今蠕蠕軍馬到城下,奴聚兵自固,故遣使奉獻,延望救援。"顯祖詔公卿議之,公卿奏曰:"于闐去京師幾萬里,蠕蠕之性,惟習野掠,不能攻城,若爲所拒,當已旋矣。雖欲遣師,勢無所及。"顯祖以公卿議示其使者,亦以爲然。於是詔之曰:"朕承天理物,欲令萬方各安其所,應敕諸軍以拯汝難。但去汝遐阻,雖復遣援,不救當時之急,已停師不行,汝宜知之。朕今練甲養卒,一二歲間當躬率猛將,爲汝除患,汝其謹警候以待大舉。"

　　　《魏書》卷一百二《列傳第九十·于闐》,頁二二六三

獻文末,蠕蠕寇于闐。于闐患之,遣使素目伽上表曰:"西方諸國,今皆已屬蠕蠕。奴世奉大國,至今無異。今蠕蠕軍馬到城下,奴聚兵自固,故遣使奉獻,遙望救援。"帝詔公卿議之。公卿奏曰:"于闐去京師幾萬里,蠕蠕之性,唯習野掠,不能攻城。若爲害,當時已旋矣,雖欲遣師,勢無所及。"帝

以公卿議示其使者，亦以爲然。於是詔之曰：“朕承天理物，欲令萬方各安其所，應救諸軍，以拯汝難。但去汝遐阻，政復遣援，不救當時之急，是以停師不行，汝宜知之。朕今練甲養卒，一二歲間，當躬率猛將，爲汝除患。汝其謹警候，以待大舉。”

　　《北史》卷九十七《列傳第九十·西域·于闐》，頁三二一〇

　　柔然攻于闐，于闐遣使者素目伽奉表詣魏求救。魏主命公卿議之，皆曰：“于闐去京師幾萬里，《北史》曰：于闐國去代九千八百里。闐，徒賢翻，又堂見翻。使，疏吏翻。伽，求迦翻。幾，居依翻。蠕蠕唯習野掠，蠕，人兗翻。不能攻城；若其可攻，尋已亡矣。雖欲遣師，勢無所及。”魏主以議示使者，使者亦以爲然。乃詔之曰：“朕應急救諸軍以拯汝難。難，乃旦翻。但去汝遐阻，必不能救當時之急。汝宜知之！朕今練甲養士，一二歲間，當躬帥猛將，爲汝除患。帥，讀曰率。爲，于僞翻。汝其謹脩警候以待大舉！”

　　《資治通鑑》卷一百三十二《宋紀十四·明帝泰始六年》，頁四一五五

　　〔《北史》〕又曰：後魏文獻末，蠕蠕寇于闐。于闐患之，遣使素目伽上表求救，帝詔以遐阻不行。

　　《太平御覽》卷七九二《四夷部十三》，頁三五一三

　　獻文末，蠕蠕寇于闐，于闐患之，遣其臣素目伽上表求

援,帝以爲遠,不及。

《通志》卷一百九十六《四夷三·于闐》,頁三一三七上

獻文末,蠕蠕寇于闐,于闐遣使上表曰:"西方諸國,今皆已屬蠕蠕,奴世奉大國,至今無異,故遣使奉獻,遥望救援。"自後每使朝獻。

《文獻通考》卷三百三十七《四裔十四·于闐》,頁九三一一

于闐,在哈密西南四千八百里。至肅州六千三百里,至京師一萬一千八百三十里,東抵曲先,北連亦力把力……泰始六年柔然攻于闐,于闐遣使求救於魏。魏人以于闐去代都幾萬里,遣師勢不能及,乃謝却之。既而于闐復定。

《讀史方輿紀要》卷六十五《陝西十四》,頁三〇六六

公元四七一年　魏孝文帝延興元年　宋明帝泰始七年
柔然受羅部真可汗八年

〔三月〕壬戌,芮芮國遣使奉獻。

《宋書》卷八《明帝紀》,頁一六八

夏四月,西部敕勒叛,詔汝陰王天賜、給事中羅雲討之。雲爲敕勒所襲殺,死者十五六。北平王長孫敦薨。六月丁未,行幸河西。秋七月丙寅,遂至陰山。八月丁亥,車駕還宫。

《魏書》卷六《顯祖紀》,頁一三一

夏四月,北平王長孫敦薨。六月丁未,行幸河西。秋七月丙寅,遂至陰山。八月丁亥,車駕還宮。

《北史》卷二《魏本紀》,頁七七

高祖初,殿中尚書胡莫寒簡西部敕勒豪富兼丁者爲殿中武士,而大納財貨,簡選不平。衆怒,殺莫寒及高平假鎮將奚陵,於是諸部敕勒悉叛。詔天賜與給事中羅雲督諸軍討之。前鋒敕勒詐降,雲信之,副將元伏曰:"敕勒色動,恐將有變,今不設備,將爲所圖。"雲不從。敕勒輕騎數千襲殺雲,天賜僅得自全。

《魏書》卷十九《景穆十二王列傳第七·上汝陰王天賜》,
頁四五〇

孝文初,殿中尚書胡莫寒簡西部敕勒豪富兼丁者,爲殿中武士,而大納財貨。衆怒,殺莫寒及高平假鎮將奚陵。於是諸部敕勒悉叛。詔天賜與給事中羅雲討之。前鋒敕勒詐降,雲信之。副將元伏曰:"敕勒色動,恐有變,今不設備,將爲所圖。"雲不從。敕勒襲殺雲,天賜僅得自全。

《北史》卷十七《列傳第五·汝陰王天賜》,頁六三九

〔六月〕甲辰,芮芮國遣使獻方物。

《宋書》卷八《明帝紀》,頁一六八

冬十月丁亥,沃野、統萬二鎮敕勒叛。詔太尉、隴西王源賀追擊,至枹罕,滅之,斬首三萬餘級;徙其遺迸於冀、定、相

三州爲營户。

《魏書》卷七《高祖紀》，頁一三五

冬十月丁亥，沃野、統萬二鎮敕勒叛，詔太尉、隴西王源賀追擊至枹罕滅之，徙其遺迸於冀、定、相三州爲營户。

《北史》卷三《魏本紀》，頁八七

魏主使殿中尚書胡莫寒簡西部敕勒爲殿中武士。《魏書·官氏志》：拓跋鄰以兄爲紇骨氏，後改爲胡氏。自魏世祖破柔然，高車、敕勒皆來降，其部落附塞下而居，自武周塞外以西謂之西部，以東謂之東部，依漠南而居者謂之北部。莫寒大納貨賂，衆怒，殺莫寒及高平假鎮將奚陵。假鎮將者，未得爲真。將，即亮翻；下同。

《資治通鑑》卷一百三十三《宋紀十五·明帝泰始七年》，頁四一五八

顯祖將傳位于京兆王子推，時賀都督諸軍屯漠南……是歲，河西敕勒叛，遣賀率衆討之，降二千餘落，倍道兼行，追賊黨郁朱于等至枹罕，大破之，斬首五千餘級，虜男女萬餘口、雜畜三萬餘頭。復追統萬、高平、上邽三鎮叛敕勒至于金城，斬首三千級。賀依古今兵法及先儒耆舊之説，略采至要，爲十二陳圖以上之。顯祖覽而嘉焉。

賀以年老辭位，詔不許。又詔都督三道諸軍，屯于漠南。是時，每歲秋冬，遣軍三道並出，以備北寇，至春中乃班師。賀以勞役京都，又非禦邊長計，乃上言：“請募諸州鎮有武健者三萬人，復其徭賦，厚加賑恤，分爲三部。二鎮之間築城，

城置萬人，給強弩十二床，武衛三百乘。弩一床，給牛六頭；武衛一乘，給牛二頭。多造馬槍及諸器械，使武略大將二人以鎮撫之。冬則講武，春則種殖，並戍並耕，則兵未勞而有盈畜矣。又於白道南三處立倉，運近州鎮租粟以充之，足食足兵，以備不虞，於宜爲便。不可歲常舉衆，連動京師，令朝庭恒有北顧之慮也。"事寝不報。

《魏書》卷四十一《列傳第二十九‧源賀》，頁九二一至九二二

及獻文將傳位于京兆王子推，時賀都督諸軍事屯漠南，乃馳傳徵賀。賀至，正色固執不可。即詔持節奉皇帝璽綬以授孝文。是歲，河西敕勒叛，[二二]遣賀討之，多所降破。賀依古今兵法及先儒耆舊説，略采至要，爲十二陳圖，上之，獻文覽而嘉焉。

又都督三道諸軍屯漠南。時每歲秋冬，遣軍三道並出，以備北寇，至春中乃班師。[二三]賀以勞役京都，又非禦邊長計，乃上言，請募諸州鎮有武勇者三萬人，復其徭賦，厚加振恤，分爲三部。二鎮之間築城，城置萬人，給強弩十二床，武衛三百乘。弩一床給牛六頭，武衛一乘給牛二頭。多造馬槍及諸器械，使武略大將二人以鎮撫之。冬則講武，春則種植，並戍並耕，則兵未勞而有盈蓄矣。又於白道南三處立倉，運近州鎮租粟以充之。足食足兵，以備不虞，於事爲便。不可歲常舉衆。事寝不報。

【校勘記】

〔二二〕是歲河西敕勒叛　諸本"敕勒叛"脱誤作"叛

敕”，據《魏書》補改。源賀擊敕勒見《魏書》卷七上《高祖紀》延興元年。

〔二三〕至春中乃班師　諸本“師”訛“歸”，據《魏書》改。

《北史》卷二十八《列傳第十六・源賀》，頁一〇二五、一〇三八

獻文將傳位于京兆王子推，時賀都督諸軍屯漠南，乃馳傳徵賀賀。至，正色固執不可。即詔賀持節奉皇帝璽綬以授孝文。是歲，河西叛，賀討平之，又討統萬、高平至於金城，斬首前後八千餘級，雜畜男女不可勝紀。賀依古今兵法及先儒耆舊之説，略采至要，爲十二陳圖，上之，獻文覽而嘉焉。

以年老辭位，不許，又詔都督諸道軍屯漠南。時每歲秋冬，遣軍三道並出，以備北寇。至春中乃班歸。賀以勞役京師，又非禦邊長策，乃上言，請募諸州鎮有武勇者三萬人，復其搖役，厚加賑恤，分爲三部。二鎮之間築城，城置萬人，給强弩十二床，武衛三百乘。弩一床給牛六頭，武衛一乘給牛二頭。多造馬槍及諸器械，使武略大將二人以鎮撫之。冬則講武，春則種植，並戍並耕，則兵未勞而有盈蓄矣。又於白道南三處立倉，運近州鎮租粟以充之。足食足兵，以備不虞，於事爲便。不可歲常舉衆。事寢不報。

《通志》卷一百四十七《列傳六十・源賀》，頁二三四三中

顯祖傳位，徙御崇光宮，間上表頌曰：臣聞創制改物者，〔一〕應天之聖君；齷齪順常者，守文之庸主。故五帝異規而化興，三王殊禮而致治，用能憲章萬祀，垂範百王，歷葉所

以挹其遺風,後君所以酌其軌度。伏惟太上皇帝,道光二儀,明齊日月,至德潛通,武功四暢。霜威南被,則淮徐來同;齊斧北斷,則獫狁覆斃。

【校勘記】

〔一〕臣聞創制改物者　諸本“創”作“刑”。按《國語·周語》稱襄王云:“叔父若能光裕大德,更姓改物,以創制天下。”“創制改物”常見,“創”也作“刱”,與“刑”字形近而訛,今改正。下“三皇刑制”同改“創制”。

《魏書》卷五十四《列傳第四十二·高閭》,頁一一九六、一二一一

獻文傳位,徙御崇光宮,〔一〕閭表上至德頌。高允以閭文章富逸,舉以自代,遂爲獻文所知,參論政事。

【校勘記】

〔一〕獻文傳位徙御崇光宮　諸本“傳”作“即”,《魏書》卷五四《高閭傳》作“傳”。又各本無“御”字,宋本及《魏書》有。按本書卷二《獻文紀》,皇興五年八月,獻文傳位於其子孝文,“徙御崇光宮”。作“傳”,有“御”字,是。今據改補。

《北史》卷三十四《列傳二十二·高閭》,頁一二五五、一二八二

祖爾逗,選充北防,家於武川。以窺覘蠕蠕,兼有戰功,顯祖賜爵龍城男,爲本鎮軍主。

《魏書》卷八十《列傳第六十八·賀拔勝》,頁一七七九

祖爾頭，[一]驍勇絕倫，以良家子鎮武川，因家焉。獻文時，茹茹數爲寇，北邊患之。爾頭將遊騎深入覘候，前後以八十數，悉知虜之倚伏。[二]後雖有寇至，不能爲害。以功賜爵龍城侯。

【校勘記】

〔一〕祖爾頭　《魏書》卷八〇《賀拔勝傳》“頭”作“逗”，乃譯音之異。

〔二〕悉知虜之倚伏　“伏”原作“仗”。諸本都作“伏”。二張以爲“仗”字誤。張元濟云：“‘兵機倚伏’，見《宇文貴傳》（卷十九）。”二張説是，今逕改。

《周書》卷十四《列傳第六·賀拔勝》，頁二一五、二二八

祖爾頭，驍勇絕倫，以良家鎮武川，因家焉。獻文時，以功賜爵龍城縣男，爲本鎮軍主。

《北史》卷三十七《列傳第三十七·賀拔允》，頁一七九五

公元四七二年　魏孝文帝延興二年　宋明帝泰豫元年
柔然受羅部真可汗永康九年

二年春正月乙卯，統萬鎮胡民相率北叛。詔寧南將軍、交阯公韓拔等追滅之。

《魏書》卷七《高祖紀》，頁一三六

二月乙巳……蠕蠕犯塞。太上皇帝次於北郊，詔諸將討之。虜遁走。其別帥阿大干率千餘落來降。東部敕勒叛奔蠕蠕，太上皇帝追之，至石磧，不及而還。壬子，高麗國遣使

朝貢。三月，太上皇帝至自北討。

　　　　　　　　《魏書》卷七《高祖紀》，頁一三六

　　二月乙巳[二]……蠕蠕犯塞，太上皇帝次於北郊，詔諸將討之，悉皆遁走。北部敕勒叛，奔蠕蠕。太上皇帝追至石磧，不及而還。

　【校勘記】

　　[二]二月乙巳　諸本“乙”作“丁”，《魏書》卷七上《高祖紀》作“乙”。按是年二月甲申朔，無丁巳，乙巳是二十二日。今據改。

　　　　　　《北史》卷三《魏本紀》，頁八八、一二二

　　二月，柔然侵魏，上皇遣將擊之；將，即亮翻；下同。柔然走。東部敕勒叛奔柔然，上皇自將追之，至石磧，磧，七迹翻。石磧，即石漠。不及而還。

　　《資治通鑑》卷一百三十三《宋紀十五·明帝泰豫元年》，頁四一六九

　　二月乙巳……蠕蠕犯塞，太上皇帝次於北郊，詔諸將討之，虜遁走。北部敕勒叛，奔蠕蠕。太上皇帝追至石磧，不及而還。

　　　　　《通志》卷十五下《後魏紀十五下》，頁二八五中

　　閏月壬子，蠕蠕寇敦煌，鎮將尉多侯擊走之。又寇晉昌，守將薛奴擊走之。戊午，行幸陰山。

　　　　　　　《魏書》卷七《高祖紀》，頁一三七

〔六月〕戊午,行幸陰山。[四]

【校勘記】

〔四〕戊午行幸陰山　按是年六月壬午朔,無戊午;閏六月壬子朔,戊午是七日。《魏書》此上本有閏六月紀事,《北史》刪節致誤。

《北史》卷三《魏本紀》,頁八八、一二二

秋,七月,柔然部帥無盧真將三萬騎寇魏敦煌,鎮將尉多侯擊走之。多侯,眷之子也。尉眷事魏太武,有平赫連之功。帥,所類翻。將,即亮翻;下同。騎,奇寄翻。敦,徒門翻。尉,紆勿翻。又寇晉昌,守將薛奴擊走之。《魏書·官氏志》:西方諸姓,叱干氏改爲薛氏。戊午,魏主如陰山。

《資治通鑑》卷一百三十三《宋紀十五·明帝泰豫元年》,頁四一七一

九月,辛巳,魏主還平城。

《資治通鑑》卷一百三十三《宋紀十五·明帝泰豫元年》,頁四一七二

孝文延興二年三月,太上皇至自北討,飲至策勳告于宗廟。

《冊府元龜》卷十二《帝王部·告功》,頁一三四

顯祖時,爲假節、征西將軍、領護羌戎校尉、敦煌鎮將。至鎮,上表求率輕騎五千,西入于闐,兼平諸國,因敵取資,平定爲效。弗許。高祖初,蠕蠕部帥无盧真率三萬騎入塞圍

鎮，多侯擊之走，以功進號征西大將軍。後多侯獵于南山，蠕蠕遣部帥度拔入圍敦煌，斷其還路。多侯且前且戰，遂衝圍而入。率衆出戰，大破之，追北數十里，斬首千餘級。因上疏求北取伊吾，斷蠕蠕通西域之路。高祖善其計，以東作方興，難之。

《魏書》卷二十六《列傳第十四·尉古真附尉多侯》，頁六五七至六五八

孝文初，又求北取伊吾，斷蠕蠕通西域路。帝善其計，以東作方興，難之。

《北史》卷二十《列傳第八·尉古真附尉多侯》，頁七三五

尉多侯，少有武幹，獻文時爲假節征西將軍，領護羌戎校尉燉煌鎮。上表求率輕騎五千，西入于闐，兼平諸國，因敵取資，平定爲效。弗許。後又上疏求北取伊吾，斷蠕蠕通西域之路。孝文善其計，以東作方興，難之。

《册府元龜》卷三八九《將帥部·請行》，頁四六二一

孝文初，又求北取伊吾，斷蠕蠕通西域路。帝善其計，以東作方興，難之。

《通志》卷一百四十六《列傳五十九·尉多侯》，頁二三〇四上

後蠕蠕犯塞，雲爲中軍大都督，從顯祖討之，遇於大磧。事具《蠕蠕傳》。

《魏書》卷十九《景穆十二王列傳第七中·任城王雲》，

頁四六二

　　後蠕蠕犯塞,雲爲中軍大都督,從獻文討之。過大磧,雲
曰:"夷狄之馬初不見武頭楯,若令此楯在前,破之必矣。"帝
從之,命敕勒首領,執手勞遣之。於是相率而歌,方駕而前,
大破之,獲其兇首。後仇池氏反,又命雲討平之。除開府、
徐州刺史。雲以太妃蓋氏薨,表求解任,獻文不許,雲悲號動
疾,乃許之。

　　《北史》卷十八《列傳第六·任城王雲》,頁六五三至
六五四

　　《北史》曰:"後魏蠕蠕而兗切犯塞,以任城王雲爲中軍大
都督,從獻文討之。過大磧,雲曰:'夷狄馬初不見虎頭楯,若
令舞楯在前,破之必矣。'帝從之。於是相率而歌,方駕而前,
大破之,獲其兇酉。"

　　《太平御覽》卷三五七《兵部八八·楯下》,頁一六四一

　　任城王雲,獻文時蠕蠕犯塞,雲爲中大都督,從獻文討
之,遇於大磧。及仇池氏反,雲爲征西將軍,討平之。雲子澄
爲征北大將軍,孝文時蠕蠕犯塞,加澄使持節、督北諸軍事,
以討之,蠕蠕遁走。

　　《冊府元龜》卷二九〇《宗室部·立功一》,頁三四一八

　　後蠕蠕犯塞,雲爲中軍大都督,從獻文討之。過大磧,雲
言於帝曰:"夷狄之馬未嘗識虎頭楯,誠令居前彼馬見之,必

大辟易。因以大衆乘之，蔑不破矣。"帝從之，遂大敗蠕蠕。
獲其酋帥。

　　　《通志》卷八十四下《宗室七·拓跋雲》，頁一○六九中

　　冬十月，蠕蠕犯塞，及於五原。十有一月，太上皇帝親討
之，將度漠襲擊。蠕蠕聞軍至，大懼，北走數千里。以窮寇遠
遁，不可追，乃止。

　　　　　　　　　《魏書》卷七《高祖紀》，頁一三七

　　冬十月，蠕蠕犯塞，及五原。十一月，太上皇帝親討之，
將度漠，蠕蠕聞之，北走數千里。

　　　　　　　　　《北史》卷三《魏本紀》，頁八九

　　冬，十月，柔然侵魏，及五原，十一月，上皇自將討之。將，
即亮翻。將度漠，柔然北走數千里，上皇乃還。還，從宣翻，又
如字。

　　　《資治通鑑》卷一百三十三《宋紀十五·明帝泰豫元年》，
頁四一七二

　　冬十月，蠕蠕犯塞，及五原。十一月，太上皇帝親討之，
將度漠，蠕蠕聞之，北走數千里。

　　　　　《通志》卷十五下《後魏紀十五下》，頁二八五中

　　〔十一月〕辛丑，護軍將軍褚淵還攝本任。芮芮國、高麗

國遣使獻方物。

《宋書》卷九《後廢帝紀》，頁一七九

〔冬十一月己亥〕蠕蠕國、高麗國並遣使朝貢。

《建康實録》卷十四《後廢帝紀》，頁五一五

延興二年，其王餘慶始遣使上表曰："臣建國東極，豺狼隔路，雖世承靈化，莫由奉藩，瞻望雲闕，馳情罔極。涼風微應，伏惟皇帝陛下協和天休，不勝係仰之情，謹遣私署冠軍將軍、駙馬都尉弗斯侯、長史餘禮、龍驤將軍、帶方太守、司馬張茂等投舫波阻，搜徑玄津，託命自然之運，遣進萬一之誠。冀神祇垂感，皇靈洪覆，克達天庭，宣暢臣志，雖旦聞夕没，永無餘恨。"又云："臣與高句麗源出夫餘，先世之時，篤崇舊款。其祖釗輕廢隣好，親率士衆，陵踐臣境。臣祖須整旅電邁，應機馳擊，矢石暫交，梟斬釗首。自爾已來，莫敢南顧。自馮氏數終，餘燼奔竄，醜類漸盛，遂見陵逼，構怨連禍，三十餘載，財殫力竭，轉自孱踧。若天慈曲矜，遠及無外，速遣一將，來救臣國，當奉送鄙女，執掃後宮，并遣子弟，牧圉外廐。尺壤匹夫不敢自有。"又云："今璉有罪，國自魚肉，大臣强族，戮殺無已，罪盈惡積，民庶崩離。是滅亡之期，假手之秋也。且馮族士馬，有鳥畜之戀；樂浪諸郡，懷首丘之心。天威一舉，有征無戰。臣雖不敏，志效畢力，當率所統，承風響應。且高麗不義，逆詐非一，外慕隗囂藩卑之辭，内懷兇禍豕突之行。或南通劉氏，或北約蠕蠕，共相脣齒，謀陵王略。昔唐堯

至聖,致罰丹水;孟常稱仁,不捨塗詈。涓流之水,宜早壅塞,今若不取,將貽後悔。去庚辰年後,臣西界小石山北國海中見屍十餘,并得衣器鞍勒,視之非高麗之物,後聞乃是王人來降臣國。長蛇隔路,以沉于海,雖未委當,深懷憤恚。昔宋戮申舟,楚莊徒跣;鷂撮放鳩,信陵不食。克敵建名,美隆無已。夫以區區偏鄙,猶慕萬代之信,況陛下合氣天地,勢傾山海,豈令小豎,跨塞天逵。今上所得鞍一,以爲實驗。”

《魏書》卷一百《列傳第八十八·百濟》,頁二二一七至二二一八

魏延興二年,其王餘慶始遣其冠軍將軍駙馬都尉弗斯侯、長史餘禮、龍驤將軍帶方太守司馬張茂等上表自通,云:“臣與高麗,源出夫餘,先世之時,篤崇舊款。其祖釗,輕廢隣好,陵踐臣境。臣祖須,整旅電邁,梟斬釗首。自爾以來,莫敢南顧。自馮氏數終,餘燼奔竄,醜類漸盛,遂見陵逼,構怨連禍,三十餘載。若天慈曲矜,遠及無外,速遣一將,來救臣國。當奉送鄙女,執掃後宮,并遣子弟,牧圉外廐,尺壤匹夫,不敢自有。去庚辰年後,臣西界海中,見尸十餘,并得衣器鞍勒。看之,非高麗之物。後聞乃是王人來降臣國,長蛇隔路,以阻于海。[二九]今上所得鞍一,以爲實矯。”[三〇]

【校勘記】

〔二九〕以阻于海　《魏書》卷一〇〇《百濟傳》“阻”作“沈”。按“阻”疑是“沮”之訛。

〔三〇〕以爲實矯　《魏書》“矯”作“驗”,《通志》作“據”。按“矯”字無義,疑誤。

《北史》卷九十四《列傳第八十二·百濟》,頁三一二〇、
三一四二

　　時顯祖於仲冬之月,欲巡漠北,朝臣以寒甚,固諫,並不
納。淹上接輿釋遊論,顯祖覽之,詔尚書李訢曰:"卿等諸人
不如成淹論,通釋人意。"乃敕停行。
　　《魏書》卷七十九《列傳第六十七·成淹》,頁一七五一

　　時獻文於仲冬月欲巡漠北,朝臣以寒甚固諫,並不納。
淹上接輿釋游論,帝覽之,詔尚書李訢曰:"卿諸人不如成淹
論,通釋人意。"乃敕停行。
　　《北史》卷四十六《列傳第三十四·成淹》,頁一六九八

公元四七三年　魏孝文帝延興三年　宋蒼梧王元徽元年　柔然受羅部真可汗永康十年

〔正月〕戊戌,太上皇帝還至雲中。
　　　　　　　　　　《魏書》卷七《高祖紀》,頁一三八

〔正月〕戊戌,魏上皇還,至雲中。還自討柔然。
　　《資治通鑑》卷一百三十三《宋紀十五·蒼梧王元徽元
年》,頁四一七三

〔二月〕戊午,太上皇帝至自北討,飲至策勳,告於宗廟。
　　　　　　　　　　《魏書》卷七《高祖紀》,頁一三八

二月戊午,太上皇帝至自北討,飲至策勳,告於宗廟。

《北史》卷三《魏本紀》,頁八九

〔七月〕乙亥,行幸陰山。蠕蠕寇敦煌,鎮將樂洛生擊破之。事具《蠕蠕傳》。

《魏書》卷七《高祖紀》,頁一三九

〔七月〕乙亥,行幸陰山。

《北史》卷三《魏本紀》,頁九〇

〔七月〕乙亥,魏主如陰山。

《資治通鑑》卷一百三十三《宋紀十五·宋蒼梧王元徽元年》,頁四一七五

〔十二月〕壬子,蠕蠕犯邊,柔玄鎮二部敕勒叛應之。

《魏書》卷七《高祖紀》,頁一四〇

〔十二月〕壬子,柔然侵魏,柔玄鎮二部敕勒應之。據《水經注》,柔玄鎮在長川城東,城南小山,于延水所出也。此即六鎮之一。

《資治通鑑》卷一百三十三《宋紀十五·蒼梧王元徽元年》,頁四一七六

柔玄城,在府東北塞外於延水東。……宋元徽元年柔然侵魏柔玄鎮,二部敕勒應之。魏太和十八年如撫冥鎮,遂東至柔玄是也。

《讀史方輿紀要》卷四十四《山西六》,頁二〇〇一

公元四七四年　魏孝文帝延興四年　宋蒼梧王元徽二年　柔然受羅部真可汗永康十一年

夏五月甲戌,蠕蠕國遣使朝貢。

《魏書》卷七《高祖紀》,頁一四〇

〔五月己亥〕芮芮國遣使獻方物。

《宋書》卷九《後廢帝紀》,頁一八二

〔五月〕柔然遣使來聘。使,疏吏翻。

《資治通鑑》卷一百三十三《宋紀十五‧蒼梧王元徽二年》,頁四一八二

癸巳,蠕蠕寇敦煌,鎮將尉多侯大破之。

《魏書》卷七《高祖紀》,頁一四〇

〔七月〕癸巳,柔然寇魏敦煌,尉多侯擊破之。尚書奏:"敦煌僻遠,介居西、北強寇之間,西,謂吐谷渾,北,柔然也。敦,徒門翻。尉,紆勿翻。恐不能自固,請内徙就涼州。"群臣集議,皆以爲然。給事中昌黎韓秀,獨以爲:"敦煌之置,爲日已久。雖逼強寇,人習戰鬥,縱有草竊,不爲大害。循常置戍,足以自全;而能隔閡西、北二虜,使不得相通。閡,五慨翻。今徙就涼州,不唯有蹙國之名,且姑臧去敦煌千有餘里,防邏甚難,邏,力佐翻。二虜必有交通窺覦之志;漢武帝開河西四郡以隔絕西羌、月氏不得與匈奴通,其規畫正如此也。覦音俞。若騷動涼州,則關

中不得安枕。又，士民或安土重遷，招引外寇，爲國深患，不可不慮也。”乃止。

　　《資治通鑑》卷一百三十三《宋紀十五・蒼梧王元徽二年》，頁四一八四

　　敦煌廢縣，今衛治。漢縣，爲敦煌郡治，趙充國謂自敦煌至遼東萬一千五百餘里是也……宋元徽二年柔然寇魏敦煌，尚書奏：“敦煌僻遠，介居南北强寇之間，恐不能自固，請内徙就凉州。”韓秀以爲：“敦煌隔閡西北二番，使不得相通。今徙就凉州，不惟有蹙國之名，且姑臧去敦煌千有餘里，防邏甚難，二番必有交通窺覦之志。若騷動凉州，則關中不得安枕矣。”乃止。

　　《讀史方輿紀要》卷六十四《陝西十三》，頁三〇三〇

　　延興中，尚書奏以敦煌一鎮，介遠西北，寇賊路衝，慮或不固，欲移就凉州。群官會議，僉以爲然。秀獨謂非便，曰：“此蹙國之事，非闢土之宜。愚謂敦煌之立，其來已久。雖土隣强寇，而兵人素習，縱有姦竊，不能爲害，循常置戍，足以自全。進斷北狄之覘途，退塞西夷之窺路。若徙就姑臧，慮人懷異意。或貪留重遷，情不願徙，脱引寇内侵，深爲國患。且敦煌去凉州及千餘里，捨遠就近，遥防有闕。一旦廢罷，是啓戎心，則夷狄交構，互相來往。恐醜徒協契，侵竊凉土及近諸戍，則關右荒擾，烽警不息，邊役煩興，艱難方甚。”乃從秀議。

　　《魏書》卷四十二《列傳第三十・韓秀》，頁九五三

　　延興中，尚書奏以敦煌一鎮，介遠西北，寇賊路衝，慮或

不固,欲移就凉州。群臣會議,僉以爲然。秀獨曰:"此蹙國
之事,非闢土之宜。愚謂敦煌之立,其來已久,雖隣强寇,而
兵人素習,循常置戍,足以自全。若徙就姑臧,慮人懷異意,
或貪留重遷,情不願徙,脱引寇内侵,深爲國患。且捨遠就
近,遙防有闕。一旦廢罷,是啓戎心,則夷狄交構,互相來往。
關右荒擾,烽警不息,邊役煩興,艱難方甚。"乃從秀議。

《北史》卷二十七《列傳第十五·韓秀》,頁九九七

〔拓跋平原〕高祖時……及還京師,每歲率諸軍屯於漠
南,以備蠕蠕。

《魏書》卷十六《道武七王列傳第四·河南王曜附拓跋
平原》,頁三九六

公元四七五年　魏孝文帝延興五年　宋蒼梧
王元徽三年　柔然受羅部真可汗永康十二年

〔五月〕辛酉,幸車輪山。

《魏書》卷七《高祖紀》,頁一四一

〔五月〕辛酉,幸車輪山。

《北史》卷三《魏本紀》,頁九一

〔五月〕辛酉,如車輪山。《地形志》,秀容郡敷城縣有車輪泉。
車,尺遮翻。

《資治通鑑》卷一百三十三《宋紀十五·蒼梧王元徽三
年》,頁四一八五

〔六月〕壬申，曲赦京師死罪，遣備蠕蠕。

　　　　　　　《魏書》卷七《高祖紀》，頁一四一

〔六月〕壬申，曲赦京師死罪，遣備蠕蠕。

　　　　　　　《北史》卷三《魏本紀》，頁九一

五年六月壬申，曲赦京師死罪，遣備蠕蠕。

　　　《冊府元龜》卷八三《帝王部·赦宥第二》，頁九七四

孝文延興五年六月，典赦京師死罪，遣備蠕蠕。

　《冊府元龜》卷九九〇《外臣部·備御三》，頁一一六二八

六月庚午，禁殺牛馬。壬申，曲赦京師死罪，遣備蠕蠕。

　　　　《通志》卷十五下《後魏紀十五下》，頁二八六上

冬十月，蠕蠕國遣使朝獻。太上皇帝大閱於北郊。

　　　　　　　《魏書》卷七《高祖紀》，頁一四二

冬十月，太上皇帝大閱於北郊。

　　　　　　　《北史》卷三《魏本紀》，頁九一

延興五年，蠕蠕求通婚娉，有司以其數犯邊塞，請絕其使，發兵討之。帝曰："蠕蠕譬若禽獸，貪而無義，朕要以誠信待物，不可抑絕也。"

　　　《冊府元龜》卷一七〇《帝王部·來遠》，頁二〇四九

釋法獻,姓徐,西海延水人……至元嘉十六年,方下京師,止定林上寺。博通經律,志業强捍。善能匡拯衆許,〔一〕修葺寺宇。先聞猛公西遊,備矚〔二〕靈異,乃誓欲忘身,往觀聖迹。以宋元徽三年,發踵金陵,西遊巴蜀,路出河南,道經芮芮。既到于闐,欲度葱嶺,值棧道斷絶,遂於于闐而反。獲佛牙一枚,舍利十五身,〔三〕并觀世音滅罪咒及調達品,又得龜茲國金鎚鍱像,於是而還。其經途危阻,見其別記……佛牙本〔四〕在烏纏國,自烏纏來芮芮,自芮芮來梁土,獻齊牙還京師〔五〕十有五載。

【校勘記】

〔一〕弘教本、金陵本"許"作"計"。

〔二〕宋本"矚"作"屬"。

〔三〕三本、金陵本"身"作"粒"。

〔四〕三本、金陵本無"本"。

〔五〕原本"師"作"五",據三本、金陵本改正。

《高僧傳》卷十三《齊上定林寺釋法獻》,頁四八八、四九〇

公元四七六年　魏孝文帝承明元年　宋蒼梧王元徽四年　柔然受羅部真可汗永康十三年

承明元年春二月,蠕蠕、高麗、庫莫奚、波斯諸國並遣使朝貢……〔夏五月〕蠕蠕國遣使朝貢……〔八月〕壬午,蠕蠕國遣使朝貢……十有一月,蠕蠕國遣使朝貢。

《魏書》卷七《高祖紀》,頁一四二

高允以闆文章富逸,舉以自代,遂爲顯祖所知,數見引

接,參論政治。命造鹿苑頌、北伐碑,顯祖善之。

　　　　《魏書》卷五十四《列傳第四十二·高閭》,一一九八

高允以閭文章富逸,舉以自代,遂爲獻文所知,參論政事。

　　　　《北史》卷三十三《列傳第二十二·高閭》,頁一二五五

是歲,蠕蠕、高麗、庫莫奚、波斯、契丹、宕昌、悉萬斤等國並遣使朝貢。

　　　　《通志》卷十五下《後魏紀十五下》,頁二八六上至中

公元四七七年　魏孝文帝太和元年　宋順帝昇明元年
柔然受羅部真可汗永康十四年

夏四月丙寅,蠕蠕國遣使朝貢……〔五月乙酉〕蠕蠕國遣使朝貢……九月癸未,蠕蠕國遣使朝貢。

　　　　　　　《魏書》卷七《高祖紀》,頁一四四

是歲,高麗、契丹、庫莫奚、蠕蠕、車多羅、西天竺、舍衛、叠伏羅、栗楊婆、員闊等國並遣使朝貢。

　　　　　　　《北史》卷三《魏本紀》,頁九四

太和元年,蠕蠕遣使來獻良馬、貂裘,其使稱:"伏承天朝珍寶華麗甚積,求一觀之。"乃敕有司出御府珍玩金玉文綵器物、御廄文馬、奇異禽獸及人間所宜用者,列之市肆,令其歷觀。其使曰:"大國富麗,一生所未見也。"

　　　　《册府元龜》卷一七〇《帝王部·來遠》,頁二〇四九

是歲，高麗、契丹、庫莫奚、蠕蠕、車多羅、西天竺、舍衞、叠伏羅、栗楊婆、員闊等國並遣使朝貢。

　　　　《通志》卷十五下《後魏紀十五下》，頁二八六中

高車，在漠北……後魏太和初高車酋長阿伏至羅與窮奇分爲二部，魏人謂之東西部敕勒。阿伏至羅伏屬柔然。

　　　　《讀史方輿紀要》卷四十五《山西七》，頁二〇七七

公元四七八年　魏孝文帝太和二年　宋順帝昇明二年
柔然受羅部真可汗永康十五年

〔二月〕戊戌，蠕蠕國遣使朝獻。

　　　　《魏書》卷七《高祖紀》，頁一四五

〔二月〕己未，芮芮國遣使獻方物。

　　　　《宋書》卷十《順帝紀》，頁一九八

太和二年，〔崔玄伯孫寬〕襲爵武陵公，鎮西將軍。遷給事中。車駕巡狩，以衡爲大都督長史。衡涉獵書史，陳備禦之方，便國利民之策，凡五十餘條。

　　　　《魏書》卷二十四《列傳第十二·崔衡附崔玄伯》，頁六二五

太和二年，襲爵武陵公。衡涉獵書史，頗爲文筆。蠕蠕時犯塞，衡上書陳備禦之方、便國利人之策凡五十餘條。

　　　　《北史》卷二十一《列傳第九·崔衡附崔玄伯》，頁七九三

太和二年，襲爵武陵公。衡涉獵書史，頗爲文筆。蠕蠕時犯塞，衡上疏陳備禦之方、便國利人之策凡五十餘條。

《通志》卷一百四十六《列傳五十九·崔衡附崔玄伯》，頁二三一七上

是歲，龜兹國獻名駝、龍馬珍寶甚衆，吐谷渾、蠕蠕、勿吉等國並遣使朝貢。

《通志》卷十五下《後魏紀十五下》，頁二八六下

公元四七九年　魏孝文帝太和三年　齊高帝建元元年
柔然受羅部真可汗永康十六年

〔夏四月〕辛卯，蠕蠕國遣使朝獻。

《魏書》卷七《高祖紀》，頁一四六

是歲……蠕蠕、悉萬斤等國並遣使朝貢。

《北史》卷三《魏本紀》，頁九六

建元元年，太祖即本官進號驃騎大將軍。宋世遣武衞將軍王世武使河南，是歲隨拾寅使來獻。詔答曰：“皇帝敬問使持節、散騎常侍、都督西秦河沙三州諸軍事、車騎大將軍、開府儀同三司、領護羌校尉、西秦河二州刺史、新除驃騎大將軍、河南王：寶命革授，爰集朕躬，猥當大業，祇惕兼懷。（夏中）〔聞之〕增感。王世武至，得元徽五年五月二十一日表，（聞之）〔夏中〕濕熱，[六]想比平安。又卿乃誠遥著，保寧遐疆。今詔升徽號，以酬忠款。遣王世武銜命拜授。又仍使王

世武等往芮芮,想即資遣,使得時達。……"

【校勘記】

〔六〕(夏中)〔聞之〕增感至(聞之)〔夏中〕濕熱　原"夏中"、"聞之"錯簡,致不可解。今改正。

《南齊書》卷五十九《列傳第四十·河南》,頁一〇二六、一〇三四

上之輔宋也,遣驍騎將軍王洪範使柔然,約與共攻魏。洪範自蜀出吐谷渾歷西域乃得達。驍,堅堯翻。騎,奇寄翻;下同。使,疏吏翻。吐,從暆入聲。谷,音浴。《考異》曰:《齊書》作"王洪軌"。今從《齊紀》。至是,柔然十餘萬騎寇魏,至塞上而還。還,從宣翻,又如字。

《資治通鑑》卷一百三十五《齊紀一·高帝建元元年》,頁四二三三至四二三四

〔十一月〕蠕蠕率騎十餘萬南寇,至塞而還。

《魏書》卷七《高祖紀》,頁一四七

太和三年,高句麗竊與蠕蠕謀,欲取地豆于以分之。契丹懼其侵軼,其莫弗賀勿于率其部落車三千乘、眾萬餘口,驅徙雜畜,求入內附,止於白狼水東。

《魏書》卷一百《列傳第八十八·契丹》,頁二二二三

太和三年,高句麗竊與蠕蠕謀,欲取地豆干以分之。契丹舊怨其侵軼,其莫賀弗勿干率其部落,車三千乘、眾萬餘

口,驅徙雜畜求内附,止於白狼水東。

　　　　《北史》卷九十四《列傳第八十二·契丹》,頁三一二七

　　太和三年,高句麗與蠕蠕謀,欲取地豆于地分之。契丹懼其侵軼,其莫賀弗勿于率其部落,車三千乘、衆萬餘口,驅雜畜求内附,止於白狼水東。

　　　　《通志》卷二百《四夷七·契丹》,頁三二一四上

　　高宗末,〔賀源子懷〕爲侍御中散。父賀辭老,詔懷受父爵,拜征南將軍。尋爲持節、督諸軍,屯於漠南。還,除殿中尚書,出爲長安鎮將、雍州刺史。清儉有惠政,善於撫恤,劫盜息止,流民皆相率來還。歲餘,復拜殿中尚書,加侍中,參都曹事。又督諸軍征蠕蠕,六道大將咸受節度。遷尚書令,參議律令。

　　　　《魏書》卷四十一《列傳第二十九·賀懷附賀源》,頁九二三

　　文成末,爲侍御中散。父賀辭老,詔受父爵。後持節督諸軍屯於漠南,[二四]蠕蠕甚憚之。還,除殿中尚書,出爲長安鎮將、雍州刺史。清儉有惠政,善撫恤,劫盜息止。復拜殿中尚書,加侍中,參都曹事。又督諸軍征蠕蠕,六道大將,咸受節度。遷尚書令,參議律令。

【校勘記】

　　〔二四〕後持節督諸軍屯於漠南　諸本脱“軍”字,據《魏書》《通志》補。

　　　　《北史》卷二十八《列傳第十六·賀懷附賀源》,頁一〇二六、一〇三九

文成時，源懷拜殿中尚書，加侍中參都曹事，又督諸軍征蠕蠕，六道大將咸受節度。

《冊府元龜》卷一一九《帝王部·選將一》，頁一四二三

文成末，爲侍御中散。父賀辭老，詔授父爵。後持節督諸軍於漠南，蠕蠕甚憚之。還，除殿中尚書，出爲長安鎮將、雍州刺史。清儉有惠政，善撫恤，劫盜止息。後拜殿中尚書，加侍中，參都曹事。又督諸軍征蠕蠕，六道大將，咸受節度。遷尚書令，參議律令。

《通志》卷一百四十七《列傳六十·賀懷附賀源》，頁二三四三下

〔樂陵王胡兒〕無子。顯祖詔胡兒兄汝陰王天賜之第二子永全後之，襲封，後改名思譽。高祖初，蠕蠕犯塞，以思譽爲鎮北大將軍、北征大都將。

《魏書》卷十九《景穆十二王列傳第七·樂陵王》，頁五一六

〔樂陵王胡兒〕無子。獻文詔胡兒兄汝陰王天賜之第二子永全後之。襲封後，改名思譽。孝文時，爲鎮北大將軍。

《北史》卷十八《列傳第六·景穆十二王·樂陵王》，頁六七六

高祖時，蠕蠕來寇，詔〔羅結曾孫〕伊利追擊之，不及而反。

《魏書》卷四十四《列傳第三十二·羅伊利附羅結》，頁九八八

羅伊利,孝文時爲安東將軍。蠕蠕來寇,詔伊利追擊之,不及而反。

《册府元龜》卷四二八《將帥部・料敵》,頁五〇九三至五〇九四

羅伊利,孝文時爲安東將軍。蠕蠕來寇,詔伊利追擊之,不及而反。

《册府元龜》卷四三八《將帥部・無功》,頁五一九八

是歲,吐谷渾、高麗、蠕蠕、地豆干、契丹、庫莫奚、龜兹、粟特、州逸、河龔、叠伏羅、負闊、悉萬斤等國各遣使朝貢。

《通志》卷十五下《後魏紀十五下》,頁二八七上

公元四八〇年　魏孝文帝太和四年　齊高帝建元二年
柔然受羅部真可汗永康十七年

〔三月〕乙卯,蠕蠕國遣使朝貢。

《魏書》卷七《高祖紀》,頁一四八

是歲,粟特、敕勒、吐谷渾、高麗、曹利、闊悉、契丹、庫莫奚、地豆干等國並遣使朝貢。

《北史》卷三《魏本紀》,頁九一

是歲,高麗、吐谷渾、龜兹、契丹、庫莫奚、地豆干、蠕蠕等國並遣使朝貢。

《通志》卷十五下《後魏紀十五下》,頁二八六上

〔九月〕丙午，柔然遣使來聘。使，疏吏翻。

《資治通鑑》卷一百三十五《齊紀一·高帝建元二年》，頁四二三九

〔九月〕丙子，[一八]蠕蠕國遣使朝貢。

【校勘記】

〔一八〕丙子　按建元二年九月甲午朔，是月無丙子。

《南史》卷四《齊本紀》，頁一一二、一二九

駿又表曰：“《春秋》有云：見有禮於其君者，若孝子之養父母；見無禮於其君者，若鷹鸇之逐鳥雀。所以勸誡將來，垂範萬代。昔陳恒殺君，宣尼請討，雖欲晏逸，其得已乎？今廟算天回，七州雲動，將水蕩鯨鯢，陸掃凶逆。然戰貴不陳，兵家所美。宜先遣劉昶招喻淮南。若應聲響悅，同心齊舉，則長江之險，可朝服而濟，道成之首，可崇朝而懸。苟江南之輕薄，背劉氏之恩義，則曲在彼矣，何負神明哉！直義檄江南，振旅回斾，亦足以示救患之大仁，揚義風於四海。且攻難守易，則力懸百倍，不可不深思，不可不熟慮。今天下雖謐，方外猶虞，拾黌僥倖於西南，狂虜伺釁於漠北。脫攻不稱心，恐兵不卒解，兵不卒解，則憂慮逾深。夫爲社稷之計者，莫不先於守本。臣愚以爲觀兵江湄，振曜皇威，宜特加撫慰。秋毫無犯，則民知德信；民知德信，則襁負而來；襁負而來，則淮北可定；淮北可定，則吳寇異圖；寇圖異則禍釁出。然後觀釁而動，則不晚矣。請停諸州之兵，且待後舉。所謂守本者也。伏惟陛下、太皇太后英算神規，彌綸百勝之外；應機體變，獨

悟方寸之中。臣影頹虞淵,昏耄將及,雖思憂國,終無云補。"
不從。

　　　　《魏書》卷六十《列傳第四十八·程駿》,頁一三四七

　　是歲,郡鎮十八,水旱民饑,詔開倉振恤;蠕蠕、悉萬斤等
國並遣使朝貢。

　　　　《通志》卷十五下《後魏紀十五下》,頁二八七上

公元四八一年　　魏孝文帝太和五年　　齊高帝建元三年
柔然受羅部真可汗十八年

　〔秋七月〕辛酉,柔然別帥他稽帥衆降魏。別帥,所類翻。

　　《資治通鑑》卷一百三十五《齊紀一·高帝建元三年》,
頁四二四六

　　辛酉,蠕蠕別帥他稽率衆内附。

　　　　　　　　　《魏書》卷七《高祖紀》,頁一五一

　　太和五年七月,蠕蠕引帥他稽率衆内附。

　　　　《册府元龜》卷九七七《外臣部·降附》,頁二二四七八

　　冬十月癸卯,蠕蠕國遣使朝貢。

　　　　　　　　　《魏書》卷七《高祖紀》,頁一五一

　　是歲,鄧至、蠕蠕等國並遣使朝貢。

　　　　　　　　　《北史》卷三《魏本紀》,頁九八

是歲,鄧至、蠕蠕等國並遣使朝貢。

　　　　《通志》卷十五下《後魏紀十五下》,頁二八七中

辛未,柔然主遣使來聘,與上書,謂上爲“足下”,自稱曰“吾”,遺上師子皮袴褶,遺,于季翻。袴褶,騎服也。褶,寔入翻。約共伐魏。

　　《資治通鑑》卷一百三十五《齊紀一·高帝建元三年》,頁四二四六

九月辛未,蠕蠕國王遣使欲俱攻魏,獻師子皮袴褶。

　　　　　　　《南史》卷四《齊本紀》,頁一一二

九月辛未,蠕蠕國王遣使欲俱攻魏,獻師子皮袴褶。

　　　　　《通志》卷十二《南齊紀十二》,頁二二四

公元四八二年　魏孝文帝太和六年　齊高帝建元四年　　柔然受羅部真可汗十九年

六月,蠕蠕國遣使朝貢。

　　　　　　《魏書》卷七《高祖紀》,頁一五一

公元四八四年　魏孝文帝太和八年　齊武帝永明二年　　柔然受羅部真可汗永康二十一年

二月,蠕蠕國遣使朝獻。

　　　　　　《魏書》卷七《高祖紀》,頁一五三

是歲，蠕蠕、高麗等國各遣使朝貢。

　　　　　　　《北史》卷三《魏本紀》，頁一〇〇

是歲，蠕蠕、高麗等國各遣使朝貢。

　　　　《通志》卷十五下《後魏紀十五下》，頁二八八上

　　〔九月〕間又上表，以爲：“北狄悍愚，同於禽獸。悍，侯旰翻，又下罕翻。所長者野戰，所短者攻城。北狄，指蠕蠕也。若以狄之所短奪其所長，則雖衆不能成患，雖來不能深入。又，狄散居野澤，隨逐水草，戰則與家業並至，奔則與畜牧俱逃，不齎資糧而飲食自足，是以歷代能爲邊患。六鎮勢分，倍衆不鬭，謂敵人衆力加倍，則鎮人不敢鬭也。互相圍逼，難以制之。請依秦、漢故事，於六鎮之北築長城，魏世祖破蠕蠕，列置降人於漠南，東至濡源，西暨五原陰山，竟三千里，分爲六鎮，今武川、撫冥、懷朔、懷荒、柔玄、禦夷也。下云六鎮東西不過千里，則當自代都北塞而東至濡源耳。杜佑曰：後魏六鎮並在馬邑、雲中單于府界。擇要害之地，往往開門，造小城於其側，置兵扞守。狄既不攻城，野掠無獲，草盡則走，終必懲艾。計六鎮東西不過千里，一夫一月之功可城三步之地，强弱相兼，不過用十萬人，一月可就；雖有暫勞，可以永逸。凡長城有五利：罷遊防之苦，一也；北部放牧無抄掠之患，二也；抄，楚交翻。登城觀敵，以逸待勞，三也；息無時之備，四也；歲常遊運，遊，行也；行運芻糧以實塞下。永得不匱，五也。”魏主優詔答之。

　　《資治通鑑》卷一百三十六《齊紀二·武帝永明二年》，頁四二六二至四二六三

間後上表曰：

臣聞爲國之道，其要有五：一曰文德，二曰武功，三曰法度，四曰防固，五曰刑賞。故遠人不服，則修文德以來之；荒狄放命，則播武功以威之；民未知戰，則制法度以齊之；暴敵輕侵，則設防固以禦之；臨事制勝，則明刑賞以勸之。用能闢國寧方，征伐四克。北狄悍愚，同於禽獸，所長者野戰，所短者攻城。若以狄之所短，奪其所長，則雖衆不能成患，雖來不能内逼。又狄散居野澤，隨逐水草，戰則與家產並至，奔則與畜牧俱逃，不齎資糧而飲食足。是以古人伐北方，攘其侵掠而已。歷代爲邊患者，良以倏忽無常故也。六鎮勢分，倍衆不鬥，互相圍逼，難以制之。昔周命南仲，城彼朔方；趙靈、秦始，長城是築；漢之孝武，踵其前事。此四代之君，皆帝王之雄傑，所以同此役者，非智術之不長，兵衆之不足，乃防狄之要事，其理宜然故也。易稱天險不可升，地險山川丘陵，王公設險以守其國，長城之謂歟？今宜依故於六鎮之北築長城，以禦北虜，雖有暫勞之勤，乃有永逸之益，如其一成，惠及百世。即於要害，往往開門，造小城於其側。因地却敵，〔三〕多有弓弩。狄來有城可守，其兵可捍。既不攻城，野掠無獲，草盡則走，終必懲艾。

宜發近州武勇四萬人及京師二萬人，合六萬人爲武士，於苑内立征北大將軍府，選忠勇有志幹者以充其選。下置官屬，分爲三軍，二萬人專習弓射，二萬人專習戈盾，二萬人專習騎稍。修立戰場，十日一習，采諸葛亮八陣之法，爲平地禦寇之方，使其解兵革之宜，識旌旗之節，器械精堅，必堪禦寇。使將有定兵，兵有常主，上下相信，晝夜如一。七月發六部兵六萬人,各備戎作之具,敕臺北諸屯倉庫,隨近作米,俱送北鎮。至八月,征北部率所領與六鎮之兵,直至磧南,揚威漠北。狄若來拒,與之決戰,若其不來,然後散分其地,以築長城。計六鎮東西不過千里,若一夫一月之功,當三步之地,三百人三里,三千人三十里,三萬人三百里,則千里之地,強弱相兼,計十萬人一月必就,運糧一月不足爲多。人懷永逸,勞而無怨。

計築長城,其利有五:罷遊防之苦,其利一也;北部放牧,無抄掠之患,其利二也;登城觀敵,以逸待勞,其利三也;省境防之虞,息無時之備,其利四也;歲常遊運,[四]永得不匱,其利五也。

又任將之道,特須委信,遣之以禮,恕之以情,閫外之事,有利輒決,赦其小過,要其大功,足其兵力,資其給用,君臣相體,若身之使臂,然後忠勇可立,制勝可果。是以忠臣盡其心,征將竭其力,雖三敗而踰榮,雖三背而彌寵。

詔曰:“覽表,具卿安邊之策。比當與卿面論一二。”

【校勘記】

〔三〕因地却敵　《北史》卷三四《高閭傳》“地”作“施”。按《南齊書》卷一六《百官志》衛尉條云:“宮城諸却敵樓上本施鼓,持夜者以應更唱。”則“却敵”即城上守衛之樓,疑作“施”是。但作“地”亦可通,今不改。

〔四〕歲常遊運　《通典》卷一九六《邊防十二》誤作刁雍表,“遊”作“遞”,疑是。

《魏書》卷五十四《列傳第四十二·高閭》,頁一二〇〇至一二〇二、一二一一後上表曰：

“臣聞爲國之道，其要有五：一曰文德，二曰武功，三曰法度，四曰防固，五曰刑賞。故遠人不服，則修文德以來之；荒狡放命，則播武功以威之；人未知戰，則制法度以齊之；暴敵輕侵，則設防固以禦之；臨事制勝，則明賞罰以勸之。用能闢國寧方，征伐四克。北狄悍愚，同於禽獸，所長者野戰，所短者攻城，若以狄之所短，奪其所長，則雖衆不能成患，雖來不能内逼。又狄散居野澤，隨逐水草，戰則與室家並至，奔則與畜牧俱逃。是以古人伐北方，攘其侵掠而已。歷代爲邊患者，良以倏忽無常故也。六鎮勢分，倍衆不鬭，互相圍逼，難以制之。昔周命南仲，城彼朔方，趙靈、秦始，長城是築，漢之孝武，踵其前事。此四代之君，皆帝王之雄傑，所以同此役者，非智術之不長，兵衆之不足，乃防狄之要事，理宜然也。

今故宜於六鎮之北築長城，以禦北虜，雖有暫勞之勤，乃有永逸之益。即於要害，往往開門，造小城於其側，因施却敵，多置弓弩。狄來，有城可守，有兵可捍。既不攻城，野掠無獲，草盡則走，終始必懲。又宜發近州武勇四萬人，及京師二萬人，合六萬人，爲武士，於苑内立征北大將軍府，選忠勇有志幹者以充其選。下置官屬，分爲三軍：二萬人專習弓射，二萬人專習刀楯，二萬人專習騎矟。修立戰場，十日一習。采諸葛亮八陣之法，爲平地禦敵之方，使其解兵革之宜，識旌旗之節。兵器精堅，必堪禦寇。使將有定兵，兵有常主，上下相信，晝夜如一。七月，發六郡兵萬人，各備戎作之具，敕臺北諸屯倉庫，隨近作米，[三]俱送北鎮。至八月，征北部率所領，[四]與六鎮之兵，直至磧南，揚威漠北。狄若來拒，與決戰，若其不來，然後散分其地，以築長城。計六鎮，東西不過千里，若一夫一月之功當三步之地，三百人三里，〔五〕三千人三十里，三萬人三百里，則千里之地，强弱相兼，計十萬人一月必就。軍糧一月，不足爲多，人懷永逸，勞而無怨。

計築長城，其利有五：罷遊防之苦，其利一也；北部放牧，無抄掠之患，其利二也；登城觀敵，以逸待勞，其利三也；省境防之虞，息無時之備，其利四也；歲常遊運，永得不匱，其利五也。”

孝文詔曰：“比當與卿面論。”

【校勘記】

〔三〕隨近作米　諸本“作米”訛作“往來”，據《魏書》改。

〔四〕征北部率所領　各本“領”訛“鎮”，據宋本及《魏書》《通志》卷一四八《高閭傳》改。

〔五〕若一夫一月之功當三步之地三百人三里　各本“三步”作“二步”，宋本及《魏書》《通志》作“三”。按《正韻》：“路程今以三百六十步爲里。”每人三步則百人三百步，與三百六十步之數較近。今從宋本。

《北史》卷三十四《列傳第二十二·高閭》，頁一二五六至一二五八、一二八三

太和中，尚書中書監高閭上表曰：“臣聞爲國之道，其要有五：一曰文德，二曰武功，三曰法度，四曰防固，五曰刑賞。故遠人不服，則脩文德以來之；荒狡放命，則播武功以威之；民未知戰，則制法度以齊之；暴敵輕侵，則設防固以禦之；臨

事制勝,則明刑賞以勸之。用能闢國寧方,征伐四克。北狄悍愚,同於禽獸,所長者野戰,所短者攻城。若以狄之所短奪其所長,則雖衆不能成患,雖來不能内逼。又狄居野澤,隨逐水草,戰則與家產並至,奔則與畜牧俱逃,不賫資糧而飲食自足。是以古人伐北方,攘其侵略而已。歷代爲邊患者,良以脩忽無常故也。六鎮勢分,倍衆不鬬,互相圍逼,難以制之。昔周命南仲,城彼朔方;趙靈秦始,長城是築;漢之孝武,踵其前事。此四代之君,皆帝王之雄傑,所以同此役者,非智術之不長,兵衆之不足,乃防狄之要事,其理宜然故也。《易》稱‘天險不可昇,地險山川丘陵,王公設險以守其國’,長城之謂歟?今宜依六鎮之北,築長城以禦北虜,雖有暫勞之勤,乃有永逸之益。如其一成,惠乃百世。即於要害,往往開門造小城於側,因施却敵,多置弓弩。狄來有城可守,有兵可捍。既不攻城,野掠無獲,草盡則走,終無住志。宜發近州武勇四萬人,及京師二萬人,合六萬人,爲武士於苑内。立征北大將軍府,選忠勇有志幹者,以充其選;下置官屬,分爲三軍,二萬人專習弓射,二專專習戈楯,二萬專習騎矟。脩立戰場,十日一習,采諸葛亮八陣之法,爲平地禦寇之方,使其解兵革之宜,識旌旗之節,兵器精堅,必堪禦寇。使將有定兵,兵有常主,上下相信,晝夜如一。七月發六郡兵萬人,各備戎作之具,敕臺北諸屯倉庫,隨近作米,俱送北鎮。至八月征北,部率所領與六鎮之兵,直至磧南,揚威漠北。狄若來拒,與之決戰,若其不來,然後散分其地,以築長城。計六鎮東西不過千里,若一夫一月之功,當三步之地。三百人三里,三千人三十里,三萬人三百里,則千里之地,强弱相兼,計十萬人一月必就。餽糧一月，不足爲多，人懷永逸，勞而無怨。計築長城，其利有五：罷游防之苦，其利一也；北部放牧，無抄掠之患，其利二也；登城觀敵，以逸待勞，其利三也；省境防之虞，息無時之備，其利四也；歲常游運，永得不遣，其利五也。又任將之道，特須委信，送之以禮，恕之以情。閫外之事，有利輒決，赦其小過，要其大功，足其兵力，資其給用，君臣相體，若身之使臂。然後忠勇可立，制勝可果。是以忠臣盡其心，征將竭其力，雖三敗而逾榮，雖三背而彌寵。"詔曰："覽表，具卿安邊之策，此當與卿面論一二。"帝又引見群臣議伐蠕蠕："前後再擾朔邊，近有投化人云：敕勒渠帥興兵叛之，蠕蠕主身率徒衆追至西漠。今爲應乘斃致討，爲應休兵息民？"左僕射穆亮對曰："自古以來，有國有家莫不以戎事爲首。蠕蠕子孫，襲其凶業，頻爲寇擾，爲惡不悛，自相違叛。如臣愚見，宜興軍討之。雖不頓除巢穴，且以挫其醜勢。"閭曰："昔漢時天下一統，故得窮追北狄。今南有吳寇，不宜懸軍深入。"帝曰："先朝屢興征伐者，以有未賓之虜。朕承太平之基，何爲搖動兵革。夫兵者，凶器，聖人不得已而用之，便可停也。"帝又曰："今欲遣蠕蠕使還，應有書問以不？"群臣以爲宜有，乃詔閭爲書。於時，蠕蠕國有喪，而書不叙凶事。……若知而不作，罪在灼然；若情思不至，應謝所任。"閭對曰："昔蠕蠕主敦崇和親，其子不遵父志，屢犯邊境。如臣愚見，謂不宜吊。"帝曰："敬其父則子悅，敬其君則臣悅。卿云不合吊慰，是何言歟？"閭遂引愆免冠謝罪。帝謂閭曰："蠕蠕使牟提小心恭慎，甚有使人之禮，同行疾其敦厚，每至凌辱，恐其還北，必被謗誣。昔劉准使殷靈誕每禁下人不爲非禮之事，及其還國，果被譖愬，以致極刑。今爲旨書，可明牟提忠於其國，使蠕蠕主知之。"

《冊府元龜》卷九九〇《外臣部・備御三》，頁一一六二八至一一六二九

後上表曰：

"臣聞爲國之道，其要有五：一曰文德，二曰武功，三曰法度，四曰防固，五曰刑賞。故遠人不服，則脩文德以來之；荒狡放命，則播武功以威之；人未知戰，則脩法度以齊之；暴敵輕侵，則脩防固以禦之；臨事制勝，則明刑賞以勸之。用能闢國寧方，征伐四克。北狄悍愚，同於禽獸，所長者野戰，所短者攻城，若以狄之所短，奪其所長，則雖衆不能成患，雖來不能內逼。又狄散居野澤，隨逐水草，戰則與室家並至，奔則與畜牧俱逃。是以古人伐北方，攘其侵掠而已。歷代爲邊患者，良以倏忽無常故也。六鎮勢分，倍衆不鬥，互相圍逼，難以制之。昔周命南仲，城彼朔方，趙靈、秦始，長城是築，漢之孝武，躡其前事。此四代之君，皆帝王之雄傑，所以同此役者，非智術之不長，兵衆之不足，乃防狄之要事，理宜然也。

今故宜於六鎮之北築長城，以禦北虜，雖有暫勞之勤，乃有永逸之益。即於要害，往往開門，造小城於其側，因施卻敵，多置弓弩。狄來，有城可守，有兵可捍。既不攻城，野掠無獲，草盡則走，終始必懲。又宜發近州武勇四萬人，及京師二萬人，合六萬人，爲武士，於苑內立征北大將軍府，選忠勇有志幹者以充其選。下置官屬，分爲三軍：二萬人專習弓射，二萬人專習刀楯，二萬人專習騎矟。脩立戰場，十日一

習。采諸葛亮八陣之法，爲平地禦寇之方，使其解兵革之宜，識旌旗之節。兵罷精堅，必堪禦寇。使將有定兵，兵有常主，上下相信，晝夜如一。七月，發六郡兵萬人，各備戎作之具，敕臺北諸屯倉庫，隨近往來，俱送北鎮。至八月，征北部率所領，與六鎮之兵，直至磧南，揚威漠北。狄若來拒，與決戰，若其不來，然後散分其地，以築長城。計六鎮，東西不過千里，若一夫一月之功當三步之地，三百人三里，三千人三十里，三萬人三百里，則千里之地，强弱相兼，計十萬人必就。軍糧一月，不足爲多，人懷永逸，勞而無怨。

計築長城，其利有：五罷遊防之苦，其利一也；北部放牧，無抄掠之患，其利二也；登城觀敵，以逸待勞，其利三也；省境防之虞，息無時之備，其利四也；歲常游運，永得不匱，其利五也。”

孝文詔曰：“比當與卿面論。”

《通志》卷一百四十八《列傳六十一·高閭》，頁二三六四中至二三六五上

八陣磧。在府城南……後魏柔然犯塞，刁雍上表采諸葛八陣之法爲平地禦寇之方。

《讀史方輿紀要》卷六十九《四川四》，頁三二五三

公元四八五年　魏孝文帝太和九年　齊武帝永明三年
柔然伏古敦可汗太平元年

遣給事中丘冠先使河南道，并送芮芮使。至六年乃還。

《南齊書》卷五十九《列傳第四十·河南》，頁一〇二七

丘冠先字道玄,吳興烏程人也,少有節義。齊永明中,位給事中。時求使蠕蠕國,[三二]尚書令王儉言:"冠先雖名位未升,而義行甚重。若爲行人,則蘇武、鄭衆之流也。"於是使蠕蠕。蠕蠕逼令拜,冠先執節不從。以刃臨之,冠先曰:"能殺我者蠕蠕也,不能以天子使拜戎狄者,我也。"遂見殺。武帝以冠先不辱命,賜其子雄錢一萬、布三十匹。

【校勘記】

〔三二〕時求使蠕蠕國　按《南齊書·河南傳》謂冠先兩次使河南,與此異。

《南史》卷七十三《列傳第六十三·丘冠先》,頁一八一九、一八三三

六月,庚戌,〔魏〕進河南王度易侯爲車騎將軍,遣給事中吳興丘冠先使河南,并送柔然使。騎,奇寄翻。冠,古玩翻。使,疏吏翻。

《資治通鑑》卷一百三十六《齊紀二·武帝永明三年》,頁四二六七

〔《南齊書》〕又曰:丘冠先使于蠕蠕,執節不拜,爲所殺。武帝以冠先不辱命,賜其子雄錢一萬、布三十匹。雄不受。

《太平御覽》卷八三五《資産部十五·錢上》,頁三七三一

邱冠先字道元,吳興烏程人也,少有節義。永明中,位給事中。時求使蠕蠕國,尚書令王儉言:"冠先雖名位未升,而義行甚重。若爲行人,則蘇武、鄭衆之流也。"於是使蠕蠕。

蠕蠕逼令拜,冠先執節不從。以刃臨之,冠先曰:"能殺我者蠕蠕也,不能以天子使拜戎狄者,我也。"遂見殺,武帝以冠先不辱命,賜其子雄錢一萬,布三千匹。

　　《通志》卷一百六十六《忠義一・邱冠先》,頁二六八四下

〔十二月〕蠕蠕犯塞,詔任城王澄率衆討之。

　　　　　　《魏書》卷七《高祖紀》,頁一五六

〔十二月〕柔然犯魏塞,魏任城王澄帥衆拒之,柔然遁去。

　　《資治通鑑》卷一百三十六《齊紀二・武帝永明三年》,頁四二六九

太和九年十二月,蠕蠕犯塞,詔任城王澄率衆討之。

　　《册府元龜》卷九八四《外臣部・征討三》,頁一一五五七

雲長子澄,字道鎮,[三]少而好學。及康王薨,澄居喪以孝聞。襲封,加征北大將軍。高祖時,蠕蠕犯塞,加澄使持節、都督北討諸軍事以討之。蠕蠕遁走,又以氐羌反叛,除都督梁益荊三州諸軍事、征南大將軍、梁州刺史。

【校勘記】

　〔三〕字道鎮 《北史》卷一八本傳"鎮"作"鏡"。按"鏡"與"澄"名字相應,疑作"鏡"是。

　　《魏書》卷十九《景穆十二王列傳第七中・任城王附拓跋澄》,頁四六二、四八九

是歲,柔然部真可汗卒,子豆崘立,可,從刊入聲。汗,音寒。崘,盧昆翻。號伏名敦可汗,魏收曰:伏名敦,魏言恒也。改元太平。

《資治通鑑》卷一百三十六《齊紀二·武帝永明三年》,頁四二七〇

任城王澄,孝文時爲征北大將軍。蠕蠕犯塞,加澄使持節、督北討諸軍事以討之,蠕蠕遁走。

《冊府元龜》卷二六九《宗室部·將兵》,頁三一九〇

公元四八六年　魏孝文帝太和十年　齊武帝永明四年
柔然伏古敦可汗太平二年

〔正月〕壬午,蠕蠕犯塞……三月丙申,蠕蠕國遣使朝貢。

《魏書》卷七《高祖紀》,頁一六一

〔正月〕壬午,柔然寇魏邊。

《資治通鑑》卷一百三十六《齊紀二·武帝永明四年》,頁四二七〇

三月,丙申,柔然遣使者牟提如魏。時敕勒叛柔然,柔然伏名敦可汗自將討之,追奔至西漠。西漠者,大漠之西偏也。將,即亮翻。魏左僕射穆亮等請乘虛擊之,中書監高閭曰:“秦、漢之世,海内一統,故可遠征匈奴。今南有吳寇,何可捨之深入虜庭!”魏主曰:“‘兵者凶器,聖人不得已而用之。’老子之言。先帝屢出征伐者,以有未賓之虜故也。今朕承太平之業,奈

何無故動兵革乎！"厚禮其使者而歸之。

　　《資治通鑑》卷一百三十六《齊紀二·武帝永明四年》，
頁四二七二

　　高祖又引見群臣，議伐蠕蠕。帝曰："蠕蠕前後再擾朔
邊，近有投化人云，敕勒渠帥興兵叛之，蠕蠕主身率徒衆，追
至西漠。今爲應乘弊致討，爲應休兵息民？"左僕射穆亮對
曰："自古以來，有國有家莫不以戎事爲首。蠕蠕子孫，襲其
凶業，頻爲寇擾，爲惡不悛，自相違叛。如臣愚見，宜興軍討
之，雖不頓除巢穴，且以挫其醜勢。"閭曰："昔漢時天下一
統，故得窮追北狄，今南有吳寇，不宜懸軍深入。"高祖曰：
"先朝屢興征伐者，以有未賓之虜。朕承太平之基，何爲搖動
兵革？夫兵者凶器，聖王不得已而用之。便可停也。"高祖又
曰："今欲遣蠕蠕使還，應有書問以不？"群臣以爲宜有，乃詔
閭爲書。於時蠕蠕國有喪，而書不叙凶事。高祖曰："卿爲中
書監，職典文詞，所造旨書，不論彼之凶事。若知而不作，罪
在灼然，若情思不至，應謝所任。"閭對曰："昔蠕蠕主敦崇和
親，其子不遵父志，屢犯邊境，如臣愚見，謂不宜吊。"高祖曰：
"敬其父則子悦，敬其君則臣悦。卿云不合吊慰，是何言歟！"
閭遂引愆，免冠謝罪。高祖謂閭曰："蠕蠕使牟提小心恭慎，
甚有使人之禮，同行疾其敦厚，每至陵辱，恐其還北，必被謗
誣。昔劉準使殷靈誕每禁下人不爲非禮之事，及其還國，果
被譖愬，以致極刑。今爲旨書，可明牟提忠於其國，使蠕蠕主
知之。"

　　《魏書》卷五十四《列傳第四十二·高閭》，頁一二〇二

至一二○三

又詔閭爲書問蠕蠕。時蠕蠕國有喪而書不叙凶事。帝曰：“卿職典文辭，不論彼之凶事，若知而不作，罪在灼然，若情思不至，應謝所任。”對曰：“昔蠕蠕主敦崇和親，其子屢犯邊境，如臣愚見，謂不宜吊。”帝曰：“敬其父則子悦，敬其君則臣悦，卿云不合吊慰，是何言歟？”閭遂免冠謝罪。帝曰：“蠕蠕使牟提，小心恭慎，同行疾其敦厚，恐其還北，必被謗誣。昔劉準使殷靈誕，每禁下人不爲非禮事，及還，果被譖愬，以致極刑。今書可明牟提忠於其國，使蠕蠕主知之。”

《北史》卷三十四《列傳第二十二·高閭》，頁一二五八

《後魏書》曰：孝文時，蠕蠕如兖反。國有喪，帝遣高閭爲書與之，不叙凶事。孝文謂曰：“卿爲中書監，職典文詞，情思不至，應謝所任。”

《太平御覽》卷二二○《職官部一八·中書監》，頁一○四七

魏晉以來，中書監、令掌贊詔命，記會時事，典作文書。司馬景王命中書令虞松作表，再呈，[一五八]不可意。松竭思不能改正，鍾會視其草，爲定五字，松大悦服。又荀勖爲中書監，使子組草詔。傅祇爲監，病風，又使息暢爲啓。華廙爲監，時戎事多不泄，[一五九]廙啓武帝，召授子薈草詔。前後相承，以子弟管之，自此始也。又王獻之爲中書令，啓琅邪王爲中書監，表曰：“中書職掌詔命，非輕才所能獨任。自晉建國，嘗命宰相參領。中興以來，益重其任，故能王言彌徽，德音四塞者也。”又後魏孝文時，蠕蠕有國喪，帝遣高閭爲書與之，不叙凶事。時孝文謂曰：

“卿爲中書監,職典文辭,若情思不至,應謝所任。”

【校勘記】

〔一五八〕再呈　“呈”原作“至”,據《三國志·鍾會傳》裴注引《世語》（七八四頁）、《初學記》卷一一引郭頌《魏晉世語》改。

〔一五九〕時戎事多不泄　“戎”原訛“成”,據北宋本改。

《通典》卷二十一《職官三·中書省·中書令》,頁五六一、五八三

魏晉以來,中書監、令掌贊詔命,記會時事,典作文書……又後魏孝文時,蠕蠕有國喪,帝遣高閭爲書與之,不叙兇事。時孝文謂曰:“卿爲中書監,職典文辭,若情思不至,應謝所任。”

《文獻通考》卷五十一《職官五·中書令》,頁一四五七

又詔閭爲書問蠕蠕。時蠕蠕國有喪而書不叙凶事。帝曰:“卿職典文辭,不論彼之凶事,若知而不作,罪在灼然,若情思不至,應謝所任。”對曰:“昔蠕蠕主敦崇和親,其子屢犯邊境,如臣愚見,謂不宜吊。”帝曰:“敬其父則子悦,敬其君則臣悦,卿云不合吊慰,是何言歟?”閭遂免冠謝罪。帝曰:“蠕蠕使牟提,小心恭慎,同行疾其敦厚,恐其還北,必致謗誣。昔劉準使殷靈誕,每禁下人不爲非禮事,及還,果被譖愬,以致極刑。今書可明牟提忠於其國,使蠕蠕主知之。”

《通志》卷一百四十八《列傳六十一·高閭》,頁二三六五上

十有二月壬申，蠕蠕犯塞。

　　　　　　　《魏書》卷七《高祖紀》，頁一六一

十二月，柔然寇魏邊。

《資治通鑑》卷一百三十六《齊紀二·武帝永明四年》，頁四二七三

後以叡爲北征都督，擊蠕蠕，大破之。

　　《魏書》卷四十《列傳第二十八·陸俟附陸叡》，頁九一一

後爲北征都督，擊蠕蠕，大破之。

《北史》卷二十八《列傳第十六·陸俟附陸叡》，頁一〇二〇

陸叡爲北征都督，擊蠕蠕，大破之，遷侍中、都曹尚書。時蠕蠕又犯塞，詔叡率騎五千以討之。蠕蠕遁走，追至石磧，擒其帥赤阿突等數百人而還。加散騎常侍，遷尚書左僕射，領北部尚書。又爲使持節、鎮北大將軍，與陽平王頤並爲都督，督領軍將軍斛律桓等北征三道諸軍事，步騎十萬以討蠕蠕。叡以下各賜衣物布帛。孝文親幸城北，訓誓群帥。除尚書令、衛將軍。叡大破蠕蠕而還。

　　《册府元龜》卷三五三《將帥部·立功六》，頁四一九二

陸叡爲北部長。孝文太和八年正月，叡與隴西公元琛並持節爲東西二道大使，褒善罰惡，聲聞京師。五月，詔賜叡夏服具。後以叡爲北征都督，擊蠕蠕，大破之，遷侍中、都督、尚

書。時蠕蠕又犯塞，詔率騎五千以討之，蠕蠕遁走，擒其帥赤河突，加散騎常侍。又爲使持節、鎮北大將軍，與陽平王頤並爲都督，督領軍將軍斛律桓等北征三道諸軍事，步騎千萬，以討蠕蠕。叡以下各賜衣物布帛，孝文親幸城北訓誓群帥，除尚書令、衛將軍，大破蠕蠕而還。

　　《冊府元龜》卷三八一《將帥部・褒異七》，頁四五三二

　　後爲北征都督，擊蠕蠕，大破之。

　　《通志》卷一百四十七《列傳六十・陸叡》，頁二三四二中

　　蠕蠕犯塞，〔安定王休〕出爲使持節、征北大將軍、撫冥鎮大將。休身先將士，擊虜退之。

　　《魏書》卷十九《景穆十二王列傳第七下・安定王休》，頁五一七

　　安定靖王休，景穆帝子，孝文初，庫莫奚寇邊，以休爲使持節、侍中、都督諸軍事、征東大將軍、領護東夷校尉、儀同三司、和龍鎮將。休撫防有方，賊乃款附，入爲外都大官。蠕蠕犯塞，出爲使持節、征北大將軍、撫冥鎮大將。

　　《冊府元龜》卷二八一《宗室部・領鎮第四》，頁三三一○

　　安定王休，爲外都大官。時蠕蠕犯塞，出爲使持節、征北大將軍、撫冥鎮大將，休身先將士，擊虜退之。

　　《冊府元龜》卷二九○《宗室部・立功》，頁三四二一

是歲,蠕蠕、高麗、吐谷渾、勿吉等國並遣使朝貢。

　　　　《通志》卷十五下《後魏紀十五下》,頁二八八中

石漠,在塞北。自陰山而北皆大漠也,其間有白漠、黑漠及石漠之分,白、黑二漠以色爲名,石漠以地皆石磧而名……又宋泰始中魏主弘追柔然至石磧,即石漠矣。魏主宏太和十年敕勒叛柔然,柔然伏名敦可汗自將討之,追奔至西漠,即大漠之西偏也。

　　　　《讀史方輿紀要》卷四十四《山西六》,頁二〇〇九

公元四八七年　魏孝文帝太和十一年　齊武帝永明五年　柔然伏古敦可汗太平三年

八月壬申,蠕蠕犯塞,遣平原王陸叡討之。事具《蠕蠕傳》。庚辰,大議北伐,進策者百有餘人。

　　　　《魏書》卷七《高祖紀》,頁一六二

八月壬申,蠕蠕犯塞,遣平原王陸叡討之。庚辰,大議北伐。

　　　　《北史》卷三《魏本紀》,頁一〇二

是歲,蠕蠕寇邊。

　　　　《魏書》卷一百五之三《天象志三》,頁二四一七

柔然伏名敦可汗殘暴,可,從刊入聲。汗,音寒。其臣侯醫垔石洛候數諫止之垔,伊真翻。數,所角翻。且勸其與魏和親。伏名敦怒,族誅之,由是部衆離心。

　　　　《資治通鑑》卷一百三十六《齊紀二·武帝永明五年》,

頁四二七七

　　八月，柔然寇魏邊，魏以尚書陸叡爲都督，擊柔然，大破之。叡，麗之子也。陸麗，陸俟之子，於乙渾之難死也。初，高車阿伏至羅有部落十餘萬，役屬柔然。伏名敦之侵魏也，阿伏至羅諫，不聽。阿伏至羅怒，與從弟窮奇帥部落西走，至前部西北，從，才用翻。帥，讀曰率。前部，漢車師前王地也。自立爲王。《考異》曰：《魏書·高車傳》云在太和十一年，蠕蠕在十六年今從《高車傳》。按蠕蠕下當有"傳"字。國人號曰"候婁匐勒"，夏言天子也；號窮奇曰"候倍"，夏言太子也。夏言，謂中華之言。夏，户雅翻。二人甚親睦，分部而立。阿伏至羅居北，窮奇居南。伏名敦追擊之，屢爲阿伏至羅所敗，乃引衆東徙。史言柔然浸衰。敗，補邁翻。

　　《資治通鑑》卷一百三十六《齊紀二·武帝永明五年》，頁四二七七

　　時蠕蠕又犯塞，詔叡率騎五千以討之，蠕蠕遁走，追至石磧，擒其帥赤河突等數百人而還。

　　《魏書》卷四十《列傳第二十八·陸俟附陸叡》，頁九一一

　　時蠕蠕又犯塞，詔叡討之，追至石磧，禽其帥赤阿突等數百人還。

　　《北史》卷二十八《列傳第十六·陸俟附陸叡》，頁一〇二〇

　　時蠕蠕又犯塞，詔〔陸〕叡討之，追至石磧，禽其帥赤阿

突等數百人還。

　　《通志》卷一百四十七《列傳六十·陸俟附陸叡》,頁二三四二中

　　太和十一年,蠕蠕頻來寇邊,柔玄鎮都將李兜討擊之。康生性驍勇,有武藝,弓力十石,矢異常箭,爲當時所服。從兜爲前驅軍主,頻戰陷陳,壯氣有聞,由是爲宗子隊主。

　　《魏書》卷七十三《列傳第六十一·奚康生》,頁一六二九

　　太和初,蠕蠕頻寇,康生爲前驅軍主,壯氣有聞,由是爲宗子隊主。

　　《北史》卷三十七《列傳第二十五·奚康生》,頁一三五九

　　太和初,蠕蠕頻寇,康生爲前驅軍主,頻戰陷陣,壯氣有聞,由是爲宗子隊主。

　　《通志》卷一百四十九《列傳六十二·奚康生》,頁二三七八中

　　先是,副伏羅部爲蠕蠕所役屬,豆崙之世,蠕蠕亂離,國部分散,副伏羅阿伏至羅與從弟窮奇俱統領高車之衆十餘萬落。太和十一年,豆崙犯塞,阿伏至羅等固諫不從,怒,率所部之衆西叛,至前部西北,自立爲王,國人號之曰“候婁匐勒”,猶魏言大天子也。窮奇號“候倍”,猶魏言儲主也。二人和穆,分部而立,阿伏至羅居北,窮奇在南。豆崙追討之,頻爲阿伏至羅所敗,乃引衆東徙。

　　《魏書》卷一百三《列傳第九十一·高車》,頁二三一〇

　　先是,副伏羅部爲蠕蠕所役屬。豆崘之世,蠕蠕亂離,國部分散,副伏羅阿伏至羅與從弟窮奇俱統領高車之衆十餘萬落。[四九]太和十一年,豆崘犯塞,阿伏至羅等固諫不從,怒率所部之衆西叛,至前部西北,自立爲王。國人號之曰候婁匐勒,猶魏言大天子也;窮奇號候倍,猶魏言儲主也。二人和穆,分部而立,阿伏至羅居北,窮奇在南。豆崘追討之,頻爲阿伏至羅所敗,乃引衆東徙。

【校勘記】

　　[四九]俱統領高車之衆十餘萬落　諸本"領"下衍"軍"字,據《魏書》删。

　　《北史》卷九十八《列傳第八十六·高車·副伏羅》,頁三二七三至三二七四、三二八三

　　魏孝文帝太和十一年,蠕蠕主豆崘犯塞,其酋阿伏至羅率所部之衆西叛。阿伏至羅死,弟子彌俄突立,遣使朝貢。宣武詔曰:"蠕蠕、嚈噠與吐谷渾所以交通者,皆路由高昌國,今交河郡。犄角相接。今高昌内附,遣使迎引。蠕蠕既與吐谷渾路絶,姦勢亦危,[二四]於卿彼蕃,便有所益。行途經由,宜相供俟,不得令群小擁塞王人。"彌俄突尋與蠕蠕主伏圖戰於蒲類海北,大敗。

【校勘記】

　　[二四]姦勢亦危　"危"原作"沮",王吴本、殿本亦然,明人擅改,清人沿之。今據明抄本、明刻本、朝鮮本改回。

　　《通典》卷一百九十七《邊防十三·北狄四·高車》,頁五四〇〇、五四二〇

　　先是,副伏羅部爲蠕蠕所役屬。魏孝文帝太和十一年,蠕
蠕主豆崙犯塞,其酋阿伏至羅固諫不從,怒率所部之衆西叛。
阿伏至羅死,弟子彌俄突立,遣使朝貢。宣武詔之曰:"蠕蠕、
嚈噠與吐谷渾所以交通者,皆路由高昌國,今交河郡。掎角
相接,今高昌内附,遣使迎引。蠕蠕既與吐谷渾路絶,姦勢亦
危,〔二九〕于卿彼蕃,便有所益。行途經由,宜相供俟,不得令群
小擁塞王人。"彌俄突尋與蠕蠕主伏圖戰于蒲類海北,大敗。

【校勘記】

　　〔二九〕姦勢亦危 "姦",底本作"奸",據宋版、萬本、
《庫》本及《通典·邊防一三》改。

　　《太平寰宇記》卷之一百九十四《四夷二十三·北狄
六·高車》,頁三七一五至三七一六、三七二六

　　先是,副伏羅部爲蠕蠕所役屬。豆崙之世,蠕蠕亂離,國
部分散,副伏羅阿伏至羅與從弟窮奇俱統領軍高車之衆十餘
萬落。太和十一年,豆崙犯塞,阿伏至羅等固諫不從,怒率所
部之衆西叛,至前部西北,自立爲王。國人號之曰侯婁匐勒,
猶魏言大天子也;窮奇號侯倍,猶魏言儲主也。二人和穆,分
部而立,阿伏至羅居北,窮奇在南。豆崙追討之,頻爲阿伏至
羅所敗,乃引衆東徙。

　　《通志》卷二百《四夷七·高車》,頁三二〇七中至三二
〇七下

　　蒲澤海。在土魯番西南。一名婆悉海,周四百里,蒲昌、蒲類兩縣
皆以此名……又後魏永平初高車王彌俄突與柔然戰於蒲類海,不勝,西

走三百餘里。既而還擊柔然,殺其可汗伏汗於蒲類海北是也。

　　　　《讀史方輿紀要》卷六十五《陝西十四》,頁三〇四九

　　天山,在衛北百二十里……後魏主恪永平初,柔然伏汗可汗與高車戰,軍于伊吾北山。會高昌王麴嘉求内徙於魏,魏將孟威將涼州兵迎之,至伊吾,伏汗驚遁,爲高車所襲殺是也。亦謂之折羅漫山。

　　　　《讀史方輿紀要》卷六十五《陝西十四》,頁三〇四五

公元四八八年　　魏孝文帝太和十二年　　齊武帝永明六年　　柔然伏古敦可汗太平四年

　　十有二月,蠕蠕伊吾戍主高羔子率衆三千以城内附。

　　　　　　　《魏書》卷七《高祖紀》,頁一六四

　　十二月,柔然伊吾戍主高羔子帥衆三千以城附魏。帥,讀曰率。

　　　　《資治通鑑》卷一百三十六《齊紀二‧武帝永明六年》,頁四二八一

　　十二年十二月,蠕蠕伊吾戍主高羔子率衆三千以城内附。

　　　　《册府元龜》卷九七七《外臣部‧降附》,頁一一四七八

公元四八九年　　魏孝文帝太和十三年　　齊武帝永明七年　　柔然伏古敦可汗太平五年

　　〔九月〕出宮人以賜北鎮人貧鰥無妻者。

　　　　　　　《魏書》卷七《高祖紀》,頁一六五

九月,出宮人賜北鎮人貧鰥者。

《北史》卷三《魏本紀》,頁一〇四

是歲,蠕蠕別帥叱吕勤率眾內附。

《魏書》卷七《高祖紀》,頁一六五

九月,魏出宮人以賜北鎮人貧無妻者。北鎮,六鎮也,一曰懷朔鎮,直平城北。

《資治通鑑》卷一百三十六《齊紀二·武帝永明七年》,頁四二九〇

柔然別帥叱吕勤帥眾降魏。別帥,所類翻。勤帥,讀曰率。降,户江翻。

《資治通鑑》卷一百三十六《齊紀二·武帝永明七年》,頁四二九一

十三年二月,蠕蠕別帥叱吕勤率眾內附。

《册府元龜》卷九七七《外臣部·降附》,頁一一四七八

十三年九月,免宮人,以賜北鎮人貧鰥無妻者。

《册府元龜》卷四二《帝王部·仁慈》,頁四七五

公元四九〇年　魏孝文帝太和十四年　齊武帝永明八年　柔然伏古敦可汗太平六年

〔十月〕李彪曰:"當今雖治風緝穆,民庶晏然。江南有未

賓之吳，朔北有不臣之虜，東西二蕃雖文表稱順，情尚難測。
是以臣等猶懷不虞之慮。”

《魏書》卷一百八之三《禮志四》，頁二七八七

十四年秋，閭上表曰：“……臣聞皇天無私，降鑒在下，
休咎之徵，咸由人召。故帝道昌則九疇叙，君德衰而彝倫斁。
休瑞並應，享以五福，則康于其邦；咎徵屢臻，罰以六極，則害
于其國。斯乃《洪範》之實徵，神祇之明驗。及其厄運所纏，
世鍾陽九，數乖於天理，事違於人謀，時則有之矣。故堯湯逢
歷年之灾，周漢遭水旱之患，然立功修行，終能弭息。今考治
則有如此之風，計運未有如彼之害，而陛下殷勤引過，事邁前
王。徙星澍雨之徵，[六]指辰可必；消灾滅禍之符，灼然自見。
雖王畿之内，頗爲少雨，關外諸方，禾稼仍茂，苟動之以禮，綏
之以和，一歲不收，未爲大損。但豫備不虞，古之善政，安不
忘危，有國常典。竊以北鎮新徙，家業未就，思親戀本，人有
愁心，一朝有事，難以禦敵。可寬其往來，頗使欣慰，開雲中
馬城之食以賑恤之，[七]足以感德，致力邊境矣。明察畿甸之
民，飢甚者，出靈丘下館之粟以救其乏，可以安慰孤貧，樂業
保土。使幽、定、安、并四州之租，隨運以溢其處；[八]開關弛
禁，薄賦賤糴，以消其費；清道路，恣其東西，隨豐逐食，貧富
相贍。可以免度凶年，不爲患苦。”

【校勘記】

〔六〕徙星澍雨之徵　　諸本“徙”作“從”，《册府》卷
四七二（五六二八頁、）卷五三〇（六三二九頁）作“徙”。按
《淮南子·道應篇》、《史記》卷三八《宋微子世家》等書言宋

景公"修德",熒惑退舍,"徙星"即用此典故,"從星"無義,今據改。

〔七〕開雲中馬城之食以賑恤之 《册府》卷四七二(五六二八頁)"食"作"倉"。疑是。但作"食"也可通,今不改。

〔八〕隨運以溢其處 《册府》卷四七二、卷五三〇(明本同上卷頁)"溢"作"益",疑是。但《册府》宋本也作"溢",今不改。

《魏書》卷五十四《列傳第四十二·高閭》,頁一二〇四至一二〇六、一二一一至一二一二

十四年秋,閭上表曰:"……臣聞皇天無私,降鑒在下。休咎之徵,咸繇人召。故帝道昌則九疇叙,君德衰而彝倫斁。休瑞並應,享以五福,則康于其邦;咎徵屢臻,罰以五極,則害于其國。斯乃《洪範》之實徵,神祇之明驗。及其厄運所纏,世鐘陽九,數乖于天理,事違於人謀,時則有之矣!故堯、湯逢歷年之災,周、漢遭水旱之患,然立功修行,終能弭息。今考治則有如此之風,計運未有如彼之害。而陛下愍愍引過,事邁前王。徙星澍雨之徵,指辰可必;消灾滅禍之符,灼然自見。雖王畿之内,頗爲少雨,關外諸方,禾稼仍茂。苟動之以理,綏之以利,一歲不收,未爲大損。但預備不虞,古之善政;安不忘危,有國常典。切以北鎮新徙,家業未就。思親戀本,人有愁心。一朝有事,難以禦敵。可寬其往來,頗使欣慰。開雲中馬城之倉以賑恤之,足以感德,致力邊境矣。明察畿甸之民饑甚者,出靈丘下館之粟,以救其乏,可以安慰孤貧,樂業保土。使幽、定、安、并四州之租,隨運以益其處。開關

弛禁，薄賦賤糶，以消其費。清其道路，恣其東西，隨豐逐食，
貧富相贍。可以免度凶年，不爲患苦。”

　　《册府元龜》卷四七二《省臺部·奏議三》，頁五六二七
至五六二八

　　高車阿伏至羅及窮奇遣使如魏，請爲天子討除蠕蠕，使，
疏吏翻。爲，于僞翻。蠕，人充翻。魏主賜以繡袴褶及雜綵百匹。
褶，音習。

　　《資治通鑑》卷一百三十七《齊紀三·武帝永明七年》，
頁四三〇五

　　十四年，阿伏至羅遣商胡越者至京師，以二箭奉貢，云：
“蠕蠕爲天子之賊，臣諫之不從，遂叛來至此而自豎立。當爲
天子討除蠕蠕。”高祖未之信也，遣使者于提往觀虛實。阿
伏至羅與窮奇遣使者薄頡隨于提來朝，貢其方物。詔員外散
騎侍郎可足渾長生復與于提使高車，各賜繡袴褶一具，雜綵
百匹。

　　《魏書》卷一百三《列傳第九十一·高車》，頁二三一〇

　　十四年，阿伏至羅遣商胡越者至京師，以二箭奉貢。云：
“蠕蠕爲天子之賊，臣諫之不從，遂叛來此，而自豎立，當爲天
子討除蠕蠕。”孝文未之信也，遣使者于提往觀虛實。阿伏至
羅與窮奇遣使者薄頡隨提來朝，貢其方物。詔員外散騎侍郎
可足渾長生復與于提使高車，各賜繡袴褶一具，雜綵百匹。

　　《北史》卷九十八《列傳第八十六·高車·副伏羅》，頁

三二七四

〔《北史》〕又曰：太和十四年，阿伏至羅遣使至京，以二箭奉貢，云：“蠕蠕爲天子賊臣，當爲天子討除。”孝文賜繡袴褶一具，雜綵百匹。

《太平御覽》卷八〇一《四夷部二三·高車》，頁三五五六

十四年，阿伏至羅遣商胡越者至京師，以二箭奉貢。云：“蠕蠕爲天子之賊，臣諫之不從，遂叛來此，而自豎立，當爲天子討蠕蠕。”孝文未之信也，遣使者于提往觀虛實。阿伏至羅與窮奇遣使者薄頡隨提來朝，貢其方物。詔員外散騎侍郎可足渾長生復與于提使高車，各賜繡袴褶一具，雜綵百匹。

《通志》卷二百《四夷七·高車》，頁三二〇七下

虜使遣求書，朝議欲不與。融上疏曰：“……自其將卒奔離，資待銷闕，〔四〕北畏勍蠕，西逼南胡，民背如崩，勢絕防斷……”

【校勘記】

〔四〕資待銷闕　“待”南監本、殿本、局本作“峙”。嚴可均輯《全齊文》作“偫”。按字當作“偫”。説文：“偫，待也。”段注：“謂儲物以待用也。偫經典或作‘峙’，或作‘庤’。”

《南齊書》卷四十七《列傳第二十八·王融》，頁八一八、八二九

公元四九一年　魏孝文帝太和十五年　齊武帝 永明九年　柔然伏古敦可汗太平七年

　　太和初,伯周死,子義成立,歲餘,爲其兄首歸所殺,自立爲高昌王。五年,高車王可至羅殺首歸兄弟,^{〔三○〕}以敦煌人張孟明爲王。後爲國人所殺,立馬儒爲王,以鞏顧禮、麴嘉爲左右長史。

【校勘記】

　　〔三○〕高車王可至羅殺首歸兄弟　《册府》卷九六六(一一三六四頁)、《隋書》卷八三《高昌傳》、《通典》卷一九一《車師》條"可至羅"作"阿伏至羅"。按"阿伏至羅"見卷一○三《高車傳》,這裏"可"當是"阿"之訛,省"伏"字。

　　《魏書》卷一百一《列傳第八十九·高昌》,頁二二四三至二二四四、二二五六

　　太和初,伯周死,子義成立。歲餘,爲從兄首歸所殺,自立爲高昌王。五年,高車王阿至羅^{〔一五〕}殺首歸兄弟,以敦煌人張孟明爲王。後爲國人所殺,立馬儒爲王,以鞏顧禮、麴嘉爲左右長史。

【校勘記】

　　〔一五〕高車王阿至羅　諸本"阿"作"可",《隋書》《通典》《通志》並作"阿伏至羅"。按本書卷九八《高車傳》,也作"阿伏至羅"。"可"乃"阿"之訛,今據改。"伏"或是省略,今不補。

　　《北史》卷九十七《列傳第八十五·高昌》,頁三二一三、

三二四二

伯周死，子義成立，爲從兄首歸所殺。

《隋書》卷八十三《列傳第四十八·西域·高昌》，頁一八四六

太和初，伯周死，子義成立，爲從兄首歸所殺，首歸自立爲高昌王。

《冊府元龜》卷九六六《外臣部·繼襲一》，頁一一三六四

公元四九二年　魏孝文帝太和十六年　齊武帝永明十年　柔然候其伏代庫者可汗太安元年

〔八月〕乙未，詔陽平王頤、左僕射陸叡督十二將七萬騎北討蠕蠕。

《魏書》卷七《高祖紀》，頁一七〇

乙未，詔陽平王頤、左僕射陸叡督十二將北討蠕蠕。

《北史》卷三《魏本紀》，頁一〇八

八月，乙未，魏以懷朔鎮將陽平王頤、鎮北大將軍陸叡皆爲都督，督十二將，步騎十萬，分爲三道以擊柔然：鎮將、二將，即亮翻。騎，奇寄翻。《考異》曰：《魏帝紀》：“太和十一年八月壬申，蠕蠕犯塞，遣平原王陸叡討之，事具《蠕蠕傳》。十六年八月乙未，詔陽平王頤、左僕射陸叡討蠕蠕。”按《蠕蠕傳》無十一年犯塞及征討事，唯有十六年八月頤、叡出征事與紀合，蓋十一年紀誤也。中道出黑山，東道趣士盧河，西道趣侯延河。軍過大磧，大破柔然而還。趣，

七諭翻。磧,七迹翻。初,柔然伏名敦可汗可,從刊入聲。汗,音寒。
與其叔父那蓋分道擊高車阿伏至羅,伏名敦屢敗,那蓋屢勝。
國人以那蓋爲得天助,乃殺伏名敦而立那蓋,號候其伏代庫
者可汗,魏收曰:魏言悦樂也。改元太【章:十二行本"太"作"大";
乙十一行本同;孔本同。】安。

　　《資治通鑑》卷一百三十七《齊紀三·武帝永明十年》,
頁四三二二

　　十六年八月,詔陽平王頤、左僕射陸叡督十二將七萬騎
北討蠕蠕。

　　《册府元龜》卷九八四《外臣部·征討三》,頁一一五五七

　　陽平王新成長子頤爲懷朔鎮大將、都督三道諸軍。北
討,詔徵起京,勗以戰伐之事。對曰:"當仰仗廟筭,使呼韓同
渭橋之禮。"帝曰:"壯哉王言,朕所望也。"乃與陸叡集諸將
議軍途所詣。於是中道出黑山,東道趣土盧河,西道向侯延
河。軍過大磧,大破蠕蠕。頤入朝,詔曰:"王之前言,果不
虛也。"

　　《册府元龜》卷二九〇《宗室部·立功》,頁三四一七

　　乙未,詔陽平王頤、左僕射陸叡督十二將北討蠕蠕。

　　《通志》卷十五下《後魏紀十五下》,頁二八九下

　　長子安壽,襲爵。高祖賜名頤。累遷懷朔鎮大將,都督
三道諸軍事,北討。詔徵赴京,勗以戰伐之事。對曰:"當仰

仗廟算，使呼韓同渭橋之禮。”帝嘆曰：“壯哉王言！朕所望也。”未發，遭母憂，詔遣侍臣以金革敦喻。既殯而發，與陸叡集三道諸將議軍途所詣。於是中道出黑山，東道趨士盧河，西道向侯延河。軍過大磧，大破蠕蠕。頤入朝，詔曰：“王之前言，果不虛也。”

　　《魏書》卷十九《景穆十二王列傳第七上·陽平王新成》，頁四四二

　　長子安壽襲爵，孝文後賜名頤。累遷懷朔鎮大將。都督三道諸軍事北討，詔徵赴京，勖以戰伐之事。對曰：“當仰杖廟算，使呼韓同渭橋之禮。”帝歡曰：“壯哉王言，朕所望也。”未發，遭母憂，詔遣侍臣以金革敦喻，即殯而發。與陸叡集三道諸將議軍途所詣。於是中道出黑山，東道趨士盧河，西道向侯延河。軍過大磧，大破蠕蠕。頤入朝，詔曰：“正之前言，果不虛也。”

　　《北史》卷十七《列傳第五·陽平王新成》，頁六三〇

　　長子安壽襲爵，孝文後賜名頤。累遷懷朔鎮大將。都督三道諸軍事，太和中北討，蠕蠕詔徵赴京，勖以戰伐之事。對曰：“當仰仗廟算，使呼韓同渭橋之禮。”帝歡曰：“壯哉王言，朕所望也。”未發，遭母憂，詔侍臣以金革敦喻既殯而發。與左僕射陸叡集三道諸將議軍途所詣。於是中道出黑山，東道趨士盧河，西道向侯延河。軍過大磧，大破蠕蠕。頤入朝，詔曰：“王之前言，果不虛也。”

　　《通志》卷八十四下《宗室七·拓跋頤》，頁一〇六五上

士盧河，在府北塞外。魏主宏太和十六年命拓跋頤等擊柔然，分兵三道，中道出黑山，東道出士盧河，西道趣侯延河，軍至大磧，大破柔然而還。

《讀史方輿紀要》卷四十四《山西六》，頁二〇一一

尋爲使持節、鎮北大將軍，與陽平王頤並爲都督，督領軍將軍斛律桓等北征三道諸軍事，步騎十萬以討蠕蠕。叡以下各賜衣物布帛。高祖親幸城北，訓誓群帥。除尚書令、衛將軍。叡大破蠕蠕而還。

《魏書》卷四十《列傳第二十八·陸俟附陸叡》，頁九一一至九一二

尋爲使持節、鎮北大將軍、尚書令、衛將軍，討蠕蠕，大破之而還。

《北史》卷二十八《列傳第十六·陸俟附陸叡》，頁一〇二〇

尋爲使持節、鎮北大將軍、尚書令、衛將軍，討蠕蠕，大破之而還。

《通志》卷一百四十七《列傳六十·陸俟附陸叡》，頁二三四二中

蠕蠕侵掠，高祖詔懷朔鎮將、陽平王頤率衆討之，頤假樹生鎮遠將軍、都將，先驅有功。

《魏書》卷三十二《列傳第二十·高湖附高樹生》，頁七五二

與陽平王頤等出漠北擊蠕蠕，大獲而還。高祖嘉其勳，

賜奴婢十口。遷武衛將軍，復擊蠕蠕，至居然山而還。

《魏書》卷五十八《列傳第四十六‧楊播》，頁一二七九至一二八〇

與陽平王頤等出漠北擊蠕蠕，大致克獲。遷武衛將軍，復征蠕蠕，至居然山而還。

《北史》卷四十一《列傳第二十九‧楊播》，頁一四八三

楊播爲龍驤將軍，與陽平王頤等出漠北擊蠕蠕，大獲而還。孝文嘉其勳，賜奴婢十餘口，遷武衛將軍。復擊蠕蠕，至居延山而還。除左衛將軍。後爲右衛將軍，從駕討崔慧景於鄧城，破之，進號平東將軍。

《冊府元龜》卷三五三《將帥部‧立功六》，頁四一九二

楊播爲龍驤將軍，與陽平王頤等出漠北擊蠕蠕，大獲而還。孝文嘉其勳，賜奴婢十口，遷武衛將軍。復擊蠕蠕，至居然山而還，除左將軍。

《冊府元龜》卷三八一《將帥部‧褒異七》，頁四五三二

與陽平王頤等出漠北擊蠕蠕，大致克獲。遷武衛將軍，復征蠕蠕，至居然山而還。

《通志》卷一百五十上《列傳六十三‧楊播》，頁二三九三上

安國，襲爵。太和中，討蠕蠕，失利，伏法。爵除。

《魏書》卷三十《列傳第十八‧周幾附周安國》，頁七二六

太和初,拜羽林郎將,遷建節將軍,賜爵新昌侯、南征都
將。擊蕭賾有功,授顯武將軍。尋除恢武將軍、北征都將,特
賜戎服。破蠕蠕別部,獲萬餘。還,除都牧給事。

　　《魏書》卷四十四《列傳第三十二·宇文福》,頁一〇〇〇

　　宇文福爲南征都將,孝文時擊齊有功,授顯武將軍。尋
除恢武將軍、北征都將,特賜戎服,破蠕蠕別部,斬獲萬餘,
還,除都牧給事。及孝文南征,詔福與右衛將軍楊播爲前軍,
擊齊軍大奔,賜爵昌黎伯。

　　《冊府元龜》卷三八一《將帥部·襃異七》,頁四五三二

公元四九三年　魏孝文帝太和十七年　齊武帝永明十一年　柔然候其伏代庫者可汗太安二年

　　顯祖在東宮,擢〔司馬楚之子金龍〕爲太子侍講。後襲
爵。拜侍中、鎮西大將軍、開府、雲中鎮大將、朔州刺史。徵
爲吏部尚書。太和八年薨。

　　《魏書》卷三十七《列傳第二十五·司馬楚之附司馬金
龍》,頁八五七

　　〔司馬楚之子金龍〕襲爵,拜侍中、鎮西大將軍、開府、雲
中鎮大將、朔州刺史、吏部尚書。

　　《北史》卷二十九《列傳第十七·司馬楚之附司馬金龍》,
頁一〇四三

　　金龍弟躍,字寶龍。尚趙郡公主,拜駙馬都尉。代兄爲

雲中鎮將、朔州刺史，假安北將軍、河內公。躍表罷河西苑
封，與民墾殖。有司執奏："此麇鹿所聚，太官取給，今若與
民，至於奉獻時禽，懼有所闕。"詔曰："此地若任稼穡，雖有
獸利，事須廢封。若是山澗，虞禁何損？尋先朝置此，豈苟
藉斯禽，亮亦以俟軍行薪蒸之用。其更論之。"躍固請宜以
與民，高祖從之。還爲祠部尚書、大鴻臚卿、潁川王師。以
疾表求解任。太和十九年卒。贈金紫光祿大夫，賜朝服一
具、衣一襲、絹一千匹。楚之父子相繼鎮雲中，朔土服其
威德。

　　《魏書》卷三十七《列傳第二十五·司馬楚之附司馬躍》，
頁八五九至八六〇

　　金龍弟躍，字寶龍，尚趙郡公主，拜駙馬都尉。代兄爲
雲中鎮將，拜朔州刺史，假安北將軍、河內公。表求罷河西苑
封，丐人墾殖。有司執奏，此苑麇鹿所聚，太官取給，若丐人，
懼有所闕。躍固請，孝文從之。還爲祠部尚書、大鴻臚卿、潁
川王師，卒。楚之父子相繼鎮雲中，朔土服其威德。

　　《北史》卷二十九《列傳第十七·司馬楚之附司馬躍》，
頁一〇四五至一〇四六

公元四九四年　魏孝文帝太和十八年　齊明帝建武元年　柔然候其伏代庫者可汗太安三年

〔七月〕壬辰，車駕北巡……辛丑，幸朔州。

　　　　　　　　　《魏書》卷七《高祖紀》，頁七四

〔七月〕壬辰,北巡……辛丑,幸朔州。

《北史》卷三《魏本紀》,頁一一一

〔七月〕壬戌,魏主北巡……辛丑,魏主至朔州。魏收《地形志》:雲州,舊置朔州。又有朔州,本漢五原郡,魏爲懷朔鎮,孝昌中始改爲朔州。今此朔州,當置於雲中之盛樂。時置朔州於定襄故城,領盛樂、廣牧二郡。宋白曰:孝文遷洛之後,於今朔州北三百八十里定襄故城置朔州,後亂,廢。

《資治通鑑》卷一百三十九《齊紀五·明帝建武元年》,頁四三五七

〔八月〕甲辰,行幸陰山,觀雲川……癸丑,幸懷朔鎮。己未,幸武川鎮。辛酉,幸撫冥鎮。甲子,幸柔玄鎮。乙丑,南還。所過皆親見高年,問民疾苦,貧窘孤老賜以粟帛。丙寅,詔六鎮及禦夷城人,年八十以上而無子孫兄弟,終身給其廩粟;七十以上家貧者,各賜粟十斛。又詔諸北城人,年滿七十以上及廢疾之徒,校其元犯,以準新律,事當從坐者,聽一身還鄉,又令一子扶養,終命之後,乃遣歸邊;自餘之處,如此之犯,年八十以上,皆聽還。

《魏書》卷七《高祖紀》,頁一七四

〔八月〕甲辰,行幸陰山,觀雲川……因幸懷朔、武川、撫冥、柔玄等四鎮。乙丑,南還。所過皆親見高年,問人疾苦,貧窘孤老者,賜以粟帛。丙寅,詔六鎮及禦夷城人年老孤貧廢疾者,賜粟宥罪各有差。

《北史》卷三《魏本紀》,頁一一二

〔八月〕魏主至陰山……癸丑,魏主如懷朔鎮;己未,如武川鎮;辛酉,如撫宜鎮;甲子,如柔玄鎮;此六鎮自西徂東之次第也。《水經注》:懷朔鎮城在漢光禄城東北。考其地當在漢五原稒陽塞外。杜佑曰:在馬邑郡北三百餘里。武川鎮城在白道中溪水上。白道在陰山之北,又北出大漠。柔玄鎮在于延水東。于延水出塞外柔玄鎮西長川城南小山,東南流,逕漢代郡且如縣故城南,則魏柔玄鎮城在漢且如縣西北塞外也。且,音子閭翻。撫冥鎮城,未考其地。若以前説六鎮自五原抵濡源分置於三千里中,則撫冥當在武川、柔玄之間,相距各五百里;據前高閭之説,則相距各一百七十許里耳。按《北史》,“宜”當作“冥”。

《資治通鑑》卷一百三十九《齊紀五·明帝建武元年》,頁四三五七至四三五八

〔廣陵王羽〕又爲太子太保、録尚書事。高祖將南討,遣羽持節安撫六鎮,發其突騎,夷人寧悦。[六]

【校勘記】

〔六〕夷人寧悦　《北史》卷一九、《御覽》卷七〇三(三一三七頁)“夷人”作“夷夏”。按《御覽》引《魏書》,却與《北史》同,則舊本亦作“夷夏”。

《魏書》卷二十一《獻文六王列傳第九上·廣陵王羽》,頁五四五、五六七

又爲太子太保、録尚書事。孝文將南討,遣羽持節安撫六鎮,發其突騎,夷夏寧悦。

　　《北史》卷十九《列傳第七·獻文六王·廣陵王羽》,頁
六九六至六九七

　　及高祖欲遷都,臨太極殿,引見留守之官大議。乃詔丕
等,如有所懷,各陳其志。燕州刺史穆羆進曰:"移都事大,如
臣愚見,謂爲未可。"高祖曰:"卿便言不可之理。"羆曰:"北
有獫狁之寇,南有荆揚未賓,西有吐谷渾之阻,東有高句麗之
難。四方未平,九區未定。以此推之,謂爲不可。征伐之舉,
要須戎馬,如其無馬,事不可克。"

　　《魏書》卷十四《神元平文諸帝子孫列傳第二·東陽王
丕》,頁三五九

　　及帝還代,丕請作歌,詔許之。歌訖,帝曰:"公傾朕還
車,故親歌述志。今經構已有次第,故暫還舊京,願後時亦同
兹適。"乃詔丕等以移都之事,使各陳志。燕州刺史穆羆進
曰:"今四方未平,謂可不移。臣聞黄帝都涿鹿,古昔聖王不
必悉居中原。"

　　《北史》卷十五《列傳第三·東陽王丕傳》,頁五五四

公元四九七年　魏孝文帝太和二十一年　齊明帝建武四年　柔然候其伏代庫者可汗太安六年

　　二十一年,遣司馬王體玄奉表朝貢,請師迎接,求舉國
内徙。高祖納之,遣明威將軍韓安保率騎千餘赴之,割伊吾
五百里,以儒居之。至羊榛水,儒遣禮、嘉率步騎一千五百迎
安保,去高昌四百里而安保不至。禮等還高昌,安保亦還伊

吾。安保遣使韓興安等十二人使高昌，儒復遣顧禮將其世子
義舒迎安保。至白棘城，去高昌百六十里，而高昌舊人情戀
本土，不願東遷，相與殺儒而立麴嘉爲王。

《魏書》卷一百一《列傳第八十九‧高昌》，頁二二四四

二十一年，遣司馬王體玄奉表朝貢，請師逆接，求舉國
內徙。孝文納之，遣明威將軍韓安保率騎千餘赴之，割伊吾
五百里，以儒居之。至羊棧水，儒遣嘉、禮率步騎一千五百迎
安保。去高昌四百里而安保不至。禮等還高昌，安保亦還伊
吾。安保遣使韓興安等十二人使高昌，儒復遣顧禮將其世子
義舒迎安保。至白棘城，去高昌百六十里。而高昌舊人情戀
本土，不願東遷，相與殺儒而立麴嘉爲王。

《北史》卷九十七《列傳第八十五‧高昌》，頁三二一三

儒又通使後魏，請內屬。內屬人皆戀土，不願東遷，相與
殺儒，立嘉爲王。嘉字靈鳳，金城榆中人，既立，又臣于茹茹。
及茹茹主爲高車所殺，嘉又臣于高車。屬焉者爲挹怛所破，
衆不能自統，請主於嘉。

《隋書》卷八十三《列傳第四十八‧高昌》，頁一八四六

是歲，高昌王馬儒遣司馬王體玄入貢于魏，請兵迎接，
求舉國內徙；魏主遣明威將軍韓安保迎之，割伊吾之地五百
里以居儒衆。儒遣左長史顧禮、右長史金城麴嘉將步騎
一千五百迎安保，而安保不至；將，即亮翻。騎，奇寄翻。禮、嘉
還高昌，安保亦還伊吾。安保遣其屬朝【嚴："朝"改"韓"。】興

安等使高昌，朝，姓也。漢有鼂錯，《史紀》作朝錯。朝，直遥翻。使，疏吏翻。儒復遣顧禮將世子義舒迎安保，復，扶又翻；下同。至白棘城，去高昌百六十里。高昌舊人戀土，不願東遷，相與殺儒，魏太和五年，馬儒始王高昌，至是爲國人所殺。立麴嘉爲王，麴氏得高昌始此。嘉，字靈鳳，金城榆中人。復臣於柔然。安保獨與顧禮、馬義舒還洛陽。

《資治通鑑》卷一百四十一《齊紀七·明帝建武四年》，頁四四一八

火州，在哈密西七百里。至肅州一千七百五十里，至京師八千四百里。西連亦力把力，南距于闐，北接瓦剌……建武四年儒求迎於魏，魏欲割伊吾地居儒衆，高昌舊人不樂東遷，相與殺儒，立其右長史金城麴嘉爲王，復臣柔然，自是麴氏世有其地。

《讀史方輿紀要》卷六十五《陝西十四》，頁三〇四九至三〇五〇

公元四九八年　魏孝文帝太和二十二年　齊明帝永泰元年　柔然候其伏代庫者太安七年

〔八月〕壬子，蕭寶卷奉朝請鄧學擁其齊興郡内屬。敕勒樹者相率反叛。詔平北將軍、江陽王繼都督北討諸軍事以討之。

《魏書》卷七《高祖紀》，頁一八四

〔八月〕魏主之入寇也，遣使發高車兵。高車憚遠役，奉袁紇樹者爲主，相帥北叛。帥，讀曰率。魏主遣征北將軍宇文

福討之，大敗而還，還，從宣翻，又如字。福坐黜官。

《資治通鑑》卷一百四十一《齊紀七·明帝永泰元年》，頁四四三一

〔九月〕庚子，仍將北伐叛虜。

《魏書》卷七《高祖紀》，頁一八四

〔九月〕庚子，詔北伐高車。

《資治通鑑》卷一百四十一《齊紀七·明帝永泰元年》，頁四四三一

〔二十二年〕尋以高車叛，命加征北將軍、北征都將，追討之。軍敗被黜。

《魏書》卷四十四《列傳第三十二·宇文福》，頁一〇〇一

繼，字世仁。襲封江陽王，加平北將軍。高祖時，除使持節、安北將軍、撫冥鎮都大將，轉都督柔玄、撫冥、懷荒三鎮諸軍事、鎮北將軍、柔玄鎮大將。入爲左衛將軍，兼侍中，又兼中領軍，留守洛京。尋除持節、平北將軍，鎮攝舊都。高車酋帥樹者擁部民反叛，詔繼都督北討諸軍事，自懷朔已東悉稟繼節度。繼表：“高車頑黨，不識威憲，輕相合集，背役逃歸。計其兇戾，事合窮極，若悉追戮，恐遂擾亂。請遣使鎮別推檢，斬愆首一人，自餘加以慰喻，若悔悟從役者，即令赴軍。”詔從之。於是叛徒往往歸順。高祖善之，顧謂侍臣曰：“江陽良足大任也。”車駕北巡，至鄴而高車悉降，恒朔清定。繼以

高車擾叛,頻表請罪,高祖優詔喻之。

《魏書》卷十六《道武七王列傳第四·江陽王繼》,頁四〇一至四〇二

孟威,字能重,河南洛陽人。頗有氣尚,尤曉北土風俗。歷東宮齋帥、〔九〕羽林監。時四鎮高車叛投蠕蠕,高祖詔威曉喻禍福,追還逃散,分配爲民。後以明解北人之語,敕在著作,以備推訪。

【校勘記】

〔九〕歷東宮齋帥　諸本“齋”作“齊”,《北史》卷五〇《孟威傳》作“齋”。按“齊帥”無此名號。“齋帥”及“東宮齋帥”見卷二一上《咸陽王僖傳》末、卷四九《李靈傳》附見《李纂》、卷九八《蕭昭業傳》。《隋書》卷二七《百官志中》北齊門下省有“齋帥局,齋帥四人,掌鋪設洒掃事”。北齊當因魏制。這裏“齊”字訛,今據《北史》改。

《魏書》卷四十四《列傳第三十二·孟威》,頁一〇〇五、一〇〇八

孟威字能重,河南洛陽人也。頗有氣尚,尤知北土風俗。歷東宮齋帥、羽林監。後以明解北人語,敕在著作,以備推訪。

《北史》卷五十《列傳第三十八·孟威》,頁一八三八

後高祖召高車之衆隨車駕南討,高車不願南行,遂推袁紇樹者爲主,相率北叛,遊踐金陵,都督宇文福追討,大敗而還。又詔平北將軍、江陽王繼爲都督討之,繼先遣人慰勞樹

者。樹者入蠕蠕，尋悔，相率而降。

　　《魏書》卷一百三《列傳第九十一·高車》，頁二三○九
至二三一○

　　後孝文召高車之衆，隨車駕南討，高車不願南行，遂推袁
紇樹者爲主，相率北叛，游踐金陵。都督宇文福追討，大敗而
還。又詔平北將軍、江陽王繼爲都督討之。繼先遣人慰勞樹
者。樹者入蠕蠕。尋悔，相率而降。

　　《北史》卷九十八《列傳第八十六·高車》，頁三二七三

　　十有二月甲寅，以江陽王繼定敕勒，乃詔班師。

　　　　　　　　　《魏書》卷七《高祖紀》，頁一八四

公元五○○年　魏宣武帝景明元年　齊東昏侯
永元二年　柔然候其伏代庫者可汗太安九年

五月甲寅，以北鎮大飢，遣兼侍中楊播巡撫賑恤。

　　　　　　　　　《魏書》卷八《世宗紀》，頁一九二

　　五月甲寅，北鎮饑，遣兼侍中楊播巡撫振恤。

　　　　　　　　　《北史》卷四《魏本紀》，頁一三二

　　〔世宗踐祚……彪乃表曰〕：“……守在四夷者，先皇之略
也；海外有截者，先皇之威也；禮田岐陽者，先皇之義也；張
樂岱郊者，先皇之仁也；鑾幸幽漠者，先皇之智也。”

　　　　《魏書》卷六十二《列傳第五十·李彪》，頁三九六

〔宣武踐祚……彪乃表曰〕：“……守在四夷者，先皇之略
也；海外有截者，先皇之威也；禮田岐陽者，先皇之義也；張
樂岱郊者，先皇之仁也；鑾幸幽漠者，先皇之智也。”

《北史》卷四十《列傳第二十八·李彪》，頁一四六三

公元五〇一年　魏宣武帝景明二年　齊和帝中興元年
柔然候其伏代庫者可汗太安十年

秋七月乙巳，蠕蠕犯塞。

《魏書》卷八《世宗紀》，頁一九四

〔秋七月〕乙巳，蠕蠕犯塞。

《北史》卷四《魏本紀》，頁一三三

〔秋七月〕乙巳，柔然犯魏邊。

《資治通鑑》卷一百四十四《齊紀十·和帝中興元年》，
頁四四九三

乙巳，蠕蠕犯塞。

《通志》卷十五下《後魏紀十五下》，頁二九三中

公元五〇三年　魏宣武帝景明四年　梁武帝天監二年
柔然候其伏代庫者可汗太安十二年

〔冬十有一月〕癸亥，詔尚書左僕射源懷撫勞代都、北鎮，
隨方拯恤。

《魏書》卷八《世宗紀》，頁一九六

十一月，左僕射源懷以便宜安撫北邊。

　　　　　《魏書》卷一百五《天象志四》，頁二四三一

　　魏既遷洛陽，北邊荒遠，因以饑饉，百姓困弊。魏主加尚書左僕射源懷侍中、行臺，魏道武置行臺之官於鄴中山，今置於北邊。杜佑曰：魏末司馬師討諸葛誕，散騎常侍裴秀、尚書僕射陳泰、黄門侍郎鍾會等以行臺從。北齊行臺兼統民事自辛術始，隋謂之行臺省。使持節巡行北邊六鎮、恒·燕·朔三州，六鎮，列置於三州塞下。使，疏吏翻；下同。行，下孟翻。恒，户登翻。燕，因肩翻。賑給貧乏，考論殿最，既使之賑恤貧民，又使之按察官吏。殿，丁練翻。事之得失皆先決後聞。懷通濟有無，飢民賴之。沃野鎮將于祚，沃野，漢朔方郡之屬縣也。魏平赫連，與統萬同置鎮，不在六鎮之數。將，即亮翻；下同。皇后之世父，世父，伯父承世嫡者。與懷通婚。時于勁方用事，勢傾朝野，朝，直遥翻。祚頗有受納。懷將入鎮，祚郊迎道左，懷不與語，即劾奏免官。劾，户概翻，又户得翻；下同。懷朔鎮將元尼須與懷舊交，貪穢狼籍，蘇鶚《演義》曰：狼籍者，物雜亂之貌；狼所卧籍之草皆穢亂。置酒請懷，謂懷曰：“命之長短，繫卿之口，豈可不相寬貸！”懷曰：“今日源懷與故人飲酒之坐，坐，徂卧翻。非鞫獄之所也。明日，公庭始爲使者檢鎮將罪狀之處耳。”尼須揮淚無以對，竟按劾抵罪。懷又奏：“邊鎮事少而置官猥多，少，詩沼翻。沃野一鎮自將以下八百餘人，將，謂鎮將也。將，即亮翻。請一切五分損二。”魏主從之。

　　《資治通鑑》卷一百四十五《梁紀一·武帝天監二年》，頁四五三三至四五三四

又詔爲使持節，加侍中、行臺，巡行北邊六鎮、恒燕朔三州，賑給貧乏，兼采風俗，考論殿最，事之得失，皆先決後聞。自京師遷洛，邊朔遥遠，加連年旱儉，百姓困弊。懷銜命巡撫，存恤有方，便宜運轉，有無通濟。時后父于勁勢傾朝野，勁兄于祚與懷宿昔通婚，時爲沃野鎮將，頗有受納。懷將入鎮，祚郊迎道左，懷不與語，即劾祚免官。懷朔鎮將元尼須與懷少舊，亦貪穢狼藉，置酒請懷，謂懷曰："命之長短，由卿之口，豈可不相寬貸？"懷曰："今日之集，乃是源懷與故人飲酒之坐，非鞫獄之所也。明日公庭，始爲使人撿鎮將罪狀之處。"尼須揮淚而已，無以對之。懷既而表劾尼須。其奉公不撓，皆此類也。

懷又表曰："景明以來，北蕃連年灾旱，高原陸野，不任營殖，唯有水田，少可菑畝。然主將參僚，專擅腴美，瘠土荒疇給百姓，因此困弊，日月滋甚。諸鎮水田，請依地令分給細民，先貧後富，若分付不平，令一人怨訟者，鎮將已下連署之官，各奪一時之禄，四人已上奪禄一周。北鎮邊蕃，事異諸夏，往日置官，全不差別。沃野一鎮，自將已下八百餘人，黎庶怨嗟，僉曰煩猥。邊隅事尠，實少幾服，請主帥吏佐五分減二。"詔曰："省表具恤民之懷，已敕有司一依所上，下爲永準。如斯之比，不便於民，損化害政者，其備列以聞。"時細民爲豪强陵壓，積年枉滯，一朝見申者，日有百數。所上事宜便於北邊者，凡四十餘條，皆見嘉納。

《魏書》卷四十一《列傳第二十九·源賀附源懷》，頁九二六至九二七又詔爲使持節，加侍中、行臺，巡行北邊六鎮，恒、燕、朔三州，賑給貧乏，兼采風謠，考論殿最，事之得失，先決後聞。自京師遷洛，邊朔遙遠，加以連年旱儉，百姓困弊。懷銜命撫導，存恤有方，便宜運轉，有無通濟。時后父于勁勢傾朝野，勁兄子祚與懷宿昔通婚，時爲沃野鎮將，頗有受納。懷將入鎮，〔二八〕祚郊迎道左，懷不與相聞，即劾祚免官。懷朔鎮將元尼須與懷少舊，亦貪穢狼籍。置酒請懷，曰：“命之長短，由卿之口，豈可不相寬貸？”懷曰：“今日之集，乃是源懷與故人飲酒之坐，非鞫獄之所也。明日公庭，始爲使人檢鎮將罪狀之處。”尼須揮淚而已，無以對之。既而懷表劾尼須。其奉公不撓，皆此類也。時百姓爲豪强陵壓，積年枉滯，一朝見申者，日有百數。所上事宜，便於北邊者，凡三十餘條，皆見嘉納。

【校勘記】

〔二八〕懷將入鎮　諸本脱“懷”字，據《魏書》《通志》補。

《北史》卷二十八《列傳第十六·源賀附源懷》，頁一〇二八至一〇二九、一〇三九

又詔爲使持節，加侍中、行臺，巡行北邊六鎮，恒、燕、朔三州，賑給貧乏，兼采風謠，考論殿最，事之得失，皆先決後聞。自京師遷洛陽，邊朔遙遠，加以連年旱儉，百姓困弊。懷銜命撫導，存恤有方，便宜轉運，有無通濟。時后父于勁勢傾朝野，勁兄子祚與懷宿夙通婚，時爲沃野鎮將，頗有受納。懷將入鎮，祚郊迎道左，懷不與相聞，即劾祚免官。懷朔鎮將元尼須與懷少舊，亦貪穢狼籍。置酒請懷，曰：“命之長短，由卿

之口,豈可不相寬貸？”懷曰：“今日之集,乃是源懷與故人飲酒之坐,非鞫獄之所也。明日公庭,始爲使人檢鎮將罪狀之處。”尼須揮淚而已,無以對之。既而懷表劾尼須。其奉公不撓,皆此類也。時百姓爲豪强陵壓,積年枉滯,一朝見申者,日有百數。所上事宜,便於北邊者,凡三十餘條,皆見嘉納。

《通志》卷一百四十七《列傳六十·源賀附源懷》,頁二三四四中

公元五○四年　魏宣武帝正始元年　梁武帝天監三年　柔然候其伏代庫者太安十三年

〔九月乙丑〕蠕蠕犯塞,詔左僕射源懷討之。

《魏書》卷八《世宗紀》,頁一九八

〔九月乙丑〕蠕蠕犯塞,詔左僕射源懷討之。

《北史》卷四《魏本紀》,頁一三五

〔九月乙丑〕柔然侵魏之沃野及懷朔鎮,漢沃野縣屬朔方郡,後魏爲鎮。魏收《志》,太和元年置偏城郡,沃野縣屬焉。此時鎮猶未廢也,注已見前。詔車騎大將軍源懷出行北邊,騎,奇寄翻。行,下孟翻。指授方略,隨須徵發,皆以便宜從事。隨須者,隨軍行之所須以爲用者也。懷至雲中,柔然遁去。懷以爲用夏制夷,莫如城郭,還,至恒、代,按視諸鎮左右要害之地,可以築城置戍之處,欲東西爲九城,及儲糧積仗之宜,犬牙相救之勢,凡五十八條,表上之,曰：“今定鼎成周,去北遥遠,代表諸國頗

或外叛,代表,謂魏代都之塞外也。諸國,謂高車諸部。夏,户雅翻。恒,户登翻。上,時掌翻。仍遭旱饑,戎馬甲兵十分闕八。謂宜準舊鎮,東西相望,令形勢相接,築城置戍,分兵要害,勸農積粟,警急之日,隨便萆討。彼遊騎之寇,騎,奇寄翻。終不敢攻城,亦不敢越城南出。如此,北方無憂矣。"魏主從之。

《資治通鑑》卷一百四十五《梁紀一・武帝天監三年》,頁四五四四

九月,詔諸州蠲停徭役,不得横有徵發,蠕蠕犯塞,詔左僕射源懷討之。

《通志》卷十五下《後魏紀十五下》,頁二九三下

正始元年九月,有告蠕蠕率十二萬騎六道並進,欲直趨沃野、懷朔,南寇恒代。詔懷以本官,加使持節、侍中,出據北蕃,指授規略,隨須徵發,諸所處分皆以便宜從事。又詔懷子直寢徽隨懷北行。詔賜馬一匹、細鎧一具、御稍一枚。懷拜受訖,乃於其庭跨鞍執稍,躍馬大呼,顧謂賓客曰:"氣力雖衰,尚得如此。蠕蠕雖畏壯輕老,我亦未便可欺。今奉廟勝之規,總驍捍之衆,足以擒其酋帥,獻俘闕下耳。"時年六十一。懷至雲中,蠕蠕亡遁。

懷旋至恒、代,案視諸鎮左右要害之地,可以築城置戍之處。皆量其高下,揣其厚薄,及儲糧積仗之宜,犬牙相救之勢,凡表五十八條。表曰:"蠕蠕不羈,自古而爾。遊魂鳥集,水草爲家,中國患者,皆斯類耳。歷代驅逐,莫之能制。雖北拓榆中,遠臨瀚海,而智臣勇將,力算俱竭,胡人頗遁,中國以

疲。于時賢哲，思造化之至理，推生民之習業。量夫中夏粒
食邑居之民、蠶衣儒步之士，荒表茹毛飲血之類、鳥宿禽居之
徒，親校短長，因宜防制。知城郭之固，暫勞永逸。自皇魏統
極，都於平城，威震天下，德籠宇宙。今定鼎成周，去北遥遠。
代表諸蕃北固，高車外叛，尋遭旱儉，戎馬甲兵，十分闕八。
去歲復鎮陰山，庶事蕩盡，遣尚書郎中韓貞、宋世量等檢行要
險，防遏形便。謂準舊鎮東西相望，令形勢相接，築城置戍，
分兵要害，勸農積粟，警急之日，隨便剪討。如此則威形增
廣，兵勢亦盛。且北方沙漠，夏乏水草，時有小泉，不濟大衆。
脱有非意，要待秋冬，因雲而動。若至冬日，冰沙凝厲，遊騎
之寇，終不敢攻城，亦不敢越城南出，如此北方無憂矣。"世宗
從之。今北鎮諸戍東西九城是也。

　　《魏書》卷四十一《列傳第二十九‧源賀附源懷》，頁
九二七至九二八

　　正始元年九月，有告蠕蠕率十二萬騎，六道並進，欲直
趣沃野、懷朔，南寇恒、代。詔懷以本官加使持節、侍中，出
據北蕃，指授規略，隨須徵發，諸所處分，皆以便宜從事。又
詔懷子直寢徵隨懷北行。[二九]詔賜馬一匹、細鎧一具、御稍
一枚。懷拜受既訖，乃於其庭，跨鞍執稍，躍馬大呼。顧謂
賓客曰："氣力雖衰，尚得如此。蠕蠕雖畏壯輕老，我亦未便
可欺。今奉廟勝之規，總驍捍之衆，足以擒其酋帥，獻俘闕
下耳。"時年六十一。懷至雲中，蠕蠕亡遁。旋至恒、代，乃
案視諸鎮左右要害之地，可以築城置戍之處，皆量其高下，
揣其厚薄，及儲糧積仗之宜，犬牙相救之勢，凡表五十八條，

宣武並從之。

【校勘記】

〔二九〕又詔懷子直寢徵隨懷北行　《魏書》"徵"作"徽"，下又言懷第三子名"徽"，疑此"徵"字訛。

《北史》卷二十八《列傳第十六·源賀附源懷》，頁一〇二九、一〇三九

源懷爲車騎大將軍，正始元年九月，有告蠕蠕率二十萬騎六道並進，欲直趣沃野懷朔，南寇常代。宣武詔懷以本官加使持節、侍中，出據北蕃，指授規略，隨須徵發，諸所處分皆以便宜從事。

《冊府元龜》卷七七《帝王部·委任》，頁八八九

源懷，景明中爲車騎將軍、凉州大中正……正始中，蠕蠕寇邊，詔懷禦之，懷至雲中，蠕蠕亡遁。懷旋至恒代，案視諸鎮左右要害之地，可以築城、置戍之處，皆量其高下，揣其厚薄，及儲糧積仗之宜，犬牙相救之勢，凡表五十八條。表曰："蠕蠕不羈，自古而爾。游魂鳥集，水草爲家，中國患者，皆斯類耳。歷代驅逐，莫之能制。雖比拓榆中，遠臨瀚海，而智臣勇將，力算俱竭。胡人頗遁，中國以疲。于時賢哲，思造化之至理，推生民之習業，量夫中夏粒食邑居之民、蠶衣韋布之士，與荒表茹毛飲血之類、鳥宿禽居之徒，親校長短，固宜防制，知城郭之固，暫勞永逸。自皇魏統極，都於平城，威震天下，德籠宇宙，今定鼎成周，去北遥遠。代表諸藩北固，高車外叛，尋遭旱儉，戎馬甲兵，十分闕八。去歲復鎮陰山，庶士

蕩盡。遣尚書郎中韓貞、宋世量等簡行要險,防遏形便,謂準
舊鎮東西相望,令形勢相接,築城置戍,分兵要害,勸農積粟,
警急之日,隨便剪討。如此則威形增廣,兵勢亦盛耳。北方
沙漠,夏乏水草,時有小泉,不濟大衆,脱有非意,要待秋冬,
因雲而動。若至冬日,冰沙凝厲,游騎之寇,終不敢攻城,亦
不敢越城南出。如此,北方無憂矣。"宣武從之,今北鎮諸戍、
東西九城是也。

　　《册府元龜》卷三六四《將帥部·機略四》,頁四三二九
至四三三〇

　　源懷,宣武時爲車騎騎大將軍。正始元年,蠕蠕南寇常、
代,詔懷以本官加使持節,前出據北蕃,賜馬一匹,細鎧一具,
御矟一枚。懷至雲中,蠕蠕亡遁。

　　《册府元龜》卷三八一《將帥部·褒異七》,頁四五三三

　　源懷,爲車騎大將軍。時蠕蠕南寇,宣武詔懷禦之,又
詔懷子直寢徽隨懷北行,詔賜馬一匹,細鎧一具,禦矟一枚。
懷拜受訖,乃於其庭跨鞍執矟,躍馬大呼,顧謂賓客曰:"氣
力雖衰,尚得如此。蠕蠕雖畏壯輕老,我亦未便可欺。今奉
廟勝之規,總驍悍之衆,足以擒其首帥,獻俘闕下。"其時年
六十一。

　　《册府元龜》卷三九五《將帥部·勇敢二》,頁四六八六

　　正始元年九月,有告蠕蠕率十二萬騎,六道並進,欲直趣
沃野、懷朔,南寇恒、代。詔懷以本官加使持節、侍中,出據北

蕃,指授規略,隨須徵發,諸所處分,皆以便宜從事。又詔懷子直寢徵隨懷北行。詔賜馬一匹、細鎧一具、御稍一枚。懷拜受既訖,乃於其庭,跨鞍執稍,躍馬大呼。顧謂賓客曰:"氣力雖衰,尚得如此。蠕蠕雖畏壯欺老,我亦未可便欺。今奉廟勝之規,總驍悍之衆,足以禽其酋帥,獻俘闕下耳。"時年六十一。懷至雲中,蠕蠕亡遁。旋至恒、代,乃案視諸鎮左右要害之地,可以築城置戍之處,皆量其高下,揣其厚薄,及儲糧積仗之宜,犬牙相救之勢,凡表五十八條,宣武並從之。

《通志》卷一百四十七《列傳六十‧源賀附源懷》,頁二三四四中

懷朔城,魏收曰:"即漢五原郡。"今榆林鎮,故豐州也。杜佑曰:"在朔州北三百餘里。漢五原郡也,後魏六鎮之一……正始初柔然侵魏之沃野及懷朔鎮,詔原懷出行北邊。懷還至恒、代,按視諸鎮左右要害可以築城置戍之處,欲東西爲九城,儲積糧仗,爲犬牙相救之勢,使遊騎之寇終不敢攻城,亦不敢越城南出。從之。

《讀史方輿紀要》卷四十四《山西六》,頁二〇三八

豐州城,在鎮西北七百里……正始初柔然侵魏之沃野及懷朔鎮,命源懷出行北邊。懷至雲中,柔然遁去。

《讀史方輿紀要》卷六十一《陝西十》,頁二九一七

世景既才長從政,加之夙勤不怠,兼領數曹,深著稱績。頻爲左僕射源懷引爲行臺郎。巡察州鎮十有餘所,黜陟賞罰莫不咸允。遷徙七鎮,別置諸戍,明設亭候,以備北虜。懷大

相委重。

《魏書》卷八十八《列傳良吏第七十六·宋世景》，頁一〇九二

世景既才長從政，加之夙勤不怠，兼領數曹，深著稱績。左僕射源懷引爲行臺郎。巡察州鎮，十有餘所，黜陟賞罰，莫不咸允。遷七鎮，別置諸戍，明設亭候，以備不虞。懷大相委重。

《北史》卷二十六《列傳第十四·宋世景》，頁九四三

源懷爲左僕射，宋世景爲尚書祠部，即懷引世景爲行臺郎，巡察州鎮，十有餘所。黜陟賞罰，莫不咸允。遷徙七鎮，別置諸戍。明設亭堠，以備北虜。懷大相委重。

《册府元龜》卷第四八六《臺省部十二·薦舉》，頁五五七三

公元五〇六年　魏宣武帝正始三年　梁武帝天監五年
柔然他汗可汗始平元年

〔夏四月〕甲辰，詔遣使者巡慰北邊酋庶。

《魏書》卷八《世宗紀》，頁二〇二

〔九月〕戊申，蠕蠕國遣使朝貢。

《魏書》卷八《世宗紀》，頁二〇三

是歲，高麗、蠕蠕國並遣使朝貢。

《北史》卷四《魏本紀》，頁一三七

　　柔然庫者可汗卒，子伏圖立，號佗汗可汗，佗汗，魏言緒也。可，從刊入聲。汗，音寒。佗，徒河翻。改元始平。〔九月〕戊申，佗汗遣使者紇奚勿六跋如魏請和。魏主不報其使，謂勿六跋曰：「蠕蠕遠祖社崙，乃魏之叛臣，事見一百八卷晉孝武太元十九年使，疏吏翻。蠕，人兗翻。崙，盧昆翻。往者包容，甄聽通使。事見一百三十六卷齊武帝永明五年甄，與暫同。今蠕蠕衰微，不及疇昔，大魏之德，方隆周、漢，正以江南未平，少寬北略，少，詩沼翻。通和之事，未容相許。若脩藩禮，款誠昭著者，當不爾孤也。」孤，負也。

　　　　《資治通鑑》卷一百四十六《梁紀二·武帝天監五年》，頁四五六八

　　三年九月，高麗、蠕蠕國並遣使朝貢。

　　　　　　　《冊府元龜》卷第九百六十九《外臣部十四》

　　是歲，高麗、蠕蠕國並遣使朝貢。

　　　　　　　《通志》卷十五下《後魏紀十五下》，頁二九四上

公元五〇七年　　魏宣武帝正始四年　　梁武帝天監六年
柔然他汗可汗始平二年

〔十二月〕甲子，蠕蠕、高車民他莫孤率部來降。

　　　　　　　　《魏書》卷八《世宗紀》，頁二〇五

四年十二月，蠕蠕高車民他莫孤率部來降。

　　　　《冊府元龜》卷九七七《外臣部·降附》，頁二二四七八

公元五〇八年 魏宣武帝永平元年 梁武帝天監七年
柔然豆羅伏跋豆伐可汗建昌元年

初，顯祖世有蠕蠕萬餘户降附，居於高平、薄骨律二鎮，太和之末，叛走略盡，唯有一千餘家。太中大夫王通、高平鎮將郎育等，求徙置淮北，防其叛走。詔許之，慮不從命，乃使椿持節往徙焉。椿以爲徙之無益，上書曰：“臣以古人有言：裔不謀夏，夷不亂華。荒忽之人，羈縻而已。是以先朝居之於荒服之間者，正欲悦近來遠，招附殊俗，亦以別華戎、異内外也。今新附者衆，若舊者見徙，新者必不安。不安必思土，思土則走叛。狐死首丘，其害方甚。又此族類，衣毛食肉，樂冬便寒。南土濕熱，往必將盡。進失歸伏之心，退非藩衛之益。徙在中夏，而生後患，愚心所見，謂爲不可。”時八座議不從，遂徙於濟州緣河居之。冀州元愉之難，果悉浮河赴賊，所在鈔掠，如椿所策。

《魏書》卷五十八《列傳第四十六・楊播附楊椿》，頁一二八六

初，獻文世有蠕蠕萬餘户降附，居於高平、薄骨律二鎮。太和末叛走，唯有一千餘家。太中大夫王通、高平鎮將郎育等求徙置淮北，防其後叛。詔椿徙焉。椿上書，以爲裔不謀夏，夷不亂華，是以先朝居之荒服之間，正欲悦近來遠。今新附者衆，若舊者見徙，新者必不安。愚謂不可。時八坐不從，遂於濟州緣河居之。及冀州元愉之難，果悉浮河赴賊，所在鈔掠，如椿所策。

《北史》卷四十一《列傳第二十九·楊播附楊椿》,頁一四八七

初,顯祖之世,柔然萬餘口【章:十二行本"口"作"户";乙十一行本同;孔本同;張校同。】降魏,置之高平、薄骨律二鎮,魏世祖太延二年置高平鎮,是後肅宗正光五年改置原州。又太延二年置薄骨律鎮,肅宗孝昌中改置靈州。宋白曰:太和十年改薄骨律鎮爲沃野鎮。降,户江翻。及太和之末,叛走略盡,唯千餘户在。太中大夫王通請徙置淮北以絕其叛,詔太僕卿楊椿持節往徙之,椿上言:"先朝處之邊徼,所以招附殊俗,且別異華、戎也。朝,直遥翻。處,昌吕翻;下河處同。徼,吉吊翻。別,彼列翻。今新附之户甚衆,若舊者見徙,新者必不自安,是驅之使叛也。且此屬衣毛食肉,樂冬便寒,衣,於既翻。樂,音洛。南土濕熱,往必殱盡。進失歸附之心,退無藩衛之益,置之中夏,殱,息廉翻。夏,户雅翻。或生後患,非良策也。"不從,遂徙於濟州,緣河處之。及京兆王愉之亂,皆浮河赴愉,所在抄掠,如椿之言。濟,子禮翻。抄,楚交翻。

《資治通鑑》卷一百四十七《梁紀三·武帝天監七年》,頁四五八五至四五八六

楊椿爲安東將軍。初,獻文世有蠕蠕萬餘户附降,居於高平、薄骨律二鎮。

《册府元龜》卷四百四《將帥部·識略三》,頁四八〇九

有蠕蠕萬餘户降附,居於高平、薄骨律二鎮。太和末叛

走,唯有一千餘家。太中大夫王通、高平鎮將郎育等求徙置
淮北,防其後叛。詔椿徙焉。椿上書,以爲裔不謀夏,夷不亂
華,是以先朝居之荒服之間,正欲悦近來遠。今新附者衆,若
舊者見徙,新者必不安。愚謂不可。時八坐不從,遂於濟州
緣河居之。及冀州元愉之難,果悉浮河赴賊,所在鈔掠,如椿
所策。

《通志》卷一百五十上《列傳六十三·楊播附楊椿》,頁
二三九四上

〔九月〕壬辰,蠕蠕國遣使朝貢。

《魏書》卷八《世宗紀》,頁二〇六

是歲,柔然佗汗可汗復遣紇奚勿六跋獻貂裘於魏,佗,徒
河翻。汗,音寒。可,從刊入聲。復,扶又翻。魏主弗受,報之如前。
前事見上卷五年。

《資治通鑑》卷一百四十七《梁紀三·武帝天監七年》,
頁四五八八

窮奇後爲嚈噠所殺,虜其子彌俄突等,其衆分散,或來奔
附,或投蠕蠕。詔遣宣威將軍、羽林監孟威撫納降人,置之高
平鎮。阿伏至羅又殘暴,大失衆心,衆共殺之,立其宗人跋利
延爲主。歲餘,嚈噠伐高車,將納彌俄突,國人殺跋利延,迎
彌俄突而立之。彌俄突既立,復遣朝貢,又奉表獻金方一、銀
方一、金杖二、馬七匹、駝十頭。詔使者慕容坦賜彌俄突雜綵
六十匹。世宗詔之曰:〔二五〕"卿遠據沙外,頻申誠款,覽揖忠

志,特所欽嘉。蠕蠕、嚈噠、吐谷渾所以交通者,皆路由高昌,
掎角相接。今高昌内附,遣使迎引,蠕蠕往來路絶,姦勢。不
得妄令群小敢有陵犯,擁塞王人,〔二六〕罪在不赦。”彌俄突尋
與蠕蠕主伏圖戰於蒲類海北,爲伏圖所敗,西走三百餘里。
伏圖次於伊吾北山。先是,高昌王麴嘉表求内徙,世宗遣孟
威迎之,至伊吾,蠕蠕見威軍,怖而遁走。彌俄突聞其離駭,
追擊大破之,殺伏圖於蒲類海北,割其髮,送於孟威。又遣使
獻龍馬五匹、金銀貂皮及諸方物,詔東城子于亮報之,〔二七〕賜
樂器一部,樂工八十人,赤紬十匹,雜綵六十匹。彌俄突遣其
莫何去汾屋引叱賀真貢其方物。

【校勘記】

〔二五〕世宗詔之曰　諸本“宗”作“祖”,《北史》卷九八
作“宣武”,即“世宗”。按下文即作“世宗”,“祖”字訛,今
據改。

〔二六〕蠕蠕往來路絶姦勢不得妄令群小敢有陵犯擁
塞王人　按“姦勢”下顯有脱文,《通典》卷一九七《高車》
條作:“蠕蠕既與吐谷渾路絶,姦勢亦沮,於卿彼蕃,便有所
益,行途經由,宜相供俟(疑當作“候”,)不得令群小擁塞王
人。”這裏“姦勢”下應有“亦沮”以下文字。但《通典》《北
史》皆本《魏書》,各有删節,不盡相同,今不補,於“姦勢”
下句斷。

〔二七〕詔東城子于亮報之　諸本“于”作“干”,獨殿本
作“于”。按《北史》卷九八作“于”,殿本當即依《北史》改。
此傳本以《北史》補,今從殿本。

　　《魏書》卷一百三《列傳第九十一·高車》,頁二三一〇

至二三一一、二三一八

　　窮奇後爲嘰噠所殺，虜其子彌俄突等。其衆分散，或來奔附，或投蠕蠕。詔遣宣威將軍、羽林監孟威撫納降人，置之高平鎮。阿伏至羅長子蒸阿伏至羅餘妻，謀害阿伏至羅，阿伏至羅殺之。阿伏至羅又殘暴，大失衆心，衆共殺之，立其宗人跋利延爲主。歲餘，嘰噠伐高車，將納彌俄突。國人殺跋利延，迎彌俄突而立之。

　　彌俄突既立，復遣朝貢，又奉表獻金方一、銀方一、金杖二、馬七匹、駝十頭。詔使者慕容坦賜彌俄突雜綵六十四。宣武詔之曰：“卿遠據沙外，頻申誠款，覽揖忠志，特所欽嘉。蠕蠕、嘰噠、吐谷渾所以交通者，皆路由高昌，掎角相接。今高昌內附，遣使迎引。蠕蠕往來路絶，姦勢。不得妄令群小敢有陵犯，擁塞王人，罪在不赦。”〔五〇〕彌俄突尋與蠕蠕主伏圖戰於蒲類海北，爲伏圖所敗，西走三百餘里。伏圖次於伊吾北山。先是，高昌王麴嘉表求內徙，宣武遣孟威迎之。至伊吾，蠕蠕見威軍，怖而遁走。彌俄突聞其離駭，追擊大破之，殺伏圖於蒲類海北，割其髮，送於孟威。又遣使獻龍馬五匹，金、銀、貂皮及諸方物。詔東城子于亮報之，賜樂器一部、樂工八十人、赤紬十四、雜綵六十四。彌俄突遣其莫何去汾屋引叱賀真貢其方物。

【校勘記】

　　〔五〇〕蠕蠕往來路絶姦勢不得妄令群小敢有陵犯擁塞王人罪在不赦　《通典》作：“蠕蠕既與吐谷渾路絶，姦勢亦阻，於卿彼藩，便有所益。行途經由，宜相供俟（候，）不得令群小擁塞王人。"按《通典》當是節録魏書原文，較此明白。此"姦勢"下當有脱文。

《北史》卷九十八《列傳第八十六・高車・副伏羅》，頁三二七四至三二七五、三二八三

初，高車侯倍窮奇爲嚈噠所殺，嚈噠國，大月氏之種類也，亦曰高車之別種，其原出於塞北，自金山而南，在于闐之西，去長安一萬一百里；其王都拔底城，蓋王舍城也。嚈，益涉翻。噠，當割翻，又陁葛翻，又宅軋翻。執其子彌俄突而去，其衆分散，或奔魏，或奔柔然。魏主遣羽林監河南孟威撫納降户，置於高平鎮。降，户江翻。高車王阿伏至羅殘暴，國人殺之，立其宗人跋利延。嚈噠奉彌俄突以伐高車，國人殺跋利延，迎彌俄突而立之。彌俄突與佗汗可汗戰于蒲類海，不勝，西走三百餘里。佗汗軍於伊吾北山。會高昌王麴嘉求内徙於魏，時孟威爲龍驤將軍，驤，思將翻。魏主遣威發涼州兵三千人迎之，至伊吾，佗汗見威軍，怖而遁去。怖，普布翻。彌俄突聞其離駭，追擊，大破之，殺佗汗於蒲類海北，割其髮送於威，且遣使入貢於魏。使，疏吏翻。魏主使東城子于亮報之，賜遺甚厚。遺，于季翻。高昌王嘉失期不至，威引兵還。

《資治通鑑》卷一百四十七《梁紀三・武帝天監七年》，頁四五八八至四五八九

〔《北史》〕又曰：高車部衆分散，或來奔附，或投蠕蠕。詔遣宣威將軍羽林監孟威撫納降人。

《太平御覽》卷八〇一《四夷部二二・高車》，頁三五五六

又曰：高車與蠕蠕戰於蒲類海北，割蠕蠕之髮，送於羽林監孟威。

《太平御覽》卷八〇一《四夷部二二·高車》，頁三五五六

窮奇後爲嚈噠所殺，虜其子彌俄突等。其衆分散，或來奔附，或投蠕蠕。詔遣宣威將軍、羽林監孟威撫納降人，置之高平鎮。阿伏至羅長子蒸阿伏至羅餘妻，謀害阿伏至羅，阿伏至羅殺之。阿伏至羅又殘暴，大失衆心，衆共殺之，立其宗人跋利延爲主。歲餘，嚈噠伐高車，將納彌俄突。國人殺跋利延，迎彌俄突而立之。

彌俄突既立，復遣朝貢，又奉表獻金方一、銀方一、金杖二、馬七匹、駝十頭。詔使者慕容坦賜彌俄突雜綵六十匹。宣武嘉其忠誠，詔慰諭之。彌俄突尋與蠕蠕主伏圖戰於蒲類海北，爲伏圖所敗，西走三百餘里。伏圖次於伊吾北山。先是，高昌王麴嘉表求内徙，宣武遣孟威迎之。至伊吾，蠕蠕見威軍，怖而遁走。彌俄突聞其離駭，追擊大破之，殺伏圖於蒲類海北，割其髮，送於孟威。又遣使獻龍馬五匹，金、銀、貂皮及諸方物。詔東城子于亮報之，賜樂器一部、樂工八十人、赤紬十匹、雜綵六十匹。彌俄突遣其莫何去汾屋引吐賀真貢其方物。

《通志》卷二百《四夷七·高車》，頁三二〇七下

是歲，高昌國王麴嘉遣其兄子私署左衛將軍孝亮奉表來朝，因求内徙，乞師迎接。

《魏書》卷八《世宗紀》，頁二〇七

是歲,北狄、東夷、西域十八國並遣使朝貢。高昌國王麴
嘉表求内徙。

《北史》卷四《魏本紀》,頁一三八

永平元年,^{〔三一〕}嘉遣兄子私署左衛將軍、田地太守孝亮
朝京師,仍求内徙,乞軍迎援。於是遣龍驤將軍孟威發涼州
兵三千人迎之,至伊吾,失期而反。

【校勘記】

〔三一〕永平元年　諸本及《北史》卷九七"永"作"熙"。
張森楷云:"《通鑑》(卷一四七、四五八九頁)置此於永平元年
(梁天監七年,)據下文有'延昌',又有'熙平',則此'熙'字誤
也。"按事見卷八《世宗紀》永平元年歲末,張説是,今據紀改。

《魏書》卷一百一《列傳第八十九·高昌》,頁二二四四、
二二五六

永平元年,^{〔一六〕}嘉遣兄子私署左衛將軍、田地太守孝亮
朝京師,仍求内徙,乞軍迎援。於是遣龍驤將軍孟威發涼州
兵三千人迎之,^{〔一七〕}至伊吾,失期而反。

【校勘記】

〔一六〕永平元年　諸本"永"作"熙",《通志》作"永"。按
麴嘉求魏師迎接,見《魏書》卷八《世宗紀》永平元年末,今據改。

〔一七〕發涼州兵三千人迎之　諸本脱"之"字,據《魏
書》補。

《北史》卷九十七《列傳第八十五·高昌》,頁三二一三、
三二四二

永平中，自鎮遠將軍、前軍將軍、左右直長，加龍驤將軍，出使高昌。還，遷城門校尉、直閤將軍、沃野鎮將。

《魏書》卷三十二《列傳第三十二·孟威》，頁一〇〇六

宣武永平元年十月，高昌國王麴嘉遣其兄子私署左衛將軍孝亮，奉表來朝，因求徙乞師迎接。

《册府元龜》卷第九九九《外臣部·請求》，頁一一七二一

佗汗可汗子醜奴立，號豆羅伏跋豆伐可汗，魏收曰：魏言“彰制”也。改元建昌。

《資治通鑑》卷一百四十七《梁紀三·武帝天監七年》，頁四五八九

嘉字靈鳳，金城榆中人。既立，又臣于蠕蠕那蓋。顧禮與義舒隨安保至洛陽。及蠕蠕主伏圖爲高車所殺，嘉又臣高車。

《魏書》卷一百一《列傳第八十九·高昌》，頁二二四四

嘉字靈鳳，金城榆中人。既立，又臣于蠕蠕那蓋。顧禮與義舒隨安保至洛陽。及蠕蠕主伏圖爲高車所殺，嘉又臣高車。

《北史》卷九十七《列傳第八十五·高昌》，頁三二一三

嘉字靈鳳，金城榆中人。既立，臣于蠕蠕那蓋。顧禮與義舒隨安保至洛陽。及蠕蠕主伏圖爲高車所敗，嘉又臣高車。

《通志》卷一百九十六《四夷三·高昌》，頁三一四九下

高車,在漠北……正始中高車爲嚈噠所敗,其衆分散。魏遣將撫納降户,處之於高平鎮。國人共立彌俄突爲王,與柔然戰於蒲類海,不勝。西走三百餘里,尋還擊柔然,殺其可汗佗汗於蒲類海北,遣使入貢於魏。

《讀史方輿紀要》卷四十五《山西七》,頁二〇七七至二〇七八

公元五一三年　魏宣武帝延昌二年　梁武帝天監十二年　柔然豆羅伏跋豆伐可汗建昌六年

〔二月〕甲戌,以六鎮大饑,開倉賑贍。

《魏書》卷八《世宗紀》,頁二一三

〔二月〕甲戌,以六鎮大饑,開倉拯贍。

《北史》卷四《魏本紀》,頁一四一

公元五一四年　魏宣武帝延昌三年　梁武帝天監十三年　柔然豆羅伏跋豆伐可汗建昌七年

冬十月庚辰,詔驍騎將軍馬義舒慰諭蠕蠕。

《魏書》卷八《世宗紀》,頁二一四

冬,十月,庚辰,魏主遣驍騎將軍馬義舒慰諭柔然。驍,堅堯翻。騎,奇寄翻;下同。

《資治通鑑》卷一百四十七《梁紀三·武帝天監十三年》,頁四六〇八

宣武延昌三年十月,詔驍騎將軍馬義舒喻蠕蠕。

《冊府元龜》卷一七〇《帝王部·來遠》,頁二〇四九

　　〔張彝〕上表曰："臣聞元天高朗,尚假列星以助明;洞庭淵湛,猶藉衆流以增大。莫不以孤照不詣其幽,獨深未盡其廣。先聖識其若此,必取物以自誡。故堯稱則天,設謗木以曉未明;舜稱盡善,懸諫鼓以規政闕。虞人獻箴規之旨,盤盂著舉動之銘,庶幾見善而思齊,聞惡以自改。眷眷於悔往之衢,孜孜於不逮之路,用能聲高百王,卓絶中古,經十氏而不渝,歷二千以孤鬱。伏惟太祖撥亂,奕代重光。世祖以不世之才,開蕩函夏;顯祖以温明之德,潤沃九區。〔二〕高祖大聖臨朝,經營云始,未明求衣,日昃忘食,開闢荊棘,徙御神縣,更新風軌,冠帶朝流。海東雜種之渠,衡南異服之帥,沙西氈頭之戎,漠北辮髮之虜,重譯納貢,請吏稱藩。積德懋於夏殷,富仁盛於周漢,澤教既周,武功亦匝。猶且發明詔,思求直士,信是蒼生薦言之秋,祝史陳辭之日。況臣家自奉國八十餘年,紆金鏘玉,及臣四世。過以小才,藉蔭出仕,學慚專門,武闕方略,早荷先帝眷仗之恩,末蒙陛下不遺之施。〔三〕侍則出入兩都,〔四〕官歷納言常伯,忝牧秦藩,號兼安撫。實思碎首膏原,仰酬二朝之惠;輕塵碎石,遠增嵩岱之高。輒私訪舊書,竊觀圖史,其帝皇興起之元,配天隆家之業,修造益民之奇,龍麟雲鳳之瑞,卑宮愛物之仁,釋網改祝之澤,前歌後舞之應,囹圄寂寥之美,可爲輝風景行者,輒謹編丹青,以標睿範。至如太康好田,遇窮后迫禍;武乙逸禽,罹震雷暴酷;夏桀淫亂,南巢有非命之誅;殷紂昏酣,牧野有倒戈之陳;周厲逐獸,滅不旋踵;幽王遇惑,死亦相尋;暨於漢成失御,亡新篡奪;桓靈不綱,魏武遷鼎;晉惠闇弱,骨肉相屠,終使聰曜鴞視并州,勒虎狼據燕趙:如此之輩,罔不畢載。起元庖犧,終於晉末,凡十六代,百二十八帝,歷三千二百七年,雜事五百八十九,合成五卷,名曰歷帝圖,亦謗木、諫鼓、虞人、盤盂之類。脫蒙置御坐之側,時復披覽,冀或起予左右,上補未萌。伏願陛下遠惟宗廟之憂,近存黎民之念,取其賢君,棄其惡主,則微臣雖沉淪地下,無異乘雲登天矣。"

【校勘記】

〔二〕潤沃九區　諸本"沃"訛"伏",今據《册府》卷五二三(六二四八頁)改。

〔三〕末蒙陛下不遺之施　諸本"末"作"未",南本及《册府》(同上卷頁)作"末"。按"末蒙"與上句"早荷"相對,"未"字形近而訛,今從南本。

〔四〕侍則出入兩都　按"侍"字上或下當脫一字。《册府》(同上卷頁)作"陪侍兩宮"。"兩都"指代京和洛陽,兩宮指太后和帝,意有不同。

《魏書》卷六十四《列傳第五十二·張彝》,頁一四二九至一四三〇、一四三四至一四三五

宣武延昌三年十月庚辰,詔驍騎將軍馬義舒喻蠕蠕。

《册府元龜》卷九九〇《外臣部·備御三》,頁一一六二九

公元五一五年　魏宣武帝延昌四年　梁武帝天監十四年　柔然豆羅伏跋豆伐可汗建昌八年

二月庚寅,芮芮國遣使獻方物。

《梁書》卷二《武帝紀》,頁五五

是歲,蠕蠕、狼牙脩國各遣使來朝貢。

　　　　　　　　《南史》卷六《梁本紀》,頁一九五

秋七月癸卯,蠕蠕國遣使朝獻。

　　　　　　　　《魏書》卷九《肅宗紀》,頁二二二

是歲,蠕蠕、狼牙修國各遣使來朝貢。

　　　　　　　《通志》卷十三《梁紀十三》,頁二八四中

　　澄又重奏曰:"固本宜强,防微在豫,故雖有文事,不忘武功。況今南蠻仍獷,北妖頻結,來事難圖,勢同往變。脱暴勃忽起,振動關畿,四府羸卒,何以防擬。平康之世,可以寄安,遺之久長,恐非善策。如臣愚見,郎將領兵,兼總民職,省官實禄,於是乎在。求還依前增兵益號,將位既重,則念報亦深,軍郡相依,則表裏俱濟,朝廷無四顧之憂,姦宄絶窺覦之望矣。"卒不納。又以流人初至遠鎮,衣食無資,多有死者,奏并其妻子給糧一歲,從之。尋以疾患,求解任,不許。蕭衍於浮山斷淮爲堰,以灌壽春,乃除使持節、大將軍、大都督、南討諸軍事,勒衆十萬,將出彭宋,尋淮堰自壞,不行。澄以北邊鎮將選舉彌輕,恐賊虜窺邊,山陵危迫,奏求重鎮將之選,修警備之嚴,詔不從。賊虜入寇,至於舊都,鎮將多非其人,所在叛亂,犯逼山陵,如澄所慮。

　　《魏書》卷十九《景穆十二王列傳第七·康王澄附任城王雲》,頁四七六澄奏宜以東中帶滎陽郡，南中帶魯陽郡，西中帶恒農郡，北中帶河內郡，選二品、三品親賢兼稱者居之。省非急之作，配以強兵。如此則深根固本，強幹弱枝之義也。靈太后將從之，後議者不同，乃止。尋以疾患，表求解任，不許。澄以北邊鎮將選舉彌輕，恐賊虜窺邊，山陵危迫，奏求重鎮將之選，修警備之嚴，詔不從。後賊虜入寇，至於舊都，鎮將多非其人，所在叛亂，犯逼山陵，如澄所慮。

　　《北史》卷十八《列傳第六·景穆十二王·康王澄附任城王雲》，頁六六〇

澄又重奏曰："固本宣強，防微在豫，故雖有文事，不忘武功。況今重以南蠻仍獷，北妖頻結，來事難圖，勢同往變。脫暴教忽起，振動關畿，四府羸卒，何以防擬？平康之世，可以寄安，邊之久長，恐非善策。如臣愚見，郎將領兵，兼總民職，省官食祿，於此乎在。求還依前，增兵益號，將位既重，則念惡亦深，軍郡相依，則表裏俱濟，朝廷無四顧之憂，姦宄絕窺覦之望矣。"卒不納。又以流人初至遠鎮，衣食無資，多有死者，奏并其妻子給糧一歲，從之。

　　《冊府元龜》卷第三百一十二《宰輔部·謀猷二》

公元五一六年　魏孝明帝熙平元年　梁武帝天監十五年　柔然豆羅伏跋豆伐可汗建昌九年

〔夏四月戊戌〕高昌、陰平國並遣使朝獻。

　　　　《魏書》卷九《肅宗紀》，頁二二四

〔秋七月乙酉〕乙酉,高昌國遣使朝獻。

　　　　　　　《魏書》卷九《肅宗紀》,頁二二四

　　熙平初,遣使朝獻。詔曰:"卿地隔關山,境接荒漠,頻請朝援,徙國内遷。雖來誠可嘉,即於理未帖。何者? 彼之甿庶,是漢魏遺黎,自晉氏不綱,因難播越,成家立國,世積已久。惡徙重遷,人懷戀舊,今若動之,恐異同之變,爰在肘腋,不得便如來表。"

　　　　《魏書》卷一百一《列傳第八十九·高昌》,頁二二四四

　　熙平初,遣使朝獻。詔曰:"卿地隔關山,境接荒漠,頻請朝援,徙國内遷。雖來誠可嘉,即於理未帖。何者? 彼之甿庶,是漢、魏遺黎,自晉氏不綱,因難播越,成家立國,世積已久。惡徙重遷,人懷戀舊。今若動之,恐異同之變,爰在肘腋,不得便如來表也。"

　　　　《北史》卷九十七《列傳第八十五·高昌》,頁三二一四

　　秋八月,老人星見。芮芮、河南遣使獻方物。

　　　　　　　　《梁書》卷二《武帝紀》,頁五六

　　秋八月,蠕蠕、河南國各遣使朝貢。

　　　　　　　《南史》卷六《梁本紀》,頁一九五

　　八月,蠕蠕、河南國各遣使朝貢。

　　　　　《通志》卷十一《宋紀十一》,頁二二四中

　　柔然伏跋可汗，壯健善用兵，可，從刊入聲。汗，音寒。是歲，
西擊高車，大破之，執其王彌俄突，繫其足於駑馬，頓曳殺之，
漆其頭爲飲器。彌俄突殺柔然佗汗見上卷七年。鄰國先羈屬柔然
後叛去者，伏跋皆擊滅之，其國復强。復，扶又翻；下賊復同。

　　《資治通鑑》卷一百四十八《梁紀四·武帝天監十五年》，
頁四六二九至四六三〇

　　蕭宗初，彌俄突與蠕蠕主醜奴戰敗被禽，醜奴繫其兩脚
於駑馬之上，頓曳殺之，漆其頭爲飲器。其部衆悉入嚈噠。
經數年，嚈噠聽彌俄突弟伊匐還國。伊匐既復國，遣使奉表，
於是詔遣使者谷楷等拜爲鎮西將軍、西海郡開國公、高車王。
伊匐復大破蠕蠕，蠕蠕主婆羅門走投涼州。

　　《魏書》卷一百三《列傳第九十一·高車》，頁二三一一

　　明帝初，彌俄突與蠕蠕主醜奴戰敗，被禽。醜奴繫其兩
脚於駑馬之上，頓曳殺之，漆其頭爲飲器。其部衆悉入嚈噠。
經數年，嚈噠聽彌俄突弟伊匐還國。伊匐既復國，遣使奉表，
於是詔遣使者谷楷等拜爲鎮西將軍、西海郡開國公、高車王。
伊匐復大破蠕蠕，蠕蠕主婆羅門走投涼州。

　　《北史》卷九十八《列傳第八十六·高車》，頁三二七五

　　明帝初，彌俄突與蠕蠕主醜奴戰敗，被禽。醜奴繫其兩
脚於駑馬之上，頓曳殺之，漆其頭爲飲器。其部衆悉入嚈噠。
經數年，嚈噠聽彌俄突弟伊匐還國。伊匐既復國，遣使奉表，
於是詔遣使者谷偕等拜爲鎮西將軍、西海郡開國公、高車王。

伊匐復大破蠕蠕,蠕蠕主婆羅門走投涼州。

　　《通志》卷二百《四夷七・高車》,頁三二〇七下至三二〇八上

　　高車,在漠北……熙平中彌俄突爲柔然所殺,其衆悉歸嚈噠。

　　　　《讀史方輿紀要》卷四十五《山西七》,頁二〇七八

公元五一七年　魏孝明帝熙平二年　梁武帝天監十六年　柔然豆羅伏跋豆伐可汗建昌十年

　　十有二月丁未,蠕蠕國遣使朝貢。

　　　　　　　　　　《魏書》卷九《肅宗紀》,頁二二七

　　十二月,柔然伏跋可汗遣俟斤尉比建等請和於魏,俟斤,柔然大臣之號。俟,渠希翻。尉,紆勿翻。用敵國之禮。

　　《資治通鑑》卷一百四十八《梁紀四・武帝天監十六年》,頁四六三三

公元五一八年　魏孝明帝神龜元年　梁武帝天監十七年　柔然豆羅伏跋豆伐可汗建昌十一年

　　〔二月〕蠕蠕國遣使朝貢。

　　　　　　　　　　《魏書》卷九《肅宗紀》,頁二二七

　　熙平中,蠕蠕主醜奴遣使來朝,抗敵國之書,不修臣敬。朝議將依漢答匈奴故事,遣使報之。倫表曰:“臣聞古之聖王,疆理物土,辨章要甸,荒遐之俗,政所不及。故禮有壹見之文,書著羈縻之事。太祖以神武之姿,聖明之略,經略帝

圖,日有不暇,遂令豎子遊魂一方,亦由中國多虞,急諸華而緩夷狄也。高祖光宅土中,業隆卜世,赫雷霆之威,振熊羆之旅,方役南轅,未遑北伐。昔舊京烽起,虜使在郊,主上按劍,璽書不出。世宗運籌帷幄,開境揚旌,衣裳所及,舟車萬里。于時醜類款關,上亦述尊遺志。今大明臨朝,澤及行葦,國富兵强,能言率職。何憚而爲之,何求而行此?往日蕭衍通敬求和,以誠肅未純,抑而不許。先帝棄戎於前,陛下交夷於後,無乃上乖高祖之心,下違世宗之意?

　　且虜雖慕德,亦來觀我,懼之以强,儻即歸附,示之以弱,窺覦或起,春秋所謂'以我卜也'。又小人難近,夷狄無親,疏之則怨,狎之則侮,其所由來久矣。是以高祖、世宗知其若此,來既莫逆,去又不追。不一之義,於是乎在。必其委贄玉帛之辰,屈膝蕃方之禮,則可豐其勞賄,籍以珍物。至於王人遠役,銜命虜庭,優以匹敵之尊,加之相望之寵,恐徒生虜慢,無益聖朝。假令選衆而舉,使乎稱職,資酈生之辯,騁終軍之辭,憑軾下齊,長纓繫越。苟異曩時,猶爲不願,而況極之以隆崇,申之以宴好,臣雖下愚,輒敢固執。

　　若事不獲已,應頒制詔,示其上下之儀,宰臣致書,諷以歸順之道。若聽受忠誨,明我話言,則萬乘之盛不失位於域中,天子之聲必籠罩於無外。脫或未從,焉能損益。徐舞干戚以招之,敷文德而懷遠。如迷心不已,或肆犬羊,則當命辛李之將,勒衛霍之師,蕩定雲沙,掃清逋孽,飲馬瀚海之濱,鏤石燕然之上,開都護,置戊己,斯亦陛下之高功,不世之盛事。如思按甲養民,務農安邊之術,經國之防,豈可以戎夷兼并,而邍虧典制。將取笑於當時,貽醜於來葉。昔文公請隧,襄后有言;荆莊問鼎,王孫是抑。以古方今,竊爲陛下不取。又陛下方欲禮神岷瀆,致禮衡山,登稽嶺,窺蒼梧,而反與夷虜之君,酋渠之長,結昆弟之忻,抗分庭之義,將何以瞰文命之遐景,迹重華之高風者哉?臣以爲報使甚失如彼,不報甚得如此。願留須臾之聽,察愚臣之言。"不從。

《魏書》卷二十四《列傳第十二・張袞附張倫》,頁六一七至六一九

熙平中,蠕蠕主醜奴遣使來朝,抗敵國之禮,不修臣敬,朝議將依漢答匈奴故事,遣使報之。倫表以爲:"虜雖慕德,亦來觀我。懼之以强,儻或歸附;示之以弱,窺覦或起。春秋所謂以我卜也。高祖、世宗知其若此,來既莫逆,去又不追。必其委贄玉帛之辰,屈膝藩方之禮,則豐其勞賄,藉以珍物。至於王人遠役,銜命虜庭,優以匹敵之尊,加之想望之寵,恐徒生虜慢,無益聖朝。"不從。

《北史》卷二十一《列傳第九・張袞附張倫》,頁七九六

魏主引見柔然使者,見,賢遍翻。使,疏吏翻。讓之以藩禮不備,議依漢待匈奴故事,遣使報之。漢宣帝待呼韓邪位在諸侯王上,蓋稱臣也。按張倫表諫與爲昆弟,蓋用漢文、景故事。司農少卿張倫上表,以爲:"太祖經啓帝圖,日有不暇,遂令豎子遊魂一方,謂道武南略,社崘得以雄跨漠北。亦由中國多虞,急諸華而緩夷狄也。高祖方事南轅,未遑北伐。謂孝文南都洛陽,用兵淮、漢,未暇伐柔然也。世宗遵述遺志,虜使之來,受而弗答。見百四十六卷六年以爲大明臨御,國富兵强,抗敵之禮,何憚而爲

之,何求而行之! 今虜雖慕德而來,亦欲觀我强弱;若使王人銜命虜庭,與爲昆弟,恐非祖宗之意也。苟事不獲已,應爲制詔,示以上下之儀,命宰臣致書,諭以歸順之道,觀其從違,徐以恩威進退之,則王者之體正矣。豈可以戎狄兼并,謂伏跋新破高車及滅鄰國之叛者也。而遽虧典禮乎!"不從。

《資治通鑑》卷一百四十八《梁紀四·武帝天監十七年》,頁四六三四

　　孝明熙平中,蠕蠕主醜奴遣使來朝,抗敵國之書,不脩臣敬。朝議將依漢荅匈奴事遣使報之,司農少卿張子倫表曰:"古之聖王,疆理物土,辨章要甸,荒遐之俗,政使不及。故《禮》有壹見之文,《書》著羈縻之事。太祖以神武之姿,聖明之略,經啓帝圖,日有不暇,遂令豎子遊魂一方,亦緣中國多虞,急諸華而緩夷狄也。高祖光宅土中,業隆下世,赫雷霆之威,震熊羆之旅,方役南轅,未遑北伐。昔舊京烽起,虜使在郊,主上案劍,璽書不出。世宗運籌帷幄,開境揚旌,衣裳所及,舟車萬里。於時醜類送款關,上亦述遵遺志。念大明臨朝,澤及行葦,國富兵强,能言率職。何憚而爲之? 何求而行此? 往日梁通敬求和,以誠肅未純,抑而不許。先帝棄戎於前,陛下交夷於後,無乃上乖高祖之心,下違世宗之意。且虜雖慕德,亦來觀我。懼之以强,儻即歸附;示之以弱,窺覦或起。《春秋》所謂'以我卜也'。又小人難近,夷狄無親,疎之則怨,狎之則侮,其所緣來久矣。是以高祖、世宗知其若此,來既莫逆,去又不追。不一之義,於是乎在。必其委贄玉帛之辰,屈膝蕃方之禮,則可豐其勞賄,籍其珍物。至於王人遠

役，銜命虜庭，優以匹敵之尊，加以相望之寵，恐徒生虜慢，無益聖朝。假令選衆而舉，使乎稱職，資酈生之辯，騁終軍之辭，馮軾下齊，長纓繫越。苟異曩時，猶爲不願，而況極之以隆崇，申之以宴好？臣雖愚，輒敢固執。若事不獲已，應出制詔，示其上下之儀；宰臣致書，諷以歸順之道。若聽受忠誨，明我話言，則萬乘之盛，不失位於域中，天子之聲，必籠罩於無外。脱或未從，焉能損除，舞干戚以招之，敷文德而懷遠。如迷心不已，或肆犬羊，則當命辛李之將，勒衛霍之師，蕩定雲沙，掃清逋孽。飲馬瀚海之濱，鏤石燕然之上，開都護，置戊己，斯亦陛下之高功，不世之盛事。如思案甲養民，務農安邊之術，經國之防，豈可以戎夷兼并而遽虧典制？將取笑於當時，貽醜於來葉。昔文公請隧，襄后有言；荆莊問鼎，王孫是抑。以古方今，竊爲陛下不取。又陛下方欲禮神岷濆，致祀衡山，登稽嶺，窺蒼梧，而反與夷虜之君、酋渠之長結昆弟之忻，抗分庭之義，將何以瞰文命之景業，迹重華之高風者哉？臣以爲報使甚失如彼，不報甚得如此。顧留須臾之聽，察愚臣之言。”不從。

　　《册府元龜》卷九九〇《外臣部·備御三》，頁一一六二九至一一六三〇

　　熙平中，蠕蠕主醜奴遣使來朝，抗敵國之禮，不修臣敬，朝議將依漢答匈奴故事，遣使報之。倫表以爲：“虜雖慕德，亦來觀我。懼之以强，儻或歸附；示之以弱，窺覦或起。春秋所謂以我卜也。高祖、世宗知其若此，來既莫逆，去又不追。必其委質玉帛之辰，屈膝藩方之禮，則豐其勞賄，藉以珍物。

至於王人遠役,銜金虜庭,優以匹敵之尊,加之想望之寵,恐徒生虜慢,無益聖朝。”不從。

《通志》卷一百四十六《列傳五十九·張袞附張倫》,頁二三一七下

公元五一九年　魏孝明帝神龜二年　梁武帝天監十八年柔然豆羅伏跋豆伐可汗建昌十二年

冬十有一月乙酉,蠕蠕莫緣梁賀侯豆率男女七百人來降。

《魏書》卷九《肅宗紀》,頁二二九

孝明帝神龜二年十一月,蠕蠕莫緣梁賀侯豆率男女七百人來降。

《册府元龜》卷九七七《外臣部·降附》,頁二二四七八

公元五二〇年　魏孝明帝正光元年　梁武帝普通元年柔然阿那瓌元年

初,柔然佗汗可汗納伏名敦之妻候呂陵氏,生伏跋可汗及阿那瓌等六子。可,從刊入聲。汗,音寒。瓌,古回翻。伏跋既立,忽亡其幼子祖惠,求募不能得。有巫地萬言祖惠今在天上,我能呼之,乃於大澤中施帳幄,祀天神,祖惠忽在帳中,自云恒在天上。恒,户登翻。伏跋大喜,號地萬爲聖女,納爲可賀敦。柔然之主曰可汗,其正室曰可賀敦。地萬既挾左道,復有姿色,伏跋敬而愛之,信用其言,干亂國政。如是積歲,祖惠浸長,語其母曰:“我常在地萬家,未嘗上天,上天者地萬教我也。”長,知兩翻。語,牛倨翻。上,時掌翻。其母具以狀告伏跋,伏

跋曰："地萬能前知未然,勿爲讒也。"既而地萬懼,譖祖惠於伏跋而殺之。候呂陵氏遣其大臣具列等絞殺地萬;伏跋怒,欲誅具列等。會阿至羅入寇,_{阿至羅,虜之別種,居北河之東,世附}_{於魏。一曰:阿至羅,高車種。}伏跋擊之,兵敗而還。_{還,從宣翻,又}_{如字。}候呂陵氏與大臣共殺伏跋,立其弟阿那瓌爲可汗。阿那瓌立十日,其族兄示發帥衆數萬擊之,_{帥,讀曰率。}阿那瓌戰敗,與其弟乙居伐輕騎奔魏。_{騎,奇寄翻。}示發殺候呂陵氏及阿那瓌二弟。_{史言柔然亂。}

　　《資治通鑑》卷一百四十九《梁紀五・武帝普通元年》,頁四六六〇

　　九月壬辰,蠕蠕主阿那瓌來奔。
　　　　　　　　　　《魏書》卷九《肅宗紀》,頁二三一

　　九月壬辰,蠕蠕主阿那瓌來奔。
　　　　　　　　　　《北史》卷四《魏本紀》,頁一四八

　　柔然可汗阿那瓌將至魏,魏主使司空京兆王繼、侍中崔光等相次迎之,賜勞甚厚。魏主引見阿那瓌於顯陽殿,_{勞,力}_{到翻。見,賢遍翻。}因置宴,置阿那瓌位於親王之下。宴將罷,阿那瓌執啓立於座後,詔引至御座前,阿那瓌再拜言曰:"臣以家難,_{難,乃旦翻。}輕來詣闕,本國臣民,皆已逃散。陛下恩隆天地,乞兵送還本國,誅翦叛逆,收集亡散,臣當統帥遺民,奉事陛下。_{帥,讀曰率。}言不能盡,別有啓陳。"仍以啓授中書舍人常景以聞。_{景,爽之孫也。常爽見一百二十三卷宋文帝}

元嘉六年。

《資治通鑑》卷一百四十九《梁紀五・武帝普通元年》，
頁四四六一

正光元年九月，蠕蠕主阿那懷來奔。

《冊府元龜》卷九六三《外臣部・冊封一》，頁一一三三五

正光元年九月，蠕蠕主阿那瓌來降。

《冊府元龜》卷九七七《外臣部・降附》，頁二二四七八

九月壬辰。蠕蠕王阿那瓌來奔。

《通志》卷十五下《後魏紀十五下》，頁二九六中

是年九月，蠕蠕主阿那瓌歸闕朝廷，疑其位次，高陽王雍
訪景，景曰：“昔咸寧中南單于來朝，晉世處之王公特進之下，
今日爲班宜在藩王儀同三司之間。”雍從之。

《通志》卷一百五十上《列傳六十三・常景》，頁二四○一中

十有一月己亥，詔曰：“蠕蠕世雄朔方，擅制漠裔，隣通上
國，百有餘載。自神鼎南底，累紀于兹，虔貢雖違，邊燧静息，
憑心象魏，潛款彌純。今其主阿那瓌屬離時難，邦分親析，萬
里遠馳，庇命有道。悲同申、伍，忠孝足矜。方存興滅之師，
以隆繼絶之舉，宜且優以賓禮，期之立功，疏爵胙土，大啓河
岳，可封朔方郡開國公、蠕蠕王，食邑一千户，錫以衣冕，加以
輅車，禄恤儀衛，同乎戚蕃。”

《魏書》卷九《肅宗紀》,頁二三一

十一月己亥,封阿那瓌爲朔方郡公、蠕蠕王。

《北史》卷四《魏本紀》,頁一四八

十一月,己亥,魏立阿那瓌爲朔方公、蠕蠕王,賜以衣服、軥車,蠕,人兖翻。軥,音遥。禄恤儀衛,一如親王。時魏方强盛,於洛水橋南御道東作四館,道西立四里:有自江南來降者處之金陵館,三年之後賜宅於歸正里;自北夷降者處燕然館,賜宅於歸德里;自東夷降者處扶桑館,賜宅於慕化里;自西夷降者處崦嵫館,賜宅於慕義里。四館皆因四方之地爲名:金陵在江南,燕然在漠北,扶桑在東,日所出,崦嵫在西,日所入。《山海經》曰:大荒之中,暘谷上有扶桑,日所出也。灰野之山有樹,青葉赤華,名曰若木,日所入也;生崑崙西,鳥鼠山西南,曰崦嵫。《淮南子》曰:經細柳西方之地,崦嵫日所入也。《十洲記》曰:扶桑在碧海中,長數千丈,一千餘圍,兩幹同根,更相依倚,是以名扶桑。降,户江翻。處,昌吕翻;下同。燕,因肩翻。崦,依廉翻,又依檢翻。嵫,音兹。及阿那瓌入朝,以燕然館處之。阿那瓌屢求返國,朝議異同不决,朝,直遥翻。阿那瓌以金百斤賂元義,遂聽北歸。十二月,壬子,魏敕懷朔都督簡鋭騎二千護送阿那瓌達境首,境首,猶言界首也。騎,奇寄翻。觀機招納。若彼迎候,宜賜繒帛車馬禮餼而返;繒,慈陵翻。如不容受,聽還闕庭。其行裝資遣,付尚書量給。量,音良。

《資治通鑑》卷一百四十九《梁紀五·武帝普通元年》,頁四四六一至四四六二

《後魏書》曰：……九月，蠕蠕而蠢切主阿那瓌來奔。以太師、高陽王雍爲丞相。十月詔曰："蠕蠕世雄朔方，擅制漠表，隣通上國，百有餘載。宜且優以賓禮，期之立功，疏爵胙土，大啓河岳，可封朔郡公、蠕蠕王，食邑一千户，錫以袞冕，加之輕蓋，禄秩儀衛，同於戚藩。"

《太平御覽》卷一〇三《皇王部二八·肅宗孝明皇帝》，頁四九六

十一月，詔曰："蠕蠕世雄朔方，擅制漠表，鄰通上國，百有餘載。自神鼎南底，累紀于茲，虔貢雖違，邊燧静息，憑心象魏，潛款彌純。今其主阿那瓌屬離時難，邦分親析，萬里遠馳，庇命有道。悲同申伍，忠孝足務。方存興滅之師，以隆紹絶之舉。宜且優以賓禮，期之立功，疏爵胙土，大啓河岳。可封朔方郡開國公、蠕蠕王，食邑一千户。錫以衣冕，加以輯車禄恤，儀衛同乎戚藩。"

《册府元龜》卷第九六三《外臣部·册封一》，頁一一三三五

十一月己亥，封阿那瓌爲朔方郡公，蠕蠕王。

《通志》卷十五下《後魏紀十五下》，頁二九六中

十有二月壬子，詔曰："蠕蠕王阿那瓌，遭離寇禍，遠來投庇，邦分衆析，猶無定主，而永懷北風，思還綏集。啓訴情切，良用愍然。夫存亡恤敗，自古通典。可差國使及彼前後三介，與阿那瓌相隨；并敕懷朔都督，簡鋭騎二千，躬自率護，

送達境首,令觀機招納。若彼候迎,宜錫筐筐車馬之屬,務使優隆,禮餞而返;如不容受,任聽還闕。其行裝資遣,付尚書量給。"

《魏書》卷九《肅宗紀》,頁二三一一

十二月壬子,詔送蠕蠕王阿那瓖歸北。

《北史》卷四《魏本紀》,頁一四八

正光元年十二月壬子,詔曰:"蠕蠕王阿那瓖遭罹寇禍,遠來投庇,邦分衆析,猶無定主,而永懷北風,思還綏集,啓訴情切,良用愍然。夫存亡恤敗,自古通典。可差國使及彼前後三分,與阿那瓖相隨,并敕懷朔都督簡驍騎二千,躬自率護,送達境首,令觀機招納。若彼候迎,宜錫箱筐車馬之屬,務使優降禮餞而還。如不容受,任聽還闕。其行裝資遣付尚書量給。"

《冊府元龜》卷一七〇《帝王部·來遠》,頁二〇四九

十二月壬子,詔送蠕蠕王阿那瓖歸北。

《通志》卷十五下《後魏紀十五下》,頁二九六中

北夷來附者處燕然館,燕然,山名。東漢竇憲破北單于,登燕然山刻石紀功而還。燕然館,即取燕然山爲名。三年已後,賜宅歸德里。

正光元年,蠕蠕主郁久閭阿那肱來朝,"蠕蠕主"三字,原作"□□至"。《逸史》本作"芮□"。"郁久閭阿那肱",原作"都久閭

阿那□”。元《河南志》作“北夷郁久閭阿那□”。案郁久閭是姓氏,阿
那肱乃人名。“那”即“那”字別體。今據津逮本及元《河南志》校正。
《魏書·肅宗紀》及《蠕蠕傳》“阿那肱”作“何那瓌”。“蠕蠕”,史書亦
作“茹茹”,本東胡苗裔,自稱柔然。居於漠北,至社崙遂强大。西至焉
耆,東至朝鮮,皆爲其所有。阿那瓌乃伏圖之子,爲族兄所攻,故投奔魏
國。詳《魏書》卷一百三《蠕蠕傳》。執事者莫知所處,中書舍人常
景議云:“咸寧中單于來朝,咸寧,晉武帝年號。晉咸寧五年(公元
二七九)匈奴都督曾率部落歸化。見《晉書·武帝紀》。晉世處之王
公特進之下。可班那肱蕃王儀同之間。”“蕃”與“藩”通用。事
亦見《魏書·常景傳》。朝廷從其議。《魏書·蠕蠕傳》云:“謁者引王
公以下升殿,阿那瓌位於藩王之下。”又處之燕然館,賜宅歸德里。
北夷酋長遣子入侍者,常秋來春去,避中國之熱,時人謂之雁
臣。雁爲候鳥,春則北去,秋則南來。雁臣之名,亦見《北史》卷五十四
《斛律金傳》。斛律金,朔州敕勒部人,統所部歸魏,魏除爲第二領民酋
長,秋朝京師,春還部落。故稱爲雁臣。

　　《洛陽伽藍記校釋》卷第三《城南》,頁一一二至一一六

　　聞有匈奴主,雜騎起塵埃,列觀長平坂,驅馬渭橋來。
　　《樂府詩集》卷第七十八《雜曲歌辭十八·阿那瓌》,頁
一○九四

　　肅宗時,議欲送蠕蠕主阿那瓌還國,慶賓上表固爭,不從。
　　《魏書》卷二十六《列傳第十四·尉古真附尉慶賓》,頁
六五八

明帝時，朝議送蠕蠕主阿那瓌還國，慶賓上表固爭，不從。

《北史》卷二十《列傳第八·尉古真附尉慶賓》，頁七三五

阿那瓌之還國也，復以威爲平北將軍、光禄大夫，假員外常侍，爲使主護送之。前後頻使遠蕃，粗皆稱旨。復加撫軍將軍。

《魏書》卷三十二《列傳第三十二·孟威》，頁一〇〇六

明帝時，朝議送蠕蠕主阿那瓌還國。慶賓上表固爭，不從。

《通志》卷一百四十六《列傳五十九·孟威》，頁二三〇四中

至梁武帝普通初，其王厭帶夷栗陁始遣使獻貢黄師子、白貂裘、波斯錦等物。[二三] 後魏之居桑乾也，滑猶小國，屬蠕蠕。

【校勘記】

〔二三〕至梁武帝普通初其王厭帶夷栗陁始遣使獻貢黄師子白貂裘波斯錦等物　“栗”原訛“粟”，據《梁書·諸夷傳》（八一二頁）、《南史·夷貊傳下》（一九八四頁）改。按：《梁書》《南史》並云：“至梁天監十五年，其王厭帶夷栗陁始遣使獻方物。普通元年，又遣使獻黄師子、白貂裘、波斯錦等物。”杜佑節録，與原意不盡合。

《通典》卷一百九十三《邊防九·西戎五·滑國》，頁五二五八、五二八三至五二八四

《通典》曰：“滑國……至梁武帝普通初，其王厭帶夷粟陁始遣使獻黃師子、白貂裘、波斯錦物等。後魏之居桑乾也，滑猶小國，屬蠕蠕。”

《太平御覽》卷七九六《四夷部一七·滑國》，頁三五三六

至梁武帝普通初，其王厭帶夷粟陁始遣使獻黃獅子、白貂裘、波斯錦等物。[二六]後魏之居桑乾也，滑猶爲小國，屬蠕蠕。後稍強大，征其旁國波斯、竭陁盤、[二七]罽賓、焉耆、龜玆、疏勒、姑墨、于闐、句盤等國。

【校勘記】

〔二六〕厭帶夷粟陁　“粟”，底本作“粟”，《庫》本同，據萬本及《梁書》卷五四《諸夷傳》《南史》卷七九《夷貊傳下》改。

〔二七〕竭陁盤《南史·夷貊傳下》作“渴盤陀”。萬本作“盤盤”，按盤盤爲海南諸國，與西域諸國無關，恐誤。

《太平寰宇記》卷之一百八十三《四夷十二·西戎四·滑國》，頁三四九八、三五〇九

滑國，車師之別種也……梁武帝天監十五年，其王厭帶夷粟陁始遣使獻方物。普通初復獻黃師子、白貂裘、波斯錦等物，後魏之居代都，滑猶爲小國，屬蠕蠕。

《通志》卷一百九十六《四夷三·滑國》，頁三一五〇中

西域康居、于闐、沙勒、安息及諸小國三十許皆役屬之，號爲大國。與蠕蠕婚姻。自後魏太安之後，每遣使朝貢。正光

末,貢獅子一,至高平,遇萬俟醜奴反,因留之。醜奴平,送京師。

《文獻通考》卷三百三十八《四裔考十五·嚈噠》,頁
九三五二

滑國,車師之別種也……至梁武帝普通初,其王厭帶夷
粟陀始遣使獻貢黄獅子、白貂裘、波斯錦等物。後魏之居桑
乾也,滑猶小國,屬蠕蠕。

《文獻通考》卷三百三十八《四裔考十五·滑國》,頁
九三五二至九三五三

公元五二一年　魏孝明帝正光二年　梁武帝普通二年
柔然彌偶可社句可汗元年

魏發近郡兵萬五千人,近郡,近輔諸郡也。使懷朔鎮將楊
鈞將之,將,息亮翻;下同。送柔然可汗阿那瓌返國。尚書左丞
張普惠上疏,以爲:“蠕蠕久爲邊患,今兹天降喪亂,喪,息浪
翻。荼毒其心,蓋欲使之知有道之可樂,革面稽首以奉大魏
也。樂,音洛。稽,音啓。陛下宜安民恭己以悦服其心。阿那
瓌束身歸命,撫之可也;乃更先自勞擾,興師郊甸之内,投諸荒
裔之外,救累世之勍敵,資天亡之醜虜,臣愚未見其可也。勍,
渠京翻。此乃邊將貪竊一時之功,不思兵爲凶器,王者不得已
而用之。用老子語意。況今旱暵方甚,聖慈降膳,暵,呼旱翻。乃
以萬五千人使楊鈞爲將,欲定蠕蠕,干時而動,其可濟乎! 脱
有顛覆之變,楊鈞之肉,其足食乎! 用《左傳》楚孫叔敖斥伍參語
意。宰輔專好小名,好,呼到翻。不圖安危大計,此微臣所以寒心
者也。且阿那瓌之不還,負何信義,臣賤不及議,漢自議郎以上皆

得預朝廷大議，尚書二丞，於當時位不爲卑，而以爲賤不及議，蓋自曹魏以後，朝廷大議止及八坐以上。文書所過，文書皆過尚書二丞之手。不敢不陳。"【章：十二行本"陳"下有"弗聽"二字；乙十一行本同；孔本同；張校同。】阿那瓌辭於西堂，詔賜以軍器、衣被、雜采、糧畜，事事優厚，采，與綵同。畜，許救翻。命侍中崔光等勞遣於外郭。勞，力到翻。

　　阿那瓌之南奔也，其從父兄婆羅門帥衆數萬入討示發，破之，從，才用翻。帥，讀曰率。示發奔地豆干，《魏書》曰：地豆干國在室韋西千餘里。地豆干殺之，國人推婆羅門爲彌偶可社句可汗。魏收曰：魏言安靜也。楊鈞表稱："柔然已立君長，長，知兩翻。恐未肯以殺兄之人郊迎其弟。輕往虛返，徒損國威。自非廣加兵衆，無以送其入北。"二月，魏人使舊嘗奉使柔然者牒云具仁牒云，姓；具仁，名。《魏書·官氏志》，内入諸姓有牒云氏。奉使，疏吏翻。往諭婆羅門，使迎阿那瓌。

　　《資治通鑑》卷一百四十九《梁紀五·武帝普通二年》，頁四六六二只四六六三

　　正光二年，詔遣楊鈞送蠕蠕主阿那瓌還國。普惠謂遣之將貽後患，上疏曰："臣聞乾元以利貞爲大，非義則不動；皇王以博施爲功，非類則不從。故能始萬物而化天下者也。伏惟陛下叡哲欽明，道光虞舜，八表宅心，九服清晏。蠕蠕相害於朔垂，妖師扇亂於江外，此乃封豕長蛇，不識王度，天將悔其罪，所以奉皇魏。故荼毒之，辛苦之，令知至道之可樂也。宜安民以悦其志，恭己以懷其心。而先自勞擾，艱難下民，興師郊甸之内，遠投荒塞之外，救累世之勁敵，可謂無名之師。諺曰'唯亂門之無過'，愚情未見其可。當是邊將窺竊一時之

功，不思兵爲凶器，不得已而用之者也。夫白登之役，漢祖親困之。樊噲欲以十萬衆橫行匈奴中，季布以爲不可，請斬之。千載以爲美。況今旱酷異常，聖慈降膳，乃以萬五千人使楊鈞爲將而欲定蠕蠕，忓時而動，其可濟乎？阿那瓌投命皇朝，撫之可也，豈容困疲我兆民以資天喪之虜。昔莊公納子糾，以致乾時之敗；魯僖以邾國，而有懸胄之恥。今蠕蠕時亂，後主繼立，雖云散亡，姦虜難抑。脱有井陘之慮，楊鈞之肉其可食乎！高車、蠕蠕，連兵積年，飢饉相仍，須其自斃，小亡大傷，然後一舉而并之。此卞氏之高略，所以獲兩虎，不可不圖之。今土山告難，簡書相續，蓋亦無能爲也，正與今舉相會，天其或者欲以告戒人，不欲使南北兩疆，並興大衆。脱狂狡構間於其間，而復事連中國，何以寧之？今宰輔專欲好小名，不圖安危大計，此微臣所以寒心者也。那瓌之不還，負何信義？此機之際，北師宜停。臣言不及義，文書所經過，不敢不陳。兵猶火也，不戢將自焚。二虜自滅之形，可以爲殷鑒。伏願輯和萬國，以静四疆，混一之期，坐而自至矣。臣愚昧多違，必無可采，匹夫之智，願以呈獻。”表奏，詔答曰：“夫窮鳥歸人，尚或興惻，況那瓌嬰禍流離，遠來依庇，在情在國，何容弗矜。且納亡興喪，有國大義，皇魏堂堂，寧廢斯德。後主亂亡，似當非謬，此送彼迎，想無拒戰。國義宜表，朝算已決，卿深誠厚慮，朕用嘉戢。但此段機略，不獲相從，脱後不逮，勿憚匡言。”

《魏書》卷七十八《列傳第六十六・張普惠》，頁一七三九至一七四〇

正光二年,詔遣楊鈞送蠕蠕主阿那瓌還國。普惠謂遣之
將貽後患,上疏極言其不可,表奏不從。

　　《北史》卷四十六《列傳第三十四·張普惠》,頁一六九七

正光二年,詔遣楊鈞送蠕蠕主阿那瓌還國。普惠謂遣之
將貽後患,上疏極言其不可,表奏不從。

　　《通志》卷一百五十一《列傳六十二·張普惠》,頁二四二九中

時茹茹既亂,其主阿那瓌來奔,魏帝遣使納之,詔鈞率兵
衛送。寬亦從,以功拜行臺郎中。時北邊賊攻圍鎮城,鈞卒,
城民等推寬守禦。尋而城陷,寬乃北走茹茹。後討鎮賊,破
之,寬始得還朝。

　　《周書》卷二十二《列傳第十四·楊寬》,頁三六四至三六五

既而蠕蠕亂,其主阿那瓌奔魏,魏帝詔鈞衛送,寬亦從
行。時北邊賊起,攻圍鎮城。鈞卒,城人等推寬守禦。尋而
城陷,寬乃北走蠕蠕,後討六鎮賊破,寬始得還朝。

　　《北史》卷四十《列傳第二十九·楊寬》,頁一五二四

既而蠕蠕亂,其主阿那瓌奔魏,魏帝詔鈞衛送,寬亦從
行。時北邊賊起,攻圍鎮城。鈞卒,城人等推寬守禦。尋而
城陷,寬乃北走蠕蠕,後討六鎮賊破,寬始得還朝。

　　《通志》卷一百五十八《列傳七十一·楊寬》,頁二五
六六中

居延城，在鎮西北千二百里……後魏正光二年柔然國亂，其王阿那瓌、婆羅門相繼來降。

　　《讀史方輿紀要》卷六十三《陝西十二》，頁二九七六

初爲軍主，與懷朔鎮將楊鈞送茹茹主阿那瓌還北。瓌見金射獵，深歎其工。後瓌入寇高陸，金拒擊破之。

　　《北齊書》卷十七《列傳第九・斛律金》，頁二一九

初爲軍主，與懷朔鎮將楊鈞送蠕蠕主阿那瓌。瓌見金獵射，歎其工。

　　《北史》卷五十四《列傳第四十二・斛律金》，頁一九六五

初爲軍主，與懷朔鎮將楊鈞送蠕蠕主阿那瓌。瓌見金獵射，歎其工。

　　《通志》卷一百五十二《列傳六十五・斛律金》，頁二四六二中

八月己巳，伏羅國遣使朝貢。蠕蠕後主郁久閭侯匿伐來奔懷朔鎮。〔六〕

【校勘記】

〔六〕蠕蠕後主郁久閭侯匿伐來奔懷朔鎮　諸本"伐"訛"代"。據卷一〇三《蠕蠕傳》（補）、《北史》卷四、《通鑑》卷一四九（四六六九頁）改。又《蠕蠕傳》和《通鑑》"侯"作"俟"，疑是，但《北史》也作"侯"，今不改。下四年二月"侯匿代"條同改，不再出校記。

《魏書》卷九《肅宗紀》,頁二三二、二五〇

八月己巳……蠕蠕後主郁久閭侯匿伐來奔懷朔鎮。〔一八〕
【校勘記】

〔一八〕蠕蠕後主郁久閭侯匿伐來奔懷朔鎮　按本書卷
九八、《魏書》卷一〇三《蠕蠕傳》《通鑑》卷一四九(四六六九
頁)"侯"作"佚",疑是。但《魏書·肅宗紀》也作"侯"。

　　　　《北史》卷四《魏本紀》,頁一四八至一四九、一五八

經數年,嚈噠聽彌俄突弟伊匐還國。伊匐既復國,遣使
奉表,於是詔遣使者谷楷等拜爲鎮西將軍、西海郡開國公、高
車王。伊匐復大破蠕蠕,蠕蠕主婆羅門走投涼州。

　　　　《魏書》卷一百三《列傳第九十一·高車》,頁二三一一

經數年,嚈噠聽彌俄突弟伊匐還國。伊匐既復國,遣使
奉表,於是詔遣使者谷楷等拜爲鎮西將軍、西海郡開國公、高
車王。伊匐復大破蠕蠕,蠕蠕主婆羅門走投涼州。

　　　　《北史》卷九十八《列傳第八十六·高車·副伏羅》,頁
三二七五

神龜末,遷冠軍將軍、涼州刺史。時蠕蠕主阿那瓌、後主
婆羅門,並以國亂來降,朝廷問翻安置之所。翻表曰:

謬以非才,忝荷邊任,猥垂訪逮,安置蠕蠕主阿那瓌、婆
羅門等處所遠近利害之宜。竊惟匈奴爲患,其來久矣,雖隆
周、盛漢莫能障服,衰弱則降,富強則叛。是以方叔、召虎不

遑自息，衛青、去病勤亦勞止。或修文德以來之，或興干戈
以伐之，而一得一失，利害相侔。故呼韓來朝，左賢入侍，史
籍謂之盛事，千載以爲美談。至于皇代勃興，威馭四海，爰在
北京，仍梗疆場。自卜惟洛食，定鼎伊瀍，高車、蠕蠕迭相吞
噬。始則蠕蠕衰微，高車强盛，蠕蠕則自救靡暇，高車則僻遠
西北。及蠕蠕復振，反破高車，主喪民離，不絶如綖。而高車
今能終雪其耻，復摧蠕蠕者，正由種類繁多，不可頓滅故也。
然鬥此兩敵，即卞莊之算，得使境上無塵數十年中者，抑此之
由也。

今蠕蠕爲高車所討滅，外憑大國之威靈，兩主投身，一期
而至，百姓歸誠，萬里相屬。進希朝廷哀矜，克復宗社；退望
庇身有道，保其妻兒。雖乃遠夷荒桀，不識信順，終無純固之
節，必有孤負之心。然興亡繼絶，列聖同規；撫降恤附，綿經
共軌。若棄而不受，則虧我大德；若納而禮待，則損我資儲。
來者既多，全徙內地，非直其情不願，迎送艱難。然夷不亂
華，殷鑒無遠，覆車在於劉石，毀轍固不可尋。且蠕蠕尚存，
則高車猶有內顧之憂，未暇窺覦上國。若蠕蠕全滅，則高車
跋扈之計，豈易可知。今蠕蠕雖主奔於上，民散於下，而餘黨
實繁，部落猶衆，處處棋布，以望今主耳。高車亦未能一時并
兼，盡令率附。

又高車士馬雖衆，主甚愚弱，上不制下，下不奉上，唯以
掠盜爲資，陵奪爲業。河西捍禦强敵，唯凉州、敦煌而已。凉
州土廣民希，糧仗素闕，燉煌、酒泉空虛尤甚，若蠕蠕無復竪
立，令高車獨擅北垂，則西顧之憂，匪旦伊夕。愚謂蠕蠕二
主，皆宜存之，居阿那瓌於東偏，處婆羅門於西裔，分其降民，

各有攸屬。那瓌住所，非所經見，其中事勢，不敢輒陳。其婆羅門請修西海故城以安處之。西海郡本屬涼州，今在酒泉直北、張掖西北千二百里，去高車所住金山一千餘里，正是北虜往來之衝要，漢家行軍之舊道，土地沃衍，大宜耕殖。非但今處婆羅門，於事爲便，即可永爲重戍，鎮防西北。宜遣一良將，加以配衣，〔一〇〕仍令監護婆羅門。凡諸州鎮應徙之兵，隨宜割配，且田且戍。雖外爲置蠕蠕之舉，内實防高車之策。一二年後，足食足兵，斯固安邊保塞之長計也。若婆羅門能自克厲，使餘燼歸心，收離聚散，復興其國者，乃漸令北轉，徙渡流沙，即是我之外蕃，高車勁敵。西北之虞，可無過慮。如其姦回返覆，孤恩背德者，此不過爲逋逃之寇，於我何損。今不早圖，戎心一啓，脱先據西海，奪我險要，則酒泉、張掖自然孤危，長河以西終非國有。不圖厥始，而憂其終，噬臍之恨，悔將何及。

愚見如允，乞遣大使往涼州、燉煌及於西海，躬行山谷要害之所，親閲亭障遠近之宜，商量士馬，校練糧仗，部分見定，處置得所。入春，西海之間即令播種，至秋，收一年之食，使不復勞轉輸之功也。且西海北垂，即是大磧，野獸所聚，千百爲群，正是蠕蠕射獵之處。殖田以自供，籍獸以自給，彼此相資，足以自固。今之豫度，微似小損，歲終大計，其利實多。高車豺狼之心，何可專信？假令稱臣致款，正可外加優納，而復内備彌深，所謂先人有奪人之心者也。管窺所陳，懼多孟浪。

時朝議是之。

【校勘記】

〔一〇〕加以配衣　諸本“衣”下旁注“疑”字。按卷九《肅宗紀》孝昌元年十二月詔有云：“其配衣六軍，分隸熊虎”，卷七四《尒朱榮傳》，榮上書稱“惟願廣其配衣”。“配衣”是當時專詞，似指禁軍。這裏是説以禁軍出戍，並無可疑，今删“疑”字。

《魏書》卷六十九《列傳第五十七·袁翻》，頁一五四一至一五四三、一五四六至一五四七

神龜末，遷涼州刺史。時蠕蠕主阿那瓌、後主婆羅門並以國亂來降，朝廷問安置之計。翻表曰：

今蠕蠕内爲高車所討滅，外憑大國之威靈，兩主投身，一期而至，百姓歸誠，萬里相屬。然夷不亂華，前鑒無遠，覆車在於劉、石，毀轍固不可尋。今蠕蠕雖主奔於上，人散於下，而餘黨實繁，部落猶衆，高車亦未能一時并兼，盡令率附。又高車士馬雖衆，主甚愚弱，上不制下，下不奉上，唯以掠盜爲資，陵奪爲業。而河西捍禦强敵，唯涼州、敦煌而已。涼州土廣人稀，糧仗素闕，敦煌、酒泉，空虚尤甚。若蠕蠕無復竪立，令高車獨擅北垂，則西顧之憂，匪旦伊夕。

愚謂蠕蠕二主，並宜存之，居阿那瓌於東偏，處婆羅門於西裔，分其降人，各有攸屬。那瓌住所，非所經見，其中事勢，不可輒陳。婆羅門請修西海故城以安處之。西海郡本屬涼州，今在酒泉，直抵張掖西北千二百里，去高車所住金山一千餘里。正是北虜往來之衝要，漢家行軍之舊道，土地沃衍，大宜耕殖。非但今處婆羅門，於事爲便，即可永爲重戍，鎮防西

北。雖外爲署蠕蠕之聲，内實防高車之策。一二年後，足食足兵，斯固安邊保塞之長計也。若婆羅門能自克厲，使餘燼歸心，收離聚散，復興其國者，乃漸令北轉，徙度流沙，即是我之外藩，高車之勍敵，西北之虞，可無過慮。如其奸回反覆，孤恩背德者，此不過爲逋逃之寇，於我何損？今不早圖，戎心一啓，脱先據西河，〔八〕奪我險要，則酒泉、張掖，自然孤危，長河已西，終非國有。不圖厥始，而求憂其終，〔九〕噬臍之恨，悔將何及。

　　愚見如允，乞遣大使往涼州敦煌及於西海，躬行山谷要害之所，親閱亭障遠近之宜，商量士馬，校練糧仗，部分見定，處置得所。入春，西海之間，即令播種，至秋收一年之食，使不復勞轉輸之功也。且西徼北垂，即是大磧，〔一〇〕野獸所聚，千百爲群，正是蠕蠕射獵之處。殖田以自供，籍獸以自給，彼此相資，足以自固。今之豫度，似如小損，歲終大計，其利實多。高車豺狼之心，何可專信？假令稱臣致款，正可外加優納，而復内備彌深，所謂先人有奪人之心者也。

　　時朝議是之。

【校勘記】

　　〔八〕脱先據西河　魏書“河”作“海”。按“西海”指西海郡，疑作“河”誤。

　　〔九〕不圖厥始而求憂其終　《魏書》無“求”字。按此衍文。

　　〔一〇〕且西徼北垂即是大磧　《魏書》“徼”作“海”。按此專指西海郡。《北史》改作“徼”，泛指西部邊界，誤。

　　《北史》卷四十七《列傳第三十五·袁翻》，頁一七一五至一七一七、一七四七初，高車王彌俄突死，事見上卷天監十五年。其衆悉歸嚈噠；後數年，嚈噠遣彌俄突弟伊匐帥餘衆還國。伊匐擊柔然可汗婆羅門，大破之，婆羅門帥十部落詣涼州，請降於魏。柔然餘衆數萬相帥迎阿那瓌，阿那瓌表稱："本國大亂，姓姓別居，迭相抄掠。當今北人鵠望待拯，言鵠立而望魏拯救也。嚈，益涉翻。噠，當割翻，又宅軋翻。帥，讀曰率。降，戶江翻。抄，楚交翻。乞依前恩，給臣精兵一萬，送臣磧北，撫定荒民。"磧，七迹翻。詔付中書門下博議，涼州刺史袁翻以爲："自國家都洛以來，蠕蠕、高車迭相吞噬，始則蠕蠕授首，謂佗汗也，事見一百四十七卷天監七年。既而高車被擒。謂彌俄突也。今高車自奮於衰微之中，克雪讎恥，誠由種類繁多，種，章勇翻。終不能相滅。自二虜交鬥，邊境無塵，數十年矣，此中國之利也。今蠕蠕兩主相繼歸誠，兩主，謂阿那瓌、婆羅門。雖戎狄禽獸，終無純固之節，然存亡繼絶，帝王本務。若棄而不受，則虧我大德；若納而撫養，則損我資儲；或全徙內地，則非直其情不願，亦恐終爲後患，劉、石是也。謂漢徙胡羯於內地，至於晉世，卒階劉、石之亂。且蠕蠕尚存，則高車猶有內顧之憂，未暇窺覦上國；若其全滅，則高車跋扈之勢，豈易可知！易，以豉翻。今蠕蠕雖亂而部落猶衆，處處棋布，以望舊主，高車雖強，未能盡服也。愚謂蠕蠕二主並宜存之，居阿那瓌於東，處婆羅門於西，分其降民，各有攸屬。阿那瓌所居非所經見，不敢臆度；婆羅門請脩西海故城以處之。處，昌呂翻。度，徒洛翻。西海在酒泉之北，去高車所居金山千餘里，此西海非王莽所置西海郡之西海，但言在酒泉之北，則別有西海故城也。按《北史·蠕蠕傳》，西海郡，即漢、晉舊部。袁翻又曰：直張掖西北千二百里。又按《晉志》，漢獻帝興平二年，武威太守張雅請置西海郡於居延，蓋此即漢、晉舊郵也。金山形如兜鍪，其後突厥居金山之陽，即此山。實北虜往來之衝要，土地沃衍，大宜耕稼。宜遣一良將，配以兵仗，監護婆羅門，將，即亮翻。監，工銜翻。因令屯田，以省轉輸之勞。其北則臨大磧，野獸所聚，磧，七迹翻。使蠕蠕射獵，彼此相資，足以自固。外以輔蠕蠕之微弱，内亦防高車之畔援，韓詩云：畔援，武強也。鄭玄云：跋扈也。此安邊保塞之長計也。若婆羅門能收離聚散，復興其國者，復興，扶又翻。漸令北轉，徙度流沙，則是我之外藩，高車勍敵，勍，渠京翻。西北之虞可以無慮。如其姦回反覆，不過爲逋逃之寇，於我何損哉？"朝議是之。朝，直遥翻。

《資治通鑑》卷一百四十九《梁紀五·武帝普通二年》，頁四六六七至四六六九

　　袁翻，孝明時爲冠軍將軍、涼州刺史。會蠕蠕主阿那瓌、後主婆羅門，並以國亂來降，朝廷問翻安置之所。翻表曰："謬以非才，忝荷邊任，猥垂訪逮，安置蠕蠕主阿那瓌、婆羅門等處所遠近利害之宜。竊惟匈奴爲患，其來久矣，雖隆周、盛漢，莫能降服，衰弱則降，富強則叛。是以方叔、召虎，不遑自息，衛青、去病，勤亦勞止。或修文德以來之，或興干戈以伐之，而一得一失，利害相伴。故呼韓來朝，左賢入侍，史籍謂之盛事，千載以爲美談。至于皇代勃興，威馭四海，爰在北京，仍梗疆場。自卜惟雒食，定鼎伊瀍，高車、蠕蠕，迭相吞噬。始則蠕蠕衰微，高車強盛，蠕蠕則自救靡暇，高車則僻遠西北。及蠕蠕復振，反破高車，主喪民離，不絕如綫。而高車今能終雪其耻，復摧蠕蠕者，正由種類繁多，不可頓滅故

也。然門此兩敵，即卞莊之算，得使境上無塵數十年中者，抑此之由也。今蠕蠕内爲高車所討滅，外憑大國之威靈，兩主投身，一朞而至，百姓歸誠，萬里相屬。進希朝廷哀矜，克復宗社；退望庇身有道，保其妻兒。雖乃遠夷荒桀，不識信順，終無純固之節，必有孤負之心。然興亡繼絶，列聖同規；撫降恤附，百王共軌。若棄而不受，則虧我大德；若納而禮待，則損我資儲。來者既多，全徙内地，非直其情不願，迎送艱難。然夷不亂華，殷鑒不遠，覆車在於劉、石，毀轍固不可尋。且蠕蠕尚存，則高車猶有内顧之憂，未暇窺覦上國。若蠕蠕全滅，則高車跋扈之計，豈易可知？今蠕蠕雖主奔於上，民散於下，而餘黨寔繁，部落猶衆，處處棋布，以望令主爾。高車亦未能一時并兼，盡令率附。又高車士馬雖衆，主甚愚弱，上不制下，下不奉上，唯以掠盜爲資，陵奪爲業。河西捍禦强敵，唯涼州、燉煌而已。涼州土廣民稀，糧仗素闕，燉煌、酒泉，空虛尤甚。若蠕蠕無復豎立，令高車獨擅北垂，則西顧之憂，匪旦伊夕。愚謂蠕蠕二主，並宜存之。居阿那瓌於東偏，處婆羅門於西裔，分其降民，各有收屬。那瓌住所，非所經見，其中事勢，不敢輒陳。其婆羅門請修西海故城以安處之。西海郡本屬涼州，今在酒泉直北、張掖西北千二百里，去高車所住金山一千餘里，正是北虜往來之衝要，漢家行軍之舊道，土地沃衍，大宜耕殖。非但今處婆羅門，於事爲便，即可永爲重戍，鎮防西北。宜遣一良將，加以配衣，仍令監護婆羅門。凡諸州鎮應徙之兵，隨宜割配，且田且戍。雖外爲置蠕蠕之聲，内實防高車之策。一二年後，足食足兵，斯固安邊保塞之長計也。若婆羅門能自克厲，使餘燼歸心，收離聚散，復興其國者，乃漸令北轉，徙渡流沙，即是我之外藩，高車劲敵。西北之虞，可無過慮。如其奸回反覆，孤恩背德者，此不過爲逋逃之寇，於我何損？今不早圖，戎心一啓，脫先據西海，奪我險要，則酒泉、張掖自然孤危，長河以西終非國有。不圖厥始，而憂其終，噬臍之恨，悔將何及？愚見如允，乞遣大使往涼州、燉煌及於西海，躬行山谷要害之所，親閱亭障遠近之宜，商量士馬，校練糧仗，部分定見，處置得所。入春，西海之間，即令播種，至秋，收一年之食，使不復勞轉輸之功也。且西海北垂，即是大磧，野獸所聚，千百爲群，正是蠕蠕射獵之處，殖田以自供，籍獸以自給，彼此相資，足以自固。今之豫度，微似小損，歲終大計，其利實多。高車豺狼之心，何可專信？假令稱臣致款，正可外加優納，而復內備彌深，所謂先人有奪人之心者也。管窺所陳，懼多孟浪。"時朝議是之。

《冊府元龜》卷三六四《將帥部・機略四》，頁四三三三至四三三四

　　神龜末，遷涼州刺史。時蠕蠕主阿那瓌、後主婆羅門並以國亂來降，朝廷問安置之計。翻表曰：

今蠕蠕內爲高車所討滅，外憑大國之威靈，兩主投身，一期而至，百姓歸誠，萬里相屬。然夷不亂華，前鑒無遠，覆車在於劉、石，毀轍固不可尋。今蠕蠕雖主奔於上，人散於下，而餘黨實繁，部落猶衆，高車亦未能一時并兼，盡令率附。又高車士馬雖衆，主甚愚弱，上不制下，下不奉上，唯以掠盜爲資，陵奪爲業。而河西捍禦強敵，唯涼州、敦煌而已。涼州土

廣人稀，糧仗素闕，敦煌、酒泉，空虛尤甚。若蠕蠕無復豎立，令高車獨擅北垂，則西顧之憂，匪旦伊夕。

愚謂蠕蠕二主，並宜存之，居阿那瓌於東偏，處婆羅門於西裔，分其降人，各有攸屬。阿那瓌住所，非所經見，其中事勢，不敢輒陳。婆羅門請修西海故城以安處之。西海郡本屬涼州，今在酒泉，直抵張掖西北千二百里，去高車所住金山一千餘里。正是北虜往來之衝要，漢家行軍之舊道，土地沃衍，大宜耕植。非但今處婆羅門，於事爲便，即可永爲重戍，鎮防西北。雖外爲署蠕蠕之聲，內實防高車之策。一二年後，足食足兵，斯固安邊保塞之長計也。若婆羅門能自克屬，使餘燼歸心，收離聚散，復興其國者，乃漸令北轉，徙度流沙，即是我之外藩，高車之勍敵，西北之虞，何可過慮。如其姦回反覆，孤恩背德者，此不過爲逋逃之寇，於我何損？今不早圖，戎心一啓，脫先據西河，奪我嶮要，則酒泉、張掖，自然孤危，長河已西，終非國有。不圖厥始，而求憂其終，噬臍之恨，悔將何及。

愚見如允，乞遣大使往涼州敦煌及於西海，躬行山谷要害之所，親閱亭障遠近之宜，商量士馬，校練糧仗，部分見定，處置得所。入春，西海之間，即令播種，至秋收一年之食，使不復勞轉輸之功也。且西徼北垂，即是大磧，野獸所聚，千百爲群，正是蠕蠕射獵之處。殖田以自供，籍獸以自給，彼此相資，足以自固。今之豫度，似如小損，歲終大計，其利實多。高車豺狼之心，何可專信？假令稱臣致款，正可外加優納，而復內備彌深，所謂先人有奪人之心者也。

時朝議是之。

《通志》卷一百五十一《列傳六十四·袁翻》,頁二四三二
下至二四三三上

二年八月,蠕蠕後主久閭侯匿代來奔懷朔鎮。是時本傳
云正光中,大都督司徒平南王破六韓孔雀率部一萬降於尒朱
榮,詔加平北將軍第一領民酋長。

　　《冊府元龜》卷九七七《外臣部·降附》,頁二二四七八

八月己巳,蠕蠕後主郁久閭侯匿伐來奔懷朔鎮。

　　《通志》卷十五下《後魏紀十五下》,頁二九六下

九月,柔然可汗俟匿伐詣懷朔鎮請兵,且迎阿那瓌。俟
匿伐,阿那瓌之兄也。冬,十月,錄尚書事高陽王雍等奏:
"懷朔鎮北吐若奚泉,原野平沃,請置阿那瓌於吐若奚泉,吐
若奚泉在懷朔鎮北無結山下。婆羅門於故西海郡,令各帥部落,
收集離散。阿那瓌所居既在境外,宜少優遣,少,詩沼翻。婆
羅門不得比之。其婆羅門未降以前蠕蠕歸化者,悉令州鎮
部送懷朔鎮以付阿那瓌。"詔從之。爲阿那瓌、婆羅門皆叛去
張本。

　　《資治通鑑》卷一百四十九《梁紀五·武帝普通二年》,
頁四六六九

高車,在漠北……正光二年嚈噠遣彌俄突弟伊匐帥餘衆還國,伊
匐擊柔然,大破之。

　　《讀史方輿紀要》卷四十五《山西七》,頁二〇七八

〔十一月〕魏以安西將軍元洪超兼尚書行臺，詣敦煌安置柔然婆羅門。敦，徒門翻。

《資治通鑑》卷一百四十九《梁紀五·武帝普通二年》，頁四六六九

子熙，奉朝請。遷員外散騎侍郎、給事中，與薛曇尚迎蠕蠕主婆羅門於涼州。又除鎮遠將軍、河陰令。卒，贈輔國將軍、朔州刺史。

《魏書》卷五十一《列傳第三十九·封敕文附封熙》，頁一一三七

時蠕蠕主婆羅門自涼州歸降，其部衆因飢侵掠邊邑，詔穆衒命宣慰，便皆款附。

《魏書》卷四十四《列傳第三十二·費于附費穆》，頁一〇〇三

後蠕蠕主婆羅門自涼州歸降，其部衆因飢侵掠邊邑，詔穆衒旨宣慰，莫不款附。

《北史》卷五十《列傳第三十八·費于附費穆》，頁一八三七

後蠕蠕主婆羅門自涼州歸附，其部衆因饑侵掠邊邑，詔穆衒旨宣慰，莫不款附。

《通志》卷一百五十一《列傳六十四·費穆》，頁二四五〇上

溫湯，《水經注》："在桑乾城西十里。"……○吐若奚泉，在懷朔

鎮北無結山下。北史：“魏主詔正光二年柔然阿那瓌、婆羅門相繼內附，高陽王雍等奏：‘懷朔鎮北吐若奚泉，原野平沃，請置阿那瓌於此，其婆羅門請置於西海郡。’”時阿那瓌自懷朔，婆羅門自涼州來降，各以附近居之也。

　　　　《讀史方輿紀要》卷四十四《山西六》，頁二〇一四

　　金山，在塞北。其地三垂斗絕，惟一面可容車騎，壤土夷博，諸部自昔建牙於其北，亦曰金牙山。元魏時高車建牙於此。正光二年涼州刺史袁翻議處柔然婆羅門於西海故城，西海在酒泉北，去高車所居金山千餘里是也。

　　　　《讀史方輿紀要》卷四十五《山西七》，頁二〇六三

　　長子遵業，風儀清秀，涉歷經史。位著作佐郎，與司徒左長史崔鴻同撰起居注。遷右軍將軍，兼散騎常侍，慰勞蠕蠕。乃詣代京，采拾遺文，以補起居所闕。

　　　　《魏書》卷三十八《列傳第二十六·王慧龍附王遵業》，頁八七八

　　長子遵業，風儀清秀，涉歷經史。位著作佐郎，與司徒左長史崔鴻同撰起居注。遷右軍將軍、兼散騎常侍，慰勞蠕蠕。乃詣代京，采拾遺文，以補起居所闕。

　　　　《北史》卷三十五《列傳第二十三·王慧龍》，頁一二九一

　　長子遵業，風儀清秀，涉歷經史。位著作佐郎，與司徒左長史崔鴻同撰起居注。遷右軍將軍、兼散騎常侍，慰勞蠕蠕。

乃詣代京,采拾遺文,以補起居所闕。

　　《通志》卷一百四十九《列傳六十二·王慧龍》,頁二三
七一上

公元五二二年　　魏孝明帝正光三年　　梁武帝普通三年
柔然阿那瓌元年

　　夏四月庚辰,以高車國主覆羅伊匐爲鎮西將軍、西海郡
開國公、高車王。

　　　　　　　　　　《魏書》卷九《肅宗紀》,頁二三三

　　夏四月庚辰,以高車國主覆羅伊匐爲鎮西將軍、西海郡
公、高車國王。

　　　　　　　　　　《北史》卷四《魏本紀》,頁一四九

　　夏,四月,庚辰,魏以伊匐爲鎮西將軍、西海郡公、高車
王。久之,伊匐與柔然戰敗,其弟越居殺伊匐自立。

　　《資治通鑑》卷一百四十九《梁紀五·武帝普通三年》,
頁四六七〇

　　伊匐後與蠕蠕戰,敗歸,其弟越居殺伊匐自立。

　　《魏書》卷一百三《列傳第九十一·高車》,頁二三一二

　　伊匐後與蠕蠕戰,敗歸,其弟越居殺伊匐而自立。

　　《北史》卷九十八《列傳第八十六·高車·副伏羅》,頁
三二七五

伊匐後與蠕蠕戰,敗歸,其弟越居殺伊匐而自立。

《通志》卷二百《四夷七·高車》,頁三二〇八上

高車,在漠北……三年伊匐復爲柔然所敗,其弟越居殺伊匐而自立。

《讀史方輿紀要》卷四十五《山西七》,頁二〇七八

明年復叛,入寇涼州。除穆輔國將軍、假征虜將軍、兼尚書左丞、西北道行臺,仍爲別將,往討之。穆至涼州,蠕蠕遁走。穆謂其所部曰:“夷狄獸心,唯利是視,見敵便走,乘虛復出。今王師來討,雖畏威逃迹,然軍還之後,必來侵暴。今欲羸師誘致,冀獲一戰,若不令其破膽,終恐疲於奔命。”衆咸然之。穆乃簡練精騎,伏於山谷,使羸步之衆爲外營以誘之。賊騎覘見,謂爲信弱,俄而競至。穆伏兵奔擊,大破之,斬其帥郁厥烏爾、俟斤十代等,獲生口雜畜甚衆。

《魏書》卷四十四《列傳第三十二·費于附費穆》,頁一〇〇三至一〇〇四

明年復叛,入寇涼州。除穆兼尚書右丞、西北道行臺,仍爲別將,往討之。穆至涼州,蠕蠕遁走。穆謂其所部曰:“夷狄獸心,見敵便走,若不令其破膽,終恐疲於奔命。”乃簡練精騎,伏於山谷,使羸步之衆爲外營,以誘之。賊騎覘見,俄而競至,伏兵奔擊,大破之。

《北史》卷五十《列傳第三十八·費于附費穆》,頁一八三七

婆羅門帥部落叛魏,亡歸嚈噠。魏以平西府長史代人費

穆兼尚書右丞西北道行臺，將兵討之，魏收《官氏志》：西方費連氏，後改爲費氏。柔然遁去。穆謂諸將曰：“戎狄之性，見敵即走，乘虛復出，若不使之破膽，終恐疲於奔命。”《左傳》，巫臣遺子重、子反書曰：“吾必使汝疲於奔命以死。”奔命者，赴急之兵也。復，扶又翻。乃簡練精騎，伏於山谷，以步兵之羸者爲外營，騎，奇寄翻。羸，倫爲翻。柔然果至，奮擊，大破之。婆羅門爲涼州軍所擒，送洛陽。

　　《資治通鑑》卷一百四十九《梁紀五・武帝普通三年》，頁四六七一

　　後魏費穆，孝明時蠕蠕入寇涼州，以穆爲輔國將軍，假征虜將軍，兼尚書左丞、西北道行臺，仍爲別將，往討之。穆至涼州，蠕蠕遁走。穆與所部曰：“夷狄獸心，惟利是視，見敵便走，乘虛復出。今王師來討，雖畏威逃迹，然軍還之後，必來侵暴。今欲羸師誘致，冀獲一戰，若不令其破膽，終恐疲於奔命。”衆咸然之。穆乃簡練精騎，伏於山谷，使羸步之衆，爲外營以誘之。賊騎覘見，謂爲信弱。俄而，競至。穆伏兵奔擊，大敗之，斬其帥郁厥、烏爾、俟斤、十代等，獲生口雜畜甚衆。

　　《册府元龜》卷四三三《將帥部・示弱》，頁五一五二

　　明年復叛，入寇涼州。除穆尚書右丞、西北道行臺，仍爲別將，往討之。穆至涼州，蠕蠕遁走。穆謂其所部曰：“夷狄獸心，見敵便走，若不令其破膽，終恐疲於奔命。”乃簡練精騎，伏於山谷，使羸劣之衆爲外營，以誘之。賊騎覘見，俄而

競至,伏兵奔擊,大破之。

《通志》卷一百五十一《列傳六十四·費穆》,頁二四
五〇上

郁對原,在塞北。元魏正光三年柔然阿那瓖叛魏,魏遣李崇等
擊之。

《讀史方輿紀要》卷四十四《山西六》,頁二〇〇九

安民弟豹子。正光三年上書曰:

竊惟庸勳賞勞,有國恒典;興滅繼絕,哲后所先。是以積
德累忠,春秋許宥十世;立功著節,河山誓其永久。伏惟世祖
太武皇帝,英叡自天,籠罩日域,東清遼海,西定玉門,凌滅漠
北,飲馬江水。臣亡父故尚書、宣城公先臣孝伯,冥基感會,
邀幸昌辰,綢繆幃幄,繾綣侍從,廟算嘉謀、每蒙顧采。于時
儲后監國,奏請徵賢,詔報曰:“朕有一孝伯,足以治天下,何
用多爲?” 其見委遇,乃至於此。是用寵以元、凱,爵以公侯,
詔册曰:“江陽之巡,奇謀屢進,六師大捷,亦有勳焉。”出内
勤王,寵遇隆厚,方開大賞,而世祖登遐。梓宮始遷,外任名
岳。高宗冲年纂運,未及追叙。

臣行舛百靈,先臣棄世,微績未甄,誠志長奪,搢紳僉傷
早世,朝野咸哀不永。臣亡兄襲,無子封除。永惟宗構,五情
崩圮。先臣榮寵前朝,勳書王府,同之常倫,爵封堙墜,準古
量今,實深荼苦。竊惟朝例:廣川王遵、太原公元大曹等,並
以勳重先朝,世絕繼祀,或以傍親,或聽弟襲,皆傳河山之功,
垂不世之賞。況先臣在蒙委任,[六] 運籌幃帟,勳著於中,聲

傳於外。事等功均,今古無易。是以漢賞信布,裁重良平;魏酬張徐,不棄荀郭。今數族追賞於先朝之世,先臣絶封於聖明之時,瞻流顧侶,存亡永恨。竊見正始中,爰發存亡之詔,褒賢報功之旨。熙平元年,故任城王澄所請十事,復新前澤,成一時之盛事,垂曠代之茂典,凡在纓緌,誰不感慶?蓋以獎勸來今,垂範萬古。且劉氏僞書,翻流上國,尋其訕謗,百無一實,前後使人,不書姓字,亦無名爵。至於張暢傳中,略叙先臣對問,雖改脱略盡,自欲矜高,然逸韻難虧,猶見稱載,非直存益於時,没亦有彰國美。乞覽此書,昭然可見。則微微衰構,重起一朝,先臣潛魂,結草於千載矣。

【校勘記】

〔六〕況先臣在蒙委任 《册府》卷八七五(一〇三七三頁)"在"作"往",疑是。

《魏書》卷五十三《列傳第四十一·李孝伯附李豹子》,頁一一七三至一一七四、一一九一

公元五二三年　魏孝明帝正光四年　梁武帝普通四年
柔然阿那瓖二年

〔二月〕己卯,以蠕蠕主阿那瓖率衆犯塞,遣尚書左丞元孚兼尚書,爲北道行臺,持節喻之。蠕蠕後主侯匿伐來朝京師。

《魏書》卷九《肅宗紀》,頁二三四

〔二月〕己卯,蠕蠕主阿那瓖率衆犯塞,遣尚書左丞元孚爲北道行臺,持節喻之。蠕蠕後主郁久閭侯匿伐來朝。

《北史》卷四《魏本紀》,頁一四九至一五〇

《後魏書》曰："……四年,春二月,蠕蠕主阿那瓌帥衆犯塞,遣尚書左丞元孚兼尚書,爲北道行臺,持節喻之。"

《太平御覽》卷一〇三《皇王部二八·肅宗孝明皇帝》,頁四九六

正光四年二月己卯,以蠕蠕主阿那瓌率衆犯塞,遣尚書左丞元孚兼尚書,爲北道行臺持節喻之。

《册府元龜》卷九九〇《外臣部·備御三》,頁一一三〇

正光四年二月,蠕蠕主阿那瓌率衆犯塞,遣尚書右相元孚持節喻之,阿那瓌執孚,驅掠畜牧北遁,詔驃騎大將軍尚書令李崇、中軍將軍兼尚書右僕射元纂率騎十萬討蠕蠕,出塞三千餘里,不及而還。

《册府元龜》卷九八四《外臣部·征討三》,頁一一五五七

〔二月〕柔然大饑,阿那瓌帥其衆入魏境,表求賑給。帥,讀曰率。賑,之忍翻。己亥,魏以尚書左丞元孚爲行臺尚書,持節撫諭柔然。孚,譚之孫也。魏孝昌元年,元譚爲幽州都督,後此三年按《魏書》,譚,太武之子。蓋魏宗室多有同名者。將行,表陳便宜,以爲:"蠕蠕久來強大,昔在代京,常爲重備。今天祚大魏,使彼自亂亡,稽首請服。蠕,人兖翻。稽,音啓。朝廷鳩其散亡,禮送令返,宜因此時善思遠策。昔漢宣之世,呼韓款塞,漢遣董忠、韓昌領邊郡士馬送出朔方,因留衛助。事見二十七卷漢宣帝甘露三年。又,光武時亦使中郎將段彬置安集掾史,隨單于所在,參察動靜。事見四十四卷漢光武建武二十六年掾,俞絹

翻。單，音蟬。今宜略依舊事，借其間地，聽其田牧，粗置官屬，示相慰撫。粗，坐五翻。嚴戒邊兵，因令防察，使親不至矯詐，疏不容反叛，最策之得者也。"魏人不從。柔然俟匿伐入朝于魏。朝，直遥翻。

　　《資治通鑑》卷一百四十九《梁紀五·武帝普通四年》，頁四六七二

　　己卯，蠕蠕王阿那瓖率衆犯塞，遣尚書左丞元孚爲北道行臺，持節喻之；蠕蠕後主郁久閭侯匿伐來朝。

　　　　《通志》卷十五下《後魏紀十五下》，頁二九六下

　　夏四月，阿那瓖執元孚，驅掠畜牧北遁。甲申，詔驃騎大將軍、尚書令李崇，中軍將軍、兼尚書右僕射元纂率騎十萬討蠕蠕，出塞三千餘里，不及而還。

　　　　《魏書》卷九《肅宗紀》，頁二三四

　　夏四月，阿那瓖執元孚北遁。

　　　　《北史》卷四《魏本紀》，頁一五〇

　　蒙古，東抵兀良哈，西連西番，北逾沙漠，自和林距京師凡四千餘里。《四裔考》："北方歷代爲患，種類不齊，稱名各異。夏曰獯鬻，周曰獫狁，秦、漢曰匈奴，漢末曰烏桓，晉曰鮮卑，南北朝有蠕蠕，隋、唐時曰突厥，宋曰契丹，及女貞衰而蒙古起焉。"

　　　　《讀史方輿紀要》卷四十五《山西七》，頁二〇五五

跋那山,在鎮東北……後魏將于謹追破柔然於此。大寧見北直保
安州。

《讀史方輿紀要》卷六十一《陝西十》,頁二九二四

蠕蠕王阿那瓌既得返國,其人大飢,相率入塞,阿那瓌
上表請臺賑給。詔孚爲北道行臺,詣彼賑恤。孚陳便宜,表
曰:皮服之人,未嘗粒食。宜從俗因利,拯其所無。昔漢建武
中,單于款塞,時轉河東米糒二萬五千斛、牛羊三萬六千頭以
給之。斯即前代和戎、撫新、柔遠之長策也。乞以牸牛產羊
翩其口命。且畜牧繁息,是其所便,毛血之利,惠兼衣食。又
尚書奏云,如其仍住七州,隨寬置之。臣謂人情戀本,寧肯徙
內。若依臣請,給賑雜畜,愛本重鄉,必還舊土。如其不然,
禁留益損。假令逼徙,事非久計。何者? 人面獸心,去留難
測,既易水草,痾恙將多,憂愁致困,死亡必甚。兼其餘類尚
在沙磧,脫出狂勃,翻歸舊巢,必殘掠邑里,遺毒百姓。亂而
方塞,未若杜其未萌。又貿遷起於上古,交易行於中世,漢與
胡通,亦立關市。今北人阻飢,命懸溝壑,公給之外,必求市
易,彼若願求,宜見聽許。

又云:營大者不計小名,圖遠者弗拘近利。雖戎狄衰盛,
歷代不同,叛服之情,略可論討。周之北伐,僅獲中規;漢氏
外攘,裁收下策。昔在代京,恒爲重備,將帥勞止,甲士疲力。
前世苦之,計未能致。今天祚大魏,亂亡在彼。朝廷垂天覆
之恩,廓大造之德。鳩其散亡,禮送令返。宜因此時,善思遠
策。竊以理雖萬變,可以一觀;來事雖懸,易以往卜。昔漢宣
之世,呼韓款塞,漢遣董忠、韓昌領邊郡士馬,送出朔方,因留

衞助。又光武時,亦令中郎將段彬置安集掾史,隨單于所在,參察動静。斯皆守吉之元龜,安邊之勝策。計今朝廷成功,不減曩時;蠕蠕國弊,亦同疇日。宜準昔成謨,略依舊事。借其所閑地,聽使田牧;粗置官屬,示相慰撫;嚴戒邊兵,以見保衞。馭以寬仁,縻以久策。使親不至矯詐,疏不容叛反。今北鎮諸將舊常云一人代外邏,〔一四〕因令防察。所謂天子有道,守在四夷者也。

又云:先人有奪人之心,待降如受强敵。武非專外,亦以防内。若從處分割配,諸州鎮遼遠,非轉輸可到,悔叛之情,變起難測。又居人畜業,布在原野,戎夷性貪,見則思盜。防彼蕭此,少兵不堪,渾流之際,易相干犯。驅之還本,未必樂去,配州内徙,復不肯從。既其如此,爲費必大。朝廷不許。

孚持白虎幡勞阿那瓌於柔玄、懷荒二鎮間。阿那瓌衆號三十萬,陰有異意,遂拘留孚,載以輼車,日給酪一升,肉一段。每集其衆,坐孚東廂,稱爲行臺,甚加禮敬。阿那瓌遂南過至舊京,後遣孚等還,因上表謝罪。有司以孚事下廷尉,丞高謙之云孚辱命,處孚流罪。

【校勘記】

〔一四〕今北鎮諸將舊常云一人代外邏　按此句不甚可解。“云”即“雲”,疑本作“舊常一人雲、代外邏”。“雲代”指雲中、代京。傳本誤倒,“雲”寫作“云”,遂不可通。

《魏書》卷十八《太武五王列傳第六·臨淮王譚附元孚》,頁四二四至四二六、四三七

蠕蠕主阿那瓌既得反國,其人大飢,相率入塞,阿那瓌上

表請臺振給。詔孚爲北道行臺，詣彼振恤，孚陳便宜表曰：皮服之人，未嘗粒食，宜從俗因利，拯其所無。昔漢建武中，單于款塞，時轉河東米糒二萬五千斛、牛羊三萬六千頭以給之。斯則前代和戎，撫新柔遠之長策也。乞以牸牛產羊，餇其口食。且畜牧繁息，是其所便，毛血之利，惠兼衣食。又尚書奏云：如其仍住七州，隨寬置之。臣謂人情戀本，寧肯徙內？若依臣請，給振雜畜，愛本重鄉，必還舊土。如其不然，禁留益損。假令逼徙，事非久計。何者？人面獸心，去留難測。既易水草，痾恙將多，憂愁致困，死亡必甚。兼其餘類，尚在沙磧，脫出狂勃，翻歸舊巢，必殘掠邑里，遺毒百姓。亂而方塞，未若杜其未萌。又貿遷起於上古，交易行於中世。漢與胡通，亦立關市。今北人阻飢，命懸溝壑，公給之外，必求市易。彼若願求，宜見聽許。

又云：營大者不計小名，圖遠者弗拘近利。雖戎狄衰盛，歷代不同，叛服之情，略可論討。周之北伐，僅獲中規；漢氏外攘，裁收下策。昔在代京，恒爲重備，將帥勞止，甲士疲力，計前世苦之，力未能致。今天祚大魏，亂亡在彼。朝廷垂天覆之恩，廓大造之德，鳩其散亡，禮送令反，宜因此時，善思遠策。竊以理雖萬變，可以一觀；來事雖懸，易以往卜。昔漢宣之世，呼韓款塞，漢遣董忠、韓昌領邊郡士馬，送出朔方，因留衛助。又光武時，亦令中郎將段彬置安集掾史，隨單于所在，參察動靜。斯皆守吉之元龜，安邊之勝策。計今朝廷成功，不減曩時，蠕蠕國弊，亦同疇日。宜準昔成謀，略依舊事，借其所閑地，聽使田牧。粗置官屬，示相慰撫。嚴戒邊兵，以見保衛。馭以仁寬，縻以久策，使親不至矯詐，疏不容叛反。今北鎮諸將,舊常云一人代外邏,〔二三〕因令防察。所謂天子有道,守在四夷者也。

又云:先人有奪人之心,待降如受強敵。武非專外,亦以防內。〔二四〕若從處分割配,諸州鎮遼遠,非轉輸可到,悔叛之情,變起難測。又居人畜業,布在原野,戎夷性貪,見則思盜,防彼蕭此,少兵不堪,渾流之際,易相干犯。驅之還本,未必樂去,配州內徙,復不肯從。既其如此,爲費必大。朝廷不許。

孚持白武幡勞阿那瓌於柔玄、懷荒二鎮間。阿那瓌衆號三十萬,陰有異意,遂拘留孚。載以輼車,日給酪一升、肉一段。每集其衆,坐孚東廂,稱爲行臺,甚加禮敬。阿那瓌遂南過,至舊京。後遣孚等還,因上表謝罪。有司以孚事下廷尉,丞高謙之云孚辱命,處孚流罪。

【校勘記】

〔二三〕舊常云一人代外邏　按此語意義不明。疑當作"舊常一人,雲、代外邏"。"云"是"雲"之訛,又誤移於"常"下。

〔二四〕武非專外亦以防內　諸本"專"訛作"尋",據《魏書》卷一八《元孚傳》及《通志》改。

《北史》卷十六《列傳第四·太武五王·臨淮王譚附元孚》,頁六一一至六一三、六二六

夏,四月,魏元孚持白虎幡勞阿那瓌於柔玄、懷荒二鎮之間。懷荒鎮在柔玄鎮之東,禦夷鎮之西。勞,力到翻。阿那瓌衆號三十萬,陰有異志,遂拘留孚,載以輼車。應劭注《漢書》曰:輼輬,匈奴車。師古曰:輼,於云翻。每集其衆,坐孚東廂,稱爲行

臺,甚加禮敬。引兵而南,所過剽掠,剽,匹妙翻。至平城,乃聽
孚還。有司奏孚辱命,抵罪。甲申,魏遣尚書令李崇、左僕射
元纂帥騎十萬擊柔然。帥,讀曰率。騎,奇寄翻。阿那瓌聞之,驅
良民二千、公私馬牛羊數十萬北遁,崇追之三千餘里,不及而
還。還,從宣翻,又如字。纂使鎧曹參軍于謹帥騎二千追柔然,
至郁對原,前後十七戰,屢破之。鎧,可亥翻。

　　《資治通鑑》卷一百四十九《梁紀五·武帝普通四年》,
頁四六七二至四六七三

　　《北史》曰:“後魏元孚持白虎幡勞阿那瓌於柔玄、懷荒二
鎮間。阿那瓌衆號三十萬,陰有異意,遂拘留孚,載以轀音汾
輬音温車,日給酪一升,肉一段,每集其衆,坐孚東廂,稱爲行
臺,甚加禮敬。”

　　《太平御覽》卷三四一《兵部七二·幡》,頁一五六五

　　《後魏書》曰:“……四月,阿那瓌執元孚,驅掠畜牧北遁。
詔驃騎大將軍、尚書令李崇,中軍將軍、兼尚書右僕射元纂帥
十萬討蠕蠕,出塞三千餘里,不及而還。”

　　《太平御覽》卷一百三《皇王部二八·肅宗孝明皇帝》,
頁四九六

　　〔《通典》〕又曰:“西魏末,蠕蠕侵魏魏,大將元纂禦之。
蠕蠕遂逃出塞。纂令將于謹率二千騎追之,至郁郅原,前後
十七戰,盡降其衆。率輕騎出塞覘賊,屬鐵勒數千騎奄至,謹
以衆寡不敵,退必不免,乃散其衆騎,使匿叢薄間。又遣人升

山指麾。若分部軍衆者。賊遥見，雖疑有伏兵，既恃其衆，不以爲慮，乃進軍逼謹。謹常乘駿馬一紫一騧，賊先所識，乃使二人各乘一馬，突陣而出。賊以爲謹也，皆争逐之。謹乃率餘軍擊其追騎，賊遂奔走，因得入寨。”

《太平御覽》卷二八八《兵部十九·機略七》，頁一三三二

西魏末，蠕蠕侵魏，魏大將元纂禦之，蠕蠕遂逃出塞。纂令將士于謹率二千騎追之，至郁對原，〔五〇〕前後十七戰，〔五一〕盡降其衆。

【校勘記】

〔五〇〕郁對原　“對”原作“郅”，據《周書·于謹傳》（二四四頁）、《通鑑》卷一四九（四六七三頁）改。

〔五一〕前後十七戰　“十七”原倒，據《周書·于謹傳》（二四四頁）、《北史·于謹傳》（八四六頁）乙。

《通典》卷一百六十一《兵十四·因機設權》，頁四一四五、四一六〇

臨淮王昌弟孚，孝明時爲尚書左丞，蠕蠕主阿那瓌既得反國，其人大饑，相率入塞，阿那瓌上表請臺賑給，詔孚爲北道行臺，詣彼賑恤，孚陳便宜，表曰：“皮服之人，未嘗粒食，宜從俗因利，拯其所無。昔漢建武中，單于款塞時，轉河東米糧二萬五千斛，牛羊三萬六千頭以給之，斯即前代和戎撫新柔遠之長策也。乞以犗牛産羊翻其口命，且畜牧繁息是其所便，毛血之利，惠兼衣食。”又尚書奏云：“如其仍住七州，隨寬置之。臣謂人情戀本，寧肯從内？若依臣請，給賑新畜，戀本

重鄉，必還舊土，如其不然，禁留益猜。假令逼從，事非久計。何者？人面獸心，去留難測，既易水草，痾恙將多，憂愁致困，死亡必甚，兼其餘類尚在沙磧，脫出狂悖，翻歸舊巢，必殘掠邑里，遺毒百姓，亂而方塞，未若杜其未萌。又貿遷起於上古，交易行於中世，漢與胡通，亦立關市，今北人阻饑，命懸溝壑，供給之外，必求市易，彼若顯求，宜見聽許。"又云："營大者不計小名，圖遠者弗拘近利。雖戎狄衰盛，歷代不同，叛服之情，略可討論。周之北伐，僅獲中規，漢之外攘，裁收下策。昔在京師常爲重備，將帥勞止，甲士疲力，計前世苦之力未能致，今天祚大魏，亂亡在彼，朝廷垂天覆之恩，廓大造之德，鳩其散亡，禮送令反，宜因此時，善思遠策。竊以理雖萬變，可以一觀，來事雖懸，易以往卜。昔漢宣之世，呼韓款塞，漢遣董忠、韓昌領邊郡士馬送出朔方，因留衛助。又光武時，亦令中郎將段彬置安集掾史，隨單于所在參察動靜，斯皆守吉之元龜，安邊之勝策。計今朝廷成功，不減曩時，蠕蠕國弊，亦同疇日。准昔成謨，略依舊事，借以間地，聽使佃牧，粗置官屬，以示恩撫，嚴戒邊兵，以見保衛，馭以寬仁，縻以久策，使親不至矯詐，疏不容反叛。今北鎮諸將，舊嘗云一人代外邏，因令防察，所謂天子有道，守在四夷者也。"又云："先人有奪人之志，待降如受强敵，武非專外，亦以防內，若從分割，配諸州鎮，遼遠非轉輸可到，悔叛之情，變起難測。又居人畜業，布在原野，戎狄性貪，見則思盜，防彼肅此，少兵不堪，渾流之際，不相干犯，驅之還本，未必樂去，配州內徙，復不肯從。既其如此，爲費必大。"朝廷不許。

《册府元龜》卷四百四《將帥部·識略三》，頁四八〇八

至四八〇九

　　蠕蠕主阿那瓌既得反國，其人大飢，相率入塞，阿那瓌上表請臺振給。詔孚爲北道行臺，詣彼振恤，孚陳便宜表曰："皮服之人，未嘗粒食，宜從俗因利，拯其所無。昔漢建武中，單于款塞，時轉江東米糒二萬五千斛、牛羊三萬六千頭以給之。斯則前代和戎，撫新柔遠之長策也。乞以牸牛產羊，䬢其口命。且畜牧繁息，是其所便，毛血之利，惠兼衣食。"又尚書奏云："如其仍住七州，隨寬置之。臣謂人情戀本，寧肯徙內？若依臣，給振雜畜，愛本重鄉，必還舊土。如其不然，禁留益損，假令逼徙，事非久計。何者？人面獸心，去留難測。既易水草，痾恙將多，憂愁致困，死亡必甚。兼其餘類，尚在沙磧，脱出狂悖，翻歸舊巢，必殘掠邑里，遺毒百姓。亂而方塞，未若杜其未萌。又貿遷起於上古，交易行於中世。漢與胡通，亦立關市。今北人阻飢，命懸溝壑，公給之外，必求市易。彼若願求，宜見聽許。"

　　又云："營大者不計小名，圖遠者不拘近利。雖戎夷衰盛，歷代不同，叛服之情，略可論討。周之北伐，僅獲中規；漢氏外攘，裁收下策，昔在代京，恒爲重備，將帥勞止，甲士疲力，計前世苦之，力未能致。今天祚大魏，亂亡在彼，朝廷垂天覆之恩，廓大造之德，鳩其散亡，禮送令反，宜因此時，善思遠策。竊以理雖萬變，可以一觀；來事雖懸，易以往卜。昔漢宣之世，呼韓款塞，漢遣董忠、韓昌領邊郡士馬，送出朔方，因留衛助。又光武時，亦令中郎將段彬置安集掾史，隨單于所在，參察動静。斯皆守吉之元龜，安邊之勝策。計今朝廷成功,不減曩時,蠕蠕國敝,亦同疇日。宜準昔成謀,略依舊事,借其閑地,聽使田牧。粗置官屬,示相慰撫。嚴戒邊兵,以見保衛。馭以仁寬,縻以久策,使親不至矯詐,踈不容叛反。今北鎮諸將,舊常云一人代外邏,因令防察。所謂天子有道,守在四夷者也。”

又云:“先人有奪人之心,待降如受強敵。武非專外,亦以防內。若從處分割配,諸州鎮遼遠,非轉輸可到,悔叛之情,變起難測。又居人畜業,布在原野,戎夷性貪,見利思盜,防彼蕭此,少兵不堪,渾流之際,易相干犯。驅之還本,未必樂去,配州內徙,未必肯從。既其如此,爲費必大。”朝廷不許。

孚持白虎蟠旂阿那瓌於柔元、懷荒二鎮間。阿那瓌衆號三十萬,陰有異志,遂拘留孚。載以輼車,日給酪一升、肉一段。每集其衆,坐孚東廂,稱爲行臺,甚加敬禮。阿那瓌遂自南還,至舊京。後遣孚等還,因上表謝罪。有司以孚事下廷尉,廷尉丞高謙之奏孚辱命,處孚流罪。

《通志》卷八十四上《宗室七·元孚》,頁一〇六二上至一〇六二中

蠕蠕主阿那瓌率衆犯塞,詔崇以本官都督北討諸軍事以討之。崇辭於顯陽殿,戎服武飾,志氣奮揚,時年六十九,幹力如少。肅宗目而壯之,朝廷莫不稱善。崇遂出塞三千餘里,不及賊而還。

《魏書》卷六十六《列傳第五十四·李崇》,頁一四七三

蠕蠕主阿那瓌犯塞，詔崇以本官都督北討諸軍事以討之。崇辭於顯陽殿，戎服武飾，志氣奮揚，時年六十九，幹力如少。孝明目而壯之，朝臣莫不稱善。遂出塞三千餘里，不及賊而還。

《北史》卷四十三《列傳第三十一·李崇》，頁一五九八至一五九九

李崇，爲尚書令。蠕蠕主阿那環率衆犯塞。孝明詔崇以本官都督北討諸軍事，以討之，崇辭於顯陽殿，戎服武飾，志氣奮揚。時年六十九，幹力如少，遂出塞三千餘里，不及賊而還。

《册府元龜》卷三九五《將帥部·勇敢二》，頁四六八六

蠕蠕主阿那瓌犯塞，詔崇以本官都督北討諸軍事以討之。崇辭於顯揚殿，戎服武飾，志氣奮揚，時年六十九，幹力如少。孝明目而壯之，朝臣莫不稱善。遂出塞三千餘里，不及賊而還。

《通志》卷一百五十上《列傳六十三·李崇》，頁二四〇七中

及破六汗拔陵首亂北境，引茹茹爲援，大行臺僕射元纂率衆討之。[二一]宿聞謹名，辟爲鎧曹參軍事，從軍北伐。茹茹聞大軍之逼，遂逃出塞。纂令謹率二千騎追之，至郁對原，前後十七戰，盡降其衆。後率輕騎出塞覘賊，屬鐵勒數千騎奄至，謹以衆寡不敵，退必不免，乃散其衆騎，使匿叢薄之間，又遣人升山指麾，若分部軍衆者。賊望見，雖疑有伏兵，既恃其

衆,不以爲慮,乃進軍逼謹。謹以常乘駿馬一紫一騧,賊先所識,乃使二人各乘一馬,突陣而出。賊以爲謹也,皆争逐之。謹乃率餘軍擊之,其追騎遂奔走,因得入塞。

【校勘記】

〔二一〕及破六汗拔陵首亂北境引茹茹爲援大行臺僕射元纂率衆討之 按《魏書》卷九《肅宗紀》,正光四年(五二三年)二月茹茹主阿那瓌犯塞,四月李崇、元纂北征茹茹。這時破落汗拔陵尚未起義,完全談不到"引茹茹爲援"。而起義之後,北魏政權即勾引阿那瓌參加鎮壓起義軍,茹茹可汗援助的是北魏政權而不是破六汗拔陵,更是史實昭然。校記例不考事,但此條顛倒事實,厚誣起義軍,不可不辯。

《周書》卷十五《列傳第七·于謹》,頁二四四、二五五至二五六

及破六韓拔陵首亂北境,引蠕蠕爲援,大行臺元纂討之,夙聞謹名,辟爲鎧曹參軍事,從軍北伐。蠕蠕逃出塞,纂令謹追之,前後十七戰,盡降其衆。後率輕騎出塞覘賊,屬鐵勒數千騎奄至,謹以衆寡不敵,乃散其騎,使匿叢薄間。又遣人升山指麾,若分部軍衆。賊望見,雖疑有伏,恃衆不以爲慮,乃進逼謹。謹以常乘駿馬一紫一騧,賊先所識,乃使二人各乘一馬,突陣而出。賊以爲謹,争逐之。乃率餘軍擊其追騎。賊走,因得入塞。

《北史》卷二十三《列傳第十一·于謹》,頁八四五

《後周書》曰:"于謹嘗率騎追茹茹,前後十七戰,盡降其

衆。嘗爲賊所圍，謹乘駿馬一紫一騧，賊所先識。乃使二人各乘馬突陣，而出賊以爲謹也，皆争逐之。謹乃入塞。”

　　　　　《太平御覽》卷八九五《獸部七・馬三》，頁三九一三

　　及破六韓拔陵首亂北境，引蠕蠕爲援，遣大行臺僕射元纂討之，纂宿聞謹名，辟爲鎧曹參軍事，從軍北伐。蠕蠕聞大軍之逼，遂逃出塞，纂令謹率二千騎追之，至郁對原前後十七戰，盡降其衆。後率輕騎出塞覘賊，屬鐵勒數千騎奄至，謹以衆寡不敵，乃散其騎，使匿叢薄間。又遣人升山指麾，若分部軍衆。賊望見，雖疑有伏，恃衆不以爲慮，乃進軍逼謹。謹以常乘駿馬一紫一騧，賊先所識，乃使二人各乘一馬，突陣而出。賊以爲謹，也皆争逐之。謹乃率餘軍擊其追騎。賊走，因得入塞。

　　　　　《通志》卷一百五十六《列傳六十九・于謹》，頁二五一六中

　　沃壄城，在廢夏州西。漢縣，屬朔方郡，後漢末廢。晉末赫連勃勃復置城邑於此，後魏平赫連置沃野鎮。《後魏紀》：“延興元年統萬、沃野二鎮敕勒叛，源賀討平之。正光四年沃野鎮民破六韓拔陵聚衆反，殺魏將。孝昌初拔陵爲柔然所破，乃棄沃野南徙渡河。”

　　　　　《讀史方輿紀要》卷六十一《陝西十》，頁二九一三

　　正光末，尚書令李崇爲本郡都督，率衆討茹茹，[一]以蘭根爲長史。因説崇曰：“緣邊諸鎮，控攝長遠。昔時初置，地廣人稀，或徵發中原强宗子弟，或國之肺腑，寄以爪牙。中年以來，有司乖實，號曰府户，役同廝養，官婚班齒，致失清流。而本宗舊類，各各榮顯，顧瞻彼此，理當憤怨。更張琴瑟，今

也其時,静境寧邊,事之大者。宜改鎮立州,分置郡縣,凡是府户,悉免爲民,入仕次叙,一准其舊,文武兼用,威恩並施。此計若行,國家庶無北顧之慮矣。"崇以奏聞,事寝不報。

【校勘記】

〔一〕正光末尚書令李崇爲本郡都督率衆討茹茹　《北史》卷五六《魏蘭根傳》"本郡"二字作"大"。按《魏書》卷六六《李崇傳》稱"崇以本官都督北討諸軍事"。這時李崇官位很高,不會加上"本郡都督"的官衘,"本郡都督"也不是元帥之任。疑本作"以本官爲大都督",傳本脱訛。

《北齊書》卷二十三《列傳第十五·魏蘭根》,頁三二九至三三〇、三三九

正光末,尚書令李崇爲大都督,討蠕蠕,以蘭根爲長史。因説崇曰:"緣邊諸鎮,控攝長遠,昔時初置,地廣人稀,或徵發中原强宗子弟,或國之肺腑寄以爪牙。中年以來,有司乖實,號曰府户,役同厮養,官婚班齒,致失清流。而本宗舊類,各各榮顯,顧瞻彼此,理當憤怨。宜改鎮立州,分置郡縣。凡是府户,悉免爲平人,入仕次第,一準其舊。此計若行,國家庶無北顧之慮。"崇以奏聞,事寝不報。

《北史》卷五十六《列傳第四十四·魏蘭根》,頁二〇四六

正光末,尚書令李崇爲大都督,討蠕蠕,以蘭根爲長史。因説崇曰:"緣邊諸鎮,控攝長遠,昔時初置,地廣人稀,或徵發中原强宗子弟,或國之肺腑寄以爪牙。中年以來,有司乖實,號曰府户,役同厮養,官婚班齒,致失清流。而本宗舊類,

各各榮顯，顧瞻彼此，理當憤怨，更張琴瑟。今也，其時静境寧邊，事之大者宜改鎮立州，分置郡縣，凡是府户悉免爲平民，入仕次第，一准其舊文。武兼用威恩，並施此計，若行，國家庶無北顧之慮。"崇以奏聞，事寝不報。

《通志》卷一百五十五《列傳六十八·魏蘭根》，頁二五〇五下

忠弟景，字百年自司州從事，稍遷步兵校尉、寧朔將軍、高平鎮將。坐貪殘受納，爲御史中尉王顯所彈，會赦免。忠薨後，景爲武衛將軍。謀廢元乂，又黜爲征虜將軍、懷荒鎮將。及蠕蠕主阿那瓌叛亂，鎮民固請糧廪，而景不給。鎮民不勝其忿，遂反叛。執縛景及其妻，拘守別室，皆去其衣服，令景著皮裘，妻著故絳襖。其被毀辱如此。月餘，乃殺之。

《魏書》卷三十一《列傳第十九·于栗磾附于景》，頁七四七

忠弟景，字百年忠薨後，爲武衛將軍。謀廢元乂，又黜爲懷荒鎮將。及蠕蠕主阿那瓌叛，鎮人請糧，景不給。鎮人遂執縛景及其妻，拘守別室，皆去其衣服，令景著皮裘，妻著故絳旗襖，毀辱如此。月餘，乃殺之。

《北史》卷二十三《列傳第十一·于栗磾附于景》，頁八四四

武衛將軍于景，忠之弟也，謀廢乂，又黜爲懷荒鎮將。將，即亮翻。宋白曰：後魏懷荒、禦夷二鎮皆在蔚州界。及柔然入寇，鎮民請糧，景不肯給，鎮民不勝忿，遂反，執景，殺之。未幾，沃野鎮民破六韓拔陵聚衆反，殺鎮將，改元真王，勝，音升。幾，居

豈翻。魏收曰：破六韓，單于之苗裔也。初，呼厨泉入朝于漢，爲魏武所留，遣其叔父右賢王去卑監本國户。魏氏方興，率部南轉，去卑遣弟右谷蠡王潘六奚帥軍北禦，軍敗，奚及五子俱没於魏，其子孫遂以潘六奚爲氏，後人訛誤以爲破六韓，又曰破洛汗。考異曰：魏《帝紀》："正光五年破落汗拔陵反，詔臨淮王彧討之，五月，彧敗，削官。"按令狐德棻《周書・賀拔勝傳》："衛可孤圍懷朔經年，勝乃告急於彧。"然則拔陵反當在四年蓋帝紀因詔彧討拔陵而言之，非拔陵於時始反也。《周書》作"破六韓"，今從之。諸鎮華、夷之民往往響應，拔陵引兵南侵，遣別帥衛可孤圍武川鎮，《考異》曰：《北史》"孤"作"瓖"，今從《周書》。又攻懷朔鎮。尖山賀拔度拔及其三子允、勝、岳皆有材勇，魏收《志》，尖山縣屬神武郡。薛居正《五代史・周密傳》，神武川屬應州。令狐德棻曰：賀拔之先，與魏氏同出陰山。《魏書・官氏志》，内入諸姓有賀拔氏。懷朔鎮將楊鈞擢度拔爲統軍，三子爲軍主以拒之。

《資治通鑑》卷一百四十九《梁紀五・武帝普通四年》，頁四六七四至四六七五

忠弟景，字百年忠薨後，爲武衛將軍。謀廢元乂，乂黜爲懷荒鎮將。及蠕蠕主阿那瓌叛，鎮人請糧，景不給。鎮人遂執縛景及其妻，拘守別室，皆去其衣服，令景著皮裘，妻著故絳旗襖，毀辱如此。月餘，乃殺之。

《通志》卷一百四十六《列傳五十九・尉古真附尉慶賓》，頁二三二一下

後蠕蠕遂執行臺元孚，大掠北境。詔尚書令李崇討之，

慶賓別將隸崇，出塞而返。

　　《魏書》卷二十六《列傳第十四·尉古真附尉慶賓》，頁
六五八

　　後蠕蠕遂執行臺元孚。慶賓後拜肆州刺史。
　　《北史》卷二十《列傳第八·尉古真附尉慶賓》，頁七三五

　　後蠕蠕遂執行臺元孚。慶賓後拜肆州刺史。
　　《通志》卷一百四十六《列傳五十九·尉古真附尉慶賓》，
頁二三〇四中

　　阿那瓌之還國也，境上遷延，仍陳窘乏。遣尚書左丞元
孚奉詔振恤，阿那瓌執孚過柔玄，奔于漠北。遣尚書令李崇、
御史中尉兼右僕射元纂追討，不及。乃令景出塞，經瓮山，臨
瀚海，宣敕勒衆而返。景經涉山水，悵然懷古，乃擬劉琨《扶
風歌》十二首。
　　《魏書》卷八十二《列傳第七十·常景》，頁一八〇三至
一八〇四

　　阿那瓌之還國也，境上遷延，仍陳窘乏。遣尚書左丞元
孚奉詔振恤，阿那瓌執孚過柔玄，奔于漠北。遣尚書令李崇、
御史中尉兼右僕射元纂追討不及。乃令景出塞，經瓮山，臨
瀚海，宣敕勒衆而返。景經涉山水，悵然懷古，乃擬劉琨《扶
風歌》十二首。進號征虜將軍。
　　《北史》卷四十二《列傳第三十·常景》，頁一五五八

後魏蠕蠕主阿那瓌來朝，及其還國也，境上遷延，仍陳窘乏。遣尚書左丞元孚奉詔賑恤。那瓌執孚過柔玄，奔于漠北。遣尚書令李崇、御史中尉兼右僕射元纂追討，不及。

《册府元龜》卷九九八《外臣部·姦詐》，頁一一七一〇

正光中，四方兵起，遂散畜牧，招合義勇，給其衣馬。蠕蠕主阿那瓌寇掠北鄙，詔假榮節，冠軍將軍、別將，隸都督李崇北征。榮率其所部四千人追擊，度磧，不及而還。

《魏書》卷七十四《列傳第六十二·尒朱榮》，頁一六四四至一六四五

又尒朱榮討蠕蠕，道穆監其軍事，榮甚憚之。

《魏書》卷七十七《列傳第六十五·高崇附高道穆》，頁一七一四

尒朱榮討蠕蠕，道穆監其軍事，榮甚憚之。

《北史》卷五十《列傳第三十八·高道穆》，頁一八二七

尒朱榮爲游擊將軍。蠕蠕主阿那瓌寇掠北鄙，詔假榮節、冠軍將軍、別將，隸都督李崇北征。榮率其所部四千人追擊，度磧，不及而還。

《册府元龜》卷三五四《將帥部·立功七》，頁四二〇一

尒朱榮討蠕蠕，道穆監其軍事，榮甚憚之。

《通志》卷一百五十一《列傳六十四·高道穆》，頁二四

四七中

常善,高陽人也。世爲豪族。[一六]父安成,魏正光末,茹茹寇邊,以統軍從鎮將慕容勝與戰,大破之。

【校勘記】

〔一六〕高陽人也世爲豪族　按高陽是瀛州屬郡,不是鎮。下文稱其父安成從鎮將慕容勝與茹茹戰,不知是哪一鎮。疑"世爲豪族"下當有徙居北邊某鎮的話,傳本脱去。

《周書》卷二十七《列傳第十九·常善》,頁四四六、四六〇

〔雄從父兄纂〕尚書令李崇北伐蠕蠕,引爲録事參軍。

《魏書》卷七十七《列傳第六十五·辛雄附辛纂》,頁一六九九

八月己巳,詔曰:"狂蠢肆暴,陵竊北垂,雖軍威時接,賊徒懾遁,然獷虐所過,多離其禍,言念斯弊,有軫深懷。可敕北道行臺,遣使巡檢,遭寇之處,饑餒不粒者,厚加賑恤,務令存濟。"

《魏書》卷九《肅宗紀》,頁二三五

同始弟同慶,篤厚廉慎,爲司徒田曹參軍,李崇驃騎府外兵參軍。隨崇北征,有方直之稱。

《魏書》卷三十三《列傳第二十一·公孫表附公孫同慶》,頁七八六

子恭道,性温良,頗有文學。州辟主簿。李崇北征,以爲開府墨曹參軍。

《北齊書》卷二十二《列傳第十四·盧文偉附盧恭道》,頁三二〇

正光四年,柔然入寇,懷朔鎮民挾忿殺其鎮將,遂反。未幾,沃野鎮民破六韓拔陵聚衆反,今榆林鎮廢夏州西有沃野故城。諸鎮華夷之民往往響應。

《讀史方輿紀要》卷四《歷代州域形勢四》,頁一七七

鮮卑既入中國,而蠕蠕據其土。後魏時,蠕蠕主阿那瓌大餒,求糧於魏,魏帝使元孚賑恤之,既飽,遂寇暴。及蠕蠕衰而突厥興,自劉石至後周,皆北狄種類,相與婚姻,高氏聘蠕蠕女爲妻,宇文氏以突厥女爲后。

《通典》卷二百《邊防十六·北狄七·鹽漠念》,頁五四九五

鮮卑既入中國,[二八]而蠕蠕據其土。後魏時,蠕蠕主阿那瓌大餒,求糧于魏,魏帝使元孚賑恤之,既飽,遂寇暴。及蠕蠕衰而突厥興,自劉、石至後周,皆北狄種類,相與婚姻,高氏聘蠕蠕女爲妻,宇文氏以突厥女爲后。

【校勘記】

〔二八〕鮮卑既入中國　“既”,底本作“俱”,據宋版、萬本及《通典·邊防一六》改。

《太平寰宇記》卷之二百《四夷二十九·北狄十二·雜說并論》,頁三八四〇、三八五五

鮮卑既入中國，而蠕蠕據其土。後魏時，蠕蠕主阿那瓌大餒，求糧於魏，魏帝使元孚賑恤之，既飽，遂寇暴，及蠕蠕衰而突厥興。自劉、石至後周，皆北狄種類，相與婚姻，高氏娉蠕蠕女爲妻，宇文氏以突厥女爲后。

《文獻通考》卷三百四十八《四裔考二十五·鹽漠念》，頁九九六〇

公元五二四年　　魏孝明帝正光五年　　梁武帝普通五年　柔然阿那瓌三年

及沃野鎮人破六韓拔陵反叛，臨淮王彧討之，失利，詔深爲北道大都督，〔一九〕受尚書令李崇節度。時東道都督崔暹敗於白道，〔二〇〕深上書曰："邊豎構逆，以成紛梗，其所由來，非一朝也。昔皇始以移防爲重，盛簡親賢，擁麾作鎮，配以高門子弟，以死防遏，不但不廢仕宦，至乃偏得復除。當時人物，忻慕爲之。及太和在歷，僕射李冲當官任事，涼州土人，悉免廝役，豐沛舊門，仍防邊戍。自非得罪當世，莫肯與之爲伍。征鎮驅使，但爲虞候白直，一生推遷，不過軍主。然其往世房分留居京者得上品通官，在鎮者便爲清途所隔。或投彼有北，以御魑魅，多復逃胡鄉。乃峻邊兵之格，鎮人浮遊在外，皆聽流兵捉之。於是少年不得從師，長者不得遊宦，獨爲匪人，言者流涕。"

"自定鼎伊洛，邊任益輕，唯底滯凡才，出爲鎮將，轉相模習，專事聚斂。或有諸方姦吏，犯罪配邊，爲之指蹤，過弄官府，政以賄立，莫能自改。咸言姦吏爲此，無不切齒憎怒。及阿那瓌背恩，縱掠竊奔，命師追之，十五萬衆度沙漠，不日而

還。邊人見此援師，便自意輕中國。尚書令臣崇時即申聞，求改鎮爲州，將允其願，抑亦先覺。朝廷未許。而高闕戍主率下失和，拔陵殺之，敢爲逆命，[二一] 攻城掠地，所見必誅。王師屢北，賊黨日盛。此段之舉，指望銷平。其崔暹隻輪不反，臣崇與臣逡巡復路。今者相與還次雲中，馬首是瞻，未便西邁，將士之情，莫不解體。今日所慮，非止西北，將恐諸鎮尋亦如此，天下之事，何易可量。”

時不納其策。

【校勘記】

〔一九〕詔深爲北道大都督　按卷九《肅宗紀》正光五年五月：“詔尚書令李崇爲大都督，率廣陽王淵等北討。”當時李崇是大都督，元淵受他節度，不得有“大都督”之號，下文崔暹只稱東道都督，可證。這裏“大”字衍。

〔二〇〕時東道都督崔暹敗於白道　《北史》卷一六，《册府》卷四〇四（四八〇八頁）此下有“深率諸軍退還朔州”一句，此傳脱。

〔二一〕敢爲逆命　諸本及《北史》卷一六無“敢”字，據《册府》卷四〇四（四八〇八頁）補。

《魏書》卷十八《太武五王列傳第六·廣陽王建附拓跋深》，頁四二九至四三〇、四三八

及沃野鎮人破六韓拔陵反叛，臨淮王彧討之失利，詔深爲北道大都督，受尚書令李崇節度。時東道都督崔暹敗於白道，深等諸軍退還朔州。深上書曰：“邊豎構逆，以成紛梗，其所由來，非一朝也。昔皇始以移防爲重，盛簡親賢，擁麾

作鎮,配以高門子弟,以死防遏。不但不廢仕宦,至乃偏得復除,當時人物,忻慕爲之。及太和在歷,僕射李冲當官任事,凉州土人,悉免廝役;豐沛舊門,仍防邊戍。自非得罪當世,莫肯與之爲伍。征鎮驅使爲虞候、白直,一生推遷,不過軍主。然其往世房分,留居京者,得上品通官;在鎮者,便爲清途所隔。或投彼有北,以御魑魅,多復逃胡鄉。乃峻邊兵之格,鎮人浮遊在外,皆聽流兵捉之。於是少年不得從師,長者不得遊宦。獨爲匪人,言者流涕。”

“自定鼎伊洛,邊任益輕,唯底滯凡才,出爲鎮將。轉相模習,專事聚斂。或有諸方姦吏,犯罪配邊,爲之指蹤,過弄官府,政以賄立,莫能自改。咸言姦吏爲此,無不切齒增怒。及阿那瓌背恩,縱掠竊奔,命師追之,十五萬衆度沙漠,不日而還。邊人見此援師,便自意輕中國。尚書令臣崇時即申聞,求改鎮爲州,將允其願,抑亦先覺,朝廷未許。而高闕戍主,率下失和,拔陵殺之爲逆命,攻城掠地,所見必誅。王師屢北,賊黨日盛。此段之舉,指望銷平。其崔暹隻輪不反,臣崇與臣,逡巡復路。今者相與,還次雲中。馬首是瞻,未便西邁。將士之情,莫不解體。今日所慮,非止西北,將恐諸鎮尋亦如此。天下之事何易可量!”

時不納其策。

《北史》卷十六《列傳第四·太武五王·廣陽王建附拓跋深》,頁六一六至六一七

廣陽王深上言:“先朝都平城,上,時掌翻。朝,直遥翻。以北邊爲重,盛簡親賢,擁麾作鎮,謂鎮將也。配以高門子弟,以死防遏,

非唯不廢仕宦，乃更獨得復除，高門子弟，謂其先世與魏同起於代北者，所謂大姓九十九。復，方目翻。當時人物，忻慕爲之。太和中，僕射李冲用事，凉州土人悉免斯役；李寶自敦煌入朝于魏，至子冲親貴，厚其鄉人，故凉土之人悉免斯役。帝鄉舊門，仍防邊戍，自非得罪當世，莫肯與之爲伍。本鎮驅使，但爲虞候、白直，杜佑曰：白直無月給。一生推遷，不過軍主；然其同族留京師者得上品通官，在鎮者即爲清途所隔，或多逃逸。乃峻邊兵之格，鎮人不聽浮遊在外，於是少年不得從師，長者不得遊宦，少，詩照翻。長，知兩翻。獨爲匪人，言之流涕！自定鼎伊、洛，邊任益輕，唯底滯凡才，乃出爲鎮將，轉相模習，專事聚斂。或諸方姦吏，犯罪配邊，爲之指蹤，政以賄立，邊人無不切齒。及阿那瓌背恩縱掠，斂，力贍翻。背，蒲妹翻。發奔命追之，十五萬衆度沙漠，不日而還。事見上卷上年還，從宣翻，又如字。邊人見此援師，遂自意輕中國。師速而疾，邊人見其不能盡敵而反，意遂輕之。尚書令臣崇求改鎮爲州，抑亦先覺，朝廷未許。而高闕戍主御下失和，酈道元曰：趙武靈王既襲胡服，自代並陰山下至高闕爲塞。山下有長城，長城之際，連山刺天。其山中斷，兩岸雙闕雲舉，望若闕焉，故有高闕之名。自闕北出荒中，闕口有城，跨山結局，謂之高闕戍。拔陵殺之，遂相帥爲亂，帥，讀曰率。攻城掠地，所過夷滅，王師屢北，賊黨日盛。此段之舉，指望銷平；而崔暹隻輪不返，臣崇與臣逡巡復路，復路者，還即舊路也。相與還次雲中，將士之情莫不解體。今日所慮，非止西北，將恐諸鎮尋亦如此，天下之事，何易可量！”書奏，不省。爲魏主思崇、深之言張本。易，以豉翻。量，音良。省，悉景翻。

《資治通鑑》卷一百五十《梁紀六·武帝普通五年》，頁四六八一至四六八二

　　後北鎮破落汗拔陵反叛，所在響應。征北將軍、臨淮王或大敗於五原，安北將軍李叔仁尋敗於白道，賊衆日甚。詔引丞相、令、僕、尚書、侍中、黃門於顯陽殿，詔曰："朕比以鎮人構逆，登遣都督臨淮王克時除蕘。軍届五原，前鋒失利，二將殞命，兵士挫衂。又武川乖防，復陷凶手。恐賊勢侵淫，寇連恒朔。金陵在彼，夙夜憂惶。諸人宜陳良策，以副朕懷。"吏部尚書元脩義曰："强寇充斥，事須得討。臣謂須得重貴，鎮壓恒朔，總彼師旅，備衛金陵。"詔曰："去歲阿那瓌叛逆，遣李崇令北征，崇遂長驅塞北，返斾榆關，此亦一時之盛。崇乃上表求改鎮爲州，罷削舊貫。朕于時以舊典難革，不許其請。尋李崇此表，開諸鎮非異之心，致有今日之事。但既往難追，爲復略論此耳。朕以李崇國戚望重，器識英斷，意欲還遣崇行，總督三軍，揚斾恒朔，除彼群盜。諸人謂可爾以不？"僕射蕭寶夤等曰："陛下以舊都在北，憂慮金陵，臣等實懷悚息。李崇德位隆重，社稷之臣，陛下此遣，實合群望。"崇啓曰："臣實無用，猥蒙殊寵，位妨賢路，遂充北伐。徒勞將士，無勳而還，慚負聖朝，於今莫已。臣以六鎮幽垂，與賊接對，鳴柝聲弦，弗離旬朔。州名差重於鎮，謂實可悦彼心，使聲教日揚，微塵去塞。豈敢導此凶源，開生賊意。臣之愆負，死有餘責。屬陛下慈寬，賜全腰領。今更遣臣北行，正是報恩改過，所不敢辭。但臣年七十，自惟老疾，不堪敵場，更願英賢，收功盛日。"

　　於是詔崇以本官加使持節、開府、北討大都督，撫軍將軍崔暹，鎮軍將軍、廣陽王淵皆受崇節度。又詔崇子光禄大夫神軌，假平北將軍，隨崇北討。崇至五原，崔暹大敗于白道之北,賊遂并力攻崇。崇與廣陽王淵力戰,累破賊衆,相持至冬,乃引還平城。

《魏書》卷六十六《列傳第五十四·李崇》,頁一四七三至一四七四

後北鎮人破落汗拔陵反,所在響應。征北將軍、臨淮王彧大敗於五原,安北將軍李叔仁尋敗於白道,賊衆日甚。詔引丞相、令、僕、尚書、侍中、黃門於顯陽殿,曰:"賊勢侵淫,寇連恒、朔,金陵在彼,夙夜憂惶。諸人宜陳良策。"吏部尚書元脩義以爲須得重貴,鎮壓恒、朔,總彼師旅,備衛金湯。詔曰:"去歲阿那瓌叛逆,遣李崇北征,崇遂長驅塞北,返斾楡關,此一時之盛。朕以李崇國戚望重,器識英斷,意欲還遣崇行,總督三軍,揚斾恒、朔,諸人謂可爾不?"僕射蕭寶夤等曰:"陛下此遣,實合群望。"於是詔崇以本官加使持節、開府、北討大都督,撫軍將軍崔暹、鎮軍將軍廣陽王深皆受崇節度。又詔崇子光禄大夫神軌假平北將軍,隨崇北討。崇至五原,崔暹大敗于白道之北,賊遂并力攻崇。崇與廣陽王深力戰,累破賊衆。相持至冬,乃引還平城。

《北史》卷四十三《列傳第三十一·李崇》,頁一五九九

魏主引丞相、令、僕、尚書、侍中、黃門於顯陽殿,問之曰:"今寇連恒、朔,逼近金陵,魏未遷洛以前,諸帝皆葬雲中之金陵。恒,户登翻。近,其靳翻。計將安出?"吏部尚書元脩義請遣重臣督軍鎮恒、朔以捍寇,帝曰:"去歲阿那瓌叛亂,遣李崇北征,崇上表求改鎮爲州,朕以舊章難革,不從其請。尋崇此表,開

鎮戶非冀之心,致有今日之患;但既往難追,聊復略論耳。然崇貴戚重望,李崇,文成皇后兄誕之子,歷方面,有時望。器識英敏,意欲遣崇行,何如?”僕射蕭寶寅等皆曰:“如此,實合群望。”崇曰:“臣以六鎮遐僻,密邇寇戎,杜佑曰:六鎮並在今馬邑、雲中、單于界。欲以慰悅彼心,豈敢導之爲亂!臣罪當就死,陛下赦之;今更遣臣北行,正是報恩改過之秋。但臣年七十,加之疲病,不堪軍旅,願更擇賢材。”帝不許。

《資治通鑑》卷一百五十《梁紀六·武帝普通五年》,頁四六七九

正光中,尚書左丞元孚慰勞蠕蠕,反被拘留。及蠕蠕大掠而還,置孚歸國。事下廷尉,卿及監以下謂孚無坐,惟謙之以孚辱命,□以流罪。

《魏書》卷七十七《列傳第六十五·高崇附高謙之》,頁一七〇八

肅宗以沃野、懷朔、薄骨律、武川、撫冥、柔玄、懷荒、禦夷諸鎮並改爲州,其郡縣戍名令準古城邑。詔道元持節兼黃門侍郎,與都督李崇籌宜置立,裁減去留,儲兵積粟,以爲邊備。

《魏書》卷八十九《列傳酷吏第七十七·酈道元》,頁一九二五

明帝以沃野、懷朔、薄骨律、武川、撫冥、柔玄、懷荒、禦夷諸鎮並改爲州,其郡、縣、戍名,令準古城邑。詔道元持節兼黃門侍郎,馳驛與大都督李崇籌宜置立,裁減去留。會諸鎮

叛,不果而還。

《北史》卷二十七《列傳酷吏第七十七·酈道元》,頁
九九五

孝昌末,拔陵反叛,茹茹餘衆入寇馬邑,[一七]平以統軍
屬,有戰功,補別將。

【校勘記】

〔一七〕孝昌末拔陵反叛茹茹餘衆入寇馬邑　按《魏
書》卷九《肅宗紀》"茹茹主阿那瓌率衆犯塞",在正光四
年(五二三)二月,破落汗拔陵起義在次年三月。孝昌元年
(五二五)北魏勾結茹茹主阿那瓌入塞鎮壓起義軍。前一次
和起義軍無關,這裏所説孝昌末的一次,則是北魏政權勾結
來的。史文敘事牽連不清,企圖以"茹茹入塞"駕罪破落汗
拔陵的起義,故爲辯之。

《北齊書》卷二十《列傳第十二·叱列平》,頁二七八、
二八七

紹又表曰:"臣聞文質互用,治道以之緝熙;洿隆得時,
人物以之通濟。故能事恢三靈,仁洽九服。伏惟陛下應靈踐
阼,冲明照物,宰輔忠純,伊霍均美,既致昇平之基,應成無
爲之業。而漠北叛命,隴右構逆,中州驚擾,民庶竊議,其故
何哉?皆由上法不通,下情怨塞故也。臣雖愚短,具鑒始末。
往在代都,武質而治安;中京以來,文華而政亂。故臣昔於太
和,極陳得失,具論四方華夷心態,高祖垂納,文應可尋。延
昌、正光,奏疏頻上,主者收録,不蒙報問,即日事勢,乃至於

此，盡微臣豫陳之驗。今東南有竊號之豎，西北有逆命之寇，
豈得怨天，實尤人矣。臣今不憂荒外，正慮中畿，急須改張，
以寧其意。若仍持疑，變亂尋作，肘腋一乖，大事去矣。然臣
奉國四世，欣戚是同，但職在冗散，不關樞密，寧濟之計，欲陳
無所，可謂經緯甚多，無機可織。夫天下者，大器也。一正難
傾，一傾難正。當今之危，躡足之急，臣備肉食，痛心無已。
泣血上陳，願垂采察。若得言參執事，獻可替否，寇逆獲除，
社稷稱慶，雖死如生，犬馬情畢。”

《魏書》卷七十八《列傳第六十六·孫紹》，頁一七二五
至一七二六

公元五二五年　魏孝明孝昌元年　梁武帝普通六年
柔然敕連頭兵豆伐可汗元年

柔然王阿那瓌爲魏討破六韓拔陵，魏遣牒云具仁齎雜物
勞賜之。爲，于僞翻。勞，力到翻；下同。阿那瓌勒衆十萬，自武
川西向沃野，屢破拔陵兵。《稽古録》是年書蠕蠕殺破六韓拔陵，
在誅元叉之下。夏，四月，魏主復遣中書舍人馮儁勞賜阿那瓌。
復，扶又翻。阿那瓌部落浸强，自稱敕連頭兵豆伐可汗。魏收
曰：魏言總攬也。

《資治通鑑》卷一百五《梁紀六·武帝普通六年》，頁
四六九五

後靈太后返政，以元叉爲尚書令，解其領軍。子熙與懌
中大夫劉定興、學官令傅靈檽、賓客張子慎伏闕上書曰：

“竊惟故主太傅清河王，職綜樞衡，位居論道，盡忠貞以

奉公,竭心膂以事國,自先皇崩殂,陛下冲幼,負扆當朝,義同分陝。宋維反常小子,性若青蠅,污白點黑,讒佞是務,以元叉皇姨之壻,權勢攸歸,遂相附託,規求榮利,共結圖謀,坐生眉眼,誣告國王,枉以大逆。賴明明在上,赫赫臨下,泥漬自消,玉質還潔。謹案律文:諸告事不實,以其罪罪之。維遂無罪,出爲大郡,刑賞僭差,朝野怪愕。若非宋維與叉爲計,豈得全其身命,方撫千里?

　　王以權在寵家,塵謗紛雜,恭慎之心,逾深逾屬,去其本宅,移住殿西,闔門静守,親賓阻絶。于時,吏部諮禀劉騰,奏其弟官,郡戍兼補。及經内呈,爲王駁退。騰由此生嫌,私深怨怒,遂乃擅廢太后,離隔二宫,拷掠胡定,〔一〕誣王行毒,含齒戴髮,莫不悲悼。及會公卿,議王之罪,莫不俯眉飲氣,唯諮是從。〔二〕僕射游肇,亢言屬氣,發憤成疾,爲王致死。王之忠誠款篤,節義純貞,非但藴藏胸襟,實乃形於文翰,搜括史傳,撰顯忠録,區目十篇,分卷二十。既欲彰忠心於萬代,豈可爲逆亂於一朝。乞追遺志,足明丹款。

　　叉籍寵姻戚,恃握兵馬,無君之心,實懷皂白。擅廢太后,枉害國王,生殺之柄,不由陛下,賞罰之詔,一出於叉。名藩重地,皆其親黨;京官要任,必其心腹。中山王熙,本興義兵,不圖神器,戮其大逆,合門滅盡,遂令元略南奔,爲國巨患。〔三〕奚康生國之猛將,盡忠棄市。其餘枉被屠戮者,不可稱數。緣此普天喪氣,匝地憤傷。致使朔隴猖狂,歷歲爲亂,荆徐蠢動,職是之由。昔趙高秉秦,令關東鼎沸;今元叉執權,使四方雲擾。自古及今,竹帛所載,賊子亂臣,莫此爲甚。

開逆之始,起自宋維,成禍之末,良由騰矣。而令凶徒姦黨,迭相樹置,高官厚禄,任情自取,非但臣等痛恨終身,抑爲聖朝懷慚負愧。以臣赤心慺慺之見,宜梟諸兩觀,洿其舍廬。騰合斲棺斬骸,沉其五族。上謝天人幽隔之憤,下報忠臣冤酷之痛。方乃崇亞三事,委以樞端,所謂虎也更傅其翼。朝野切齒,遌邇扼腕。蔓草難除,去之宜盡。臣歷觀曠代,緬追振古,當斷不斷,其禍更生。況又猜忍,更居衡要。臣中宵九歎,竊以寒心,實願宸鑒,早爲之所。

臣等潛伏閭閻,於茲六載,旦號白日,夕泣星辰,叩地寂寥,呼天無響。衛野納肝,秦庭夜哭,千古之痛,何足相比。今幸遇陛下叡聖,親覽萬幾,太后仁明,更撫四海,臣等敢詣闕披陳,乞報冤毒。”

書奏,靈太后義之,乃引子熙爲中書舍人。

【校勘記】

〔一〕拷掠胡定　諸本“掠”字缺,《册府》卷七一五(八五〇二頁)作“掠拷”,今據補“掠”字。

〔二〕唯諮是從　册府(同上卷頁)“諮”作“諾”。按“唯諮是從”語意晦澀,“諮”當是“諾”之訛。

〔三〕爲國巨患　諸本“巨”作“臣”,獨局本作“巨”。按作“臣”不可通,《册府》(同上卷頁)也作“巨”,今從局本。

《魏書》卷六十《列傳第四十八·韓麒麟附韓熙》,頁一三三四至一三三六、一三五一

〔六月〕蠕蠕主阿那瓌率衆大破拔陵,斬其將孔雀等。

《魏書》卷九《肅宗紀》,頁二四一

〔六月〕蠕蠕主阿那瓌大破拔陵。

《北史》卷四《魏本紀》,頁一五二

〔六月〕柔然頭兵可汗大破破六韓拔陵,可,從刊入聲。汗,音寒。斬其將孔雀等。拔陵避柔然,南徙渡河。此河謂北河也。將軍李叔仁以拔陵稍逼,求援於廣陽王深,深帥衆赴之。帥,讀曰率。賊前後降附者二十萬人,深與行臺元纂表"乞於恒州北別立郡縣,安置降戶,隨宜賑貸,息其亂心。"魏朝不從,朝,直遥翻。詔黃門侍郎楊昱分處之冀、定、瀛三州就食。處,昌呂翻。深謂纂曰:"此輩復爲乞活矣。"乞活事見八十六卷晉惠帝光熙元年按繫年圖書是年蠕蠕殺破六韓拔陵,《通鑑》明年書拔陵遣費律誘斬胡琛。

《資治通鑑》卷一百五《梁紀六·武帝普通六年》,頁四七〇五

六月癸未,大赦改元;蠕蠕主阿那瓌大破拔陵。

《通志》卷十五下《後魏紀十五下》,頁二九七中

武川城,在府北塞外,魏六鎮之一也……六年柔然阿那瓌爲魏討破六韓拔陵,自武川西向沃野,屢破拔陵兵。

《讀史方輿紀要》卷四十四《山西六》,頁二〇〇一

廣陽王嘉之子深,孝明時以沃野鎮人破六韓拔陵反叛,臨淮王彧討之失利,詔深爲北道大都督,受尚書令李崇節度。及李崇徵還,深專總戎政,拔陵避蠕蠕,南移渡河。先是,別

將李叔仁以拔陵來逼,請求迎援,深赴之,前後降附二十萬人。深與行臺元纂表求常州北別立郡縣,安置降户,隨宜賑齎,息其亂心,不從。詔遣黃門郎楊置分散之於冀、定、瀛三州就食,深謂纂曰:"此輩復爲乞活矣,禍亂當由此作。"既而鮮于脩禮叛於定州,杜洛周反於幽州。

　　　　《册府元龜》卷二七三《宗室部·智識》,頁三二三四

　　拔陵避蠕蠕,南移度河。先是別將李叔仁以拔陵來逼,請求迎援深赴之。前後降附二十萬人,深與行臺六纂表"求恒州北別立郡縣,安置降户,隨宜振資,息其亂心"。不從,詔遣黃門侍郎楊置分散之於冀、定、瀛三州就食。深謂纂曰:"此輩復爲乞活矣。"

　　　　《通志》卷八十四上《宗室七·元纂》,頁一〇六三下

　　冬十月,蠕蠕國主阿那瓌遣使朝貢。

　　　　　　　　　《魏書》卷九《肅宗紀》,頁二四二

　　冬十月,蠕蠕遣使朝貢。

　　　　　　　　　《北史》卷四《魏本紀》,頁一五二

　　十月,蠕蠕遣使朝貢。

　　　　《通志》卷十五下《後魏紀十五下》,頁二九七中

　　十有二月壬午,詔曰:"高祖以大明定功,世宗以下武寧亂,聲溢朔南,化清中宇,業盛隆周,祚延七百。朕幼齡纂曆,

夙馭鴻基,戰戰兢兢,若臨淵谷。闇於治道,政刑未孚,權臣擅命,亂我朝式。致使西秦跋扈,朔漠構妖,蠢爾荊蠻,氛埃不息。孔熾甚於涇陽,出軍切於細柳。而師旅盤桓,留滯不進,北淯懸危,南陽告急,將虧荊沔之地,以致蹙國之憂。今茅轂扼腕,爪牙歎憤,並欲摧挫封豕,剿截長蛇,使人神兩泰,幽明獻吉。朕將躬馭六師,掃蕩逋穢。其配衣六軍,分隸熊虎,前驅後隊,左翼右師,必令將帥雄果,軍吏明濟,糧仗車馬,速度時須。其有失律亡軍、兵戍逃叛、盜賊劫掠伏竄山澤者,免其往咎,錄其後效,別立募格,聽其自新,廣下州郡,令赴軍所。今先討荊蠻,疆理南服;戈旗東指,掃平淮外。然後奮七萃於西戎,騰五牛於北狄;躬撫亂離之苦,面恤饑寒之患。爾乃還蹕嵩宇,飲至廟庭,沉璧河洛,告成泰岱,豈不盛歟!百官內外、牧守軍宰,宜各肅勤,用明爾職。"

《魏書》卷九《肅宗紀》,頁二四二

　　十二月,壬午,魏主下詔曰:"朕將親御六師,掃蕩逋穢,今先討荊蠻,疆理南服。"

《資治通鑑》卷一百五十《梁紀六·武帝普通六年》,頁四七〇七

　　子昕,員外郎,直後,主衣都統,揚烈將軍,懷朔、武川鎮將,中散大夫。孝昌中,使蠕蠕,與阿那瓌擒逆賊破洛汗聽明、出六斤等。轉輔國將軍、北中郎將、恒州大中正。

《魏書》卷三十一《列傳第十九·于栗磾附于昕》,頁七四七

公元五二七年　魏孝明孝昌三年　梁武帝大通元年
柔然敕連頭兵豆伐可汗三年

〔四月〕己酉,蠕蠕國遣使朝貢。

　　　　　《魏書》卷九《肅宗紀》,頁二四七

〔四月〕己酉,柔然頭兵可汗遣使入貢於魏,可,從刊入聲。汗,音寒。使,疏吏翻。且請討群賊。魏人畏其反覆,詔以盛暑,且俟後敕。

　　《資治通鑑》卷一百五十一《梁紀七·武帝大通元年》,頁四七二四

六月,蠕蠕國遣使朝貢。

　　　　　《魏書》卷九《肅宗紀》,頁二四七

是歲,蠕蠕遣使朝貢。

　　　　《通志》卷十五下《後魏紀十五下》,頁二九七下

謙之又上疏曰:臣聞夏德中微,少康成克復之主;周道將廢,宣王立中興之功。則知國無常安,世無恒弊,唯在明主所以變之有方,化之有道耳。

自正光已來,邊城屢擾,命將出師,相繼於路,軍費戎資,委輸不絕。至如弓格賞募,咸有出身;槊刺斬首,又蒙階級。故四方壯士,願征者多,各各為己,公私兩利。若使軍帥必得其人,賞勳不失其實,則何賊不平,何征不捷也! 諸守帥或非

其才,多遣親者妄稱入募,別倩他人引弓格,虛受征官。身不赴陳,惟遣奴客充數而已,對寇臨敵,曾不彎弓。則是王爵虛加,征夫多闕,賊虜何可殄除,忠貞何以勸誡也?且近習、侍臣、戚屬、朝士,請託官曹,擅作威福。如有清貞奉法不爲回者,咸共譖毀,橫受罪罰。在朝顧望,誰肯申聞?蔽上擁下,虧風壞政。使讒諂甘心,忠讜息義。

況且頻年以來,多有徵發,民不堪命,動致流離,苟保妻子,競逃王役,不復顧其桑井,憚比刑書。[八]正由還有必困之理,歸無自安之路。若聽歸其本業,徭役微甄,則還者必衆,墾田增闢,數年之後,大獲課民。今不務以理還之,但欲嚴符切勒,恐數年之後,走者更多,安業無幾。

故有國有家者,不患民不我歸,唯患政之不立,不恃敵不我攻,唯恃吾不可侮。此乃千載共遵,百王一致。且琴瑟不韻,知音改弦更張;騑驂未調,善御執轡成組。諺云:“迷而知反,得道不遠。”此言雖小,可以諭大。陛下一日萬機,事難周覽,元、凱結舌,莫肯明言。臣雖庸短,世受榮禄,竊慕前賢匪躬之義,不避斧鉞之誅,以希一言之益。伏願少垂覽察,略加推采,使朝章重舉,軍威更振,海内起惟新之歌,天下見復禹之績,則臣奏之後,笑入下泉。

【校勘記】

〔八〕憚比刑書 《北史》卷五〇《高道穆附高謙之傳》“比”作“此”,疑是。

《魏書》卷七十七《列傳第六十五·高崇附高謙之》,頁一七〇九至一七一〇、一七二一

　　謙之又上疏，以爲“自正光以來，邊城屢擾，命將出師，相繼於路。但諸將帥，或非其才，多遣親者，妄稱入募，唯遣奴客充數而已。對寇臨敵，略不彎弓。則是王爵虛加，征夫多闕，賊虜何可殄除？忠貞何以勸誡也？且近習侍臣，戚屬朝士，請託官曹，擅作威福。如有清貞奉法不爲回者，咸共譖毀，横受罪罰。在朝顧望，誰肯申聞？蔽上擁下，虧風損政，使讒諂甘心，忠讜息義。且頻年以來，多有徵發，人不堪命，動致流離，苟保妻子，競逃王役，不復顧其桑井，憚此刑書。正由還有必困之理，歸無自安之路。若聽歸其本業，徭役微甄，則還者必衆，墾田增闢，數年之後，大獲課入。今不務以理還之，但欲嚴符切勒，恐數年之後，走者更多。故有國有家者，不患人不我歸，唯患政之不立；不恃敵不我攻，唯恃吾不可侮。此乃千載共遵，百王一致。伏願少垂覽察”。

　　《北史》卷五十《列傳第三十八·高道穆附高謙之》，頁一八三〇至一八三一

　　蠕蠕主阿那瓌亡破來奔，朝廷矜之，送復其國。既而每使朝貢，辭旨頗不盡禮。躍爲朝臣書與瓌，陳以禍福，言辭甚美。

　　《魏書》卷八十五《列傳文苑第七十三·袁躍》，頁一八七〇

　　蠕蠕主阿那瓌亡破來奔，朝廷矜之，送復其國。既而每使朝貢，辭旨頗不盡禮。躍爲朝臣書與瓌，陳以禍福，言辭甚美。

　　《北史》卷四十七《列傳第三十五·袁翻附袁躍》，頁

一七一七至一七一八

蠕蠕主阿那瓌亡破來奔，朝廷矜之，送復其國。既而每遣使朝貢，辭旨頗不盡禮。躍爲朝臣書與瓌，陳以禍福，言辭甚美。

《通志》卷一百七十六《文苑二・袁躍》，頁二八二一

公元五二八年　魏孝莊帝建義(永安)元年　梁武帝大通二年　柔然敕連頭兵豆伐可汗四年

〔正月〕乙酉，芮芮國遣使獻方物。

《梁書》卷三《武帝紀》，頁七二

二年春正月乙酉，蠕蠕國遣使朝貢。

《南史》卷七《梁本紀》，頁二〇五

二年春正月乙酉，蠕蠕國遣使朝貢。

《通志》卷十三《梁紀十三》，頁二四九中

葛榮以司徒說津，津大怒，斬其使以絕之。自受攻圍，經涉三稔，朝廷不能拯赴。乃遣長子遁突圍而出，詣蠕蠕主阿那瓌，令其討賊。遁日夜泣論，阿那瓌遣其從祖吐豆發率精騎一萬南出，前鋒已達廣昌，賊防塞隘口，蠕蠕持疑，遂還。

《魏書》卷五十八《列傳第四十六・楊播附楊津》，頁一二九八

葛榮以司徒說津，津大怒，斬其使以絕之。自受攻圍，經

歷三稔,朝廷不能拯赴。乃遣長子遁突圍出,詣蠕蠕主阿那瓌,令其討賊。遁日夜泣訴,阿那瓌遣其從祖吐豆發率精騎南出。前鋒已達廣昌,賊防塞隘口,蠕蠕遂還。

《北史》卷四十一《列傳第二十九‧楊播附楊津》,頁一四九六

魏北道行臺楊津守定州城,居鮮于脩禮、杜洛周之間,迭來攻圍;津蓄薪糧,治器械,治,直之翻。隨機拒擊,賊不能克。津潛使人以鐵券説賊黨,賊黨有應津者,遺津書曰:"賊所以圍城,正爲取北人耳。説,式芮翻。遺,于季翻。爲,于僞翻。城中北人,宜盡殺之,不然,必爲患。"津悉收北人内子城中而不殺,眾無不感其仁。及葛榮代脩禮統眾,榮得脩禮之眾,見上卷普通七年。使人説津,許以爲司徒,津斬其使,固守三年。普通七年春,津守定州,至是三年説,式芮翻。其使,疏吏翻。杜洛周圍之,魏不能救。津遣其子遁突圍出,詣柔然頭兵可汗求救。遁日夜泣請,頭兵遣其從祖吐豆發帥精騎一萬南出;前鋒至廣昌,賊塞隘口,廣昌縣自漢以來屬代郡。自廣昌東南山南出倒馬關,至中山上曲陽縣,關山險隘,實爲深峭,石磴逶迤,沿塗九曲。可,從刊入聲。汗,音寒。從,才用翻。帥,讀曰率;下同。塞,悉則翻。柔然遂還。

《資治通鑑》卷一百五十二《梁紀八‧武帝大通二年》,頁四七三三至四七三四

葛榮以司徒説津,津大怒,斬其使以絶之。自受攻圍,經歷三稔,朝廷不能拯赴。乃遣長子遁突圍出,詣蠕蠕主阿那瓌,令其討賊。遁日夜泣訴,阿那瓌遣其從祖吐豆發率精騎

南出。前鋒已達廣昌,賊防塞隘口,蠕蠕遂還。

　　《通志》卷一百五十上《列傳六十三·楊津》,頁二三九六中

　　又北魏武泰初,定州爲上谷賊杜洛周所圍,刺史楊津請救於柔然。柔然前鋒至廣昌,賊塞隘口,不能進而還,即此路也。

　　　　　　《讀史方輿紀要》卷十《北直一》,頁四三五

　　榮以山東賊盛,慮其西逸,乃遣兵固守滏口以防之。復上書曰:"臣前以二州頻反,大軍喪敗,河北無援,實慮南侵,故令精騎三千出援相州,京師影響,斷其南望,賊聞此衆,當亦息圖。使還,奉敕云:'念生梟勁,寶夤受擒,醜奴、明達並送誠款,三輔告謐,關隴載寧。費穆虎旅,大翦妖蠻;兩絳狂蜀,漸已稽顙。'又承北海王顥率衆二萬出鎮相州。北海皇孫,名位崇重,鎮撫鄴城,實副群望。惟願廣其配衣,及機早遣。今關西雖平,兵未可役,山南隣賊,理無發召,王師雖衆,頻被摧北,人情危怯,實謂難用,若不更思方略,無以萬全。如臣愚量,蠕蠕主阿那瓌荷國厚恩,未應忘報,求乞一使慰喻那瓌。即遣發兵東引,直趣下口,揚威振武,以躡其背;北海之軍,鎮撫相部,嚴加警備,以當其前;臣麾下雖少,輒盡力命,自井陘以北,隘口以西,分防險要,攻其肘腋。葛榮雖并洛周,威恩未著,人類差異,形勢可分。"於是榮遂嚴勒部曲,廣召義勇,北捍馬邑,東塞井陘。尋屬肅宗崩,事出倉卒。

　　《魏書》卷七十四《列傳第六十二·尒朱榮》,頁一六四五

至一六四六

榮以山東賊盛,慮其西逸,乃遣兵固守滏口以防之。於是北捍馬邑,東塞井陘。尋屬明帝崩,事出倉卒。

《北史》卷四十八《列傳第三十六·尒朱榮》,頁一七五三

榮上書以"山東群盜方熾,熾,尺志翻。冀、定覆没,官軍屢敗,請遣精騎三千東援相州"。騎,奇寄翻。相,息亮翻。太后疑之,報以"念生梟戮,寶寅就擒,醜奴請降,關、隴已定。費穆大破群蠻,絳蜀漸平。又,北海王顥帥衆二萬出鎮相州,不須出兵"。梟,堅堯翻。降,户江翻。帥,讀曰率;下同。榮復上書,復,扶又翻;下帝復同。以爲"賊勢雖衰,官軍屢敗,人情危怯,恐實難用。若不更思方略,無以萬全。臣愚以爲蠕蠕主阿那瓌荷國厚恩,蠕蠕之亂,魏援立阿那瓌,事見一百四十九卷普通元年至三年,蠕,人兖翻。荷,下可翻。未應忘報,宜遣發兵東趣下口以躡其背,言阿那瓌荷魏保護之恩,雖叛歸塞北,未應漠然忘報恩之心。下口蓋指飛狐口。趣,七諭翻。北海之軍嚴加警備以當其前。臣麾下雖少,輒盡力命自井陘以北,滏口以西,分據險要,攻其肘腋。少,詩沼翻。陘,音刑。滏,音釜。腋,音亦。葛榮雖并洛周,威恩未著,人類差異,形勢可分"。杜洛周,柔玄鎮民;葛榮,鮮于脩禮之黨;本非同類,吞并爲一。及其新合,亟加招討,則形勢可分也。遂勒兵召集義勇,北捍馬邑,東塞井陘。徐紇説太后以鐵券間榮左右,榮聞而恨之。

《資治通鑑》卷一百五十二《梁紀八·武帝大通二年》,頁四七三八

武泰初葛榮據冀、定諸州,尒朱榮請發柔然兵東趣下口

以躡其背,而相州重兵當其前。下口,蓋指飛狐口。

　　　　《讀史方輿紀要》卷三十九《山西一》,頁一八〇二

　　〔四月〕詔蠕蠕主阿那瓌贊拜不名,上書不稱臣。

　　　　　　《魏書》卷十《孝莊帝紀》,頁二五七

　　詔蠕蠕王阿那瓌讚拜不名,上書不稱臣。

　　　　　　《北史》卷五《魏本紀》,頁一六二

　　〔四月〕柔然頭兵可汗數入貢于魏,可,從刊入聲。汗,音寒。數,所角翻。魏詔頭兵贊拜不名,上書不稱臣。

　　《資治通鑑》卷一百五十二《梁紀八·武帝大通二年》,頁四七四六

　　〔丁未〕詔蠕蠕王阿那瓌讚拜不名,上書不稱臣。

　　　　　《通志》卷十五下《後魏紀十五下》,頁二九八中

　　永安中,除假員外散騎常侍,使蠕蠕。先是,蠕蠕稱藩上表,後以中州不競,書爲敵國之儀。寶責之。蠕蠕主大驚,自知惡,謝曰:“此作書人誤。”遂更稱藩。

　　　　《北史》卷二十《列傳第八·樓伏連附樓寶》,頁七五七

　　永定中,除假員外散騎常侍,使蠕蠕。先是,蠕蠕稱藩上表,後以中州不競,書爲敵國之儀。寶責之,蠕蠕主大驚,自知罪惡,謝曰:“此作書人誤。”遂更稱藩。

　　　　《通志》卷一百四十六《列傳五十九·樓伏連附樓寶》,

頁二三〇四上

公元五二九年　魏孝莊帝永安二年　梁武帝中大通元年　柔然敕連頭兵豆伐可汗五年

〔二月〕辛丑,芮芮國遣使獻方物。

《梁書》卷三《武帝紀》,頁七二

十一月,盤盤、蠕蠕國並遣使朝貢。

《建康實録》卷十七《梁高祖紀》,頁六八二

是歲,盤盤、蠕蠕國並遣使朝貢。

《通志》卷十三《梁紀十三》,頁二四九下

初,元子攸止單騎奔走,宮衛嬪侍無改於常,顥既得志,荒于酒色,乃日夜宴樂,不復視事,與安豐、臨淮共立姦計,將背朝恩,絶賓貢之禮;直以時事未安,且資慶之之力用,外同内異,言多忌刻。慶之心知之,亦密爲其計。乃説顥曰:"今遠來至此,未伏尚多,若人知虚實,方更連兵,而安不忘危,須預爲其策。宜啓天子,更請精兵;並勒諸州,有南人没此者,悉須部送。"顥欲從之,元延明説顥曰:"陳慶之兵不出數千,已自難制;今增其衆,寧肯復爲用乎? 權柄一去,動轉聽人,魏之宗社,於斯而滅。"顥由是致疑,稍成疏貳。慮慶之密啓,乃表高祖曰:"河北、河南一時已定,唯尒朱榮尚敢跋扈,臣與慶之自能擒討。今州郡新服,正須綏撫,不宜更復加兵,摇動百姓。"高祖遂詔衆軍皆停界首。洛下南人

不出一萬，羌夷十倍，軍副馬佛念言於慶之曰：“功高不賞，震主身危，二事既有，將軍豈得無慮？自古以來，廢昏立明，扶危定難，鮮有得終。今將軍威震中原，聲動河塞，屠顥據洛，則千載一時也。”……顥前以慶之爲徐州刺史，因固求之鎮。顥心憚之，遂不遣。乃曰：“主上以洛陽之地全相任委，忽聞捨此朝寄，欲往彭城，謂君遽取富貴，不爲國計，手敕頻仍，恐成僨責。”慶之不敢復言。魏天柱將軍尒朱榮、右僕射尒朱世隆、大都督元天穆、驃騎將軍尒朱吐没兒、榮長史高歡、鮮卑、芮芮，勒衆號百萬，挾魏主元子攸來攻顥。顥據洛陽六十五日，凡所得城，一時反叛。慶之渡河守北中郎城，三日中十有一戰，傷殺甚衆。榮將退，時有劉靈助者，^{〔六〕}善天文，乃謂榮曰：“不出十日，河南大定。”榮乃縛木爲筏，濟自硤石，與顥戰於河橋，顥大敗，走至臨潁，遇賊被擒，洛陽陷。慶之馬步數千，結陣東反，榮親自來追，值嵩高山水洪溢，軍人死散。慶之乃落鬚髮爲沙門，間行至豫州，豫州人程道雍等潛送出汝陰。至都，仍以功除右衛將軍，封永興縣侯，邑一千五百户。

【校勘記】

〔六〕時有劉靈助者　“靈”字各本脱，據《南史》及《通鑑》補，與《魏書》合。

《梁書》卷三十二《列傳第二十六·陳慶之》，頁四六二至四六三、四六八

及莊帝反政，因宴次謂尒朱榮曰：“前若不用高黄門計，則社稷不安。可爲朕勸其酒令醉。”榮對曰：“臣本北征蠕蠕，

高黄門與臣作監軍,臨事能決,實可任用。”

　　《魏書》卷七十七《列傳第六十五·高崇附高道穆》,頁
一七一六

　　及孝莊反政,因宴次謂尒朱榮曰:“前若不用高黄門計,
社稷不安,可爲朕勸其酒,令醉。”榮因陳其作監軍時,臨事能
決,[五]實可任用,尋除御史中尉,仍兼黄門。

【校勘記】

　　〔五〕榮因陳其作監軍時臨事能決　諸本“榮因”作“因
榮”,《通志》卷一五一《高恭傳》作“榮因”。《後魏書》卷七七
《高崇附子恭之傳》云:“榮對曰:‘臣本北征蠕蠕,高黄門與臣
作監軍,臨事能決,實可任用。’”則是尒朱榮因莊帝命之勸酒而
陳説舊事,並非高恭之因尒朱榮以陳述功績。通志是,今據乙。

　　《北史》卷五十《列傳第三十八·高崇附高道穆》,頁
一八二七、一八四〇

公元五三〇年　魏東海王建明元年　梁武帝中大通二年　柔然敕連頭兵豆伐可汗六年

　　魏長廣王立,改封燕郡公,兼侍中。使茹茹,還至晉陽,
值高祖將出山東,允素知高祖非常人,早自結託。

　　　　《北齊書》卷十九《列傳第十一·賀拔允》,頁二四五

　　魏長廣王立,除開府儀同三司,封燕郡公,[七]兼侍中,使
蠕蠕。還至晉陽,屬齊神武將出山東,允素知神武非常人,早
自結託。

【校勘記】

〔七〕封燕郡公　諸本"公"作"王",《北齊書》卷一九《賀拔允傳》作"公"。按下文云"進爵爲王",又《魏書》卷一一《出帝紀》太昌元年八月稱:"燕郡開國公賀拔允進爵爲王",則此時當是公。今據改。

《北史》卷四十九《列傳第三十七·賀拔允》,頁一七九五、一八一二至一八一三

魏長廣王立,除開府儀同三司,燕郡王,兼侍中,使蠕蠕。還至晉陽,屬齊神武將出山東,允素知神武非常人,早自結託。

《通志》卷一百五十一《列傳六十四·賀拔允》,頁二四四四上

公元五三一年　魏前廢帝太昌元年　梁武帝中大通三年
柔然敕連頭兵豆伐可汗七年

初,柔然頭兵可汗始得返國,事見一百四十九卷普通二年可,從刊入聲。汗,音寒。事魏盡禮。及永安以後,雄據北方,禮漸驕倨,雖信使不絶,不復稱臣。使,疏史翻;下同。復,扶又翻。頭兵嘗至洛陽,心慕中國,乃置侍中、黃門等官;後得魏汝陽王典籤淳于覃,親寵任事,以爲祕書監,使典文翰。及兩魏分裂,頭兵轉不遜,數爲邊患。數,所角翻。魏丞相泰以新都關中,方有事山東,欲結婚以撫之,以舍人元翌女爲化政公主,妻頭兵弟塔寒。妻,七細翻。又言於魏主,請廢乙弗后,納頭兵之女。甲辰,以乙弗后爲尼,魏立乙弗后,見上卷大同元年

使扶風王孚迎頭兵女爲后。頭兵遂留東魏使者元整，不報
其使。

　　《資治通鑑》卷一百五十二《梁紀八·武帝中大通三年》，
頁四八九二

　　又蠕蠕曰：太昌元年六月，阿那瓌遣使朝貢，并爲長子
請尚公主。孝武詔以范陽王誨之長女瑯琊公主許之，未及成
婚，帝入關東，西魏競結阿那瓌爲婚好，西魏文帝乃以孝武時
舍人元翌女稱爲化政公主，妻那瓌兄弟塔寒。

　　《太平御覽》卷一五十三《皇親部一九·公主中》，頁七四七

公元五三二年　　魏孝武帝永熙元年　　梁武帝中大通四年
柔然敕連頭兵豆伐可汗八年

　　六月癸亥朔，帝於華林園納訟。丙寅，蠕蠕、嚈噠、高
麗、契丹、庫莫奚國並遣使朝貢……癸酉，蠕蠕、嚈噠國遣使
朝貢。

　　　　《魏書》卷十一《出帝紀》，頁二八三至二八四

　　〔九月〕丙辰，蠕蠕、高昌國遣使朝貢。

　　　　　　《魏書》卷十一《出帝紀》，頁二八五

　　〔十一月〕乙巳，蠕蠕國遣使朝貢。

　　　　　　《魏書》卷十一《出帝紀》，頁二八六

　　是歲，蠕蠕、嚈噠、高麗、契丹、庫莫奚、高昌等國並遣使

朝貢。

《通志》卷十五下《後魏紀十五下》,頁三〇〇下

魏孝武即位,茹茹等諸番並遣使朝貢,帝臨軒宴之。有鷗飛鳴於殿前,帝素知熾善射,因欲示遠人,乃給熾御箭兩隻,命射之。鷗乃應弦而落,諸番人咸歎異焉。

《周書》卷六十一《列傳第二十二·竇熾》,頁五一八

《後魏書》曰:孝武即位,蠕蠕諸藩並遣使朝貢,帝臨軒宴之。有鷗鳥飛鳴於殿前。帝素知竇熾善射,因欲矜示遠人,乃給熾御箭兩,命射鷗,應而落。諸蕃人咸歎異焉。

《太平御覽》卷九二三《羽族部一〇·鷗》,頁四一〇〇

孝武即位,蠕蠕等諸蕃並遣使朝貢,帝臨軒宴之。有鷗飛鳴於殿前。帝素知熾善射,因欲矜遠人,乃給熾御箭兩隻,命射之,鷗乃應絃而落,諸蕃人咸歎異之。

《通志》卷一百五十六《列傳六十九·竇熾》,頁二五二二下

公元五三三年　魏孝武帝永熙二年　梁武帝中大通五年　柔然敕連頭兵豆伐可汗九年

〔三月〕辛卯,詔以前普解諸行臺,今阿至羅相率降款,復以齊獻武王爲大行臺,隨機裁處。

《魏書》卷十一《出帝紀》,頁二八七

是月,阿至羅十萬户内附。詔復以勃海王高歡爲大行臺,隨機裁處。

《北史》卷五《魏本紀》,頁一七二

正光以前,阿至羅常附於魏。阿至羅,高車種也。魏書:孝静帝興和三年,阿至羅國主副伏羅越君子去賓來降,封之爲高車王。及中原多事,阿至羅亦叛,丞相歡招撫之,阿至羅復降,凡十萬户。三月,辛卯,詔復以歡爲大行臺,魏方罷諸行臺,今復命歡以此職,以招撫阿至羅。使隨宜裁處。處,昌吕翻。歡與之粟帛,議者以爲徒費無益,歡不從;及經略河西,大收其用。謂救曹泥及取萬俟受洛干時也。

《資治通鑑》卷一百五十六《梁紀十二·武帝中大通五年》,頁四八三二

安吐根,安息胡人,曾祖入魏,家於酒泉。吐根魏末充使蠕蠕,因留塞北。天平初,蠕蠕主使至晉陽,吐根密啓本蕃情狀,神武得爲之備。蠕蠕果遣兵入掠,無獲而反。神武以其忠款,厚加賞賚。其後與蠕蠕和親,結成婚媾,皆吐根爲行人也。

《北史》卷九十二《列傳第八十·安吐根》,頁三〇四七

安吐根,安息胡人,曾祖入魏,家於酒泉。吐根魏末充使蠕蠕,因留塞北。天平初,蠕蠕主使至晉陽,吐根密啓本蕃情狀,神武得爲之備。蠕蠕果遣兵入掠,無獲而反。神武以其忠疑,厚加賞賚。其後與蠕蠕和親,結成婚媾,皆吐根爲行

人也。

《通志》卷一百八十四《佞倖一·安吐根》,頁二九五二中

公元五三四年　西魏孝武帝永熙三年　東魏孝静帝天平元年　梁武帝中大通六年　柔然敕連頭兵豆伐可汗十年

魏武帝末,高祖赴洛,以趙郡公琛爲行臺,守晉陽,以纂爲右丞。轉相府功曹參軍事,除右光禄大夫。使於茹茹,以銜命稱旨。歷中外、丞相二府從事中郎。

《北齊書》卷二十五《列傳第十七·張纂》,頁三五九

公元五三五年　西魏文帝大統元年　東魏孝静帝天平二年　梁武帝大同元年　柔然敕連頭兵豆伐可汗十一年

時與東魏爭衡,戎馬不息,蠕蠕乘虛,屢爲邊患。朝議欲結和親,乃使峙往。峙狀貌魁梧,善於辭令。蠕蠕主雅信重之,自是不復爲寇。太祖謂峙曰:“昔魏絳和戎,見稱前史。以君方之,彼有愧色。”

《周書》卷三十三《列傳第二十五·庫狄峙》,頁五六九

時與東魏爭衡,蠕蠕乘虛,屢爲邊患,朝議欲結和親,乃使峙往。峙狀貌魁梧,善於辭令,蠕蠕主雅信重之,自是不復爲寇。周文謂峙曰:“昔魏絳和戎,見稱前史。以君方之,彼有愧色。”

《北史》卷六十九《列傳第五十七·庫狄峙》,頁二三九四

　　時與東魏爭衡,蠕蠕乘虛,屢爲邊患,朝議欲結和親,乃使峙往。峙狀貌魁梧,善於辭令,蠕蠕主雅信重之,自是不復爲寇。文帝謂峙曰:"昔魏絳和戎,見稱前史。以君方之,彼有愧色。"

　　《通志》卷一百五十九《列傳七十二·庫狄峙》,頁二五七〇上

　　庫狄峙,代人。以奉使和蠕蠕,封高邑公。子嶷嗣。

　　《文獻通考》卷二百七十四《封建十五·周列侯》,頁七五〇二

　　《後魏書》曰:"……時新都關中,務欲東討,蠕蠕音軟寇邊,未遑北伐,故帝結婚以撫之。"

　　《太平御覽》卷一四〇《皇親部六·文帝乙弗后》,頁六八二

　　時新都關中,務欲東討,蠕蠕寇邊,未遑北伐,故帝結婚以撫之。

　　《通志》卷二十《后妃傳二·文帝乙弗后》,頁三九七下

　　柔然頭兵可汗求婚於東魏,丞相歡以常山王妹爲蘭陵公主,妻之。柔然數侵魏,妻,七細翻。數,所角翻。魏使中書舍人庫狄峙奉使至柔然,與約和親,使,疏吏翻。由是柔然不復爲寇。復,扶又翻。

　　《資治通鑑》卷一百五十七《梁紀十三·武帝大同元年》,頁四八六九

魏大統元年，蠕蠕請和親。文帝遣荐與楊寬使，并結婚
而還。進爵爲侯。又使荐納幣於蠕蠕。

《周書》卷三十三《列傳第二十五·楊荐》，頁五七一

大統元年，蠕蠕請和親，周文遣荐與楊寬使，并結婚而
還。進爵爲侯。又使荐納幣於蠕蠕。

《北史》卷六十九《列傳第五十七·楊荐》，頁二三九五

東魏孝静帝時，蠕蠕王阿那瓌遣朝貢求婚，以常山王妹
樂安公主許之，改爲蘭陵公主。瓌遣奉馬千匹爲聘禮，迎公
主。詔宗正無奇送公主往北。自是朝貢。

《册府元龜》九七八《外臣部·和親》，頁一一四九三

大統元年，蠕蠕請和親，文帝遣荐與楊寬使，并結婚而
還。進爵爲侯。又使荐納幣於蠕蠕。

《通志》卷一百五十九《列傳七十二·楊荐》，頁二五七〇上

初，突厥與周和親，許納女爲后。而齊人知之，懼成合從
之勢，亦遣使求婚，財饋甚厚。突厥貪其重賂，便許之。朝議
以魏氏昔與蠕蠕結婚，遂爲齊人離貳。今者復恐改變，欲遣
使結之。遂授慶左武伯，副楊荐爲使。

《周書》卷三十三《列傳第二十五·王慶》，頁五七五

初，突厥與周和親，許納女爲后。而齊人知之，懼成合從
之勢，亦遣使求婚，財饋甚厚。突厥貪其重賂，便許之。朝議

以魏氏昔與蠕蠕結婚,遂爲齊人離貳,今者復恐改變,欲遣使結之。遂授慶左武伯,副楊荐爲使。

　　《北史》卷六十九《列傳第五十七·王慶》,頁二三九七

　　初,突厥與周和親,許納女爲后。既而齊人知之,懼成合從之勢,亦遣使求婚,財饋甚厚。突厥貪其重賂,便許之。朝議以魏氏昔與蠕蠕結婚,遂爲齊人離貳,今者復恐改變,欲遣使結之。遂授慶左武伯,副楊荐爲使。

　　《通志》卷一百五十九《列傳七十二·王慶》,頁二五七〇中

公元五三六年　西魏文帝大統二年　東魏孝静帝天平三年　梁武帝大同二年　柔然敕連頭兵豆伐可汗十二年

　　天平中,越居復爲蠕蠕所破,伊匐子比適復殺越居而自立。

　　《魏書》卷一百三《列傳第九十一·高車》,頁二三一一

　　天平中,越居復爲蠕蠕所破,伊匐子比適復殺越居而自立。

　　《北史》卷九十八《列傳第八十六·高車·副伏羅》,頁三二七五

　　天平中,越居復爲蠕蠕所破,伊匐子比適復殺越居而自立。

　　《通志》卷二百《四夷七·高車》,頁三二〇八上

公元五三七年　西魏文帝大統三年　東魏孝静帝天平四年　梁武帝大同三年　柔然敕連頭兵豆伐可汗十三年

是歲,高麗、蠕蠕國並遣使朝貢。

　　　　　　《魏書》卷十二《孝静帝紀》,頁三〇二

是歲,高麗、蠕蠕並遣使朝貢。

　　　　　　《北史》卷五《魏本紀》,頁一八七

是歲,高麗、蠕蠕並遣使朝貢。

　　　　　　《通志》卷十五下《後魏紀十五下》,頁三〇三下

時蠕蠕主與孚相識,先請見孚,然後遣女。於是乃使孚行。蠕蠕君臣見孚,莫不懽悦,[二九]奉皇后來歸。

【校勘記】

〔二九〕蠕蠕君臣見孚莫不懽悦　諸本“懽”訛作“懼”,據《通志》改。

　　　　《北史》卷十六《列傳第四·太武五王·拓跋孚》,頁六一五、六二六

時蠕蠕主與孚相識,先請見孚,然後遣女。於是乃使孚行。蠕蠕君臣見孚,莫不懽悦,奉皇后來歸。

　　　　《通志》卷八十四上《宗室七上·拓跋孚》,頁一〇六三上

三年,徵拜司空,尋轉司徒。迎魏文帝悼后於茹茹。[二]

【校勘記】

〔二〕三年徵拜司空尋轉司徒迎魏文帝悼后於茹茹　張森楷云:"《北史·文帝紀》(卷五)三月(大統四年)'立蠕蠕女郁久閭氏爲皇后,大赦,以司空王盟爲司徒'。與此前後互異,未知孰是。"

《周書》卷二十二《列傳第十二·王盟》,頁三三三、三四四

大統三年,徵拜司空,轉司徒。迎魏文帝悼后於蠕蠕。[一]

【校勘記】

〔一〕迎魏文帝悼后於蠕蠕　諸本脱"魏"字,與周文帝混,據《周書》卷二〇《王盟傳》補。

《北史》卷六十一《列傳第四十九·王盟》,頁二一六三、二一九四

〔王懋〕從盟迎魏悼后還,拜城門校尉。

《周書》卷二十《列傳第十二·王盟附王懋》,頁三三四

大統三年,徵拜司空,轉司徒。迎文帝悼后於蠕蠕。

《通志》卷一百五十六《列傳六十九·王盟》,頁二五二一中

三年,使茹茹,迎魏文悼后。還,拜侍中、都督涇州諸軍事、涇州刺史。

《周書》卷二十二《列傳第十四·楊寬》,頁三六七

其後,遇宇文氏稱霸關中,用爲典籤,將命使於茹茹。

《北齊書》卷三十四《列傳第二十六‧楊愔附楊獻》,頁四六〇

周太祖據有關中,引之左右。嘗使詣杏城,屬茹茹種落携貳,屯於河表。誼因譬以禍福,誘令歸附,降者萬餘口。太祖深奇之,賜金銀百兩。齊遣其舍人楊暢結好於茹茹,太祖恐其并力,爲邊境之患,使誼聘茹茹。誼因啗以厚利,茹茹信之,遂與周連和,執暢付誼。太祖嘉之,拜車騎大將軍、儀同三司、略陽公府長史。

《隋書》卷三十九《列傳第四‧賀若誼》,頁一一五九

公元五三八年　西魏文帝大統四年　東魏孝静帝元象元年　梁武帝大同四年　柔然敕連頭兵豆伐可汗十四年

三月,立蠕蠕女郁久閭氏爲皇后,大赦。

《北史》卷五《魏本紀》,頁一七七

〔三月〕柔然送悼后於魏,郁久閭后謚曰悼。車七百乘,馬萬匹,駝二千頭。至黑鹽池,唐《志》:鹽州五原縣有烏池、白池。烏池,蓋即黑鹽池也。乘,繩證翻。遇魏所遣鹵簿儀衛。柔然營幕,户席皆東向,扶風王孚請正南面,后曰:“我未見魏主,固柔然女也。魏仗南面,我自東向。”丙子,立皇后郁久閭氏。

《資治通鑑》卷一百五十八《梁紀十四‧武帝大同四年》,頁四八九三

《後魏書》曰："……三月,立蠕蠕而蠢切女都九閭氏爲皇
后,大赦。"

《太平御覽》卷一〇四《皇王部二十九·文皇帝》,頁五〇一

　三月,立蠕蠕女郁久閭氏爲皇后,大赦;以司空王盟爲司徒。

《通志》卷十五下《後魏紀十五下》,頁三〇一下

　是月,西帝太傅梁景叡據長安反,關中大震,尋皆伏誅。
天平三年正月,元象元年三月,月再掩軒轅大星。是年,西帝廢皇后乙
氏,立蠕蠕女爲后。

《魏書》卷一百五《天象志四》,頁二四四七

　元象中,行燕州,累遷臨川領民大都督,賜爵長廣伯。時
茹茹寇鈔,屢爲邊害,高祖撫納之,遣薩將命。還,拜儀同
三司。

《北齊書》卷二十《列傳第十二·步大汗薩》,頁二七九

　三月,河南、蠕蠕國並遣使朝貢。

《通志》卷十三《梁紀十三》,頁二五〇下

　蠕蠕寇范陽,曹登城射之,矢出三百步,投弓於外,群虜
莫能彎,乃去之。

《通志》卷一百五十二《列傳六十五》,頁二四五八中

　三堆城,今縣治。後魏初嘗置三堆縣,太平真君七年省三堆,屬平

寇縣。有三堆戌。西魏大統三年宇文泰使柔然侵魏三堆,高歡擊走之。

《讀史方輿紀要》卷四十《山西二》,頁一八三二至一八
三三

公元五四〇年　西魏文帝大統六年　東魏孝静帝
興和二年　梁武帝大同六年　柔然敕連頭兵豆伐
可汗十六年

夏,茹茹度河至夏州,太祖召諸軍屯沙苑以備之。

《周書》卷二《文帝紀》,頁二七

夏,蠕蠕度河至夏州,帝召諸軍屯沙苑以備之。

《北史》卷九《周本紀》,頁三二四

魏文后既爲尼,居別宮,大通四年,魏廢文后爲尼。尼,女夷
翻。悼后猶忌之,乃以其子武都王戊爲泰州刺史,使文后隨之
官。魏主雖限以大計,謂以國事廢乙弗而立柔然女也。而恩好不
忘,好,呼到翻。密令養髮,有追還之意。養,羊尚翻。會柔然舉
國渡河南侵,渡河南侵靈夏。時頗有言柔然以悼后故興師者,
帝曰:"豈有興百萬之衆爲一女子邪! 爲,于僞翻。雖然,致人
此言,朕亦何顔以見將帥! "將,即亮翻。帥,所類翻。乃遣中常
侍曹寵齎手敕賜文后自盡。文后泣謂寵曰:"願至尊千萬歲,
天下康寧,死無恨也! "遂自殺;鑿麥積崖而葬之,號曰寂陵。

夏,丞相泰召諸軍屯沙苑以備柔然。右僕射周惠達發士
馬守京城,堙諸街巷,召雍州刺史王羆議之,堙,七艷翻。雍,於
用翻。羆不應召,謂使者曰:"若蠕蠕至渭北者,王羆自帥鄉里

破之，王羆，京兆人。使，疏吏翻。蠕，人兗翻。帥，讀曰率。不煩國家兵馬，何爲天子城中作如此驚擾！由周家小兒悁怯致此。”悁，去王翻。柔然至夏州而退。未幾，悼后遇疾殂。幾，居豈翻。

　　《資治通鑑》卷一百五十八《梁紀十四·武帝大同六年》，頁四九〇五

　　夏，蠕蠕度河至夏州，帝召諸軍屯沙苑以備之。

　　《通志》卷十七《後周紀十七》，頁三二九下

　　沙苑，在州南十二里。一名沙阜……又大統六年柔然渡河南侵，宇文泰召諸軍屯沙苑以備之。

　　《讀史方輿紀要》卷五十四《陝西三》，頁二六〇三

　　時茹茹渡河南寇，候騎已至豳州。[四]朝廷慮其深入，乃徵發士馬，屯守京城，塹諸街巷，以備侵軼。左僕射周惠達召羆議之。[五]羆不應命，謂其使曰：“若茹茹至渭北者，王羆率鄉里自破之，不煩國家兵馬。何爲天子城中，遂作如此驚動。由周家小兒悁怯致此。”

　　【校勘記】

　　〔四〕時茹茹渡河南寇候騎已至豳州　按《北史》本傳在此前尚有王羆移鎮河東，進爵扶風郡公，和河橋之役，王羆怎樣安定軍心，《周書》本傳都不載。特別是漏載徵拜雍州刺史一事，便把王羆直到“茹茹南寇”時還留在華州刺史任上。下文却紀載周惠達要和王羆商議防守京城，好像特地從華州調他上長安議事。其實，正由於他是雍州刺史，是駐在

長安的地方長官，才必須和他商議防守京城。今本《周書》
漏掉此事，便前後不相照應。簡略至此，知此傳決非《周書》
原文。

〔五〕左僕射周惠達　《北史》本傳"左"作"右"。張森
楷云："作'右'是，此誤，《周惠達傳》（卷二二）可證。"

《周書》卷十八《列傳第十・王羆》，頁二九二、二九八至
二九九

　　時蠕蠕度河南寇，候騎已至豳州。朝廷慮其深入，乃徵
發士馬，屯守京城，塹諸街巷，以備侵軼。右僕射周惠達召羆
議之。羆不應命，臥而不起，謂其使曰："若蠕蠕至渭北者，王
羆率鄉里自破之，不煩國家兵。何爲天子城中，遂作如此驚
動！由周家小兒恇怯致此。"

《北史》卷六十二《列傳第五十・王羆》，頁二二〇三

　　〔《後周書》〕又曰："王羆爲華州刺史。時茹茹渡河南寇，
候騎已至幽州。朝廷慮其深入，乃徵兵發士馬，屯守京城，塹
諸街巷，以備侵軼。右僕射周專達召羆議之，羆不應命，謂其
使曰：'茹茹在渭北者，王羆率鄉里自破之，不煩國家兵馬。
何爲天子城中，遂作如此驚動，由周家小兒性怯致此。'羆輕
侮權勢，守正不同，皆此類也。"

《太平御覽》卷二七六《兵部七・良將下》，頁二七六

　　時蠕蠕渡河南寇，候騎已至豳州。朝廷慮其深入，乃徵
發士馬，屯守京城，塹諸街巷，以備侵軼。右僕射周惠達召羆

議之。罷不應命，卧而不起，謂其使曰：“若蠕蠕至渭北者，王罷率鄉里自破之，不煩國家。馬何爲天子城中，遂作如此驚動！由周家小兒怔忪致此。”

　　《通志》卷一百五十六《列傳六十九·王罷》，頁二五二七中

　　《後魏書》曰：“……六年春，蠕蠕舉國渡河，前驅已過，而頗有言虜爲悼后之故興此役。帝曰：‘豈有百萬之衆爲一女子舉也？雖然，致此物論，朕亦何顏以見將帥耶！’乃遣中常侍曹寵賫手敕令后自盡。”

　　《太平御覽》卷一四〇《皇親部六·文帝乙弗后》，頁六八二至六八九

　　六年春，蠕蠕舉國度河，頗有言虜爲悼后之故興此役。帝曰：“豈有百萬之衆爲一女子舉也？雖然，致此勿論，朕亦何顏以見將帥邪！”乃遣中常侍曹寵賫手敕令后自盡。

　　《通志》卷二十《后妃傳二·文帝乙弗后》，頁三九七下

　　文帝文皇后乙弗氏，河南洛陽人，其先世吐谷渾渠帥，父瑗。文帝納爲妃，即位，册爲皇后。後帝結昏蠕蠕，后遂居別宫，爲尼，卒以嫌賜自盡。

　　《文獻通考》卷二百五十四《帝系考五》，頁六八六二

　　魏文帝郁久閭后崩，文帝遣僕射趙善使蠕蠕更請婚。善至夏州，聞蠕蠕貳於東魏，欲執使者。善懼，乃還。文帝乃使

荐往,賜黃金十斤、雜綵三百匹。荐至蠕蠕,責其背惠食言,
并論結婚之意。蠕蠕感悟,乃遣使隨荐報命焉。

　　　《周書》卷三十三《列傳第二十五·楊荐》,頁五七一

　　魏文帝郁久閭后崩,周文遣僕射趙善使蠕蠕,更請婚。
善至夏州,聞蠕蠕貳於東魏,欲執使者。善懼,乃還。周文乃
使荐往,賜黃金十斤,雜綵三百匹。荐至蠕蠕,責其背惠食
言,并論結婚之意。蠕蠕感悟,乃遣使隨荐報命焉。

　　　《北史》卷六十九《列傳第五十七·楊荐》,頁二三九六

　　魏文帝郁久閭后崩,文帝遣僕射趙善使蠕蠕,更請婚。
善至夏州,聞蠕蠕貳於東魏,欲執使者。善懼,乃還。文帝乃
使荐往,賜黃金十斤,雜綵三百匹。荐至蠕蠕,責其背約食
言,并論結婚之意。蠕蠕感悟,乃遣使隨荐報命焉。

　　　《通志》卷一百五十九《列傳七十二·楊荐》,頁二五七〇中

　　是歲,高麗、蠕蠕國並遣使朝貢。

　　　　　《魏書》卷十二《孝靜帝紀》,頁三〇二

　　是歲,高麗、蠕蠕並遣使朝貢。

　　　　　《北史》卷五《魏本紀》,頁一八七

　　是歲,高麗、蠕蠕、勿吉並遣使朝貢。

　　　　《通志》卷十五下《後魏紀十五下》,頁三〇四上

興和中，齊獻武王作相，招懷荒遠，蠕蠕既附於國，夸呂遣使致敬。獻武王喻以大義，徵其朝貢，夸呂乃遣使人趙吐骨真假道蠕蠕頻來。

《魏書》卷一百一《列傳第八十九·吐谷渾》，頁二二四一

興和中，齊神武作相，招懷荒遠，蠕蠕既附於國，夸呂遣使致敬。神武喻以大義，徵其朝貢，夸呂乃遣使人趙吐骨真假道蠕蠕，頻來東魏。

《北史》卷九十六《列傳第八十四·吐谷渾》，頁三一八六

吐谷渾自莫折念生之亂，不通于魏。伏連籌卒，子夸呂立，始稱可汗，居伏俟城。《五代志》：隋破吐谷渾，以伏俟城置西海郡，其地有西王母石窟、青海鹽池，即在漢金城郡臨羌縣西北塞外，王莽受卑和羌所獻地置西海郡者也。《北史》：伏俟城在青海西十五里。吐，從暾入聲。谷，音浴。可，從刊入聲。汗，音寒。其地東西三千里，南北千餘里，官有王、公、僕射、尚書、郎中、將軍之號。是歲，始遣使假道柔然，聘於東魏。使，疏吏翻。

《資治通鑑》卷一百五十八《梁紀十四·武帝大同六年》，頁四九〇七

興和中，齊神武作相，招懷荒遠，蠕蠕既附於東魏，夸呂亦遣使致敬。神武喻以大義，徵其朝貢，夸呂乃遣使人趙吐骨真假道蠕蠕，頻至鄴都。

《通志》卷一百九十五《四夷二·吐谷渾》，頁三一三〇中

四年,從戰河橋,加大都督,進爵爲公,除涇州刺史。屬茹茹入寇,抄掠北邊,善率所部破之,盡獲所掠。

　　　　　　《周書》卷二十七《列傳第十九·常善》,頁四四六

其後與蠕蠕和親,結成婚媾,皆吐根爲行人也。

　　　　　　《北史》卷九十二《列傳第八十·安吐根》,頁三○四七

二年十二月,阿至羅別部遣使請降。神武帥衆迎之,出武州塞,不見,大獵而還。

　　　　　　　　　　《北齊書》卷二《神武紀》,頁二一

二年十二月,阿至羅別部遣使請降,神武帥衆迎之,出武州塞,不見,大獵而還。

　　　　　　　　　《北史》卷六《齊本紀》,頁二二七

公元五四一年　西魏文帝大統七年　東魏孝静帝興和三年　梁武帝大同七年　柔然敕連頭兵豆伐可汗十七年

三年春二月甲辰,阿至羅出吐拔那渾大率部來降。三月己酉,梁州人公孫貴賓聚衆反,自號天王。陽夏鎮將討擒之。

夏四月戊申,阿至羅國主副伏羅越居子去賓來降,封爲高車王。

　　　　　　　　《魏書》卷十二《孝静帝紀》,頁三○四

三年春二月甲辰,阿至羅出吐拔那渾大率部來降。三月

乙酉,梁州人公孫貴賓聚衆反,自號天王,陽夏鎮將討禽之。

夏四月戊申,阿至羅國主副伏羅越居子去賓來降,^{〔四六〕}封爲高車王。

【校勘記】

〔四六〕阿至羅國主副伏羅越居子去賓來降　　諸本"居"訛作"君",據《魏書》及本書卷九八、《魏書》卷一〇三《高車傳》改。

《北史》卷五《魏本紀》,頁一八九、二〇六

　　明帝初,彌俄突又被蠕蠕主醜奴大敗,殺之。弟越居,靜帝時爲兄子比適所殺,越居子去賓自蠕蠕奔後魏,封爲高車王、肆州刺史,死於鄴。至隋,有突越失國,即後魏之高車國矣。

《通典》卷一百九十七《邊防十三・北狄四・高車》,頁五四〇〇

　　三年五月,神武巡北境,使使與蠕蠕通和。

《北史》卷六《齊本紀》,頁二二七

　　三年五月,神武巡北境,使使與蠕蠕通和。

《北齊書》卷二《神武紀》,頁二一

北齊神武以魏孝靖興和三年五月使使與蠕蠕通和。

《册府元龜》卷九八〇《外臣部・通好》,頁一一五〇九

三年五月,神武巡北境,使使與蠕蠕和。

　　《通志》卷十六下《北齊紀十六》,頁三一一下

秋九月戊寅,芮芮國遣使獻方物。

　　《梁書》卷三《武帝紀》,頁八五

七年十二月,於宮城西立士林館,延集學者。宕昌、蠕蠕各遣使貢物。

　　《建康實録》卷十七《梁高祖武皇帝紀》,頁六八七

興和中,比適又爲蠕蠕所破。越居子去賓自蠕蠕來奔,齊獻武王欲招納遠人,上言封去賓爲高車王,拜安北將軍、肆州刺史。

　　《魏書》卷一百三《列傳第九十一·高車》,頁二三一一至二三一二

興和中,比適又爲蠕蠕所破,越居子去賓自蠕蠕奔東魏。齊神武欲招納遠人,上言封去賓爲高車王,拜安北將軍、肆州刺史。

　　《北史》卷九十八《列傳第八十六·高車·副伏羅》,頁三二七五

興和中,比適又爲蠕蠕所破,越居子去賓自蠕蠕奔東魏。齊神武欲招納遠人,上言封去賓爲高車王,拜安北將軍、肆州刺史。

　　《通志》卷二百《四夷·高車》,頁三二〇八上

〔穆崇宗人子琳〕孝静初,鎮東將軍、司州別駕。以占奪民田,免官爵。久之,阿至羅國主副羅越居爲蠕蠕所破,^{〔七〕}其子去賓來奔。齊獻武王奏去賓爲安北將軍、肆州刺史,封高車王,招慰夷虜;表子琳爲去賓長史,復其前封。

【校勘記】

〔七〕阿至羅國主副羅越居爲蠕蠕所破　百衲本“阿”作“河”,他本作“何”,《册府》卷七二八(八六六〇頁)作“阿”。按《北史》卷六《齊紀上》,《北齊書》卷一《神武紀上》(補)永熙二年、卷二《神武紀下》(補)武定三年並見“阿至羅”,今《册府》據改。

《魏書》卷二十七《列傳第十五·穆崇附穆顗》,頁六七七至六七八、六七九

時神武送魏蘭陵公主出塞嫁蠕蠕,魏收賦出塞及公主遠嫁詩二首,珽皆和之,大爲時人傳詠。

《北齊書》卷三十九《列傳第三十一·祖珽》,頁五一四

時神武送魏蘭陵公主出塞嫁蠕蠕,魏收賦出塞及公主遠嫁詩二首,珽皆和之,大爲時人傳詠。

《北史》卷四十七《列傳第三十五·祖珽》,頁一七三六

時神武送魏蘭陵公主出塞嫁蠕蠕,魏收賦出塞及公主遠嫁詩二首,珽皆和之,大爲時人傳詠。

《通志》卷一百五十四《列傳六十七·祖珽》,頁二四九三下

是歲，蠕蠕、高麗、勿吉國並遣使朝貢。

　　　　　　《魏書》卷十二《孝靜帝紀》，頁三〇五

是歲，蠕蠕、地豆干、室韋、高麗、吐谷渾並遣使朝貢。

　　　　　　《北史》卷五《魏本紀》，頁一九五

是歲，宕昌、蠕蠕、高麗、百濟、滑國各遣使朝貢。

　　　　　　《南史》卷七《梁本紀》，頁二一六

是歲，蠕蠕、高麗、勿吉國並遣使朝貢。

　　　　　　《通志》卷十五下《後魏紀十五下》，頁三〇四中

是歲，宕昌、蠕蠕、高麗、百濟、滑國各遣使朝貢。

　　　　　　《通志》卷十三《梁紀十三》，頁二五一上

公元五四二年　西魏文帝大統八年　東魏孝靜帝興和四年　梁武帝大同八年　柔然敕連頭兵豆伐可汗十八年

　神武方招懷荒遠，乃爲帝聘蠕蠕太子菴羅辰女，號"隣和公主"。帝時年八歲，冠服端嚴，神情閑遠，華戎歎異。

　　　　　　《北齊書》卷七《武成紀》，頁八九

　神武方招懷荒遠，乃爲帝娉蠕蠕太子菴羅辰女，號隣和公主。帝時年八歲，冠服端嚴，神情閑遠，華戎歎異。

　　　　　　《北史》卷八《齊本紀》，頁二八一

《北齊書》曰：世祖武成皇帝諱湛，神武皇帝第九子，孝昭皇帝之母弟也。儀表瓌傑，神武尤所鍾愛。神武方招懷荒遠，乃爲帝娉蠕蠕而蠢切太子菴烏含切羅辰女隣和公主。

　　　　《太平御覽》卷一三一《偏霸部十五・高湛》，頁六三五

　　武成帝儀表瓌傑，神武爲帝，聘蠕蠕太子庵羅辰女，號鄰和公主。帝時年八歲，冠服端嚴，神情閑遠，華戎嘆異。

　　　　《册府元龜》卷一九〇《閏位部・姿表》，頁二二九四

　　北齊神武爲魏相國時，阿那瓌强盛，與西魏通和，欲連兵東伐。神武病之，令杜弼使蠕蠕爲世子求婚。世子即文襄也阿那瓌曰：“高王自娶則可。”神武猶豫，尉景與武明皇后及文襄並勸請，乃從之。武定三年，使慕容儼往娉之，號曰蠕蠕公主。八月，神武迎於下館，阿那瓌使其弟禿突佳來送女，且報聘，仍戒曰：“待見外孫，然後反國。”公主性嚴毅，一生不肯華言。神武常有疾，不得往公主所，禿突佳怨恚。神武輿疾就公主，其見將護如此，神武後，文襄從蠕蠕國法，蒸公主，産一女焉又爲第九子湛即武成也娉蠕蠕太子菴羅辰女，號鄰和公主。湛年始八歲。

　　　　《册府元龜》九七八《外臣部・和親》，頁一一四九三

　　世祖武成皇帝諱湛，神武皇帝第九子，孝昭皇帝之母弟也。儀表瓌傑，神武尤所鍾愛。神武方招懷荒遠，乃爲帝聘蠕蠕太子菴羅辰女，號隣和公主。

　　　　《通志》卷十六下《北齊紀十六》，頁三一六上

是歲,蠕蠕、高麗、吐谷渾國並遣使朝貢。

　　　　　　《魏書》卷十二《孝静帝紀》,頁三〇六

是歲,蠕蠕、高麗、吐谷渾並遣使朝貢。

　　　　　　《北史》卷五《魏本紀》,頁一九〇

是歲,蠕蠕、高麗、吐谷渾並遣使朝貢。

　　　　　　《通志》卷十五下《後魏紀十五下》,頁三〇四中

公元五四三年　西魏文帝大統九年　東魏孝静帝武定元年　梁武帝大同九年　柔然敕連頭兵豆伐可汗十九年

秋八月乙未,以汾州刺史斛律金爲大司馬。壬午,遣兼散騎常侍李渾使于蕭衍。是月,齊獻武王召夫五萬於肆州北山築城,西自馬陵戍,東至土隥。四十日罷。

　　　　　　《魏書》卷十二《孝静帝紀》,頁三〇六

是歲,吐谷渾、高麗、蠕蠕國並遣使朝貢。

　　　　　　《魏書》卷十二《孝静帝紀》,頁三〇七

公元五四四年　西魏文帝大統十年　東魏孝静帝武定二年　梁武帝大同十年　柔然敕連頭兵豆伐可汗二十年

是歲,吐谷渾、高麗、蠕蠕、勿吉國並遣使朝貢。

　　　　　　《魏書》卷十二《孝静帝紀》,頁三〇七

是歲,吐谷渾、地豆干、室韋、高麗、蠕蠕、勿吉等並遣使朝貢。

《北史》卷五《魏本紀》,頁一九二

公元五四五年　西魏文帝大統十一年　東魏孝静帝武定三年　梁武帝大同十一年　柔然敕連頭兵豆伐可汗二十一年

是歲,高麗、吐谷渾、蠕蠕國並遣使朝貢。

《魏書》卷十二《孝静帝紀》,頁三〇八

是歲,高麗、吐谷渾、蠕蠕並遣使朝貢。

《北史》卷五《魏本紀》,頁一九二

十月丁卯,神武上言,幽、安、定三州北接奚、蠕蠕,請於險要修立城戍以防之,躬自臨履,莫不嚴固。

《北齊書》卷二《神武紀》,頁二二

十月丁卯,神武上言,幽、安、定三州北接奚、蠕蠕,請於險要修立城戍以防之。躬自臨履,莫不嚴固。

《北史》卷六《齊本紀》,頁二二九

十月丁卯,神武上言,幽、安、定三州北接奚、蠕蠕,請於險要修立城戍以防之。躬自臨履,莫不嚴固。

《通志》卷十六下《北齊紀十六》,頁三一二上

武定三年,率師解襄州圍。頻使茹茹。又從攻玉壁,賜

帛七百匹並衣帽等。五年,鎮河橋五城。

　　《北齊書》卷二十《列傳第十二·慕容儼》,頁二八〇

　　神武逼於茹茹,欲娶其女而未決。后曰:“國家大計,願不疑也。”及茹茹公主至,后避正室處之。神武愧而拜謝焉,曰:“彼將有覺,願絕勿顧。”

　　《北齊書》卷九《列傳第一·皇后·神武妻后》,頁一二四

　　神武逼於蠕蠕,欲娶其女而未決。后曰:“國家大計,願不疑也。”及蠕蠕公主至,[一]后避正室處之,神武愧而拜謝焉。曰:“彼將有覺,願絕勿顧。”

　　【校勘記】

　　〔一〕及蠕蠕公主至　諸本作“茹茹”。錢氏《考異》云:“上文即云神武逼于蠕蠕,欲娶其女,此後仍書蠕蠕公主,一卷之中,不相檢照。”按此《北史》改《北齊書》未盡,今改歸一致。

　　《北史》卷十四《列傳第二·齊武明皇后婁氏》,頁五一六、五三八

　　神武嫡妻稱妃,其所娉蠕蠕女稱爲蠕蠕公主。[二]

　　【校勘記】

　　〔二〕其所娉蠕蠕女稱爲蠕蠕公主　諸本“蠕蠕”作“茹茹”,據本書卷一四本傳改。

　　　　《北史》卷十三《列傳第一·序》,頁四八七、五〇九

神武逼於蠕蠕，欲娶其女而未決。后曰："國家大計，願不疑也。"及茹茹公主至，后避正室處之，神武愧而拜謝焉。曰："彼將有覺，願絶勿顧。"

《通志》卷二十《后妃傳二·齊武明皇后婁氏》，頁三九八中

《北史·后妃傳叙》："魏氏王業之兆，雖始於神元，然自昭成之前，未具言六宮之典，而章、平、思、昭、穆、惠、煬、烈八帝，妃后無聞……神武嫡妻稱妃，其所聘蠕蠕女稱爲蠕蠕公主。"

《文獻通考》卷二百五十四《帝系考五·后妃》，頁六八五〇

陰館城，在州北四十里。漢置縣，屬雁門郡……東魏武定三年高歡娶於柔然，親迎於下館，魏收云："下館即故陰館城也。"

《讀史方輿紀要》卷四十《山西二》，頁一八五〇

魏丞相泰遣酒泉胡安諾槃陀始通使於突厥。突厥本西方小國，姓阿史那氏，世居金山之陽，爲柔然鐵工。使，疏吏翻；下同。李延壽曰：突厥，其先居西海之右，獨爲部落，蓋匈奴之别種也，姓阿史那氏。後爲鄰國所破，盡滅其族。有一兒，年且十歲，兵人見其小，不忍殺之，乃刖足斷臂棄澤中，有牝狼以肉飼之；及長，與狼交合，遂有孕焉。彼王聞此兒尚在，復遣殺之。使者見在狼側，并欲殺狼。於時若有神物投狼於西海之東，落高昌國西北山；狼匿其中，遂生十男。男長，外託妻孕。其後各爲一姓；阿史那其一也，最賢，遂爲君長。故牙門建狼頭纛，示不忘本也。或云：突厥本平涼雜胡，姓阿史那氏。魏太武滅沮渠

氏，阿史那以五百家奔柔然。世居金山之陽，爲柔然鐵工。金山形似兜
鍪，借〔俗？〕號兜鍪突厥，突厥因以爲號。又曰：突厥之先出於索國，在
匈奴之北。其部落大人曰阿謗步；兄弟七十人，其一曰伊質泥師都，狼所
生也。此説雖殊，終狼種也。程大昌曰：金山，形如兜鍪。其俗謂兜鍪爲
突厥，因以爲號。厥，九勿翻。至其酋長土門，始强大，酋，慈秋翻。
長，知兩翻。頗侵魏西邊。安諾槃陀至，其國人皆喜曰：“其國”之下
當更有“國”字，屬下句。“大國使者至，吾國其將興矣。”

　　《資治通鑑》卷一百五十九《梁紀十五·武帝大同十一
年》，頁四九二六

　　魏與柔然頭兵可汗謀連兵伐東魏，丞相歡患之，遣行臺
郎中杜弼使於柔然，爲世子澄求婚。使，疏吏翻。爲，于僞翻。頭
兵曰：“高王自娶則可。”歡猶豫未決。婁妃曰：“國家大計，
願勿疑也。”世子澄、尉景亦勸之。歡乃遣鎮南將軍慕容儼
往聘之，號曰蠕蠕公主。魏明元帝命柔然曰蠕蠕，謂其蠕動無知識
也。阿那瓌封蠕蠕王，雖曰以爲國號，猶鄙賤之也。至高歡納其女，號曰
蠕蠕公主，則徑以爲國號，不復以爲鄙賤矣。蠕，人充翻。秋，八月，歡
親迎於下館。據《北史·彭城太妃傳》，下館，當在木井北。宋白曰：
木井城，今并州陽曲縣理。又曰：代州即古陰館城，有上館、下館。公主
至，婁妃避正室以處之；歡跪而拜謝，婁妃，歡微時之妻，正室也。
處，昌呂翻。妃曰：“彼將覺之，願絕勿顧。”史言婁妃爲國家計，有
趙姬使叔隗爲内子而己下之之意。頭兵使其弟禿突佳來送女，且
報聘；或云“作聘”。【章：“或云作聘”。十二行本作“娉”；乙十一行本
同。疑元刻本作“娉”，胡刻改誤。】仍戒曰：“待見外孫乃歸。”公

主性嚴毅，終身不肯華言。

《資治通鑑》卷一百五十九《梁紀十五·武帝大同十一年》，頁四九二八至四九二九

彭城太妃尒朱氏，榮之女，魏孝莊后也。神武納爲别室，敬重踰於婁妃，見必束帶，自稱下官。神武迎蠕蠕公主還，尒朱氏迎於木井北，與蠕蠕公主前後别行，不相見。公主引角弓仰射翔鷗，應弦而落；妃引長弓斜射飛烏，亦一發而中。神武喜曰："我此二婦，並堪擊賊。"

《北史》卷十四《列傳第二·彭城太妃尒朱氏》，頁五一八

《北齊書》："彭城太妃，尒朱榮之女，魏孝莊后也。神武納爲别室，敬重踰於婁妃，見必束帶，自稱下官。神武迎蠕蠕公主還，尔朱迎於木井北，與蠕蠕公主前後别行，不相見。公主引角弓仰射翔鷗，應弦而落；妃引長弓邪射飛烏，亦一發而中。神武喜曰：'我此二婦，並堪擊賊。'"

《太平御覽》卷一四三《皇親部九·爾朱太妃》，頁七〇〇

彭城太妃，尒朱氏榮之女，魏孝莊后也。神武納爲别室，敬重逾於婁妃，見必束帶，自稱下官。神武迎蠕蠕公主還，尒朱氏迎於木井北，與蠕蠕公主前後别行，不相見，公主引魚弓仰射翔鷗，應弦而落；妃引長弓斜射飛鳥，亦一飛而中。神武喜曰："我此二婦，並堪擊賊。"

《通志》卷二十《后妃傳二·彭城太妃爾朱氏》，頁三九八下

公元五四六年　西魏文帝大統十二年　東魏孝静帝武定四年　梁武帝中大同元年　柔然敕連頭兵豆伐可汗二十二年

十二年，土門遂遣使獻方物。

當後魏之末，有伊利可汗，以兵擊鐵勒，大敗之，降五萬餘家，遂求婚於茹茹。茹茹主阿那瓌大怒，遣使罵之。伊利斬其使，率衆襲茹茹，破之。

《隋書》卷八十四《列傳第四十九·北狄·突厥》，頁一八六四

十二年，土門遂遣使獻方物。時鐵勒將伐蠕蠕，土門率所部邀擊破之，盡降其衆五萬餘落。恃其強盛，乃求婚於蠕蠕主。阿那瓌大怒，使人罵辱之曰：“爾是我鍛奴，何敢發是言也！”土門亦怒，殺其使者，遂與之絶，而求婚於魏。周文帝許之，十七年六月，以魏長樂公主妻之。

《北史》卷九十九《列傳第八十七·突厥》，頁三二八六至三二八七

當魏之末，有伊利可汗，以兵擊鐵勒，大敗之，降五萬餘家。遂求婚於蠕蠕主，阿那瓌大怒，遣使罵之。伊利斬其使，率衆襲蠕蠕，破之。

《北史》卷九十九《列傳第八十七·突厥》，頁三二八五

後魏末，其酋帥土門，部落稍盛，始至塞上通中國。至西魏大統十二年，乃求婚於蠕蠕，蠕蠕主阿那瓌大怒，使人罵辱

之曰："爾是我鍛奴,何敢發是言也!"土門發兵擊蠕蠕,大破之於懷荒北,阿那瓌自殺。土門遂自號伊利可汗,後魏太武帝時,蠕蠕主社崙已自號可汗,突厥又因之。猶古之單于也;號其妻爲可賀敦,亦猶古之閼氏也。

《通典》卷一百九十七《邊防十三·北狄四·突厥上》,頁五四〇二

鐵勒將伐柔然,突厥酋長土門邀擊,破之,盡降其衆五萬餘落。厥,九勿翻。酋,慈秋翻。長,知兩翻。降,户江翻。土門恃其強盛,求婚於柔然,柔然頭兵可汗大怒,使人詈辱之曰："爾,我之鍛奴也,突厥本柔然鐵工,故云然。可,從刊入聲。汗,音寒。詈,力智翻。何敢發是言!"土門亦怒,殺其使者,遂與之絶,而求婚於魏;魏丞相泰以長樂公主妻之。使,疏吏翻。樂,音洛。妻,七細翻。

《資治通鑑》卷一百六十四《梁紀二十·武帝中大同元年》,頁五〇六九至五〇七〇

至西魏大統十二年,乃求婚于蠕蠕,蠕蠕主阿那瓌大怒,使人辱罵之曰："爾是我鍛奴,何敢發是言也!"土門發兵擊蠕蠕,大破之于懷荒北,阿那瓌自殺。

《太平寰宇記》卷之一百九十四《四夷二十三·北狄六·突厥上》,頁三七一八至三七一九

明年,土門遂遣使獻方物。時鐵勒將伐蠕蠕,土門率所部邀擊之,盡降其衆五萬餘落。恃其強盛,乃求婚於蠕蠕。

蠕蠕主阿那瓌大怒，使人詈辱之曰：“爾是我鍛奴，何敢發是言也！”土門亦怒，殺其使者，遂與之絕，而求婚於魏。周文許其使，以魏長樂公主妻之。魏文帝崩，土門遣使來吊，贈馬二百匹。

　　　　《通志》卷二百《四夷七·突厥》，頁三二〇九中

　　至西魏大統十二年，乃求婚於蠕蠕，蠕蠕主阿那瓌大怒，使人罵辱之曰：“爾是我鍛奴，何敢發是言也！”土門發兵擊蠕蠕，大破之於懷荒北，阿那瓌自殺。土門遂自號伊利可汗，<small>後魏太武帝時，蠕蠕王社崙已自號可汗，突厥因之。</small>猶古之單于也。號其妻爲可賀敦，亦猶古之閼氏也。

　　　　《文獻通考》卷三百四十三《四裔二十·突厥上》，頁九五〇一至九五〇二

　　是歲，室韋、勿吉、地豆于、高麗、蠕蠕國，並遣使朝貢。

　　　　　　　　《魏書》卷十二《孝静帝紀》，頁三〇八

　　是歲，室韋、勿吉、地豆干、高麗、蠕蠕並遣使朝貢。

　　　　　　　　《北史》卷五《魏本紀》，頁一九三

公元五四七年　西魏文帝大統十三年　東魏孝静帝武定五年　梁武帝太清元年　柔然敕連頭兵豆伐可汗二十三年

十三年春正月，茹茹寇高平，至于方城。

　　　　　　　　《周書》卷二《文帝紀》，頁三〇

十三年,大軍東討。時以茹茹爲寇,令信移鎮河陽。

《周書》卷十六《列傳第八·獨孤信》,頁二六六

十三年,大軍南討。時以蠕蠕爲寇,令信移鎮河陽。

《北史》卷六十一《列傳第四十九·獨孤信》,頁二一六九

十三年,大軍南討。時以蠕蠕爲寇,令信移鎮河陽。

《通志》卷一百五十六《列傳六十九·獨孤信》,頁二五二二中

初,大統十三年,順興謂周文曰:"可於沙苑北作一老君象,面向北,作笑狀。"周文曰:"何爲?"答曰:"令笑破蠕蠕。"時甚惑,未解其意。及蠕蠕國滅,周文憶語,遂作順興象於老君側。

《北史》卷八十九《列傳第七十七·李順興》,頁二九二九

初,大統十三年,順興謂周文曰:"可於沙苑北作一老君象,面向北,作笑狀。"周文訝曰:"何爲?"答曰:"令笑破蠕蠕。"時甚惑,未解其意。及蠕蠕國滅,周文憶語,遂作順興象於老君側。

《通志》卷一百八十三《藝術三·李順興》,頁二九二四下

十二年,隨獨孤信征涼州,平之。又撫慰張掖等五郡而還。俄而茹茹圍逼州城,剽掠居民,驅擁畜牧。賢欲出戰,大都督王德猶豫未決。賢固請,德乃從之。賢勒兵將出,賊

密知之,乃引軍退。賢因率騎士追擊,斬二百餘級,捕虜百
餘人,獲駝馬牛羊二萬頭,財物不可勝計。所掠之人,還得
安堵。

《周書》卷二十五《列傳第十七・李賢》,頁四一六

至南威梁國,北懷蠕蠕,吐谷渾、阿至羅咸所招納,獲其
力用,規略遠矣。

《北齊書》卷二《神武紀》,頁二五

至南和梁國,北懷蠕蠕、吐谷渾阿至羅咸所招納,獲其力
用,規略遠矣。

《通志》卷十六下《北齊紀十六》,頁三一二下

六年,衍又改號爲中大同,其年又改爲太清。[二二]是歲,
司徒侯景反,遣使通衍,請其拯援。衍惑景遊説,遂絶貢使。
衍子綱及朝臣並切諫以爲不可,衍不從。乃遣其兄子豫州刺
史、貞陽侯淵明,北兖州刺史胡貴孫等寇逼徐州,與侯景爲聲
援,仍堰泗水以灌彭城。齊文襄王遣行臺慕容紹宗、儀同三
司高岳、潘相樂等率衆討之。紹宗檄衍境内曰:
　　"夫乾坤交泰,明聖興作,有冥運行之力,俱盡變化之途。
抱識含靈,融然並至;呈形賦命,混而同往。所以玄功潛運,
至德旁通,百姓日用而不知,萬國受賜而無迹。豈徒鑿其耳
目,易其心慮,悟以風雲,一其文軌,使夫日月之照不私,雨露
之施均洽,運諸仁壽之域,納於福禄之林。自晉政多僻,金行
淪蕩,中原作戰鬥之場,生民爲鳥獸之餌;則我皇魏握玄帝

之圖，納水靈之祉，駕雲車而自北，策龍御以圖南，致符上帝，援溺下土，怪物殛死，淫水不作，運神器於顧眄，定寶命於踟躕，恢之以武功，振之以文德，宇內反可封之俗，員首識堯舜之心。沙海荒忽之外，瀚漠羈縻之表，方志所不傳，荒經所不綴，莫不繩谷釣山，依風託水，共仰中國之聖，同欣大道之行。唯夫三吳、百越獨阻聲教，匪民之咎，責有由焉。

自僞晉之後，劉蕭作慝，擅僭一隅，號令自己。惟我祖宗馭宇，愛民重戰，未極謀臣之畫，不窮節將之兵，聊遣行人，降以尺一，圓臺已築，黃屋輒去，賜其几杖，置之度外。蕭衍輕險有素，士操蔑聞，睥睨君親，自少而長，好亂樂禍，惡直醜正，巧用其短，以少爲多。眩惑愚淺，大言以驚俗；驅扇邪僻，口兵以作威。曲體脅肩，搖脣鼓舌，候當朝之顧指，邀在位之餘論。遂污辱冠帶，偸竊藩維。及寶卷昏狂，下不堪命，曾無北面有犯之節，遽滅人倫在三之禮，憑妖假怪，鬼語神言，稱兵指闕，傾朝鴆主，陵虐孤寡，聾愚士民。天不悔禍，姦醜得志，內恣彫靡，外逞殘賊。驅羸國之兵，迫糊口之衆，南出五嶺，北防九江，屯戍不解，役無寧歲。死亡矢刃之下，夭折霧露之中，哭泣者無已，傷痍者不絕。託身人上，忽下如草。遂使頑囂子弟，肆行淫虐；狡猾群小，縱極貪惏。剝割蒼生，肌肉略盡；刳剔黔首，骨髓俱罄。猛虎未方其害，餓狼詎侔其禍，憏憏周餘，救死無地。至於矯情飾詐，事非一緒。毒螫滿懷，妄敦戒業；躁競盈胸，謬治清靜。至乃大興寺塔，廣繕臺堂，昭陽到景，垂珠銜璧，崢嶸刻削，千門萬户。鞭撻疲民，盡其筋骨，延壤運石，悲歌掩途，死而可祈，甘同仙化。智淺謀疏，曾不自揆。遏桐柏之流，翻爲己害；子亡齊之胤，忽爲戎首。書契迄茲，罕聞其事。至於廢捐冢嫡，崇樹愚子，朋黨路開，彼我側目。疾視扼腕，十室而九，翹足有待，良亦多人。

二紀於茲，王家多故，始則車馳之警，終有驚墜之哀，神祇痛憤，宇縣崩震。於是故相國、齊獻武高王感天壤之慘黷，激雲雷以慨然，仗高義而率民，奮大節以成務。爰有匡國定霸之圖，非直討賊雪恥之舉。於是叡略紛紜，靈武冠世，蕩滌逋孽，尊主康邦。皇上秉歷受圖，天臨日鏡，道隨玄運，德與神行。既而元首懷舞戚之風，上宰薄兵車之會，遂解縶南冠，喻以好睦，舟車遵溯，川陸光華，亭徼相望，欣然自泰，反肉還童，不待羊、陸。雖嘉謀長算，爰自我始，罷戰息民，兩獲其泰。王者之信，明如四時，豈或爲人君父，二三其德，書而不法，可不惜哉！

侯景一介役夫，出自凡賤，身名淪蔽，無或可紀。直以趨馳便習，見愛尒朱，小人叨竊，遂忝名位。及中興之際，義旗四指，元惡不赦，實在群胡。景荷人成拔，藉其股肱，主人有丹頸之期，所天蹈族滅之釁。雖不能蔽捍左右，以命酬恩，猶當慘顏後至，義形於色。而趣利改圖，速如覆手，投身麾下，甘爲僕隸。獻武王棄其瑕穢，錄其小誠，得厠五命之末，預在一隊之後。參迹驅馳，庶其來效，長鞭利鍛，術以制之。既關隴逋誅，每事經略，以河南空虛之地，非兵戰之衝，薄存掎角，聊示旗鼓，豈資實效，寄以遊聲。軍機催勒，蓋唯景任，總兵統旅，別有司存。而愚褊有積，驕愎遂甚，犯違軍紀，仍自猜貳，禍心潛構，翻爲亂階。負恩棄德，罔恤天討，不義不昵，厚而必顛。委慈母如脫屣，棄少弟如遺土，群子陸陸，妻姪成行，慕姜兒之爽言，蔑伯春之宛轉。跳梁猖蹶，夫欲誰欺！比之梟鏡，異類同醜；欲擬蛇鼠，顧匪其倫。及遠託關右，委命寇逆，寶炬定君臣之分，黑獺結兄弟之親，授以名器之尊，救其重圍之死，憑人繫援，假人鼻息。俄而忘恩背惠，親尋干戈，釁暴惡盈，側首無託。以金陵逋逃之藪，江南流禦之地，甘辭卑體，進熟圖身。詭言浮説，抑可知矣，叛豎救命，豈將擇音。僞朝大夫幸灾忘義，主耄於上，臣蔽於下。逐雀去草，曾不是圖；竊寶叛邑，椒蘭比好。人而無禮，其能國乎！

夫安危有大勢，成敗有恒兆，不假離朱之目，不藉子野之聽，聊陳刺心之説，且吐伐謀之言。今帝道休明，皇猷允塞，四民樂業，百靈效祉。雖上相云亡，而伊陟繼事，秉文經武，虎視龍驤。驅日下之俊雄，收一世之英鋭，擊刺猶雷電，合戰如風雨，控弦躍馬，固敵是求。蠕蠕昔遭離亂，輻分瓦裂，匹馬孤征，告困於我。國家深敦隣附，愍其入懷，盡憂人之禮，極繼絶之義，保衛出於故地，資給唯其多少，存其已亡之業，成其莫大之基。深仁厚德，鏤其骨髓，引領思報，義如手足。吐谷渾深執忠孝，膠漆不渝，萬里仰德，奏款屬路，並申以婚好，行李如歸。蠕蠕境斜界黄河，望通幽夏，飛雪千里，層冰洞積。北風轉勁，實筋角之時；冱寒方猛，正氈裘之利。吐谷渾疾彼凶逆，强兵歲舉，傾河及鄀，塵通隴峽。驅龍池之種，藉常勝之氣，二方候隙，企其移踵。加以獨孤如願擁衆秦中，治兵劫脅。黑獺北備西擬，内營腹心，救首救尾，疲於奔命。豈暇稱兵東指，出師函谷。且秋風揚塵，國有恒防，關河形勝之際，山川襟帶之所，猛將精兵，基跱岳立。[二三]又寶炬河陰之北，黑獺芒山之走，[二四]衆無一旅，僅以身歸。就其不顧根本，輕懷進趣，斯則一勞永逸，天贊我也。言之旦旦，日月經天，舉世所知，義非徒語。持此量之，理有可見，則侯景遊辭，莫非虛誕。

夫景繩樞席牖之子，阡陌鄙俚之夫，遭風塵之會，逢馳騖之日，遂位在三吏，邑啓千社，揣身量分，久當止足。而乃周章去就，離跂不已，夫豈徒爾，事可摧揚。度其衆叛親離，守死不暇，乃聞將棄懸瓠，遠赴彭城。老賊姦謀，復將作矣。固揚聲赴助，計在圖襲，吞淵明之衆，招厭虐之民，舉長淮以爲斷，仍鴟張歲月，南面假名，死而後已。此蓋蚌鷸之禍，我承其弊。

且僞主昏悖，不惟善隣，賊忍之心，老而彌篤。納逋叛之詭譎，蔑信義以猖狂，天喪其神，人重其怨，將踐瓜圃之蹤，且追兒侯之轍。今徵發犬羊，侵軼徐部，築壘擁川，覬覦小利，此而可忍，孰不可懷！兵凶戰危，出不得已，謬奉朝規，肅茲九伐。扛鼎拔樹之衆，超乘投石之旅，練甲爭途，波聚霧合。虎班龍文之逸，蘭池蒲梢之駔，嘘天陸野，躡影追風，振旅南轅，長驅討麾。非直三吳鼠面，一麾魚駭，乘此而往，青蓋將歸。且衍虐網蛊，兵權在外，持險躁之風俗，兼輕薄之子孫。蕭綸兇狡之魁，豈無商臣之佷；蕭譽失志之憤，當召專諸之客。外崩中潰，今也其時。

幕府師行以禮，兵動以義，弔民伐罪，理有存焉。其有知機審變，翻然鵲起，立功立事，去危就安，賞典未忘，事必加等。若軍威所至，敢有拒違，尺兒已上，咸從梟戮。今三禮四義之將，豹虎熊羆之士，深銜逋僞信納叛亡，違卜愎諫，實興伐役。莫不含怒作色，如赴私讎；茹肝涉血，義不旋踵。攻戰之日，事若有神，莽積麻亂，匪旦伊夕。以彼曲師危卒，望我軍鋒，何異蛞蚓被甲，蜘蛆舉尾。正恐旗鼓一接，芝藿俱摧，先事喻懷，備知翰墨。王侯無種，禍福由人，斯蓋丈夫肉食之秋，壯士封侯之會。冬冰可折，時不再來，凡百君子，勉求多福。檄之所到，咸共申省，知我國行師之意。”

【校勘記】

〔二二〕六年衍又改號爲中大同其年又改爲太清　張森楷云：“中大同之改，當魏武定四年（五四六，）五年改元太清，六年則太清二年，初非六年改‘中大同’，亦非一年併改。”

〔二三〕基峙岳立　按“基”當作“棋”，即“棋”，“時”即“峙”。“棋峙”見《三國志》卷一五《梁習傳》、卷二五《高堂隆傳》、卷五八《陸遜傳》。意謂如棋之對峙。《後漢書》卷一〇〇《鄭太傳》亦作“基峙”，劉邠亦謂“基”當作“棋”。

〔二四〕黑獺芒山之走　諸本“芒”作“亡”。錢氏《考異》卷二八云：“‘亡’當作‘芒’。”按芒山之戰歷見本書卷一二《孝静紀》武定元年三月及《北齊書》《周書》相關紀傳，這裏“亡”字顯訛，今改正。

《魏書》卷九十八《列傳第八十六·島夷蕭衍》，頁二一七九至二一八四、二一九二

　　十三年，授車騎大將軍、儀同三司，尋遷驃騎大將軍開府，仍賜姓普屯，〔三〕即爲官族。〔四〕入陪武帳，出總戎韜，置府於陽關，張旆於瀚海。〔五〕

〔三〕《北史》同此。《周書》作“普毛”。

〔四〕本傳云：“賜姓普毛氏。”餘同。《左傳》云：“官有世功，則有官族。”

〔五〕《漢書·汲黯傳》曰:"上嘗坐武帳,黯前奏事。"戎韜,《太公六韜》也。《漢書·西域傳》:"阸以玉門、陽關。"孟康曰:"在敦煌西界。"府如衛青幕府是。《史記·匈奴傳》曰:"驃騎臨翰海而還。"《正義》曰:"翰海自一大海名,群鳥解羽伏乳於此,因名。"旐,旗曲柄也。

《庾子山集》卷十四《周上柱國宿國公河州都督普屯威神道碑》,頁八八三至八八四

公元五四八年　西魏文帝大統十四年　東魏孝靜帝武定六年　梁武帝太清二年　柔然敕連頭兵豆伐可汗二十四年

是歲,高麗、室韋、蠕蠕、吐谷渾國並遣使朝貢。

《魏書》卷十二《孝靜帝紀》,頁三一一

是歲,高麗,室韋、蠕蠕、吐谷渾並遣使朝貢。

《北史》卷五《魏本紀》,頁一九四

六月,文襄巡北邊城戍,振賜各有差。

《北史》卷六《齊本紀》,頁二三四

公元五四九年　西魏文帝大統十五年　東魏孝靜帝武定七年　梁武帝太清三年　柔然敕連頭兵豆伐可汗二十五年

是歲,蠕蠕、地豆于、室韋、高麗、吐谷渾國並遣使朝貢。

《魏書》卷十二《孝靜帝紀》,頁三一二

武定中,文襄普令内外極言得失。昂上書曰:"屯田之設,其來尚矣。曹魏破蜀,業以興師;馬晉平吴,兵因取給。朝廷頃以懷、洛兩邑,隣接邊境,薄屯豐稔,糧儲已贍。準此而論,龜鏡非遠。其幽、安二州,控帶奚賊、蠕蠕;徐、揚、兗、豫,連接吴越强隣。實藉轉輸之資,常勞私糴之費。[三一]諸道别遣使營之,每考其勤惰,則人加勸勵,倉廩充實,供軍濟國,實謂在兹。其次,法獄之重,人命所懸。頃者官司糾察,多不審練,乃聞緣淺入深,未有雪大爲小,咸以畏避嫌疑,共相殘刻。至如錢絹粟麥,其狀難分,徑指爲贜,罪從此定。乞勒群司,務存獲實。如此則有息將來,必無枉濫。"文襄納之。

【校勘記】

〔三一〕常勞私糴之費　按"私"當是"和"之訛。《隋書》卷二四《食貨志》謂東魏遷鄴後,"常調之外,逐豐稔之處,折絹糴粟,以充國儲"。知當時有和糴。

《北史》卷三十二《列傳第二十·崔挺附崔昂》,頁一一八〇、一一九七

武定中,文襄普令内外極言得失。昂上書曰:"屯田之設,由來尚矣。曹魏破蜀,業以興師;馬晉平吴,兵因取給。朝廷頃以懷、洛兩邑,鄰接邊境,創立營田,儲糧果贍。準此而論,龜鏡非遠。其幽、安二州,控帶奚賊、蠕蠕;徐、揚、兗、豫,連接吴越强鄰。實藉轉輸之資,常勞私糴之費。諸道别遣使營之,每考其勤惰,則人加勸勵,倉廩充實,供軍濟國,實謂在兹。其次,法獄之重,人命所懸。頃者官司糾察,

多不審練,乃聞緣淺入深,未有雪大爲小,咸以畏避嫌疑,共相殘劾。至如錢絹粟麥,其狀難分,徑指爲贓,罪從此定。乞勒群司,務存獲實。如此則有息將來,必無枉濫。"文襄納之。

《通志》卷一百五十三《列傳六十六‧崔挺附崔昂》,頁二四八四中

公元五五〇年　西魏文帝大統十六年　東魏孝静帝武定八年　梁簡文帝大寶元年　柔然敕連頭兵豆伐可汗二十六年

夏四月乙巳,蠕蠕遣使朝貢。

《魏書》卷十二《孝静帝紀》,頁三一二

夏四月乙巳,蠕蠕遣使朝貢。

《北史》卷五《魏本紀》,頁一九五

魏丞相泰以齊主稱帝,帥諸軍討之。帥,讀曰率;下同。以齊王廓鎮隴右,徵秦州刺史宇文導爲大將軍、都督二十三州諸軍事,屯咸陽,鎮關中。

《資治通鑑》卷一百六十三《梁紀十九‧簡文帝大寶元年》,頁五〇五〇

十六年,大軍東討。文帝恐蠕蠕乘虛寇掠,乃遣荐往更論和好,以安慰之。進使持節、驃騎大將軍、開府儀同三司,

加侍中。

　　　　《周書》卷三十三《列傳第二十五·楊荐》,頁五七一

　　十六年,大軍東討,周文恐蠕蠕乘虛寇掠,乃遣荐往,更論和好,以安慰之。進使持節、驃騎大將軍、開府儀同三司,加侍中。

　　　　《北史》卷六十九《列傳第五十七·楊荐》,頁二三九六

　　西魏文帝大統十六年,大軍東討齊師,恐蠕蠕乘虛寇掠,乃遣帳內都督楊薦往諭和好以安慰之。

　　　　《冊府元龜》卷九八○《外臣部·通好》,頁一一五○九

　　十六年,大軍東討,文帝恐蠕蠕乘虛寇掠,乃遣荐往,更論和好,以安慰之。進使持節、驃騎大將軍、開府儀同三司,加侍中。

　　　　《通志》卷一百五十九《列傳七十二》,頁二五七○中

　　初天保中,顯祖自晉陽還鄴,陽愚僧阿禿師於路中大叫,呼顯祖姓名云:“阿那瓌終破你國。”是時茹茹主阿那瓌在塞北強盛,顯祖尤忌之,所以每歲討擊,後亡齊者遂屬阿那肱云。雖作“肱”字,世人皆稱爲“瓌”音,斯固“亡秦者胡”,蓋懸定於窈冥也。

　　　　《北齊書》卷五十《列傳第四十二·恩倖·高阿那肱》,頁六九一

　　初,天保中,文宣自晉陽還鄴,愚僧禿師於路中大叫,呼文宣姓名云:"阿那瓌終破你國。"時蠕蠕主阿那瓌在塞北强盛,帝尤忌之,所以每歲討擊。後亡齊者遂屬高阿那肱云。雖作"肱"字,世人皆稱爲"瓌"音。斯固亡秦者胡,蓋縣定於窈冥也。

　　《北史》卷九十二《列傳第八十·高阿那肱》,頁三〇五一

　　初,天保中,文宣自晉陽還鄴,有愚僧禿師於路中大叫,呼文宣姓名:"阿那瓌終破你國。"時蠕蠕主阿那瓌在塞北强盛,帝尤忌之,所以每歲擊討。後亡齊者遂屬高阿那肱云。"肱"雖作"肱"字,世人皆稱爲爲瓌音。斯固亡秦者胡,蓋縣定於窈冥也。

　　《通志》卷一百八十四《佞倖一·高阿那肱》,頁二九五三中

　　〔冬十月〕癸未,茹茹國遣使朝貢……十二月丁丑,茹茹、庫莫奚國並遣使朝貢。

　　　　　　　　《北齊書》卷四《文宣帝紀》,頁五四

　　是歲,高麗、蠕蠕、吐谷渾、庫莫奚並遣使朝貢。
　　　　　　　　　　《北史》卷七《齊本紀》,頁二四八

　　是歲,高麗、蠕蠕、吐谷渾、庫莫奚並遣使朝貢。
　　　　　　　《通志》卷十六下《北齊紀十六》,頁三一五上

公元五五一年　西魏文帝大統十七年　北齊文宣帝 天保二年　梁簡文帝大寶二年　柔然敕連頭兵豆伐 可汗二十七年

〔二月〕茹茹國遣使朝貢……七月壬申，茹茹遣使朝貢。

《北齊書》卷四《文宣帝紀》，頁五四至五五

高車，在漠北……西魏大統十七年鐵勒將伐柔然，突厥部長土門邀擊破之，盡降其衆五萬餘落，高車遂并於突厥。

《讀史方輿紀要》卷四十五《山西七》，頁二〇七八

是歲，蠕蠕、室韋、高麗並遣使朝貢。

《北史》卷七《齊本紀》，頁二四九

是歲，蠕蠕、室韋、高麗並遣使朝貢。

《通志》卷十六下《北齊紀十六》，頁三一五中

公元五五二年西魏廢帝元年　北齊文宣帝天保三年 梁元帝承聖元年　柔然鐵伐元年

魏廢帝元年正月，土門發兵擊茹茹，大破之於懷荒北。阿那瓌自殺，其子菴羅辰奔齊，餘衆復立阿那瓌叔父鄧叔子爲主。土門遂自號伊利可汗，猶古之單于也。號其妻爲可賀敦，亦猶古之閼氏也。

《周書》卷五十《列傳第四十二·異域下·突厥》，頁九〇九

廢帝元年正月，土門發兵擊蠕蠕，大破之於懷荒北。[五]
阿那瓌自殺，其子菴羅辰奔齊，餘衆復立阿那瓌叔父鄧叔子
爲主。土門遂自號伊利可汗，猶古之單于也；號其妻爲可賀
敦，亦猶古之閼氏也。亦與齊通使往來。

【校勘記】

〔五〕大破之於懷荒北　諸本“荒”訛作“芒”，據《周書》
卷五〇《突厥傳》及《通志》改。

《北史》卷九十九《列傳第八十七·突厥》，頁三二八七、
三三〇六

突厥土門襲擊柔然，大破之。柔然頭兵可汗自殺，厥，居
勿翻。可，從刊入聲。汗，音寒。其太子菴羅辰及阿那瓌從弟登注
俟利、登注子庫提並帥衆奔齊，餘衆復立登注次子鐵伐爲主。
從，才用翻。帥，讀曰率；下同。復，扶又翻。土門自號伊利可汗，號
其妻爲可賀敦，子弟謂之特勒，《考異》曰：諸書或作“特勤”。今從
劉昫《舊唐書》及宋祁《新唐書》。別將兵者皆謂之設。

《資治通鑑》卷一百六十四《梁紀二十·元帝承聖元年》，
頁五〇七七至五〇七八

二月，茹茹主阿那瓌爲突厥虜所破，瓌自殺；其太子菴羅
辰及瓌從弟登注俟利發、注子庫提並擁衆來奔。茹茹餘衆立
注次子鐵伐爲主。

《北齊書》卷四《文宣帝紀》，頁五六

二月，蠕蠕主阿那瓌爲突厥所破，瓌自殺。其太子菴羅

辰及瓌從弟登注俟利、〔五〕登注子庫提並擁衆來奔。蠕蠕餘
衆立注次子鐵伐爲主。

【校勘記】

〔五〕其太子菴羅辰及瓌從弟登注俟利　諸本"利"作
"刑",《北齊書》及本書卷九八《蠕蠕傳》作"利"。按"俟利"
是蠕蠕官號,今據改。

　　　　　《北史》卷七《齊本紀》,頁二四九、二七四至二七五

　　二月,蠕蠕主阿那瓌爲突厥所破,瓌自殺。其太子菴羅
辰及瓌從弟登注俟刑、登注子庫提並擁衆來奔。蠕蠕餘衆立
注次子鐵伐爲主。

　　　　　《通志》卷十六下《北齊紀十六》,頁三一五中

　　北齊文宣天保三年二月,突厥破茹主阿那瓌,瓌自殺,
其太子菴羅辰及瓌從弟登注俟利發、注子庫提,並擁衆奔齊。
其餘衆立注次子鐵伐爲主。四年二月,送登注及子庫提還
北,鐵伐尋爲契丹所殺,國人復立登注爲主,仍爲其大人阿當
提等所殺,國人復立庫提爲主。十二月,突厥復攻茹茹,茹茹
舉國南奔。帝自晉陽北討突厥,納茹茹,乃廢其主庫提,立阿
那瓌子菴羅辰爲主,置之馬邑川,給其廩餼繒帛,親追突厥朔
州,突厥請降,許之而還。於是貢獻相繼。

　　　　　《册府元龜》卷九九五《外臣部・交侵》,頁一一六八四

　　廢帝初,土門發兵擊蠕蠕,大破之於懷荒北。阿那瓌自
殺,其子菴羅辰奔齊,餘衆復立阿那瓌叔父鄧叔子爲主。土

門遂自號伊利可汗，猶古之單于也。

《通志》卷二百《四夷七‧突厥》，頁三二〇九上

突厥伊利可汗卒，子科羅立，號乙息記可汗；厥，君勿翻。《考異》曰：顏師古《隋書‧突厥傳》云："弟逸可汗立。"今從《周書》及《北史》。三月，遣使獻馬五萬于魏。使，疏吏翻。柔然別部又立阿那瓌叔父鄧叔子爲可汗；《考異》曰：《魏書》《北史‧蠕蠕傳》皆云"立鐵伐爲可汗"，《突厥傳》皆云"立鄧叔子爲可汗"。蓋諸部分散，各有所立也。乙息記擊破鄧叔子於沃野北木賴山。乙息記卒，捨其子攝圖而立其弟俟斤，號木杆可汗。俟，渠之翻。杆，公旦翻。爲後佗鉢卒、攝圖爭國張本。《考異》曰：《周書》作"木汗"，《隋書》作"俟斤木杆"。今從《北史》。木杆狀貌奇異，性剛勇，多智略，善用兵，鄰國畏之。

《資治通鑑》卷一百六十五《梁紀二十一‧元帝承聖元年》，
頁五〇九七

九月辛卯，帝自并州幸離石。冬十月乙未，至黃櫨嶺，仍起長城，北至社干戌四百餘里，立三十六戌。

《北齊書》卷四《文宣帝紀》，頁五六

冬十月乙未，次黃櫨嶺。仍起長城，北至社于戌，四百餘里，立三十六戌。

《北史》卷七《齊本紀》，頁二四九

冬，十月，齊主自晉陽如離石，自黃櫨嶺起長城，北至社平

戍,四百餘里,置三十六戍。此長城蓋起於唐石州,北抵武州之境。櫨,音盧。"社平",齊紀作"社子"。按《斛律金傳》:黄櫨嶺在烏突戍東。

《資治通鑑》卷一百六十四《梁紀二十·元帝承聖元年》,頁五〇九三

三年十月乙未,幸離石,至黄櫨嶺,仍起長城,北至社于戍百四餘里,立三十六戍。

《册府元龜》卷九九〇《外臣部·備御三》,頁一一三〇

顯祖親御六軍,北攘突厥,仍詔斐監築長城。

《北齊書》卷四十二《列傳第三十四·陽斐》,頁五五四

天保中,除都水使者。詔斐監築長城。

《北史》卷四十七《列傳第三十五·陽斐》,頁一七二九

初茹茹與魏和親,後更離叛。尋爲突厥所破,殺其主阿那瓌。部落逃逸者,仍奉瓌之子孫,抄掠河右。寧率兵邀擊,獲瓌子孫二人,并其種落酋長。自是每戰破之,前後降數萬人。

《周書》卷二十八《列傳第二十·史寧》,頁四六七至四六八

初蠕蠕與魏和親,後更離叛。尋爲突厥所破,殺其主阿那瓌。部落逃逸者,仍奉瓌之子孫,抄掠河右。寧率兵邀擊,獲瓌子孫二人,并其種落酋長。自是每戰破之,前後降數萬人。〔三六〕

【校勘記】

〔三六〕前後降數萬人 諸本脱"降"字,《周書》有"獲"字,《通志》作"降"。按《通志》文同《北史》,今據《通志》補。

《北史》卷六十一《列傳第四十九·史寧》,頁二一八七、二一九八

初蠕蠕與魏和親,後更離叛。尋爲突厥所破,殺其主阿那瓌。部落逃逸者,仍奉瓌之子孫,鈔掠河右。寧率兵要擊,獲瓌子孫二人,并其種落酋長。自是每戰破之,前後降數萬人。

《通志》卷一百五十五《列傳六十八·史寧》,頁二五二四下至二五二五上

天保三年,從征出塞,光先驅破敵,多斬首虜,並獲雜畜。還,除晉州刺史。

《北齊書》卷十七《列傳第九·斛律金附斛律光》,頁二二三

那連提黎耶舍,隋言尊稱,北天竺烏場國人……循路東指,到芮芮國,值突厥亂,西路不通。返鄉意絶,乃隨流轉,北至泥海之旁,南岠突厥七千餘里。彼既不安,遠投齊境,天保七年届於京鄴。文宣皇帝極見殊禮,偏異恒倫。

《續高僧傳》卷二《譯經二·隋西京大興善寺北天竺沙門那連提黎耶舍傳一》,頁三三至三六

公元五五二年　西魏廢帝二年　北齊文宣帝天保四年　梁元帝承聖二年　柔然鐵伐二年

二月,送茹茹主鐵伐父登注及子庫提還北。^{〔八〕}鐵伐尋爲契丹所殺,國人復立登注爲主,仍爲其大人阿富提等所殺,國人復立庫提爲主。

【校勘記】

〔八〕送茹茹主鐵伐父登注及子庫提還北　諸本無“父”字,《北史》卷七有。張森楷云:“按鐵伐是登注次子,自在其國爲主,無待齊之送之,有‘父’字是。”按張説是,今據《北史》補。

《北齊書》卷四《文宣帝紀》,頁五七、七〇

二月,送蠕蠕鐵伐父登注及子庫提還北。鐵伐尋爲契丹所殺,國人復立登注爲主,仍爲其大人阿富提等所殺,國人復立庫提爲主。

《北史》卷七《齊本紀》,頁二五〇

齊主送柔然可汗鐵伐之父登注及兄庫提還其國。<small>登注等奔齊見上卷上年可,從刊入聲。汗,音寒。</small>鐵伐尋爲契丹所殺,<small>契,欺訖翻,又音喫。</small>國人立登注爲可汗。登注復爲其大人阿富提所殺,<small>復,扶又翻。</small>國人立庫提。

《資治通鑑》卷一百六十五《梁紀二十一·元帝承聖二年》,頁五〇九七

二月,送蠕蠕鐵伐父登注及子庫提還北。鐵伐尋爲契丹所殺,國人復立登注爲主,仍爲其大人阿富提等所殺,國人復立庫提爲主。

　　　　《通志》卷十六下《北齊紀十六》,頁三一五中

二年三月,科羅遣使獻馬五萬匹。科羅死,弟俟斤立,號木汗可汗。[六]

【校勘記】

〔六〕號木汗可汗　《隋書》本傳"木汗"作"木扞",《北史》本傳作"木杆"。

　　　　《周書》卷五十《列傳第四十二·異域下·突厥》,頁九〇九、九二二

十二月己未,突厥復攻茹茹,茹茹舉國南奔。癸亥,帝自晉陽北討突厥,迎納茹茹。乃廢其主庫提,立阿那瓌子菴羅辰爲主,置之馬邑川,給其禀餼繒帛。親追突厥於朔州,突厥請降,許之而還。於是貢獻相繼。

　　　　《北齊書》卷四《文宣帝紀》,頁五八

十二月己未,突厥復攻蠕蠕,蠕蠕舉國來奔。癸亥,帝北討突厥,迎納蠕蠕。乃廢其主庫提,立阿那瓌子菴羅辰爲主,置之馬邑川。追突厥於朔方,突厥請降,許之而還。自是貢獻相繼。

　　　　《北史》卷七《齊本紀》,頁二五〇

十二月己未,突厥復攻,蠕蠕舉國來奔。

　　　　《通志》卷十六下《北齊紀十六》,頁三一五下

天保四年,從討山胡,破茹茹,並有功績,累遷譙州刺史。

　　　《北齊書》卷二十《列傳第十二·薛脩義》,頁二七七

四年,從討契丹及蠕蠕,以蹻捷見知。

　　《通志》卷一百八十四《佞倖一·薛脩義》,頁二二九五二下

公元五五四年　西魏恭帝元年　北齊文宣帝天保五年　梁元帝承聖三年　柔然菴羅辰元年

　　三月,茹茹菴羅辰叛,帝親討,大破之,辰父子北遁。太保賀拔仁坐違節度除名。夏四月,茹茹寇肆州。丁巳,帝自晉陽討之,至恒州黃瓜堆,虜騎走。時大軍已還,帝率麾下千餘騎,遇茹茹別部數萬,四面圍逼。帝神色自若,指畫形勢,虜衆披靡,遂縱兵潰圍而出。虜乃退走,〔九〕追擊之,伏尸二十里,獲菴羅辰妻子及生口三萬餘人……〔五月〕丁未,北討茹茹,大破之。六月,茹茹率部衆東徙,將南侵。帝率輕騎於金山下邀擊之,茹茹聞而遠遁。

　　【校勘記】

　　〔九〕虜乃退走　諸本“乃”作“不”,於文義不協,南本删“不”字。《北史》卷七但作“虜走”,南本當即據《北史》删。今據《册府》卷九八四(一一五五八頁)改。

　　　　　　《北齊書》卷四《文宣帝紀》,頁五八、七〇

〔四月〕茹茹乙旃達官寇廣武。五月，遣柱國趙貴追擊之，斬首數千級，收其輜重而還。

《周書》卷二《文帝紀》，頁三五

三月，蠕蠕菴羅辰叛，帝親討大破之，辰父子北遁……夏四月，蠕蠕寇肆州。丁巳，帝自晉陽討之，至恒州。時虜騎散走，大軍已還，帝帥麾下二千餘騎爲殿，夜宿黃瓜堆。蠕蠕別部數萬騎，扣鞍而進，四面圍逼，帝安睡，平明方起，神色自若，指畫軍形，潰圍而出。虜走，追擊之，伏尸二十里，獲菴羅辰妻子、生口三萬餘。五月丁亥，地豆干、契丹並遣使朝貢。丁未，北討蠕蠕，又大破之。六月，蠕蠕遠遁。

《北史》卷七《齊本紀》，頁二五一

元年夏四月，蠕蠕乙旃達官寇廣武。五月，柱國李弼追擊之，^{〔三一〕}斬首數千級，收輜重而還。

【校勘記】

〔三一〕柱國李弼追擊之　《周書》卷二《文帝紀》"李弼"作"趙貴"。按事見《周書》卷一六《趙貴傳》。卷一五《李弼傳》不載此事。此疑誤。

《北史》卷五《魏本紀》，頁一八三、二〇三

嘗追及蠕蠕，令都督高阿那肱率騎數千，塞其走道。時虜軍猶盛，五萬餘人。肱以兵少請益，帝更減其半騎。那肱奮擊，遂大破之。虜主踰越巖谷，僅以身免。

《北史》卷七《齊本紀》，頁二五九

十二月庚申，帝北巡至達速嶺，覽山川險要，將起長城。

《北齊書》卷四《文宣帝紀》，頁五九

十二月庚申，車駕北巡，至達速嶺，親覽山川險要，將起長城。

《北史》卷七《齊本紀》，頁二五二

柔然可汗菴羅辰叛齊，齊主自將出擊，大破之，菴羅辰父子北走。太保安定王賀拔仁獻馬不甚駿，齊主【章：十二行本“主”下有“怒”字；乙十一行本同；孔本同。】拔其髮，免爲庶人，輸晉陽負炭。

《資治通鑑》卷一百六十五《梁紀二十一·元帝承聖三年》，頁五一一二

夏，四月，柔然寇齊肆州，齊主自晉陽討之，至恒州，恒，户登翻。柔然散走。帝以二千餘騎爲殿，殿，丁練翻。宿黄瓜堆。柔然別部數萬騎奄至，帝安臥，平明乃起，神色自若，指畫形勢，縱兵奮擊；柔然披靡，披，普彼翻。因潰圍而出。柔然走，追擊之，伏尸二十餘里，獲菴羅辰妻子，虜三萬餘口，令都督善無高阿那肱帥騎數千塞其走路。時柔然軍猶盛，阿那肱以兵少，請益，帥，讀曰率。塞，悉則翻。少，詩沼翻。帝更減其半。阿那肱奮擊，大破之。菴羅辰超越巖谷，僅以身免。同一高阿那肱也，齊文宣用之則致死以破敵，後主用之則賣主以求生。蓋屬厲威猶可使之知懼，濫恩不足以得其死力也。塞，悉則翻。

《資治通鑑》卷一百六十五《梁紀二十一·元帝承聖三年》，

頁五一一二至五一一三

〔四月〕丁未，齊主復自擊柔然，大破之。復，扶又翻。

《資治通鑑》卷一百六十五《梁紀二十一·元帝承聖三年》，頁五一一三

〔五月〕柔然乙㫊達官寇魏廣武，魏收《志》：東夏州偏城郡帶廣武縣。《五代志》：延安郡豐林縣，後魏置廣武縣及偏城郡。宋熙寧九年，省豐林爲鎮，併屬膚施縣。柱國李弼遣擊，破之。“遣擊”，恐當作“追擊”。【章：十二行本正作“追”；乙十一行本同；孔本同。】

《資治通鑑》卷一百六十五《梁紀二十一·元帝承聖三年》，頁五一一四

〔六月〕柔然帥餘衆東徙，且欲南寇，齊主帥輕騎邀之於金川。唐《志》：單于府帶金河縣。其即金川歟。帥，讀曰率。柔然聞之，遠遁，營州刺史靈丘王峻設伏擊之，獲其名王數十人。

《資治通鑑》卷一百六十五《梁紀二十一·元帝承聖三年》，頁五一一五

三月，茹茹菴羅辰叛，帝親討，大破之，辰父子北遁。

《册府元龜》卷九八四《外臣部·征討三》，頁一一五五八

四月，茹茹寇肆州，帝自晉陽討之，至常州黃瓜堆，虜騎走。時大軍已還，帝率麾下千餘騎，遇茹茹別部數萬四面圍逼。帝神色自若，指畫形勢，虜衆披靡，遂縱兵潰圍而出。

虜乃退走,追擊之,伏尸二十里,獲菴羅辰妻子及生口三萬餘人。

　　《冊府元龜》卷九八四《外臣部·征討三》,頁一一五五八

　　五月,北討茹茹,大破之。

　　《冊府元龜》卷九八四《外臣部·征討三》,頁一一五五九

　　黃瓜堆,在府西南百十里。或曰即古黃華山也……齊天保四年柔然寇肆州,齊主洋自晉陽擊之,至恒州,大破柔然於黃瓜堆。

　　　　《讀史方輿紀要》卷四十四《山西六》,頁二○○八

　　嘗追及蠕蠕,令都督高阿那肱率騎數千塞其走道。時虜軍猶有五萬餘人,肱以兵少,請益,帝更減其半騎,那肱奮擊,遂大破之。

　　　　《通志》卷十六下《北齊紀十六》,頁三一七下

　　金河,在府西北。杜佑曰:“金河上承紫河之水,南流入大河。”是也。亦曰金川。北齊主洋天保五年邀柔然於金川,柔然遠遁。

　　《讀史方輿紀要》卷四十四《山西六》,頁二○一○至二○一一

　　《三國典略》曰:“茹茹寇肆,齊王自晉陽討之,虜騎散走,大軍遂還。齊主率二千餘騎爲殿,夜宿黃爪堆。茹茹別部數萬騎扣鞍而進,四面圍逼麾下。齊十二安臥,平明方起,神色自若,指畫軍形,潰圍而出。虜騎追擊之,伏尸二十里,

獲庵羅辰妻子生口三萬餘,令都督高阿那肱率騎數千塞其
走道。那肱以兵少請益,齊主更減其半,那肱騎奮擊,亦大
克捷。"

　　《太平御覽》卷三一〇《兵部四十一·戰下》,頁一四二七

　　三月,蠕蠕菴羅辰叛,帝親討,大破之,辰父子北遁……
夏四月,蠕蠕寇肆州。丁巳,帝自晉陽討之,至恒州。時虜騎
散走,大軍已還,帝帥麾下二千餘騎爲殿,夜宿黃瓜堆。蠕蠕
別部數萬騎,扣鞍而進,四面圍逼。帝安睡平明方起,神色
自若,指畫軍形,潰圍而出,虜走,追擊之,伏尸二十里,獲菴
羅辰妻子生口三萬餘。五月丁亥,地豆干、契丹並遣使朝貢。
丁未,北討蠕蠕,又大破之。六月,蠕蠕遠遁。

　　　　《通志》卷十六下《北齊紀十六》,頁三一五下

　　茹茹寇廣武,貴擊破之,斬首數千級,收其輜重,振旅
而還。

　　　　《周書》卷十六《列傳第八·趙貴》,頁二六二

　　魏恭帝元年,從柱國趙貴征茹茹,破之。勇追擊,獲雜
畜數千頭。進爵新陽郡公,增邑通前二千户,仍賜姓庫汗氏。
六官建,拜稍伯中大夫。又論討茹茹功,別封永固縣伯,邑
五百户。

　　　　《周書》卷二十九《列傳第二十一·王勇》,頁四九一

　　恭帝元年,從柱國趙貴征蠕蠕,破之,進爵新陽郡公,賜

姓庫汗氏。又論討蠕蠕功,別封永固縣伯。

　　《北史》卷六十六《列傳第五十四·王勇》,頁二三二〇

　　《後周書》曰:王勇論討茹茹功,別封永固縣伯,邑五百户。時有別封者,例聽回授次子,勇獨請封兄子元興,時人義之。

　　《太平御覽》卷一九九《封建部第二·伯封》,頁九五九

　　魏恭帝元年,從柱國趙貴征蠕蠕,破之,進爵新陽郡公,賜姓庫汗氏。又論討蠕蠕功,別封永固縣伯。

　　《通志》卷一百五十八《列傳七十一·伯封》,頁二五五九上

　　豐林城,在府東三十五里。亦漢膚施縣地,後魏僑置廣武縣于此,太和初兼置偏城郡,西魏末柔然寇廣武,李弼擊却之。

　　《讀史方輿紀要》卷五十七《陝西六》,頁二七二一

　　魏恭帝元年,進爵廣武郡公。屬茹茹寇廣武,熾率兵與柱國趙貴分路討之。茹茹聞軍至,引退。熾度河至麴伏川追及,〔六〕與戰,大破之,斬其酋帥郁久閭是發,獲生口數千,及雜畜數萬頭。

　　【校勘記】

　　〔六〕麴伏川　諸本“伏”都作“使”。汲本、局本注“一作伏”,“伏”乃“伏”之訛。按《北史》本傳作“伏”,殿本當依《北史》改。

《周書》卷三十《列傳第二十二·竇熾》,頁五一九、五三一

恭帝元年,進爵廣武郡公。屬蠕蠕寇廣武,熾與柱國趙貴分路討之。蠕蠕引退,熾度河至麴伏川追及,大破之。

《北史》卷六十一《列傳第四十九·竇熾》,頁二一七五

恭帝元年四月,茹茹乙㫋達官寇廣武,遣柱國趙貴追擊之,斬首數千級,收其輜重而還。十一月,柱國于謹既平江陵,諸蠻騷動,詔豆盧寧、蔡祐等討破之。

《册府元龜》卷九八四《外臣部·征討三》,頁一一五五八

魏恭帝元年,進爵廣武郡公。屬蠕蠕寇廣武,熾與柱國趙貴分路討之。蠕蠕引退,熾度河追討至麴伏川追及,大破之。

《通志》卷一百五十五《列傳六十八·竇熾》,頁二五二三上

魏廢帝初,從趙貴征茹茹,論功爲最,改封封山縣公,增邑并前二千一百户。

《周書》卷十五《列傳第七·李弼附李樆》,頁二四三

元年夏四月,蠕蠕乙㫋達官寇廣武;五月,柱國李弼追擊之,斬首數千級,收輜重而還。

《通志》卷十五下《後魏紀十五下》,頁三〇二下

　　初茹茹主菴羅辰率其餘黨東徙，峻度其必來，預爲之備。未幾，菴羅辰到，頓軍城西。峻乃設奇伏大破之，獲其名王郁久閭豆拔提等數十人，送於京師。菴羅辰於此遁走。帝甚嘉之。[五]

【校勘記】

　　〔五〕帝甚嘉之　按茹茹東徙，事在天保五年（五五四），見本書卷四《文宣紀》。"帝"乃指高洋。這裏上文牽連下來，不知此"帝"是誰。且《北齊書》例稱廟號，疑本作"顯祖"，"帝"字乃後人所改。

　　《北齊書》卷二十五《列傳第十七·王峻》，頁三六四、三六八

　　蠕蠕主菴羅辰東徙，峻設伏大破之，於此遁走。歷位尚書。

　　《北史》卷五十五《列傳第四十三·王峻》，頁一九九七

　　蠕蠕主菴羅辰東徙，峻設伏大破之，於此遁走。歷位尚書。

　　《通志》卷一百五十四《列傳六十七·王峻》，頁二四九〇下

　　天保五年，討蠕蠕，文宣悦其驍勇，謂曰："爾擊賊如鶻入鴉群，宜思好事。"故改名焉。

　　《北齊書》卷十四《列傳第六·高思好》，頁一八五

　　本名思孝，天保五年討蠕蠕，文宣悦其驍勇，謂曰："爾擊

賊如鶻入鴉群,宜思好事。"故改名焉。

　　《北史》卷五十一《列傳第三十九‧高思好》,頁一八五四

　　本名思孝,天保五年,討蠕蠕文宣悦其驍勇,謂曰:"爾擊賊如鶻入鴉群,宜思好事。"故改名焉。

　　《通志》卷八十五《宗室八‧高思好》,頁一〇八八下

　　天保初,授假節、通州刺史,封永寧縣開國子。後從襲庫莫奚,加左右大都督。又從度黄龍,征契丹,定稽胡。尋從討茹茹主菴羅辰於陘北,又從平茹茹餘燼。景和趫捷,有武用,每有戰功。

　　《北齊書》卷四十一《列傳第三十三‧皮景和》,頁五三七

　　後頻從顯祖討茹茹,破稽胡。

　　《北齊書》卷四十一《列傳第三十三‧鮮于世榮》,頁五三九

　　天保初,授通州刺史,封永寧縣子。景和趫捷,有武用,從襲庫莫奚,度黄龍,征契丹,定稽胡,討蠕蠕,每有戰功。

　　《北史》卷五十三《列傳第四十一‧皮景和》,頁一九二五

　　天保初,授通州刺史,封永寧縣子。景和趫捷,有武用,從襲庫莫奚,度黄龍,征契丹,定稽胡,討蠕蠕,每有戰功。

　　《通志》卷一百五十二《列傳六十五‧皮景和》,頁二四六五上

後頻從駕再破茹茹,遷武衛大將軍,又轉領左右大將軍,兼七兵尚書。

《北齊書》卷四十一《列傳第三十三·元景安》,頁五四二至五四三

顯祖頻年出塞,邕必陪從,專掌兵機。

《北齊書》卷四十《列傳第三十二·唐邕》,頁五三〇

文宣頻年出塞,邕必陪從,專掌兵機,承受敏速。

《北史》卷五十五《列傳第四十三·唐邕》,頁二〇〇一

天保初,封扶風王。頻從顯祖討山胡、茹茹,累有戰功。

《北齊書》卷二十七《列傳第十九·可朱渾元》,頁三七七

公元五五五年　西魏恭帝二年　北齊文宣帝天保六年 梁敬帝紹泰元年　柔然菴羅辰二年

〔五月〕丁未,茹茹遣使朝貢……〔六月〕丁卯,帝如晉陽。壬申,親討茹茹。甲戌,諸軍大會於祁連池。乙亥,出塞,至庫狄谷,百餘里內無水泉,六軍渴乏,俄而大雨。戊寅,梁主蕭明遣其子章、兼侍中袁泌、兼散騎常侍楊裕奉表朝貢。秋七月己卯,帝頓白道,留輜重,親率輕騎五千追茹茹。壬午,及於懷朔鎮。帝躬當矢石,頻大破之,遂至沃野,獲其俟利藹焉力妻阿帝、吐頭發郁久閭狀延等,並口二萬餘,牛羊數十萬頭。茹茹俟利郁久閭李家提率部人數百降。壬辰,帝還晉陽。

《北齊書》卷四《文宣帝紀》,頁六〇至六一

〔六月〕壬申，帝親討蠕蠕……秋七月己卯，帝頓白道，留輜重，親率輕騎五千，追蠕蠕。壬午，及之懷朔鎮。帝躬犯矢石，頻大破之，遂至沃野。壬辰，還晉陽。

《北史》卷七《齊本紀》，頁二五二

〔六月〕壬申，自將擊柔然。將，即亮翻。秋，七月，己卯，至白道，留輜重，重，直用翻。帥輕騎五千追柔然，壬午，及之於懷朔鎮。齊主親犯矢石，頻戰，大破之，至于沃野，獲其酋長《水經注》：雲中郡有白道嶺、白道川。帥，讀曰率。騎，奇寄翻。酋，慈秋翻。長，知兩翻。及生口二萬餘，牛羊數十萬。壬申，【章：十二行本“申”作“辰”；乙十一行本同；孔本同；張校同；退齋校同。】還晉陽。

《資治通鑑》卷一百六十六《梁紀二十二·敬帝紹泰元年》，頁五一三一

突厥木杆可汗擊柔然鄧叔子，滅之，厥，九勿翻。杆，公旦翻。可，從刊入聲。汗，音寒。叔子收其餘燼奔魏。木杆西破嚈噠，嚈，益涉翻。噠，當割翻，又宅軋翻。東走契丹，北并契骨，契骨，即唐之結骨。《唐書》曰：黠戞斯，古堅昆國，或曰居勿，或曰結骨。蓋堅昆語訛爲結骨，稍號紇骨，亦曰紇扢斯。契丹，欺訖翻，又音喫。契骨，苦結翻。威服塞外諸國。其地東自遼海，西至西海，長萬里，長，直亮翻。南自沙漠以北五六千里皆屬焉。木杆恃其强，請盡誅鄧叔子等於魏，使者相繼於道；太師泰收叔子以下三千餘人付其使者，盡殺之於青門外。長安城東出南頭第一門曰霸城門，民見門色青，名曰青城門，或曰青門。秦東陵侯召平種瓜於青門外，即其

地。使，疏吏翻。

《資治通鑑》卷一百六十六《梁紀二十二‧敬帝紹泰元年》，頁五一四〇

六年六月，帝親討茹茹，諸軍大會於祁連池。七月己卯，帝頓白道，留輜重，親率輕騎五千追茹茹，壬午及於懷朔鎮。帝躬當矢石，頻大破之，遂至沃野，獲其俟利藹焉力、婁阿嘗、吐頭發、郁久閭、拔延等，并口二萬餘，牛羊數十萬頭。茹茹俟利郁久閭、李提率部人數百降。

《冊府元龜》卷九八四《外臣部‧征討三》，頁一一五五九

壬申，帝親討蠕蠕。甲戌，諸軍大會祁連池。乙亥，出塞至厙狄谷百餘里，無水泉，六軍渴乏，俄而大雨。秋七月己卯，帝頓白道，留輜重，親率輕騎五千，追蠕蠕。壬午，及之懷朔鎮。帝躬犯矢石，頻大破之，遂至沃野。壬辰，還晉陽。

《通志》卷十六下《北齊紀十六》，頁三一六上

白道，在府北塞外。後魏雲中郡有白道嶺、白道川，自白道北出爲懷朔鎮，又西北爲沃野鎮，自白道而南爲武川鎮，又南即雲中城也……高齊天保六年齊主洋自將擊柔然，至白道，留輜重，帥輕騎五千追柔然，及之於懷朔鎮，大破之，至沃野鎮獲其酋長。

《讀史方輿紀要》卷四十四《山西六》，頁二〇一六

六年，詔叡領山東兵數萬監築長城。于時盛夏六月，叡在途中，屏除蓋扇，親與軍人同其勞苦。而定州先有冰室，

每歲藏冰，長史宋欽道以叡冒犯暑熱，遂遣輿冰，倍道追送。
正值日中停軍，炎赫尤甚，人皆不堪，而送冰者至，咸謂得冰
一時之要。叡乃對之歎息云：“三軍之人，皆飲溫水，吾以何
義，獨進寒冰，非追名古將，實情所不忍。”遂至消液，竟不一
嘗。兵人感悦，遐邇稱歎。先是，役徒罷作，任其自返。丁壯
之輩，各自先歸；羸弱之徒，棄在山北，加以饑病，多致僵殍。
叡於是親帥所部，與之俱還，配合州鄉，部分營伍，督帥監領，
强弱相持，遇善水草，即爲停頓，分有餘，贍不足，賴以全者
十三四焉。

　　《北齊書》卷十三《列傳第五·趙郡王琛附高叡》，頁
一七一

　　六年，詔叡領兵監築長城，于時六月，叡途中屏蓋扇，親
與軍人同勞苦。定州先常藏冰，長史宋欽道以叡冒熱，遣倍
道送冰，正遇炎盛，咸謂一時之要。叡對之歎曰：“三軍皆飲
溫水，吾何義獨進寒冰！”遂至銷液，竟不一嘗，兵人感悦。
先是役罷，任其自歸，丁壯先返，羸弱多致僵殍。叡於是親帥
營伍，强弱相持，賴全者十三四焉。

　　《北史》卷五十一《列傳第三十九·趙郡王琛附高叡》，
頁一八四四至一八四五

　　授儀同三司，監築長城大使，領步騎數千鎮防北境。還，
遷護軍將軍，尋卒。

　　　　《北齊書》卷二十五《列傳第十七·張纂》，頁三六〇

後以茹茹爲突厥所破，種落分散，慮其犯塞，驚撓邊民，乃詔金率騎二萬屯白道以備之。而虜帥豆婆吐久備將三千餘戶密欲西過，候騎還告，金勒所部追擊，盡俘其衆。茹茹但鉢將舉國西徙，金獲其候騎送之，並表陳虜可擊取之勢。顯祖於是率衆與金共討之於吐賴，獲二萬餘戶而還。進位右丞相，食齊州幹，遷左丞相。

　　　　《北齊書》卷十七《列傳第九·斛律金》，頁二二一

後蠕蠕爲突厥破散，慮其犯塞，詔金屯兵白道以備之。多所俘獲，并表陳虜可取狀。文宣乃與金共討之。進位右丞相，食齊州幹。遷左丞相。

　　　　《北史》卷五十四《列傳第四十二·斛律金》，頁一九六六

後蠕蠕爲突厥所破，種落分散，慮其犯塞，驚擾邊民，乃詔金率騎二萬屯白道以備之。多所俘獲，并表陳虜可擊之狀。文宣於是率衆與金共討之，大獲而還，進位右丞相，食齊州幹。遷左丞相。

　　　　《通志》卷一百五十二《列傳六十五·斛律金》，頁二四六二下

又隨斛律敦北征茹茹，敦令猛輕將百騎深入覘候。還至白道，與軍相會，因此追躡，遂大破之。賚帛三百段。

　　　　《北齊書》卷四十一《列傳第三十三·綦連猛》，頁五四〇至五四一

俟斤一名燕都，[七]狀貌多奇異，面廣尺餘，其色甚赤，眼若瑠璃。性剛暴，務於征伐。乃率兵擊鄧叔子，滅之。叔子以其餘燼來奔。

【校勘記】

〔七〕俟斤一名燕都　《通典》卷一九七“都”作“尹”。

《周書》卷五十《列傳第四十二·異域下·突厥》，頁九〇九、九二二

木杆勇而多智，遂擊茹茹，滅之，西破挹怛，東走契丹，北方戎狄悉歸之，抗衡中夏。

《隋書》卷八十四《列傳第四十九·北狄·突厥》，頁一八六四

俟斤一名燕都，狀貌奇異，面廣尺餘，其色赤甚，眼若瑠璃，剛暴，勇而多知，務於征伐。乃率兵擊鄧叔子，破之。叔子以其餘燼奔西魏。

《北史》卷九十九《列傳第八十七·突厥》，頁三二八七

木扞可汗[五〇]土門之子，名俟斤，一名燕都是也。[五一]狀貌奇異，面廣尺餘，其色甚赤，眼若瑠璃，性剛暴而多智。[五二]西破蠕蠕、嚈噠，東走契丹，北并契骨，威服塞外諸國。俟斤既盛，使于西魏，請誅蠕蠕主。事具《蠕蠕篇》。

【校勘記】

〔五〇〕木扞可汗　“扞”，宋版、《庫》本同，萬本作“杆”，同《北史·突厥傳》《隋書·北狄傳》《通典·邊防一三》，

“扞”恐誤。下同。《周書·異域傳下》作“汙”。

〔五一〕名俟斤一名燕都是也　“俟斤”，《周書·異域傳下》《北史·突厥傳》《通典·邊防一三》同，《隋書·北狄傳》作“俟斗”。“燕都”，《周書》《北史》同，《通典》作“燕尹”。

〔五二〕性剛暴而多智　底本“性”上衍“其”字，“智”下衍“謀”字，並據宋版、萬本、《庫》本及《通典·邊防一三》删。

《太平寰宇記》卷之一百九十四《四夷二十三·北狄六·突厥上》，頁三七一九、三七二九

木杆可汗，〔四六〕土門之子，名俟斤，一名燕尹。〔四七〕狀貌奇異，面廣尺餘，其色甚赤，眼若琉璃，性剛暴而多智。西破嚈噠、嚈噠，東走契丹，北并契骨，威服塞外諸國。

【校勘記】

〔四六〕木杆可汗　《隋書·北狄傳》（一八六四頁）、《北史·突厥傳》（三二八七頁）同。《周書·異域傳下》（九〇九頁）“杆”作“汗”。《太平寰宇記》卷一九四“杆”作“扞”。

〔四七〕土門之子名俟斤一名燕尹　“斤”《隋書·北狄傳》（一八六四頁）作“斗”。“尹”《周書·異域傳下》（九〇九頁）、《北史·突厥傳》（三二八七頁）、《太平寰宇記》卷一九四均作“都”。

《通典》卷一百九十七《邊防十三·北狄四·突厥上》，頁五四〇三、五四二二

　　木杆可汗，土門之子，名俟斤，一名燕尹。狀貌奇異，面廣尺餘，其色甚赤，眼若琉璃，性剛暴而多智。西破嚈噠、嚈噠，東走契丹，北並契骨，威服塞外諸國。其地東自遼海以西，西至西海萬餘里，南自沙漠，北至北海五六千里皆屬焉。

　　《文獻通考》卷三百四十三《四裔二十・突厥上》，頁九五〇二

　　俟斤既盛，使於西魏，請誅嚈噠主。事具《嚈噠篇》。[五三]
　　【校勘記】
　　〔五三〕事具《嚈噠篇》　“具”原作“見”，據王吳本改。
　　《通典》卷一百九十七《邊防十三・北狄四・突厥上》，頁五四〇四、五四二三

　　其書字類胡，而不知年歷，唯以草青爲記。男子好樗蒲，女踏鞠，飲馬酪取醉，歌呼相對。敬鬼神。俟斤即盛，使於西魏，請誅嚈噠主。事具《嚈噠篇》。

　　《文獻通考》卷三百四十三《四裔二十・突厥上》，頁九五〇三

　　土門死，子科羅立。科羅號乙息記可汗。[四]又破叔子於沃野北木賴山。[五]
　　【校勘記】
　　〔四〕土門死子科羅立科羅號乙息記可汗　《隋書》卷八四《突厥傳》云伊利“卒，弟逸可汗立”。伊利即土門，逸可汗即科羅或乙息記可汗，作“子”作“弟”不同。

〔五〕又破叔子於沃野北木賴山　《北史》本傳無“木”字。

《周書》卷五十《列傳第四十二·異域下·突厥》,頁九〇九、九二二

〔伊利可汗〕卒,弟逸可汗立,^{〔一〕}又破茹茹。

【校勘記】

〔一〕弟逸可汗立　《周書·突厥傳》作“子科羅立,科羅號乙息記可汗”。

《隋書》卷八十四《列傳第四十九·北狄·突厥》,頁一八六四、一八八五

土門死,子科羅立。科羅號乙息記可汗,又破叔子於沃野北賴山。^{〔六〕}

【校勘記】

〔六〕又破叔子於沃野北賴山　《周書》“賴”上有“木”字。

《北史》卷九十九《列傳第八十七·突厥》,頁三二八七、三三〇六

土門死,子科羅立。科羅號乙息記可汗,科羅破蠕蠕鄧叔子於沃野北賴山。

《通志》卷二百《四夷七·突厥》,頁三二〇九下

木根山,在廢夏州西北……西魏廢帝二年突厥擊破柔然於沃野北木賴山,或曰即木根山矣。

《讀史方輿紀要》卷六十一《陝西十》,頁二九二五

屬茹茹爲突厥所逼，舉國請降，弼率前軍迎之。給前後部羽葆鼓吹，賜雜綵六千段。

　　　　《周書》卷十五《列傳第七・李弼》，頁二四〇至二四一

俟斤部衆既盛，乃遣使請誅鄧叔子等。太祖許之。收叔子以下三千人，[一四]付其使者，殺之於青門外。

【校勘記】

〔一四〕收叔子以下三千人　《北史》本傳無"三"字。

　　　　《周書》卷五十《列傳第四十二・異域下・突厥》，頁九一〇、九二三

俟斤部衆既盛，乃遣使請誅鄧叔子等，周文帝許之，收叔子已下三千人，[一四]付其使者，殺之於青門外。

【校勘記】

〔一四〕收叔子已下三千人　諸本無"三"字，《周書》有。按本書卷九八《蠕蠕傳》作"三千餘人"。此脫"三"字，今據補。

　　　　《北史》卷九十九《列傳第八十七・突厥》，頁三二八九、三三〇六至三三〇七

後拜大司馬，從文宣征蠕蠕，在軍暴疾薨。贈假黃鉞，太宰、太師，謚曰肅武。

　　　　《北齊書》卷十五《列傳第七・韓軌》，頁二〇〇

後拜大司馬，從文宣征蠕蠕，在軍暴疾，薨。贈假黃鉞、

太宰、太師,謚曰肅武。

　　《北史》卷五十四《列傳第四十二·韓軌》,頁一九五九

　　韓軌,妹爲神武所納,生上黨王渙。軌督中軍,從破尒朱兆於赤𪩘嶺。後爲大司馬,從文宣征蠕蠕。

　　《册府元龜》卷三〇二《外戚部·將兵》,頁三五五八

　　韓軌爲鎮城都督,從神武破尒朱兆於廣阿,封平昌縣侯。仍督中軍,從破尒朱兆於赤𪩘嶺,再遷秦州刺史。頻以軍功,進封安德郡公。後拜大司馬,從文宣征蠕蠕,在軍暴薨,贈假黄鉞、太宰、太師。

　　《册府元龜》卷三八二《將帥部·襃異八》,頁四五三九

　　後拜大司馬,從文宣征蠕蠕,在軍暴薨。贈假黄鉞、太宰、太師,朔州刺史,謚曰肅武。

　　《通志》卷一百五十二《列傳六十五·韓軌》,頁二四六〇下

　　皓字季高,少立名行,爲士友所稱。遭母憂,居喪有至性。儒緩亦同諸兄。嘗從文宣北征,乘赤馬,旦蒙霜氣,遂不復識。自言失馬,虞候爲求覓不得。須臾日出,馬體霜盡,繫在幕前,方云:“我馬尚在。”

　　《北史》卷二十四《列傳第十二·王憲附王皓》,頁八九一

　　李祖勳嘗宴文士,顯祖使小黄門敕祖勳母曰:“茹茹既破,何故無賀表?”使者佇立待之。諸賓皆爲表,詢祖俄頃

便成。

《北齊書》卷二十二《列傳第十四・盧文偉附盧詢祖》，頁三二〇至三二一

趙郡李祖勳嘗宴諸文士，齊文宣使小黃門敕祖勳母曰："蠕蠕既破，何無賀表？"使者待之。諸賓皆爲表，詢祖俄頃便成。其詞云："昔十萬橫行，樊將軍請而受屈；五千深入，李都尉降而不歸。"

《北史》卷三十《列傳第十八・盧文偉附盧詢祖》，頁一〇九三

《北齊書》曰："盧詢祖有術學，文章華美，爲後生之俊。舉秀才至鄴。趙郡李祖勳嘗宴諸文士，齊文宣使小黃門敕祖勳曰：'蠕蠕既破，何無賀表？' 使者佇立待之。諸賓皆爲表。詢祖俄頃便成，其詞云：'昔十萬橫行，樊將軍請而受屈，五千深入，李都尉去以不歸。' 時重其工。"

《太平御覽》卷五九四《文部一〇・章表》，頁二六七五

趙郡李祖勳嘗宴諸文士，文宣使小黃門敕祖勳曰："蠕蠕既破，何無賀表？"使者待之。諸賓皆爲表，詢祖俄頃便成。其辭云："昔十萬橫行，樊將軍請而受屈；五千深入，李都尉降而不歸。"

《通志》卷一百五十四《列傳六十七・盧詢祖》，頁二四九九中

突厥滅茹茹之後，盡有塞表之地，控弦數十萬，志陵中夏。[七]

【校勘記】

〔七〕控弦數十萬志陵中夏　《御覽》卷一四〇（六八四頁）作“控弦十數萬，於是陵逼中原”。

《周書》卷九《列傳第一·皇后·武帝阿史那皇后》，頁一四三、一五〇

突厥滅蠕蠕後，盡有塞表之地，志陵中夏。

《北史》卷十四《列傳第二·武成皇后阿史那氏》，頁五二八

《後周書》曰：“武阿史那后，突厥木杆可汗俟斤之女。突厥蠕蠕而恕反，後盡有塞表之地，控弦十數萬，於是陵逼中原。”

《太平御覽》卷一四〇《皇親部六·武阿史那后》，頁六八四

武成皇后，阿史那氏，突厥木杆可汗俟斤之女也。突厥既滅蠕蠕盡，有塞表之地，志陵中夏。

《通志》卷二十《后妃傳二·武成皇后》，頁四〇一上

公元五五六年　西魏恭帝三年　北齊文宣帝天保七年
梁敬帝太平元年

蠕蠕滅後，突厥強盛，雖與文帝通好，而外連齊氏。太祖又令峙銜命喻之。突厥感悟，即執齊使，歸諸京師。

《周書》卷三十三《列傳第二十五·庫狄峙》，頁五七〇

蠕蠕滅後，突厥强盛，雖與周通好，而外連齊氏。周文又令峙銜命喻之。突厥感悟，即執齊使歸諸京師。

《北史》卷六十九《列傳第五十七·庫狄峙》，頁二三九四

蠕蠕滅後，突厥强盛，雖與周通好，而外連齊氏。文帝又令峙銜命喻之。突厥感悟，即執齊使，歸諸京師。

《通志》卷一百五十九《列傳七十二·庫狄峙》，頁二五七〇上

至定州城南，夜宿同鄉人姬庫根家。茹茹奴望見鮮于修禮營火，語吾云："我今走向本軍。"既至營，遂告吾輩在此。

《周書》卷十一《列傳第三·晉蕩公》，頁一七〇

至定州城南，夜宿同鄉人姬庫根家。蠕蠕奴望見鮮于修禮營火，逐光走至本營告吾等所在，明旦，汝叔將兵邀遮吾及，汝等因得還營。

《通志》卷八十五下《宗室八下·晉蕩公》，頁一〇九七下

散見未繫年史料

至後魏代，北與蠕蠕接，數爲所侵，遂西徙都薄羅城，去弗敵沙二千一百里。弗敵沙在藍氏城東。

《通典》卷一百九十二《邊防八·西戎四·大月氏》，頁五二四〇

《北史》曰："大月氏，北與蠕蠕接，數爲所侵，遂西徙，都薄羅城。其王寄多羅勇武，遂興師越太山，南侵北天竺，自乾陁羅以北五國盡屬之。後魏太武時，其國人商販京師，自云能鑄石爲五色琉璃。於是采礦山中，於京師鑄之，既成，光澤美於西方來者。乃詔爲殿，容百人，光色映徹，自此中國琉璃遂賤。"

《太平御覽》卷七九三《四夷部十四·大月氏》，頁三五一六

後魏時，其國數爲蠕蠕所侵，遂西徙，都薄羅城。去弗敵沙二千一百里弗敵沙在藍氏城東，後其王寄多羅勇武，遂興師越大山，南侵北天竺，自乾陁羅以北五國盡役屬之。國人乘四輪車，或四牛、六牛、八牛輓之，在車大小而已。太武時，其國

人商販至代都，自云能鑄石爲五色瑠璃。於是采礦於山中，鑄之，既成，光澤乃美於西方來者。乃詔爲行殿，容百餘人，光色映徹，觀者見之，莫不驚駭，以爲神明所作，自此國中瑠璃遂賤。

《通志》卷一百九十六《四夷三·大月氏》，頁三一三九中

至後魏代，北與蠕蠕接，數爲所侵，遂西徙都薄羅城，去弗敵沙二千一百里弗敵沙在藍氏城東。

《文獻通考》卷三百三十八《四裔十五·大月氏》，頁九三四四

嚈噠國，或云高車之别種，或云大月氏之種類。其源出於塞北。自金山而南，在于闐之西，東去長安一萬一百里。至後魏文帝時，已八九十年矣。〔二九〕衣服類胡，加以纓絡，頭皆翦髮。其語與蠕蠕、高車及諸胡不同。

【校勘記】

〔二九〕自金山而南在于闐之西東去長安一萬一百里至後魏文帝時已八九十年矣　“而南”原脱，“百”原作“千”，據《魏書·西域傳》（二二七八頁）、《北史·西域傳》（三二三〇頁）補改。“至後魏文帝時已八九十年矣”原在“金山”下，誤，今據《太平寰宇記》卷一八三移後。又“文”下原有“成”，據北宋本、傅校本、明抄本、明刻本刪。

《通典》卷一百九十三《邊防九·西戎五·嚈噠》，頁五二五九、五二八四

嚈噠國……土俗物產：其俗衣服類胡，加以瓔珞，頭皆翦髮。其語與蠕蠕、高車及諸胡不同。死者，富家累石爲藏，貧者掘地而埋，隨身諸物，皆置冢內。又兄弟共娶一妻，無兄弟者，其妻載一角帽，若有兄弟者，依其多少之數更加帽角焉。

《太平寰宇記》卷之一百八十三《四夷十二·西戎四·嚈噠國》，頁三五〇〇

《北史》曰：“嚈噠國，大月氏之種類也，亦高車之別種，其原出於塞北，自金山而南，在于闐之西。都烏許水南二百餘里，去長安一萬一百里。其王都拔底廷城，蓋王舍城也。其城方十里餘，多寺塔，皆飾以金寶。風俗與突厥略。同兄弟共一妻。無兄弟者，依其多少之數更加帽焉。衣服類胡，加以纓絡，頭皆剪髮。其語與蠕蠕、高車及諸胡不同。”

《太平御覽》卷七九三《四夷部十四·嚈噠》，頁三五二〇

嚈噠，大月氏之種類也，亦曰高車之別種，其源出於塞北，自金山而南，在于闐之西。都烏滸水南二百餘里，去長安一萬一百里。其王都拔底延城，蓋王舍城也。其城方十里餘，多寺塔，皆飾以金。風俗與突厥略同。其俗兄弟共一妻。夫無兄弟者，妻戴一角帽，若有兄弟者，依其多少之數更加帽角焉。衣服類胡，加以纓絡，頭皆翦髮。其語與蠕、高車及諸胡不同。

《通志》卷一百九十六《四夷三·嚈噠》，頁三一五二中至三一五二下

嚈噠國，大月氏之種類也，亦曰高車之別種。其原出於塞北。自金山而南，在于闐之西，都烏滸水南二百餘里，去長安一萬一百里。至後魏文成帝時已七八十年矣。其王都拔底延城，蓋王捨城也。其城方十餘里，多寺塔，皆飾以金。風俗與突厥略同。其俗兄弟共一妻，夫無兄弟者，妻戴一角帽；若有兄弟者，依其多少之數，更加帽角焉。衣服類加以纓絡。頭皆剪髮。其語與蠕蠕、高車及諸胡不同。

《文獻通考》卷三百三十八《四裔十五·嚈噠》，頁九三五二

康居、于闐、疏勒、安息及諸小國三十許，皆役屬之，號爲大國，與蠕蠕婚姻。

《通志》卷一百九十六《四夷三》，頁三一五二中至三一五二下

蠕蠕都弱落水，其常所會庭，則敦煌張掖之北。

《通志》卷四十一《都邑一》，頁五五九上

後遇周文於關中創業，用爲典籤將，命使蠕蠕。

《通志》卷一百五十三《列傳六十·楊播》，頁二四七九中

小月氏，理富樓沙城。其王本大月氏王寄多羅子也。寄多羅爲蠕蠕所逐，西徙，後令其子守此城，因號小月氏焉。

《通典》卷一百九十二《邊防八·西戎四·小月氏》，頁五二四一

小月氏國。理富樓沙城。其王本大月氏王寄多羅子也。寄多羅爲蠕蠕所逐，西徙，後令其子守此城，因號小月氏焉。

《太平寰宇記》卷之一百八十四《四夷十三·西戎五·小月氏國》，頁三五二三

小月氏，治富樓沙城。其王本大月氏寄多羅子也，寄多羅爲蠕蠕所逐，西徙，後令其子守此城，因號小月氏焉。

《通志》卷一百九十六《四夷三·小月氏》，頁三一三九中

小月氏，治富樓沙城。其王本大月氏王寄多羅子也。寄多羅爲蠕蠕所逐，西徙，後令其子守此城，因號小月氏焉。

《文獻通考》卷三百三十八《四裔十五·小月氏》，頁九三四四

蠕蠕自拓跋初徙雲中，即有種落，後魏太武神麕中强盛，又盡有匈奴故地。其主社崘始號可汗，猶言皇帝，以後常與後魏爲敵國。明帝熙平以後，其國主爭立，大亂。東、西魏之時，突厥既强，蠕蠕主奔西魏，悉被誅滅。自蠕蠕衰弱，突厥漸盛，至西魏大統中，大破蠕蠕，[七]又盡有匈奴故地。

【校勘記】

〔七〕大破蠕蠕　"破"原訛"被"，據諸本改。

《通典》卷一百九十四《邊防十·北狄一·序略》，頁五三〇二、五三二三

而後魏神麕中，蠕蠕强盛，與後魏爲敵。後魏末，蠕蠕

滅,而突厥起,盡有其地。

《太平寰宇記》卷之一百八十九《四夷十八·北狄一·北狄總序》,頁三六二〇

蠕蠕自拓跋初徙雲中即有種落,其後盡據匈奴故地,其主杜崙始號可汗,魏氏世受其患。明帝熙平以後,其國始亂;東西魏時,突厥暴興,蠕蠕不能自立,奔於西魏,卒被誅滅,突厥既盛,又盡有蠕蠕故地。

《通志》卷一百九十九《四夷六·北圖序略》,頁三二八〇上

蠕蠕自拓跋初徙雲中,即有種落。後魏太武神麚中强盛,又盡有匈奴故地,其主社崙始號可汗,猶言皇帝,以後常與後魏爲敵國。明帝熙平以後,其國主爭立,大亂。東、西魏之時,突厥既强,蠕蠕主奔西魏,悉被誅滅。自蠕蠕衰弱,突厥漸盛,至西魏大統中,大破蠕蠕,又盡有匈奴故地。

《文獻通考》卷三百四十《四裔十七·北》,頁九四一五至九四一六

西州今理高昌縣。漢時車師前王之庭,漢元帝所置戊己校尉故地。因興師西討,軍中贏憊者留居之地,形高敞,遂名高昌壘。有八城,本中國人也。前涼張駿置高昌郡。其後後魏有之,[五七]後又屬蠕蠕,而兗反。其後麴嘉稱王於此數代。

【校勘記】

〔五七〕其後後魏有之　原脱一"後",今增。

《通典》卷一百七十四《州郡四·古雍州下·交河郡》,

頁四五五八、四五七○

　　西州漢時車師前王之庭，漢元帝所置戊己校尉故地。因興師相討，軍中羸憊者留居之；地形高敞，遂名高昌壘。有八城，本中國人也。前涼張駿置高昌郡，其後後魏有之，後又屬蠕蠕，其後麴嘉稱王於此數代。

　　《文獻通考》卷三百二十二《輿地八·古雍州西州》，頁八八三八至八八三九

　　至後魏時，亦朝貢。其國數爲蠕蠕所侵，西徙葱嶺。

　　《通典》卷一百九十二《邊防八·西戎四·烏孫》，頁五二二九

　　至後魏時，亦朝貢。其國數爲蠕蠕所侵，西徙葱嶺中矣。

　　《太平寰宇記》卷之一百八十二《四夷十一·西戎三·烏孫國》，頁三四七八

　　自烏孫分立兩昆彌後，漢用憂勞，且無寧歲。言或鎮撫之，或威制之，故多事。其後無聞。至後魏時，亦朝貢。其國數爲蠕蠕所侵，西徙葱嶺。

　　《文獻通考》卷三百三十七《四裔十四·烏孫》，頁九三一九

　　薛延陁，鐵勒之別部也，前燕慕容儁時，匈奴單于賀剌頭率部三萬五千來降，〔九一〕延陁蓋其後。〔九二〕與薛部雜居，因號薛延

陁。可汗姓壹利吐氏，〔九三〕代爲强族。初蠕蠕之滅也，並屬於突厥，而部落中分，在鬱督軍山者，東屬於始畢；在貪汗山者，西屬於葉護，其主夷男，於大唐貞觀中遣使朝聘，封爲毗伽可汗，〔九四〕居大漠之北，俱淪水南，去長安萬四千餘里。

【校勘記】

〔九一〕賀剌頭　“剌”《晉書・慕容儁載記》（二八三八頁）作“賴”，《太平寰宇記》卷一九八作“利”。

〔九二〕延陁蓋其後　“延”原脱，據《太平寰宇記》卷一九八補。

〔九三〕壹利吐氏　“吐”《册府》卷九五六（一一二五三頁）作“咄”。

〔九四〕封爲毗伽可汗　“封”原脱，據《太平寰宇記》卷一九八補。

《通典》卷一百九十九《邊防十五・北狄六・薛延陀》，頁五四六五、五四八一

初蠕蠕之滅也，並屬于突厥，而部落中分，在鬱督軍山者，東屬于始畢；在貪汗山者，西屬于葉護，其主夷男，唐貞觀中，遣使朝聘，封爲毗伽可汗，居大漠之北，俱淪水之南，去長安萬四千餘里。

《太平寰宇記》卷之一百九十八《四夷二十七・北狄十・薛延陀》，頁三七九三

薛延陁，鐵勒之別部，前燕慕容儁時，匈奴單于賀剌頭率部三萬

五千來降，延陁蓋其後。與薛部雜居，因號薛延陁。可汗姓壹利
吐氏，代爲强族。初，蠕蠕之滅也，並屬於突厥，而部中分在
鬱督軍山者，東屬於始畢，在貪汗山者，西屬於葉護。

　　《文獻通考》卷三百四十四《四裔二十一·薛延陁》，頁
九五四七

　　疏勒國城，在故莎車西北……後魏時屬于柔然。
　　　　《讀史方輿紀要》卷六十五《陝西十四》，頁三〇六八

　　扜罙城，在于闐東三百九十里……後魏時附於柔然，隋時附於
突厥。
　　　　《讀史方輿紀要》卷六十五《陝西十四》，頁三〇六六

　　魏太武女□□公主適氐主楊保宗，光化公主適吐谷渾世
伏，廣樂公主適吐谷渾誇，吕魏濟南王匡孫女。西海公主適蠕蠕
主郁久閭吳提，化政公主、元翌女。蘭陵公主並適蠕蠕主郁久
閭阿那瓖，長樂公主適突厥主阿史那土門。
　　周千金公主趙王招女。適突厥主阿史那他鉢。
　　　　《文獻通考》卷二百五十八《帝系九·公主》，頁七〇〇八

　　《滅山胡》代《雍離》，言神武屠劉蠡升，高車、蠕蠕向化。
　　《文獻通考》卷一百四十二《職官十五·樂歌》，頁一二五三中

　　《平瀚海》代《上邪》，言文宣平殄蠕蠕。
　　《文獻通考》卷一百四十二《職官十五·樂歌》，頁一二五三中

參考文獻

紀傳體史料

（唐）房玄齡等撰：《晉書》，中華書局，一九七四年。

（南朝梁）沈約撰：《宋書》，中華書局，一九七四年。

（南朝梁）蕭子顯撰：《南齊書》，中華書局，一九七二年。

（唐）姚思廉撰：《梁書》，中華書局，一九七三年。

（唐）李延壽撰：《南史》，中華書局，一九七五年。

（北齊）魏收撰：《魏書》，中華書局，一九七四年。

（唐）李百藥撰：《北齊書》，中華書局，一九七二年。

（唐）令狐德棻等撰：《周書》，中華書局，一九七一年。

（唐）魏徵等撰：《隋書》，中華書局，一九七三年。

（唐）李延壽撰：《北史》，中華書局，一九七四年。

（南宋）鄭樵撰：《通志》，中華書局，一九八七年。

編年體史料

（北宋）司馬光編著，（元）胡三省音注：《資治通鑑》，中華書局，一九五六年。

典制體史料

（唐）杜佑撰：《通典》，中華書局，一九八八年。

（元）馬端臨撰：《文獻通考》，中華書局，二〇一一年。

類書

（北宋）李昉等撰：《太平御覽》，中華書局，一九六〇年。

（北宋）王欽若等編：《册府元龜》，中華書局，一九六〇年。

（北宋）王欽若等編：《册府元龜》，鳳凰出版社，二〇〇六年。

地理類史料

（北魏）楊衒之撰，周祖謨校釋：《洛陽伽藍記校釋》，中華書局，二〇一〇年。

（北宋）樂史撰：《太平寰宇記》，中華書局，二〇〇七年。

（清）顧祖禹撰：《讀史方輿紀要》，中華書局，二〇〇五年。

其他史料

（北宋）李昉等編：《文苑英華》，中華書局，一九六六年。

（北魏）崔鴻撰，（清）湯球輯補：《十六國春秋輯補》，商務印書館，一九三五年。

（唐）許嵩撰：《建康實録》，中華書局，一九八六年。

（南朝梁）釋慧皎撰，湯用彤校注：《高僧傳》，中華書局，一九九二年。

（唐）道宣撰，郭紹林點校：《續高僧傳》，中華書局，二〇一四年。

（宋）郭茂倩編：《樂府詩集》，中華書局，一九七九年。

碑刻史料彙編（期刊）

毛明遠編：《漢魏六朝碑刻校注》，綫裝書局，二〇〇八年。

王連龍編：《新見北朝墓志集釋》，中國書籍出版社，二〇〇八年。

葉煒編：《墨香閣藏北朝墓志》，上海古籍出版社，二〇一六年。

王其禕編：《隋代墓志銘彙考》，綫裝書局，二〇〇七年。

北京圖書館金石組編：《北京圖書館藏中國歷代石刻拓本彙
　　編》，中州古籍出版社，一九八九年。

趙力光編：《西安碑林博物館新藏墓志續編》，陝西師範大學
　　出版社，二〇一四年。

賈振林主編：《文化安豐》，大象出版社，二〇一一年。

陝西省考古研究院主辦：《考古與文物》，二〇一九年第四期。

後　記

　　《柔然資料輯録》即將付梓，希望能對研究兩晉十六國至南北朝時期柔然的歷史有所裨益。真正做好一部資料輯録既需要熟悉掌握相關歷史，還需要具備一定的古文字、版本目録學知識。該資料輯録涉及紀傳體、編年體、典制體、大型類書、地理總志等多類古籍和部分碑刻材料，內容龐雜、分布零散、謬誤繁多、生僻字及異體字大量存在，無疑大大增加了完成難度。作爲資料類工具書，可貴的是其準確性、全面性和系統性。工作伊始，我們就明確了這樣的目標，並不斷强化、逐步完善。但是，能否達到預先設想，爲研究者所用，助益專業研究，還要實踐檢驗。

　　在編輯出版過程中，內蒙古大學王萌副教授和內蒙古師範大學袁剛講師提供了部分碑刻材料，2022級博士研究生于伯樂核對了全書，責編陳喬付出了大量辛勤勞動，謹致以誠摯的謝意！

　　書中難免有錯誤紕漏，敬祈讀者批評指正。

2023 年 12 月 5 日